우리는 왜 공포에 빠지는가?

| 공포 문화 벗어나기 |
우리는 왜 공포에 빠지는가?

지은이/ 프랭크 푸레디
옮긴이/ 박형신 · 박형진
펴낸이/ 강동권
펴낸곳/ (주) 이학사

1판 1쇄 발행/ 2011년 4월 30일
1판 2쇄 발행/ 2012년 1월 15일

등록/ 1996년 2월 2일 (등록번호 제03-948호)
주소/ 서울시 종로구 안국동 17-1 우110-240
전화/ 02-720-4572 · 팩스/ 02-720-4573
이메일/ ehaksa@korea.com

한국어판 ⓒ (주) 이학사, 2011. Printed in Seoul, Korea.
ISBN 978-89-6147-144-2-93330

CULTURE OF FEAR REVISITED by Frank Furedi
Copyright ⓒ Frank Furedi, 2006
All rights reserved.
Original edition is published by Continuum.

Korean Translation Copyright ⓒ 2011 by Ehak Publishing Co., Ltd.
All rights reserved.
Korean edition is published by arrangement with
The Continuum International Publishing Group through Guy Hong Agency.

이 책의 한국어판 저작권은 (주) 이학사가 가지고 있습니다.
저작권법에 의해 한국 내에서 보호를 받는 저작물이므로 무단 전재와 무단 복제를 금합니다.

*책값은 뒤표지에 표시되어 있습니다.

이 도서의 국립중앙도서관 출판시도서목록(CIP)은 e-CIP 홈페이지
(http://www.nl.go.kr/cip.php)에서 이용하실 수 있습니다.
(CIP제어번호: CIP2011001497)

|공포 문화 벗어나기|

우리는 왜 공포에 빠지는가?

프랭크 푸레디 지음 | 박형신·박형진 옮김

이학사

일러두기

1. 이 책은 Frank Furedi, *Culture of Fear Revisited: Risk-taking and the Morality of Low Expectation*, Fourth Edition(Continuum, London, 2006)을 우리말로 옮긴 것이다.
2. 원서의 이탤릭체와 대문자는 고딕체로 표기하였다(단 이탤릭체 중 도서명은 『 』로, 영화명, 방송프로그램명, 비디오명은 〈 〉로 표기하였다).
3. 부호의 쓰임은 다음과 같다.
    『 』: 도서명, 저널(잡지)명
    「 」: 논문명
    〈 〉: 영화명, 방송 프로그램명, 비디오명
    〔 〕: 옮긴이의 부연 설명

| 차례 |

서문 　 다시 보는 공포 문화　7
제1장 　 우리가 두려워하는 방식에서 독특한 점은 무엇인가?　35
제2장 　 위험의 폭발　69
제3장 　 우리는 왜 패닉에 빠지는가?　117
제4장 　 학대 문화　159
제5장 　 위험한 낯선 사람들의 세계　213
제6장 　 누구를 신뢰할 수 있는가?　245
제7장 　 새로운 에티켓　275
제8장 　 결론: 공포 정치　311

참고 문헌　349

옮긴이 후기　355

찾아보기　361

서문
다시 보는 공포 문화

　이 책의 초판이 출간되었던 1997년만 하더라도, '공포 문화'라는 말은 대부분의 사람에게 별 의미가 없었다. 불행하게도 오늘날 이 말은 사람들의 경험을 너무나도 잘 반영하고 있으며, 널리 사용되는 관용적 표현이 되고 말았다. 사람들은 빈번히 공포 문화를 자신들의 일상생활을 틀 짓고 있는 명백한 현실로 이야기한다. 현재 회자되는 몇 가지 예를 들어보자. CBS 텔레비전 쇼 〈침묵의 음모〉 프로듀서는 공포 문화로 인해 사람들이 자신들 근처에 사는 범죄자에 대해 이야기하지 못한다고 주장한다.[1] 시애틀에서 활동하는 록밴드 펄 잼에 대한 비평은 그 밴드의 작사가가 부시 행정부가 전파한 '공포 문화'를 우려하고 있다고 언급한다.[2] 캐나다의 이라크 전

---

1) "From Out There …… To On The Air: 'Conspiracy of Silence'", *Public Eye*, 3 May 2006.
2) "Pearl jam takes on the issues of the day", *Buffalo News*, 2 May 2006.

쟁 반대자들은 "우리가 다만 공포 문화를 키우고 있을 뿐이라는 것을 체득하지 않았습니까?"라는 말을 덧붙이기에 앞서 "세계가 미쳐버렸다."고 지적한다.3) 오스트레일리아의 내부 고발자는 그가 일하는 구급차 서비스 안에 '공포 문화'가 있다고 경고한다.4) 공포 문화를 다루는 한 리포터는 "우주여행과 관련한 공포문화가 있다."고 지적한다.5) 남부 침례교 총회 운영에 관한 한 보고서는 그 임원 중의 한 명이 국내 선교 단원 사이에 공포 문화를 조장했다고 불평한다.6) 거대 소매점 월마트를 다룬 다큐멘터리 감독은 "내가 믿을 수 없었던 것은 거짓말 같은 공포 문화였다."고 큰소리로 말한다.7) 일상의 대화에서도 개인들은 사무실이나 학교에서 공포 문화를 만든다고 서로를 비난한다. 그 용어의 사용 또는 심지어 과도한 사용은 공포가 단순히 특정한 위험에 대한 반응이 아니라 삶을 해석하는 하나의 문화적 은유라는 것을 보여준다.

21세기 초의 문화적 상상력을 자극하고 틀 짓는 것은 희망이 아니라 공포이다. 그리고 실제로 공포는 곧 그 자신을 풍자화한다. 그것은 더 이상 단순히 하나의 감정이나 위협의 인식에 대한 하나의 반응이 아니다. 그것은 세계에서 우리가 차지하는 지위에 관한 증가하는 불안감을 나타내는 문화적 관용구가 되었다. 대중문화는 공중에게 계속해서 임박한 재해―인재와 자연재해―와 관련한 무서운 프로그램을 꾸준히 제공함으로써 불안감을 자아내는 과대망

---

3) "9-11 Movie Released Too Soon", *Winnipeg Sun*, 9 May 2006.
4) "Whistleblower says over 100 air RAV worries", *ABC Central Victoria*, 1 May 2006.
5) "The think tank; It's time we reached for the stars again", *Herald*, 12 May 2006.
6) "Evangelism Exec Exits", *Christianity Today*, 26 April 2006.
7) "The $100 billion shop of horrors", *Daily Telegraph*, 12 May 2006.

상적인 상상력을 조장한다. 과거의 재난이나 임박한 재난과 관련한 불안감을 자아내는 텔레비전 프로그램들과 〈투모로우〉 같은 영화들은 의식적으로 사실과 허구 사이의 경계를 침식한다. 2006년 5월 ABC TV에서 방영한, 가상 조류 독감의 전국적 유행에 관한 재난 영화 〈치명적 접촉: 미국의 조류 독감〉은 실제로 보건 전문가들 사이에서 물의를 불러일으켰다. 전문가들은 그 영화의 무서운 줄거리가 그것을 사실로 해석할 수 있는 시청자들 사이에 불안과 패닉을 초래할 수도 있다고 우려했다. 사람들이 패닉에 빠져 겁에 질린 장면으로 시작한 그 프로그램은 무서운 전염병의 결과로 대부분의 주민이 죽는 장면으로 끝난다. 이 가상의 작품에 대해 불안해할 공중의 반응을 예견하고, 미국 보건복지부는 걱정하는 시청자들을 안심시키기 위해 보건 전문가들에게 "논의를 뒷받침한 논거"를 제시했다. 그 브리핑은 "우리는 그 영화가 조류 독감과 유행성 독감에 관한 인식을 높이는 데 기여하면서도, 패닉을 초래하는 것이 아니라 그것들에 대비하는 데 도움이 되기를 바란다."고 언급한다.[8] 공중 보건 공무원, TV 대본 작가, 미디어와 관련된 이 사건은, 어떻게 사실이 허구가 되고, 허구가 정책 심의의 대상으로 전환되는지를 예증한다.

일부 전문가와 보건 전문가는 자신들의 주장을 전파하기 위해 아주 즐겁게 이러한 불안감을 자아내는 허구를 이용한다. 이 공포 기획자들의 일부는 이러한 선정주의적 쇼가 불러일으킬 관심 때문에 실제로 〈치명적 접촉〉을 기꺼이 받아들였다. 열성적인 개혁 운동가들은 빈번히 공포를 조장함으로써 의식을 일깨우는 방식이 지닌

---

8) "It's a hell of a town", *Guardian*, 19 May 2005.

정당성을 주장한다. 기후학자 데이비드 비너는 영화 〈투모로우〉가 "세부적으로는 틀린 부분이 많이 있다."는 것을 인정했다. 그런데 그래서 어쨌다고! 그는 "기후 변화에 관한 인식을 고취시키는 것은" 어떤 것이라도 "좋은 일임에 틀림없다."고 주장한다.[9]

소위 고급문화조차도 공포 테마를 조장하라는 유혹에 저항할 수 없다. 2005년 뉴욕현대미술관의 한 전시회 테마는 현대적 삶에 내재하는 위험이었다. 공포는 또한 같은 해에 리옹의 제8회 현대미술 비엔날레의 주요 모티브였다. 나타샤 에드워즈는 이 현대 유럽 예술의 중요 전시회에 출몰한 '공포 예술'에 관한 글을 썼다. 공포 테마에 대한 예술적 찬양은 그것이 우리를 둘러싼 세계를 해석하고 표현하기 위한 문화적 은유가 되었다는 것을 보여준다. 실제로 일부 집단에서는 사람들이 처한 숨어 있는 많은 위험에 대한 감수성을 표현하기 위해 공포를 가장假裝한 한 형식으로 사용한다. 공포의 인지는 인식의 증거이다. 하지만 이렇게 의식적으로 공포를 가장하는 것이 사람들이 반드시 이전보다 더 공포를 느끼고 있다는 것을 의미하지는 않는다. 그것은 단지 사람들이 틀림없이 그럴 것이라는 관념을 드러낼 뿐이다. 이것이 바로 공중 보건 전문가들이 자주 마치 자신들이 재난 영화의 대본을 연습하는 것처럼 말하는 이유이다. 데이비드 나바로 박사는 조류 독감의 유행으로 1억 5,000만 명에 이르는 사람들이 사망할 수도 있다고 예측하기에 앞서, "그것은 지구 온난화와 에이즈 바이러스(HIV)의 결합과 같은 것이다."라고 지적했다. 이 유행병에 대한 국가의 대응을 조정하는 책임을 지고 있는 UN 보건 공무원인 나바로는, 예술적인 파격을 이용하여 그

---

[9] "It's a hell of a town", *Guardian*, 19 May 2005.

의 공식 성명을 더욱 강화하는 데 아무런 제약도 받지 않았다.[10]

공포에 대한 우리의 상상이 우리의 삶의 경험과 반드시 일치하는 것은 아니다. 서구 사회에서 사는 사람들은 과거에 비해 소모성 질환이나 죽음을 겪는 고통과 덜 친숙하다. 우리는 과거에 비해 새로운 질병의 발생에 훨씬 더 잘 대처할 수 있는 상태에 있다. 최근에 발생한 에볼라 바이러스, 사스 바이러스, 웨스트 닐루스 바이러스로 인한 인명 손실은 상대적으로 적었다. 2006년에 태국과 베트남은 비록 이들 국가가 1년 전에 조류 독감의 진원지였음에도 불구하고 그 유행병이 봉쇄되었다고 보고할 수 있었다.[11] 하지만 인류가 직면하는 문제를 다루는 우리의 능력이 증가되었음에도 불구하고, 우리는 우리가 다가오는 재난에 압도당하고 말 가능성이 크다고 믿는다.

모든 문화는 무섭다고 말할 수 있는 독특한 어떤 것을 가지고 있다. 고대 사회에서 사람들은 그들의 신들이나 선조들을 두려워하도록 교육받았다. 중세 시대에 공동체들은 사람들이 마녀들과 다른 사악한 초자연적인 힘들을 두려워하도록 부추겼다. 어떤 문화는 죽음을 두려워하고, 다른 문화는 실업을 걱정한다. 최근까지 서구 문화는 핵전쟁의 위협에 사로잡혀 있었다. 오늘날 우리는 단순히 공포를 삶 자체에 대한 우리의 기본 반응으로 간주하도록 권고받는다. 크리스토프 램버트가 프랑스 사회에 대한 자신의 연구, 『두려운 사회』에서 지적한 것처럼, 그 나라 사람들은 "미래에 대한

---

10) "Bird Flu Prophets of Doom Spread Nothing But Needless Alarm", *Daily Express*, 18 October 2005에서 인용함.
11) "Avian Flu Wanes in Asian nations it First Hit Hard", *New York Times*, 14 May 2006.

공포, 상실에 대한 공포, 타인에 대한 공포, 위험을 무릅쓰는 것에 대한 공포, 고독에 대한 공포, 나이 먹는 것에 대한 공포"에 시달리고 있다.[12]

종종 공포는 사람들이 처해 있는 환경에 대한 민감한 반응이기도 하다. 우리가 개인으로서 예기치 않거나 예측할 수 없는 상황에 처할 때, 공포는 자주 우리가 온 정신을 집중할 수 있게 해준다. 우리가 의당 두려워할 수밖에 없는 많은 경험이 있다. 전쟁과 폭력적인 갈등에 대한 나의 어머니의 공포는 제2차 세계대전 동안 겪은 생활 경험과, 친구 및 가족의 죽음과 고통에 대처해야 했던 경험에 근거하고 있다. 우리의 개인적인 경험들은 상상과 우리의 공포를 틀 짓는다. 하지만 오늘날 우리의 공포 중 많은 것이 개인적인 경험에 기초하지 않는다. 공포는 자주 〈치명적 접촉〉 같은 텔레비전 프로그램에 의해, 또는 아시아에서의 조류 독감, 아프리카에서의 에볼라 바이러스, 아니면 우리의 몰락을 꾀하는 중동의 무모한 테러리스트들에 대한 불안감을 자아내는 미디어의 설명에 의해 틀 지어진다. 이것들은 우리의 직접적인 개인적 경험에서 반드시 나오는 것은 아닌 위협들이다. 우리는 그러한 위협들과 싸울 수도 없고, 그것들로부터 도망칠 수도 없다. 그 위협들은 우리가 직접 대처할 수 없고 그저 수동적으로 두려워할 수밖에 없는 위험이다.

우리의 직접적인 매일의 일상으로부터 나오는 공포에 대한 우리의 감수성이 증대·확산되는 것은 우리가 단순히 우리의 경험에 대한 감정적 반응에 관해 이야기하는 것이 아니라는 점을 보여준다. 문제가 되는 것은 우리가 우리의 삶을 이해하는 방식에 대한 좀 더

---

12) "The Frightened European", *Chicago Tribune*, 25 April 2006을 보라.

일반적인 문화적 관점이다. 우리의 공포 문화의 주요한 특징 중 하나는 인류가 우리의 생존을 위협하는 강력한 파괴적인 힘들에 직면하고 있다는 믿음이다. 얼마나 많은 것이 걸려 있는데, 어떻게 책임 있는 사람들이 위급함을 알리지 않을 수 있겠는가? 이것이 바로 텔레비전 프로듀서들이 현실과 공상과학소설을 나누는 데 사용되는 경계선을 희미하게 만드는 것이 그렇게 쉬워진 이유이다. 이것은 또한 공중에게 무서운 이야기를 전달하는 사업체에서 관료주의가 출현하는 이유이기도 하다. 정치가들과 공무원들이 우리에게 어떤 임박한 대재앙에 대비하라고 경고할 때, 그들은 그것이 그들이 무책임하다는 비난으로부터 자신들을 보호해줄 것이라는 태도를 취한다. 이러한 계산에 입각하여 미국의 보건복지부 장관 마이클 리비트는 미국인들에게 집에 식량, 물, 의약품을 비축하여 있을지도 모를 독감 유행에 대비하라고 권고했다.[13]

공중의 담론에서도 전통적으로 공상과학소설과 연관된 테마들이 정치적으로 다루어져왔다. 소행성 관측 전문가들에 따르면, 각국 정부는 지구 주변 물체들(NEOs)과 충돌하는 것으로부터 지구를 보호할 수 있는 기술을 발전시키기 위한 조치를 취하지 않으면 안 된다. 미국 의회는 나사NASA에 지구 주변 물체들을 "탐지하고 추적하고 목록을 만들고 그 특성을 기술할" 책무를 부여해왔다.[14] 소행성 관측자들은 정기적으로 잠재적 위협이 되는 지구 근접 물체들에 관한 경고를 발동한다. 2006년 5월에 권위 있는 간행물인 『뉴사이언티스트』는 '새로 발견된 소행성'에 관한 경고를 발동했다.

---

[13] Gregg Easterbrook, "The Mutant Chickens Are Coming!", *Slate*, 8 May 2006을 보라.
[14] "Asteroid-watchers worry about cosmic Katrina", MSNBC.com, 6 May 2006.

『뉴 사이언티스트』에 따르면, 그 소행성은 "지구와 충돌할 가능성이 있는 것으로 지금까지 알려진 것 중 가장 큰 소행성"이었다. 비록 그 논문이 「큰 새로운 소행성이 지구와 충돌할 가능성은 희박하다」―명백히 600만분의 1의 위험―는 제목을 달고 있었음에도 불구하고, 일부 독자들은 이것이 또 하나의 예견된 잠재적 대재앙이라는 결론을 내릴 가능성이 컸다.[15] 그렇다면 당신은 인간 문명을 파괴할 킬러-소행성의 위험을 어떻게 계산하는가? 당신은 600만분의 1의 위험이라는 수치를 어디에서 얻는가? 주로 우리의 문화적 상상력을 발동함으로써 그렇게 한다! 유명한 천문학자이자 영국과학진흥협회의 전 회장인 마틴 리스는, 우리가 인간 문명의 마지막 세기에 도달했다고 주장한다. 그는 또한 100만 명 이상의 사람들이 2020년까지 단 하나의 바이오 테러bioterrorism나 바이오 에러bio-error에 의해 죽게 될 것이라고 믿는다.[16] 경고성 동화들은 이제 더 이상 어린이만을 위해 집필되지는 않는다. 과학의 언어는 어른들에게 옛날의 즐거운 공포를 느끼게 하기 위해서도 빈번히 사용된다.

위험의 의미는 점점 더 확장되어 사람들이 최악의 시나리오를 상상하는 데 사용되는 수사적인 관용구가 되었다. 사변적인 위험은 이론적인 위험과 다르다. 불확실성에 직면하여, 이론적 위험은 나노 기술에 의해 제기된 것과 같은 지금까지 알려지지 않은 위험의 가능성과 충격을 탐구하고자 한다. 사변은 알려지지 않은 것에 대

---

15) "Big New Asteroid Has Slim Chance of Hitting Earth", *New Scientist*, 2 May 2006.
16) "The time of fear - apocalyptic scenarios of pop culture reflect ambiguity as to the promises of science and technology", *New Statesman*, 21 July 2003을 보라.

한 이론적인 탐구가 아니라 상상력의 발동이다. 이것이 바로 2002년 2월 12일 언론 브리핑에서 미국 국방장관 도널드 럼스펠드가 채택한 절차였다. 그는 당시 다음과 같이 선언했다.

> 우리가 아는 바와 같이, 이미 알고 있는 것으로 알려진 것들이 있다. 다시 말해 우리가 알고 있다고 우리가 알고 있는 것들이 있다. 우리는 또한 아직 모르는 것으로 알려진 것들이 있다는 것을 알고 있다. 다시 말해 우리가 알지 못하는 어떤 것들이 있다는 것을 우리는 알고 있다. 그러나 또한 아직 모르는 것을 모르는 것도 있다. 다시 말해 우리가 알지 못한다는 것을 우리가 알지 못하는 것도 있다.[17]

"아직 모르는 것을 모르는"에 대한 럼스펠드의 성찰은 신문의 섹션들에서 조롱거리가 되었다. 그러나 빌 듀로디가 지적한 것처럼, 이 괴상한 정식화는 1980년대 이래로 환경주의자들이 광범위하게 사용해온 것이었다.[18]

"우리가 알지 못한다는 것을 우리가 알지 못하는" 것들에 대한 사변은 과학적 연구를 통해 얻어진 정보보다는 도덕적 방향 감각을 상실한 데서 나온다. 그것은 항상 '만약'이라는 의문에서 시작하여, 인간 생존에 관한 종말론적인 경고로 끝난다. 위험에 관한 사변은 인류가 실제로 처하는 문제와는 거의 관계가 없다. 그것은

---

17) "Rumsfeld's unknown unknowns", *Guardian*, 1 December 2003에서 인용함.
18) Bill Durodie, "An Apology For Capitalism", paper given at conference of The Scientific Alliance, 24 September 2004.

미래의 전망에 관한 매우 비관적인 세계관에 의해 지탱된다. 이 비관론은 전례 없는 인간 불신의 분위기와 함께한다. 대중문화와 고급문화에서 그리고 미디어에서, 인간 존재는 그들 자신에게, 타인에게 그리고 무엇보다도 지구에게 위험한 것으로 묘사된다. 이러한 시각에서 볼 때, 인류가 위험에 창조적으로 맞설 것으로 기대할 수 없다. 사람들이 문제 해결사로서의 역할을 수행하기는커녕 사람들이 문제이다. 인간 불신은 서구 사회에서 전례 없는 설득력을 얻어왔다. 현대사회에서 공포의 정상화normalization를 뒷받침하는 것은 인간 존재로서의 우리 자신에 대한 공포이다.

인간이라는 종種의 지위 약화는 인간이 처한 위험이 커진 데 따른 당연한 결과이다. 인간이 진보하기는커녕 아이들은 다가올 재난에 주의할 것을 경고받는다. 쓰나미, 허리케인 또는 홍수 같은 자연재해들은 이제 더 이상 그것 자체—즉 자연적인 것—로 간주되지 않는다. 사람들은 중세 미신의 관점을 받아들여, 불행한 일에 의미를 부여한다. 그런 일들은 신의 노여움의 신호이거나, 기후 변화의 증거이거나, 인간의 파괴적 힘의 증거 내지 인간의 본질적인 악의惡意의 증거이다. 과학자들은 독감, 신종 슈퍼버그, 유럽의 신 빙하시대, 북극 빙붕의 붕괴, 더 많은 허리케인과 자원 고갈이 임박했음을 경고한다. 그러나 우리가 이 책에서 주장하는 것처럼, 문제가 되고 있는 것은 인간의 생존이 아니라 인간성에 대한 우리의 믿음의 생존이다.

우리 자신에 대한 공포

미래에 대한 숙고는 갈수록 인간 생존의 문제에 초점이 맞추어지고 있다. 제임스 러브락에 따르면, "이 세기가 끝나기 전에 우리 중 수십억 명이 죽을 것이며, 살아남아 짝짓기를 하는 소수의 사람은 아직 그 기후를 견딜만한 북극에서 살아갈 것이다."[19] 제임스 하워드 쿤슬러의 『장기 비상사태: 21세기의 몰려오는 대재앙에서 살아남기』 또는 자레드 다이아몬드의 『붕괴: 사회는 어떻게 실패 또는 생존을 선택하는가』 또는 유진 린든의 『변화의 바람: 기후와 문명의 파괴』와 같은 제목의 책들은 피할 수 없는 지구적 대재앙의 시나리오를 그리고 있다. 쿤슬러는 "이 시대는 1938년, 즉 제2차 세계대전 직전보다 훨씬 더 암흑의 시기"라고 경고한다.[20] 임박한 멸종, 그리고 기후 변화의 냉혹한 결과인 해수면 상승으로 인해 물에 잠기는 도시들에 관한 불안한 이야기들이 유포되고 있다. 오늘날 우리는 단지 「요한계시록」의 네 명의 기사만을 가지고 있는 것이 아니라, 종말을 전파하고 다니는 연대 규모의 기병 부대를 가지고 있다. 우리가 가지고 있는 것은 성 요한 계시의 세속판이다. 그러나 이 세속판의 계시에는 미래가 없고, 인류는 구원되지 않고 흔적도 없이 사라진다.

인간 생존에 대한 불안은 인류 역사의 기원으로까지 거슬러 올라간다. 종교적 상상력은 노아의 대홍수나 소돔과 고모라 같은 대재

---

19) James Lovelock, "The Earth Is About To Catch A Morbid Fever That May Last As Long As 1000 Years", *Independent*, 16 January 2006.
20) James Howard Kunstler, *The Long Emergency: Surviving The Converging Catastrophes Of The Twenty-First Century* (London: Atlantic Books, 2005), p. 61.

앙을 통해 세계 종말을 공상했다. 시간이 경과함에 따라, 주술과 신학에 뿌리를 두고 있는 종말론적 관념이 인간의 파괴성과 무책임함에 관한 과학적인 추정적 진술로 재조명되어왔다. 러브락이 신비적인 성 요한을 밀쳐내고 다음과 같이 말할 때, 그는 예언자적 과학자의 망토를 걸치고 있다. "나는 진지하게 나의 직업에 임하고 있다. 그리고 지금 나는 또한 나쁜 소식을 전해야만 한다."[21] 오늘날 인간의 소비, 기술의 발달 또는 "신처럼 행동하는 인간"이 지구의 미래를 위험에 빠트렸다는 비난을 받고 있다. 그리고 우리는 인간의 타락을 이끄는 원죄 대신에, 인간이라는 사악한 종에 의한 자연 악화를 두려워하고 있다. 밀레니엄 버그, 석유 고갈, 지구 온난화, 조류 독감과 생물 다양성 파괴에 대한 논의를 축으로 한 여러 가지 지구 멸망의 시나리오는 인간의 과실이라는 테마를 강조한다. 이 시나리오는 인간이라는 종의 파괴성과 도덕적 파탄을 전제로 하고 있다. 러브락은 『가이아의 복수』에서 "놀랄 만큼 오만하게" "인간은 가이아가 적당한 수준의 산소를 유지하기 위해 묻어둔 탄소의 저장고를 탈취하여 그것을 불태웠다."고 경고한다.

공포는 강력한 문화적 타당성을 획득해왔고, 21세기 초에 널리 확산된 인간이라는 종에 대한 전례 없는 수준의 의심에 의해 끊임없이 조장되고 있다. 인간 활동은 지구의 생존을 위협한다고 계속해서 비난받고 있다. 인간의 파괴 규모에 관한 무서운 이야기들이 미디어를 통해 정기적으로 전파되고, 시민단체와 정치가들에 의해 선전된다. 이를테면 인간 활동이 지난 30년 동안 살아남은 조류와

---

21) Lovelock, "The Earth Is About To Catch A Morbid Fever That May Last As Long As 1000 Years".

어류 종의 수를 35%가량 감소시켰다고 주장되었다. 환경주의 통신사인 '지구의 방주'가 유포시키고 주류 매체가 입수한 이 이야기는 인간 행동과 생태계의 파괴 간의 직접적인 상관관계를 이끌어냈다. 인간과 자연의 싸움은 자주 **생태계 파괴**, 즉 무분별하고 고의적인 환경 파괴로 묘사된다. 자연을 길들이려는 인류의 시도에 대한 그 같은 매우 비난조의 표현은 그러한 경험을 계획적인 대량 학살이나 홀로코스트와 유사한 과정으로 만들어버린다. 브로스위머의 논쟁적인 저작『생태계 파괴: 종의 대량 멸종에 관한 약사』는 인간에 대한 이러한 혐오감을 다루고 있다. 이러한 지적은 자레드 다이아몬드에 의해서도 되풀이되었다. 그는 "생태계 파괴가 이제 지구 문명에 위협이 되었던 핵전쟁과 신종 질병들을 무색하게 했다."고 주장한다.[22]

'인간의 영향'이라는 용어는 갈수록 오염, 무자비한 파괴, 지구 자산 수탈과 결부된다. 그것은 걱정스러운 사악한 힘이다. 전 미국 부통령 앨 고어는 다음과 같이 우려한다. "지금 우리 마음대로 할 수 있는 기술의 능력은 각 개인이 자연계에 미칠 수 있는 영향을 매우 과장하고" 있으며, 그리하여 당신은 "우리의 문명과 지구 간의 격렬한 파괴적인 충돌"을 준비하고 있다.[23] 서구 문화는 지난 4세기에 걸쳐 인간이 세계에 미친 영향, 즉 자연의 인간화를 긍정적으로 평가했다. 하지만 오늘날 인간의 재능은 양면적으로 고려된다. 왜냐하면 그러한 인간 재능이 사람들이 세계에 미칠 수 있는

---

[22] Jared Diamond, *Collapse: How Societies Choose to Fail or Survive* (London: Allan Lane, 2004).

[23] Al Gore, "The time to act is now - The climate crisis and the need for leadership", www.mi2g.net, 5 March 2006.

나쁜 영향을 지원하기 때문이다. 그리고 문명화라는 바로 그 관념이 빈번히 생태계를 파괴하는 하나의 힘으로 묘사된다. 한 염세적인 설명에 따르면, "문명화는 적어도 5,000년 동안 지구의 생명 체계를 파괴해왔다."[24] 인간 활동의 목적 그 자체가 사악한 의미를 획득해왔다니 놀랍지 않은가? 일부 환경주의자에 따르면, 인간은 "환경에 유해한 부정적 요소", 심지어는 "암적인 존재"이다.[25] 급진적인 환경주의자들이 볼 때, 자연의 악화는 인간의 독특한 자질에 대한 우리 종의 믿음에 그 원인이 있다. 인간중심주의라고 칭해지는 그러한 믿음은 지구를 위험에 빠뜨리고 있다고 비난받는다. 심층 생태학자들은 인간이 지구를 악화시켜온 것은 자연이 인간에 대해 갖는 유용성의 관점에서 자연을 바라보는 인간 중심적 이데올로기 때문이라고 주장한다. 인류에 대한 모욕은 종종 통렬하다. 인간을 기생충으로 표현하는 추세는 문화적 비관론자라는 작은 집단에 국한된 것이 아니다. 이른바 영국 신노동당의 전 환경부 장관 마이클 미처는 인간을 지구의 몸을 감염시키는 '바이러스'라고 지칭했다.

인간의 이기적이고 파괴적이며 유독한 행동을 강조하는 서사를 통해 인간 활동을 인식하려는 경향은 우리의 공포 문화를 뒷받침한다. 인류는 단지 현시점에서 인류가 지구에 입힌 손해로 인해 비난받을 뿐만 아니라, 역사의 시작 이래로 인류가 해온 일에 의해서도 비난받는다. 역사는 갈수록 인간이 지구의 복리에 어떤 긍정적

---

[24] Thomas Lough, "Energy, Agriculture, Patriarchy and Ecocide", *Human Ecology Review*, vol. 6, no. 2, 1999.

[25] N. Einarrson, "All animals are equal but some are cetaceans", in K. Milton, *Environ-mentalism: The View from Anthropology*(London: Routledge, 1993)를 보라.

인 기여를 했는지를 발견하기가 어렵다는 식으로 다시 기술되고 있다. 과거는 인간이 지구를 황폐화해온 것에 대한 탐욕스런 이야기로 축소된다. 최근 발간된 UN 보고서 『지구 다양성 전망 2』에 따르면, 6,500만 년 전 공룡이 전멸한 이래로 멸종의 최악의 주기에 대한 책임은 인간에게 있다. 이 냉혹한 설명에 따르면, 인구 증가는 수천의 다른 종들을 위한 자연환경을 파괴하고 있다.[26] 이러한 관점에서 볼 때, 인간의 타락에 대한 성경의 이야기는 자신의 한계를 인정하기를 거부하는 불성실한 종에 관한 생태계의 경고의 이야기로 고쳐 써져왔다. 우리의 감정이 인간 행동의 무서운 결과를 지향하고 있는 이 도덕적 드라마에서, 이제 신을 두려워하는 것은 의미가 없다.

인간 불신

비록 인류에 대한 우리의 쇠퇴하는 믿음이 환경에 대한 종말론적 사고와 가장 분명하게 연관되어 있기는 하지만, 그것은 일상생활에도 널리 퍼져 있다. 갈수록 인간관계는 건강에 대한 경고와 함께 한다. 우리는 단순히 환경을 오염시킬 뿐만 아니라 서로를 오염시킨다. 우리는 '유독한 관계', '유독한 부모'와 '유독한 가족'에 관해 이야기한다. 실제로 인간관계에 포함된 위험들에 관한 많은 이유 없는 공포는 환경 또는 기술에 관한 논의를 지배하는 것과 동일한

---

[26] David Adam, "UN warns of worst mass extinctions for 65m years", *Guardian*, 21 March 2006을 보라.

구조와 동학을 가지고 있다. 환경 파괴에 관한 무서운 이야기들은 인간관계를 병리화하는 데 사용되는 것만큼이나 염세적인 문화적 관용구를 통해 전달된다.

한 베스트셀러 자기 계발서의 저자는 육아를 '유독한' 가정교육의 한 형태로 묘사한다. 이러한 관점에서 보면, 부모들은 자신들의 순진한 아이들을 감염시키는 오염된 병원체의 보균자가 된다. 『유독한 부모』의 출간 이래로, 실제로 유해한 인간관계가 만연하고 있음을 자세하게 다루는 문학 장르가 등장했다. 실제로 모든 가능한 관계가 유독성의 은유와 연관 지어지고 있다. 『유독한 독신 남자』, 『유독한 사람들: 당신의 삶을 비참하게 만드는 사람들을 다루는 10가지 방법』, 『유독한 관계와 그것을 변화시키는 방법』, 『유독한 친구들』, 『유독한 동료: 직무에 역기능적인 사람들을 다루는 방법』, 『유독한 스트레스』는 인구와 환경에 대해 신맬서스주의자들이 유포하는 관계와 관련한 인간 불신적인 종류의 메시지를 전달한다. 이러한 은유는 관계에만 국한되지 않는다. 공적 생활 제도에도 유독한의 꼬리표가 따라붙는다. 『유독한 교회: 영적 학대로부터의 회복』, 『유독한 노동』, 『유독한 지도자의 유혹』 또는 『유독한 정신의학』이라는 제목의 책들은 사람들이 상상력을 통해 인간 경험의 형태들을 타락과 쉽게 연관시키고 있음을 보여주는 증거이다.

인간 불신은 공공 정책과 정치적 논쟁에도 심대한 영향을 미쳐왔다. 1950년대 사회학적 연구는 사회가 사람을 바라보는 방식과 정치적 태도 간에 명백한 상관관계가 있다는 것을 발견했다. 인간 본성에 대한 개인의 태도에 관한 한 연구는 그것이 정치적 태도 일반과 강한 관계가 있다고 지적했다.[27] 언론 자유라는 민주적 이상에 대한 태도는 사람들이 경쟁하는 견해들 사이에서 지적인 선택을 할 수 있는 능력을 가지고 있다고 우리가 믿는지의 여부 그리고 우리가 그런 견해들을 두려워하는지의 여부에 직접적으로 영향을 받는다. 이 연구자는 "언론 자유의 옹호자는 대부분의 사람이 쉽게 현혹되지 않고, 통제되지 않는 감정들에 좌우되지 않으며, 건전한 판단을 할 수 있는 능력을 지닌다고 믿는 경우가 많다."고 지적한다. 그러한 접근 방식은 인간에 대한 높은 수준의 신뢰를 함축한다. 이와는 대조적으로 "사람들에 대한 신뢰가 낮은 사람들은 모자라거나 일탈적이거나 위험한 집단을 억압해야 한다고 믿는 경향이 있다." 그 연구는 "인간 본성에 대한 사람들의 견해가 정치적 자유의 원리에 중요한 함의를 지니는 것으로 보인다."고 결론 내렸다.[28] 인간 본성에 대해 긍정적 가치평가를 하는 사람들은 언론의 자유와 사회적 실험에 대해 관대한 태도를 갖는 경향이 있다. 인간 본성을 두려워하는 사람들은 위험 회피적이고 반자유주의적인 접근 방식을 취하는 경향이 있다.

사람들이 편협한 이기심, 탐욕 그리고 여타 파괴적인 열정에 의해 추동된다고 믿는 사람들은 인간의 자유를 구속하고 제한하는 수단들을 지지하는 경향이 있다. 검열 제도의 발전, 소위 증오 범죄와 증오 언론법의 제정을 통한 생각의 범죄화, 개인과 집단의 감정을 거스를 권리에 반하는 강력한 문화적 낙인은, 사람들이 논쟁적인 문제에 처할 경우 결정을 내리지 못할 것이라는 믿음에 의해 뒷받침된다. 우리의 검열 규범은 인간 본성에 대한 온정주의적이

---

27) Morris Rosenberg, "Misanthropy and Political Ideology", *American Sociological Review*, vol. 21, no. 6, 1956.
28) Rosenberg, "Misanthropy and Political Ideology", p. 694.

고 부정적인 시각과 옳고 그름을 분별하는 인간 능력에 대한 신뢰의 부족에 의해 추동된다. 이것이 바로 공포 문화가 개인의 자유와 민주적 권리를 규제와 검열로 대체하고자 애쓰는 이유이다.

21세기 초에 들어, 인간에 대한 신뢰 수준이 낮은 것으로 보이는 사람들은 단지 격리된 개인들이나 주변적인 이익집단들만이 아니다. 중세 유럽의 암흑시대 이래로 인류를 괴롭히는 사악한 열정들에 대한 우려가 그렇게 많았던 것도 아니었다. 인간 동기에 대한 공포와 의심은 습득되고 확대되어왔다. 악마적 학대와 관련된 작은 패닉 상태들이 대서양 양쪽에서 분출되어왔다. 서구 세계 전역에서 거의 모든 가정에 한 명의 잠재적인 학대자가 있다는 음울한 예상이 퍼져 있다. 약탈을 일삼는 괴물들이 항상 만만한 사람을 잡아먹는다는 믿음은 그 자체로 일상의 상상에 각인되었다. 사람들은 몇 십 년 전만 하더라도 드물었을 종류의 의심을 가지고 다른 사람들을 대한다. 부모들은 자신의 아이들을 돌보는 유아원 교사들을 믿을 수 있는지를 의심한다. 학교에서 교사들은 상처 자국이 있는 아이들을 보면, 그 아이의 부모들이 어떤 짓을 했을까 의심하는 경향이 있다. 이 문제와 관련하여, 부모들은 자신의 자식과 교사 사이에 어떤 신체적 접촉이 허용되는지를 알고 싶어 한다. 영국에서 아이들과 접촉할 수도 있는 모든 성인 피고용주는 경찰 조사를 받아야 한다. 영국 아동보호 산업 부서는 경찰 조사가 대학교 영역으로까지 확대되어야 한다고 믿는다.

학대에 관한 강박관념은 성인과 아동 사이의 관계에만 국한되지 않는다. 감정, 신체적 특징 그리고 성적 관심과 관련된 어떤 상호작용도 잠재적으로 학대로 분류될 수 있다. 일부에서는 '또래 학대'가 우리 시대의 중요한 문제라고 주장하기도 한다. 다른 사람들은 '노인 학대'에 대해 조치를 취할 것을 요구한다. 그리고 한 걸음 더 나아가, '애완동물 학대'와 '병아리 학대'에 관한 공포가 제기되기도 했다.

사람들에 대한 믿음

우리는 인류가 실제로 얼마나 문제라고 보는가? 만약 우리가 인간을 도덕적으로 타락한 기생충으로 보기를 고집한다면, 우리는 밀레니엄 버그에서부터 조류 독감에 이르기까지 모든 중요한 기술적인 문제를 인간 통제를 넘어서는 잠재적 대재앙으로 두려워하게 될 것이다. 오늘날의 지적 비관주의와 문화적 방향 감각 상실은 인간의 상상력을 우리 앞에 놓인 도전들에 맞서는 것으로부터 다른 곳으로 돌려놓는 데 기여한다. 인간 생존에 대한 불안감을 자아내는 설명들은 인류에 대한 믿음의 위기를 표현한다. 이것이 바로 우리가 당면한 실제 문제가 인류가 살아남을 것인지가 아니라 인류에 대한 우리의 믿음이 21세기에도 살아남을 수 있을 것인지인 이유이다. 우리가 끊임없이 서로에게 전달하는 무서운 이야기들은 사회가 그 자신을 불편하게 느끼고 사람에 대한 신뢰가 거의 없다는 것을 말해준다. 이러한 이야기 중 많은 것이 건강 경고의 성격을 지니고 있다. '조심하라'는 말이 우리의 문화적 전망을 지배하고 있다.

이 책은 사회가 위험과 적극적으로 싸우고 싶어 하지 않는다는 것을 다룬 책이다. 이 책의 원래의 목적은 사회가 왜 계속해서 몇몇 식품이나 약품 또는 몇몇 기술적 과정에 관한 패닉에 시달리고 있는지를 설명하고자 하는 것이었다. 이 질문에 답하기 위해 노력하는 과정에서, 환경 또는 과학 기술과 관련된 많은 패닉이 사람들 간의 위험한 관계 같은 보다 평범한 문제에 관한 사회의 공포와 매우 유사한 구조를 가지고 있다는 것이 분명해졌다. 안전에 대한 관심은 환경문제의 영역에서만큼이나 대인 관계의 영역에서도 강렬하다. 이 책은 아이들의 안전에 관한 우리의 편집증이 기후 변화, 생태계 파괴 또는 우리가 먹는 음식과 관련하여 우리로 하여금 걱정하게 하는 것과 매우 유사한 문화적인 힘에 의해 추동된다고 주장한다.[29]

킬러-소행성과 기후 변화의 세계는 이면에 숨어 있는 성적 일탈자들과 백만 마일 떨어져 있는 것으로 보인다. 하지만 그것들은 모두 사람들이 직면하고 있는 위험을 끊임없이 부풀리는 문화의 구성물이다. 그 특징상 아동 유괴 같은 예외적인 사건은 하나의 통상적인 위험으로 전환된다. 질병의 발생은 즉각 유행병으로 변형된다. 우리가 사용하는 언어는 이러한 경향을 반영한다. "위험"이나 "위험에 처"한 같은 용어는 모든 일상적인 사건과 관련해서도 사용된다. 우리가 사용하는 언어는 위험에 관한 우리의 전례 없는 관심을 반영한다. "위험에 처"한이라는 용어를 예로 들어보자. 영국 신문들을 검색해보니, 1994년에 이 용어는 2,037번 사용되었다. 6년 후인 2000년에는 이 용어의 사용이 거의 9배 증가했다(다음을 보라).

---

29) 공포 문화가 자녀 관계에 미치는 영향에 대해서는 F. Furedi, *Paranoid Parenting* (London: Allen Lane, 2001)을 보라.

영국 신문들에서 "위험에 처"한이라는 용어를 사용한 빈도[30]

1994	2,037
1995	4,288
1996	6,442
1997	7,955
1998	11,234
1999	14,327
2000	18,003

"위험에 처"한이라는 용어의 사용 증가는 일상생활에 대한 태도를 보여준다. 그것은 위협적이거나 위험한 것으로 간주되는 현상의 범위가 확장되는 경향이 있음을 보여준다. 심지어 사랑에 빠지는 것과 같은 매우 바람직한 경험도 위험한 기획으로 묘사될 수 있다. 미국 학계의 한 집단은 카운슬러들이 대학생들에게 '사랑하는 것의 잠재적인 부정적 측면'에 대해 경고해야 한다고 주장한다. 왜 그런가? 그것은 그들이 젊은 사람들은 '사랑의 이름으로' '위험한 행동'에 빠지는 경향이 있다는 것을 발견했기 때문이다.[31]

『우리는 왜 공포에 빠지는가?』가 처음 출간되었을 때, 나는 주로 사회가 건강, 환경, 기술, 신제품, 범죄의 문제들에 대한 패닉적 반응들을 조장하는 방식에 관심을 가지고 있었다. 최근 들어 이 과정

---

30) 이 수치들은 로이터 통신사 데이터베이스 검색에 기초한 것이다.
31) D. Knox and M. Zusman, "What I did for Love; Risky Behaviour and College Students in Love", *College Student Journal*, vol. 32, no. 2, 1998, p. 203.

의 가장 해로운 결과는 아마도 위험 혐오가 개인들 간의 행동에 영향을 미치는 방식일 것이라는 점이 분명해졌다. 공포 문화의 결과에서 가장 관심을 끌지 못한 것 중 하나는, 공포 문화가 대인 관계의 영역이 위험 계산의 지배를 받게 만든 방식이다. 공포 문화는 문제 있는 유산을 창출해왔다. 그러한 유산 속에서 사람들은 강화된 위험 인식을 통해 대인 관계에 접근한다. 미국에서 낭만적 애정의 사회학에 관한 한 중요한 연구는 개인들이 "개인들 간의 애정 관계와 배우자 선택과 관련하여 갈수록 커지고 있는 위험 지각 수준을 낮출 필요가 있다는 점에 의해 점점 더 동기를 부여받고 있다."는 것을 보여준다. 그 결과 그들은 자신들에 대한 위험을 최소화하기 위해 "대인 관계 유형을 바꾸고" 있다. 그 연구에 따르면, "그러한 위험에 대한 반응은 합리적인 관리 원칙을 그러한 관계에 적용시키는 것이었다. 그러한 원칙은 관계 자체를 의례화하고, 관계와 관련된 공적인 위험을 자기실현의 개인적인 위험으로 변경시켜왔다."[32] 그 연구자들은 이러한 낭만적 애정에 대한 도구적 지향의 역설 중 하나가 실제로 실패의 위험을 증가시키는 것이라고 지적한다. 문제에 대한 예견이 자기실현적 예언self-fulfilling prophecy이 되고 만다는 것이다.

사람들로 하여금 감정적 몰입에 달라붙는 위험을 관리하도록 부추기는 방식 중의 하나가, 일부 사회학자가 '문화적 냉각cultural cooling'이라고 부르는 것이다. 수많은 전문가와 자기 계발서는 사람들에

---

[32] R. Bulcroft, K. Bulcroft, K. Bradely and C. Simpson, "The Management and Production of Risk in Romantic Relationships: A Postmodern Paradox", *Journal of Family History*, vol. 25, no. 1, 2000, p. 63.

게 그들의 기대를 낮추고 사랑에 황홀해하지 말라고 충고한다.『지나치게 사랑하는 여인』,『부모가 지나치게 사랑할 때』 또는『고양이를 지나치게 사랑하는 사람들을 위해』 같은 책들은 사람들에게 마음의 언어를 신뢰하지 말라고 충고한다. 비록 대부분의 사람이 친밀한 관계와 낭만적 애정을 적극적으로 갈망함에도 불구하고, 이런 경험과 위험의 결합은 그 대가를 치러왔다. 이제 사람들이 그들의 감정적 위험에 대한 강화된 인식을 가지고 사적 관계에 접근하는 것은 일반적인 일이 되었다. 감정과 관련한 위험을 다루는 하나의 전략은 실망의 잠재적인 원인과 거리를 두는 것이다. 타인과의 분리는 감정적 고통으로부터 자신을 보호하는 수단을 제공하는 것으로 보인다. 적어도 남성과 여성은 친밀한 관계와 연관된 위험 지각 수준이 높아지는 것을 관리하도록 권고받는다. 다양한 전술―혼전계약서에서부터 독신 생활의 미덕을 갈고닦기에 이르기까지―이 감정적 몰입과 연관된 위험을 관리하기 위해 사용된다.

 인간이 서로에게 거리를 두는 행동이 언제나 자발적인 것은 아니다. 거기에는 사람들을 서로 소원하게 만드는 강제적 요소가 암암리에 자주 작동한다. 이를테면 영미계 사회에서는 성인들의 아동 접촉에 따르는 위험이 세대 간의 신체 접촉에 대한 비공식적인 금지를 조장해왔다. 맨체스터 메트로폴리탄대학교의 헤더 파이퍼가 수행한 연구는 선생님들이 아동의 다리 상처에 반창고를 붙이는 것을 피하고, 유아원 교사들이 유아들이 화장실에 가는 것을 돕는 것을 꺼리며, 남성 체육 교사들이 누군가가 여성 동료 교사를 데리고 오기를 기다리는 동안 상처 입은 소녀를 홀에 그냥 방치하는 사례들을 보고한다. 파이퍼는 일부 학교는 교사들이 부모 동의 없이 아동에게 반창고를 붙일 수 없다고 주장하는 '접촉 지침'을 채택해왔다고 지적한다. 어떤 학교의 경우, 행정직원들이 모든 '접촉 사건'을 기록하게 되어 있다. 파이퍼는 아이들과 접촉하는 것과 관련한 불안이 '대세'가 되어왔다고 지적한다.[33] 아이들과 접촉하는 행위를 병리화하는 사회는 그 사회가 사람을 거의 신뢰하지 않는다는 매우 분명한 메시지를 전달한다. 아이들을 성인들과 떼어놓으라는 요구가 증가하고 있다는 것은 놀랍지 않은가! 영국과 미국의 놀이터에 있는 표지판은 "아이를 동반하지 않은 성인 출입 금지"라고 경고하고 있지 않은가! 이처럼 성인을 아이들에 대한 위험물로 표현하는 것은 공포 문화가 전제하고 있는 인간 불신을 그대로 보여준다.

그래서 어떻다는 말인가?

우리의 삶은 널리 퍼져 있는 공포 문화에 의해 서서히 그리고 자주 감지할 수 없는 방식으로 변형되고 있다. 아이들이 가장 먼저 고통 받는다. 아이들의 경우, 외부 세계는 출입 금지 구역이 되어왔다. 아이들은 끊임없이 계속되는 어른들의 감독을 받고, 일생 동안 위험을 감수하는 것을 단념하게 된다. 내가 우리 대학에서 근무하기 시작했을 때는, 모든 학생이 시내에 나가거나 좀 더 멀리 밖으로 여행하기 위해 히치하이크를 했다. 나는 자주 차를 타기 위해 기다리는 20~25명의 활기찬 학생들의 행렬을 볼 수 있었다. 이제

---

[33] ESRC funded research project RES-000-22-0815, "Touchlines: the Problematics of Touching Between Children and Professionals", 2006.

는 어떤 학생도 히치하이크를 하지 않는다. 낯선 사람과 함께 차에 탄다는 생각은 오명을 쓰게 되었다. 이제 차를 태워주는 행동은 사교적인 행위, 더 나아가서는 이타적인 행위로 간주되는 대신에, 범죄의 전조로 이해된다. 유감스럽게도 시민의 책임을 연습할 기회가 상실되고 말았다.

나의 10살 된 아들은 축구를 좋아한다. 그러나 나는 아들이 친구들과 축구하는 사진을 가지고 있지 않다. 매 연습시간에 앞서 클럽의 임원은 부모들에게 "사진이 나쁜 사람들의 손에 들어갈 수가 있기에" 사진을 찍을 수 없다고 경고한다. 수많은 스포츠클럽과 학교에서, 사람들이 자기 아이들이 경기를 하거나 경기장을 달리는 스냅사진을 찍는 것이 금지되었다. 이것이 바로 우리가 의기소침해진 방식이다. 최근 2살 된 소녀의 비극적 죽음에 대한 배심원의 심리에서 한 벽돌공은 그 소녀가 자기 마을을 걷고 있을 때 어째서 그 아이를 그냥 지나쳤는지에 대해 증언했다. 그는 사람들이 자신이 그 아이를 유괴하려 한다고 생각할까 두려웠기 때문에 멈추지 않았다고 설명했다. 그는 "그 아이는 비틀거렸고 나는 '내가 되돌아가야만 할지'를 계속 생각했다."고 덧붙이기에 앞서, "그 아이는 똑바로 걷지 못했다."고 지적했다. 몇 분 후 소녀는 자기 집 정원 수영장에서 익사했다.[34]

공포 문화는 사람들로 하여금 서로를 멀리하게 한다. 그것은 또한 사람들을 사회가 직면하는 도전에 정면으로 맞서는 것에서 주의를 다른 곳으로 돌리게 한다. 이 책은 인간에 대한 우리의 믿음의 상실에 맞서고자 하는 욕구에서 시작되었다. 우리 시대의 인간

---

34) "Mum's Agony As She Finds Tot Of 2 Under Water", *Mirror*, 22 March 2006.

불신 도그마와는 정반대로, 사람은 해답이지 문제가 아니다. 위험 감수를 병리화하는 오늘날의 슬픈 시도는 탐구와 실험 정신의 토대를 침식하는 결과를 초래한다. 하지만 우리가 우리 시대의 커다란 문제들에 대처할 수 있게 해주는 것은 바로 탐구와 실험 정신과 같은 자질이다. 사람들은 인류 역사를 통해 자신들이 치명적인 질병에 대한 치료법을 발견하고 대재앙의 파괴적 결과에 대처할 수 있다는 것을 보여주어 왔다.

널리 퍼져 있는 공포 문화에도 불구하고, 개인들은 그들이 삶을 살아가는 방식에 영향을 미치는 전례 없는 잠재력을 가지고 있다. 무언가를 선택하고 통제할 수 있다는 것이 상당수의 사람들에게서 의미를 지니게 된 것은 단지 오늘날에 이르러서이다. 자율성과 자결自決은 여전히 고취할 수 있는 이상理想일 뿐이다. 그러나 우리는 이데올로기의 석기시대에서부터 사람들의 잠재적 변혁 능력이 놀랄만한 힘을 획득한 시대로 이전해왔다. 우리는 또한 역사가 어떤 보증서도 발행하지 않는다는 것을 배워왔다. 목적 있는 변화는 실제로 위험한 기획이다. 그러나 우리가 그것을 좋아하든 싫어하든, 우리의 삶과 우리 스스로를 변화시키기 위한 위험 감수는 우리 인간의 가장 독특한 자질 중 하나이다. 이것이 바로 우리가 우리의 '생태계의 발자국'을 걱정하는 대신에 미래로 나아가기 위해 필요한 모든 조치를 취해야 하는 이유이다.

인간 불신은 말 그대로 우리가 우리 자신을 두려워하게 되는 편견의 신新암흑시대에 휩싸일 우려가 있음을 보여준다. 이러한 상황에서 우리는 두 가지 선택지를 가진다. 우리는 세상을 변화시키고 인간답게 만드는 것을 돕는 인간의 독특한 자질을 포기하고, 우리 자신을 오늘날 널리 퍼져 있는 운명론 문화에 맡길 수 있다. 아니면 우리는 그 반대를 취할 수도 있다. 인간의 독특한 도덕적 자질에 대한 믿음을 버리는 대신에, 우리는 우리의 창조적 에너지를 우리의 미래에 대한 통제 수단을 확보하는 쪽으로 돌리고, 실험과 탐구의 가치를 신봉할 수 있다. 인간은 천사가 아니며, 우리는 운이 안 좋은 날에는 사악한 행동을 할 수도 있다. 그러나 우리가 몇몇 행동을 악한 것으로 지칭할 수 있다는 바로 그 사실은 우리가 불의不義한 행위들을 고칠 수 있다는 것을 보여준다. 그리고 우리는 어떻게든 선善을 행하기를 열망한다. 생활 조건을 개선하려는 열망—전체 인류 역사를 지배해온 가장 기본적인 동기—은 석기시대부터 21세기까지 인류를 추동해온 열망이다. 이것이 바로 우리의 공포 문화에 반항하는 것이 그렇게도 중요한 이유이다.

제1장
우리가 두려워하는 방식에서
독특한 점은 무엇인가?

서로 다른 문화는 두려움도 서로 다르게 느낀다. 어떤 사회가 신에 대한 두려움 또는 지옥에 대한 공포에 부여하는 의미는 오염이나 암에 대한 공포와는 전혀 다르다. 또한 공포를 묘사하는 데 사용되는 단어와 표현 역시 문화적·역사적으로 다르다는 사실에 의해 문제는 더욱 복잡해진다. 오늘날 우리가 사용하는 언어는 특수하지 않은, 널리 알려져 있는 치료 요법적인 관용구들을 통해 공포를 표현한다. "위험에 처"해 있다는 것에 대한 불안 또는 "스트레스를 받고 있다"거나 "정신적 충격을 입었다"거나 "취약하다"는 느낌은, 우리가 공포에 대한 감수성에 영향을 미치는 개인화된 심리학적 용어를 내면화해왔다는 것을 보여준다. 오늘날 공포의 독특한 특징 중의 하나는 그것이 하나의 독자적인 실체를 지니고 있는 것으로 보인다는 것이다. 그것은 빈번히 어떤 구체적인 목적과 분리된 채 그것 자체로 존재하는 문제로 언급된다. 예전에는 사회는 공포를 분명하게 정식화된 하나의 위협—죽음의 공포 또는 기아의 공포—과 연관시켰다. 그러한 정식화 속에서, 그 위협은 그러한 공포의 대상으로 정의되었다. 문제는 죽음, 질병 또는 배고픔이었다. 오늘날 우리는 빈번히 우리가 두려워하는 행동을 위협 그 자체로 제시한다. 이러한 진전을 인상적으로 보여주는 하나의 실례가 그 자체로 존재하는 문제로서의 범죄에 대한 공포이다.

공포 그 자체가 문제가 될 때

오늘날 범죄는 매우 정치화된 문제가 되었다. 연이은 조사들은 사람들이 범죄 문제를 매우 심각하게 바라보고 있다는 것을 보여준다. 이 문제를 둘러싼 논쟁은 이제 그것이 정치 생활에서 하나의 상수가 된 것처럼 보이게 한다. 이것이 바로 얼마 전까지만 해도 범죄가 하나의 중요한 정당정치적 문제가 아니었다는 사실을 쉽게 간과하는 이유이다. 제2차 세계대전 이후 대부분의 기간에, 범죄는 좀처럼 정치적 논쟁의 주제가 되지 않았다. 그것은 상대적으로 적은 수의 주변적 공동체들에 국한된 별개의 문제로 인식되었다. 공무원들과 전문가들은 그것을 억제할 수 있고 심지어는 해소할 수 있는 하나의 난제로 확신하고 있는 듯이 보였다. 범죄가 공적 논쟁의 중요한 대상으로 떠오른 것은 1970년대였다. 그후 범죄는 계속해서 정치 생활에서 중심적인 위치를 차지해왔다.

지난 35년 동안 범죄 문제는 범죄가 사회의 모든 사람에게 문제라는 관념을 통해 정상화되어왔다. 1995년 영국 노동당 정책 보고서의 제목 『모든 사람이 희생자이다』는 범죄가 삶의 일상적이고 정상적인 사실이라는 관념을 요약적으로 보여주었다. 비록 우리가 직접적으로 범죄를 경험하지 않았더라도, 우리 모두는 범죄를 위협으로 인식하고 있으며 우리의 일부가 범죄의 공포 속에서 살기 때문에, 우리는 희생자이다. 대부분의 조사는 범죄에 대한 공포가 널리 퍼져 있다는 것을 확인해준다. 영국 내무부의 통계 수치는 조사 대상자의 15%가 범죄에 대해 매우 우려하고 있으며, 26%는 상당히 우려하고 있음을 보여준다. 그러한 공포는 특히 노인들 사이에서 표명된다. 2003년 5월에 노인 권익 증진 단체 에이지 컨선Age Concern이 수행한 한 조사는 50대 이상의 37%와 75세 이상의 47%가 너무 무서워서 밤에 외출할 수 없다고 진술했다고 주장했다. 조사들은 또한 공중의 두려움은 자주 범죄 발생 빈도와 비례하지 않는다는 점, 다시 말해 범죄에 대한 공포는 그 자체로 하나의 문제로 인식되는 계기를 획득해왔다는 점을 지적한다. 실제로 공중의 관심사의 초점은 법을 어기는 것보다 범죄의 공포인 것으로 보인다. 따라서 2005년 4월에 영국 자유민주당 지도자가 거리에 1만 명 이상의 경찰을 배치하여 범죄 공포를 진정시킬 수 있도록 할 것이라고 공표했을 때에도, 그는 실제 범죄자들을 잡는 문제보다도 공중의 인식을 관리하는 문제에 더 역점을 두고 있었다.

영국과 미국에서 중앙정부와 지방정부의 기관들은 범죄의 수준이 아니라 범죄의 공포를 축소시키는 프로젝트를 더욱 적극적으로 추진하고 있다. 이른바 삶의 질 치안—가시적인 치안 정책, CCTV 카메라 설치, 안심 캠페인—은 공중을 안심시키고 공포 수위를 낮추는 것을 목적으로 한다. 공중을 안심시키는 것은 또한 반사회적 행동 금지명령의 목표이기도 하다. 수많은 10대가 그 금지명령 조치를 취하게 하는 데 일조해왔다. 그런데 그것은 그들이 범죄를 저질렀기 때문이 아니라, 그들이 사는 인근 지역에서 '공포 분위기'를 만드는 데 기여했기 때문이다! 주민 방범대가 벌인 '지역사회에서의 범죄 공포에 대처하기' 캠페인 역시 비슷한 임무를 띠고 있다. 그것은 "개인과 집단으로 하여금 범죄의 공포를 줄이는 일에 뛰어들 것을 촉구"한다.

공포가 범죄 발생 빈도와 관련이 없다는 것은 현재 널리 받아들여지고 있다. 수많은 조사는 피해자가 되지 않을까 하는 우려를 가장 많이 하는 사람들은 피해를 겪을 가능성이 가장 적은 사람들이라는 점을 지적해왔다. 범죄 추세와 공포 수준 간에 분명한 관계가 없다는 것은 피해자가 되지 않을까 하는 불안이 보다 광범위한 문화적 영향에 의한 것일 수 있다는 점을 암시한다. 범죄학자 데이비드 갈런드는 그러한 영향을 '범죄 콤플렉스'라고 묘사한다.[1] 이 콤플렉스는 높은 범죄율이 삶의 정상적 부분이라는 믿음에 의해 틀지어지는 일단의 태도를 포괄한다. 그러한 태도들은 대중문화에 의해 주조되어 일상생활의 조직 속에 제도화되어 있는 범죄 의식을 통해 표현된다. 우리 문화에 뿌리박고 있는 범죄 의식은 사람들로 하여금 사적이고 매우 개인화된 방어 통로를 채택하도록 한다. 비록 우리가 항상 그것을 의식하고 있는 것은 아니지만, 범죄 회피 행동은 우리 삶의 일상적 차원이 되어왔으며, 우리가 우리의 일상사를 다루는 방식에서 본질적인 부분이 되어왔다. 이러한 경향은 노인들의 삶에서 특히 두드러지게 나타난다. 그러나 그것은 또한 유년기를 조직화하는 원리 중의 하나가 되어왔다. "아이들을 혼자

---

1) D. Garland, *The Culture of Control: Crime and Social Order in Contemporary Society* (Oxford: Oxford University Press, 2001).

내보낼 수 없다."는 말은 부모들이 자주 하는 말이다. 실제로 모든 기관—술집, 대학, 개인 병원, 스포츠센터, 대중교통—은 매우 진지하게 안전 조치를 취한다. 도난 경보기, 옥외등, 비상 버튼, CCTV 카메라, 민간 경비 회사는 공포 속에서 번창하고 있는 시장을 보여주는 증거들이다.

하지만 그 자체로 독자적인 문제로서의 범죄에 대한 공포의 출현은 단순히 범죄 콤플렉스의 영향이나 법과 질서의 붕괴에 대한 대응으로 이해될 수 없다. 별개의 독자적인 문제로서의 공포는 범죄 문제에만 국한되지 않는다는 것을 지적할 필요가 있다. 사회의 도처에서 공포는 그 자체로 하나의 문제로 경험된다. 이를테면 이동전화가 건강에 미치는 영향에 관한 공포는 그 자체로 하나의 위험으로 해석되어왔다. 1999년에 당시 영국의 보건부 장관 테사 조웰이 설립한 이동전화 독립전문가그룹Independent Expert Group on Mobile Phones은 공중의 불안 그 자체가 건강을 나쁘게 한다고 결론 내렸다. 이 위원회의 보고서는 그러한 불안이 "그 자체로 공중의 복리에 나쁜 영향을 미칠 수 있다."고 지적했다.[2] 동일한 방식으로, 건강 위험에 관한 불안은 오늘날 어떤 계획서를 판단하는 데 있어 중요한 고려 사항으로 간주된다. 다시 말해 공포 그 자체가 공공 단체에 의해 하나의 독립변수로 취급되고 있다. 법체계 역시 이러한 경향을 받아들여왔으며, 미국에서는 물리적 위협을 인지할 수 없을 때조차도 법원이 공포에 대해 보상하라고 판결하는 경향이 뚜렷하다. 이것은 과거의 관행과는 중요한 차이를 보여주는 것이다.

---

[2] Independent Expert Group on Mobile Phones(IEGMP), *Mobile Phones and Health* (Chilton, Didcot: IEGMP, 2000).

과거에는 실제 사건에 대한 하나의 반응으로서의 '일시적 공포'가 보상받았다면, 지금은 어떤 부정적인 일을 발생시킬 수 있는 공포가 손해배상을 청구할 수 있는 근거로 간주된다. 공중의 불안과 염려는 빈번히 사람들의 건강에 중대한 영향을 미칠 수 있는 실제적인 요소로 제시된다. 현대 의료 문화는 스트레스와 공포가 심장병, 암, 만성 폐질환의 위험을 증가시킬 수 있다고 주장한다. 일부 보건 전문가들은 사람들의 암에 대한 공포를 사망의 명백한 원인으로 진단한다. 영국 암연구소가 수행한 한 조사에 따르면, "무지와 공포는 사람들이 암 증상을 초기에 치료하지 못하게 하고 있으며, 그러한 지체가 치명적이었던 것으로 입증될 수도 있다."[3]

공포 그 자체를 병리로 취급하는 경향은 현대사회의 독특한 특징 중 하나이다. 우리가 두려워하는 방식에 어떤 역사적·문화적 차이가 있는지를 지적할 필요가 있다. 최근까지 공포는 사회적 낙인이 찍힌 위험에 초점이 맞추어져 있었다. 그러한 위험은 지배적인 사회적 관습에 의해 형성되고, 공동체가 직면한 위협과 관련하여 당연한 것으로 간주되는 비공식적인 민간 지식들에 기초하고 있었다. 실업 공포, 소아마비 공포 또는 천벌에 대한 공포가 공유된 문화적 각본을 통해 전달되었다. 이 각본이 공포에 실체적 속성을 부여하고, 매우 분명한 공포의 대상을 설정했다. 이와 대조적으로 오늘날의 공포는 예측할 수 없고 자유 부동浮動하는 특성을 지니고 있다. 어느 날 우리는 총기 범죄를 두려워하고, 일주일 후에는 차량 강탈에 신경 쓰고, 다음 달에는 해피 슬래핑happy slapping[아무런 이유 없이 불특정 인물에게 폭력을 가하고 이를 카메라폰 등으로 찍어 인터

---

3) "Men could be dying from fear, warns cancer expert", *Daily Telegraph*, 26 May 2004.

넷 등을 통해 유포시키는 행위]의 유행으로 마음이 산란하다. 현대에서 공포는 어떤 필연적인 인과적 또는 논리적 연관성이 없이 하나의 문제에서 다음 문제로 자유롭게 이동한다.

남부 침례교 담임 목사 제리 바인즈가 2002년 6월 마호메트는 "소아성애증에 홀린 악마"였고, 알라가 무슬림에게 테러를 하라고 했다고 선언했을 때, 그는 단지 우리의 공포 서사들의 자유 부동하는 특성이 허용하는 논리적 비약을 이용하고 있을 뿐이었다.[4] 테러리즘과 소아성애증의 자의적인 결합은 둘에 대한 공포를 확대하는 효과를 초래할 수 있다. 환경오염이 홀로코스트의 은유와 연관될 때도, 또는 예기치 못한 파괴적인 폭풍이 지구온난화의 전조로 제시될 때도, 동일한 절차가 채택되고 있다.

오늘날 공포는 자유 부동하는 힘을 가지고 있으며, 매우 다양한 현상에 스스로 달라붙을 수 있다. 테러의 공포는 이러한 경향을 예증한다. 2001년 9월 11일 이후 이러한 공포는 떠돌아다니며 끝없이 영토를 확장하고 있다. 이 주제에 대한 고찰들은 공상적인 속성을 지녀왔다. 한 유력 경제학자는 "기업들은 위험에 대한 자신들의 정의를 재검토하고, 1년 전에는 공상과학소설 작가들만이 가능한 일이라고 상상할 수 있었던 시나리오의 가능성을 진지하게 받아들여야 한다."고 주장한다.[5] 공포가 새로운 영역으로까지 퍼지고 있다. 왜냐하면 9·11 이후 통상적 위험이 테러리스트들의 행동과 연관 지어짐으로써 엄청난 위협으로 전환될 수 있게 되었기 때문이

---

4) D. M. Filler, "Terrorism, Panic and Pedophilia", *Virginia Journal of Social Policy & the Law*, Spring 2003, p. 345에서 인용함.
5) D. Hale, "Insuring a Nightmare", *Worldlink*, 19 March 2002.

다. 그 결과 우리는 단지 원자력발전소가 제기하는 위험에 대해서만 우려하는 것은 아니다. 우리는 또한 원자력발전소가 테러리스트의 표적이 될 수도 있다는 점을 두려워한다. 표적으로 인식될 수 있는 현상들이 계속 확대되고 있다는 사실은 테러리스트들의 능력이 커진 결과가 아니라 막연한 공포의 힘이 커진 결과이다. 막연한 공포의 힘은 불확실성으로 인한 망설임과 불안을 소통하고 한층 더 악화된 가능한 결과를 계속해서 예측하는 문화에 의해 증대된다. 이 공포 문화는 우리에게 우리의 인간 경험을 우리의 안전에 대한 잠재적인 위험으로 접근하게 한다. 그 결과 생각할 수 있는 모든 경험이 관리되어야 하는 위험으로 변형되어왔다. 『모든 사람이 희생자이다』라는 관념은 범죄 영역에만 국한되지 않는다. 희생자가 되리라는 예상은 현대 문화의 가장 독특한 관용구들의 중의 하나, 즉 위험에 처해 있다는 관용구를 통해 굴절되고 있다. 위험에 처한 것으로 분류되는 사람은 누구든지 정의상 잠재적 희생자이다.

"위험에 처"해 있다는 개념의 출현은 개인 행위와 몇몇 위험의 가능성 간의 전통적 관계를 끊어놓는다. 위험에 처해 있다는 것은 이제 더 이상 단지 당신이 무엇을 하는가에 관한 것만도 아니고, 또 어떤 위험이 당신의 삶에 영향을 미칠 수 있는가에 관한 것만도 아니다. 그것은 또한 당신이 누구인가에 관한 것도 아니다. 그것은 한 사람의 발이나 손의 크기처럼, 그 개인의 고정된 속성이 된다. 위험에 처해 있다는 것은 또한 사람들이 직면하는 위험의 독자성을 함의한다. 위험에 처해 있는 사람들은 그들과는 무관하게 존재하는 위험에 직면한다. 만약 위험이 독자적이라면, 위험은 어떤 행동 또는 개인과 별개로 존재한다는 것을 의미한다. 그리스 신들처럼, 위험 요소들은 그들 나름의 세계에 존재한다. 그러나 자신들의 행동을 통해 어떤 의미를 지닌 메시지를 전달하는 신들과는 달리, 위험 요소들은 우리와 이야기하지 않는다. 위험과 함께 산다는 것이 우리의 운명이 되고, 그것은 불확실성에 대한 운명론적인 관점을 지향하는 성향을 재촉한다. 이러한 운명론적 인식은 계속해서 우리에게 위험을 피하고, 안전을 증진시킬 수 있는 조치를 취하라고 조언한다.

그렇다면 범죄를 두려워한다는 것은 무엇을 의미하는가?

그렇다면 우리는 하나의 독특한 문화적 현상으로서의 범죄에 대한 공포를 어떻게 이해할 수 있는가? 역사 속에서 수많은 사회가 불법적인 것의 도전을 받았으며, 높은 수준의 범죄 공포를 반드시 경험하지는 않았더라도 개인의 안전에 대해 위협받았다. 범죄의 공포는 비공식적인 관계와 당연한 것으로 간주되는 규범이 그 영향력을 상실해온 사회의 한 가지 독특한 특징이다. 사람들이 범죄를 주제로 하는 토론에서 되풀이하여 말하고 있는 것은 바로 일상생활의 불확실성들에 관한 불안이다. 예기된 형태의 행동을 기대할 수 없다는 것과 타인의 동기를 의심하는 것은 위협에 대한 자각이 번성할 수 있는 비옥한 환경을 제공한다. 이러한 인식은 사회적 고립이 만연하는 환경에서 더욱 증가한다. 그러한 환경에서는 범죄에 관련된 공포만이 아니라 공포 일반이 그 자신의 내적 힘을 획득한다.

2005년 5월 영국에서 실시된 한 조사는 위급 상황에서 도움을 요청할 수 있을 정도로 이웃 사람을 충분히 잘 알고 있는 사람이 인터뷰에 응한 1,000명 중에서 절반도 안 된다는 사실을 발견했다. 실제로 우리 중 많은 사람이 이웃 사람이 없이 이웃 속에서 살고 있다. 그러한 공동체 속에서 사람들은 서로 옆에서 공간적으로 가깝게 살고 있지만, 다른 점에서는 여전히 서로 고립되어 있다. 만약 당신이 인근에 살고 있는 사람들에 대해 그리 잘 알지 못한다면, 그들에 대해 어떤 친근감을 느끼기란 어렵다. 그러한 상황에서 사람들은 일반적으로 긴장이나 갈등을 해소하는 데 필요한, 서로 받아들이는 관습을 가지고 있지 않다. 흔히 그러한 공동체는 사람들이 자신들의 하루의 일을 서로 협상할 수 있는 비공식적인 규칙의 망을 가지고 있지 않다. 이러한 측면에서의 불명확성은 일부 사람들―특히 노인들―에게는 실존적 위기를 의미한다. 많은 노인이 점점 더 그들과는 맞지 않는 거리 문화와 마주치면서 "내가 젊은 세대의 존경과 지원을 받을 수 있을까? 아니면 그들은 나를 조롱과 경멸의 대상으로 삼지는 않을까?"라는 의문에 직면한다. 그러나 젊은 세대들조차도 행동 규칙의 불명확성에 의해 위협받고 있다고 느낀다. 많은 사람에게 갈등을 피하는 것은 그들 일상의 중요한 일부가 되어왔다.

  범죄 공포의 경험은 사람들이 서로에게 기대할 수 있는 것에 관한 공식적, 그리고 보다 중요하게는 비공식적 이해 방식이 불명확한 상황과 불가분하게 연계되어 있다. 하지만 일상적 행동의 불문율이 행동에 영향을 미치고, 우리에게 넘지 말아야 하는 한계를 생각하게 한다. 이것이 바로 "도둑에게도 신의"가 있을 수 있는 이유이다. 그러한 비공식적 규칙이 신뢰 관계의 토대를 제공하고, 사람들이 서로의 관계를 명확히 할 수 있게 한다. 전체 역사에서 그러한 비공식적 규칙이 반사회적 행동을 억제하는 데 기여해왔다. 그러한 규칙은 성인들에게 젊은 사람들의 부적절한 행동에 개입하여 그것을 중단시킬 수 있는 권위를 제공한다. 적절하지 않은 상스러운 말을 사용하거나 위협적인 행동을 하는 것을 관용하지 않는 것과 관련한 불문 가정들이 범죄 활동을 억제해왔다. 그러한 규칙은 또한 상호 연대와 지원을 기대할 수 있게 해주었다. 지원 네트워크에 의지할 수 있는 개인들은, 위협받고 있을 때, 그러한 문제들에 스스로 대처할 수밖에 없는 사람들과는 공포를 매우 다르게 느낀다. 지원에 대한 기대가 사람들로 하여금 그들이 직면한 위협에 대처하는 것을 돕게 한다. 확고한 비공식적 관계 체계는 범죄 행동을 억제하는 데 기여할 뿐만 아니라 우리의 공포를 억누르는 데에도 도움을 준다. 이 체계가 기능하는 방식이 범죄 경험 자체와 그것에 대한 우리의 반응에 결정적인 영향을 미친다.

통념과는 달리 범죄와 여타 형태의 반사회적 행동을 억제하는 것은 공식적인 치안이 아니라 비공식적으로 강화된 규칙이다. 동료 집단의 압력은 공식적인 제도의 작동보다도 개인의 행동에 훨씬 더 강력한 영향을 미친다. 1970년대 이후 상승해온 높은 범죄율의 전제 조건은 그러한 비공식적 규율의 영향이 점차 감소해왔다는 것이었다. 불행하게도 정부 정책은, 심지어 정부가 지역 치안을 강화하고자 할 때에도, 공식적인 형태의 범죄 예방에 초점을 맞춘다. 하지만 비공식적인 삶을 배양하지 않은 채 공중을 안심시키고자 하는 조치를 통해서는 범죄에 대한 공포는 최소화될 수 없다. CCTV 카메라와 같은 임시변통적인 기술적 해결책이나 가시적 치안은 단지 단기적·일시적으로만 안심시킬 수 있을 뿐이다. 그것은 범죄에 대한 공중의 공포를 크게 경감시키기는 데 필요한 비공식적 형태의 뒷받침을 해주지는 못한다. 비공식적 네트워크를 활성화하는 것이 범죄에 대한 공중의 공포를 누그러뜨리는 가장 효과적인 방법이라는 점은 입증될 가능성이 크다.

우리의 공포 문화

일반적으로 우리가 반응하는 방식, 그리고 특히 우리가 두려워하는 방식은 역사적·문화적으로 다르다. 스턴스와 해거티의 연구는 미국에서 아이들과 관련하여 공포가 개념화되어온 방식이 어떻게 변화하고 있는지에 대한 흥미로운 통찰을 제공한다. 그들은 시간이 지남에 따라 아이들의 공포에 대한 대응이 점점 더 무서움이라는 프리즘을 통해 해석되었다고 지적한다. 어린 시절의 이러한 인식이 낳은 한 가지 결과는 아동 도서에서 공포를 제거하는 경향이었다.6) 다른 결과는 아이들을 '취약'하다고 그리하여 유해한 환경에 대처할 수 있을 것 같지 않다고 개념화하는 것이다. 공포와 무서움을 등치시키는 것은 불안을 초래하는 특정 대상을 지향하는 방식 중의 하나이다. 하지만 역사적으로 공포가 항상 부정적인 함의를 지녔던 것은 아니다. 16세기 영국 철학자 토머스 홉스는 공포를 개인의 실현과 문명사회의 실현에 필수적인 것으로 보았다. 홉스와 여타 철학자들에게 공포는 새로운 사건에 대한 분별 있는 반응의 한 차원이었다. 공포가 항상 부정적인 감정적 반응을 의미하는 것은 아니다. 데이비드 파킨이 주장하는 것처럼, 19세기까지만 해도 공포의 감상感想은 자주 '존경'과 '경의' 또는 '숭배'의 표현과 결합되어 있었다.7) 이러한 관점에서 "신을 두려워하는" 행동은

---

6) P. N. Steams and T. Haggerty, "The Pole of Fear: Transitions in American Emotional Standards for Children, 1850-1950", *American Historical Review*, 96, 1991, pp. 85 and 88.

7) D. Parkin, "Toward an Apprehension of Fear", in D. L. Scruton (ed.), *Sociophobics: The Anthropology of Fear* (Boulder: Westview Press, 1986), pp. 158-159.

문화적으로 가치 있는 긍정적 함의를 지닐 수 있었다. 이와는 대조적으로 오늘날 신을 두려워하는 행동은 문화적 규범들과 그리 부합하지 않는다. 이러한 전환이 이루어진 중요한 이유 중의 하나는 그동안 두려워하는 것이 지니고 있던 어떤 긍정적 속성이 탈각되어왔다는 것이다. 파킨은 이러한 태도 변화를 공포 개념이 '경의를 포함하는 공포'에서부터 자신이 '날 공포raw fear'라고 부르는 것으로 전환한 것으로 개념화한다. 전자가 '제도적으로 통제된 공포'로 묘사되는 반면 '날 공포'는 부동하는 그리고 예측할 수 없는 성격을 더 많이 가지고 있다.

'경의를 표하는' 공포와 '날' 공포는 인간이 경험한 전혀 다른 관계를 표현한다. 파킨은 경의를 표하는 공포는 "행동에 대한 예측 가능한 반응"의 형태를 취한다고 주장한다. 그것은 '알 수 있는 공포'의 한 형태이다. 그것을 알 수 있는 것은 그것이 당연한 것으로 간주되는 비공식적 관계와 문화적으로 허용된 공식적 관계에 근거하고 있기 때문이다. 이와 대조적으로 '날 공포'는 "희생자가 겪는 예측 불가능한 측면"을 전제로 한다.[8] 이것은 민속 문화에 뿌리를 두지 않는 공포이며, 일반적으로 받아들여지는 의미의 서사에 의해 인도되지 않는다. 그렇기에 이 공포는 예측 불가능하다.

공포의 예측 불가능성은 그것의 자유 부동하는 동적인 특성을 암시한다. 그것의 즉흥성은 불안정하고 불분명한 궤적에 의해 더 커진다. 오늘날의 공포는 어떤 필연적인 인과적 또는 논리적 연관성 없이 하나의 문제에서 다음 문제로 자유롭게 이동한다. 자유 부동하는 공포의 힘은 불확실성으로 인한 망설임과 불안을 소통하고 한

---

8) Parkin, "Toward an Apprehension of Fear", p. 159.

층 더 악화된 가능한 결과를 계속해서 예측하는 문화에 의해 증대된다. 이 문화는 사회로 하여금 인간의 경험을 우리의 안전에 대한 잠재적 위험으로 접근하게 한다. 그 결과 생각할 수 있는 모든 경험이 관리되어야 하는 위험으로 변형되어왔다. 손꼽히는 범죄학자 중한 명인 데이비드 갈런드는 '위험의 위험'—위험 담론과 위험 문헌의 폭발적 성장—에 대해 기술한다. 그는 '위험'이라는 단어를 사용한다는 것 말고는 이들 문헌은 거의 관련이 없다고 지적한다.[9] 하지만 위험이라는 단어가 그 단어가 아니라면 서로 관련이 없는 다양한 경험을 틀 짓기 위해 사용된다는 바로 그 사실이, 인간이 경험하는 혼란과 불확실성을 반영하고 있다. 현대사회에서 불확실성에 대해 염려하는 반응 말고는 당연한 것으로 간주할 수 있는 것은 거의 없다. 프랑스 사회이론가 프랑수아 에발트는 이러한 예방적 감수성의 지배는 행동과 결과 간의 인과관계의 불확실성을 가정하는 문화적 분위기에 의해 뒷받침된다고 믿는다. 이러한 감수성은 공포에 특권적 지위를 부여한다. 에발트는 예방의 제도화가 사람들로 하여금 어떤 사업 결정에서 ("심각한 그리고 돌이킬 수 없는" 결과로 정의되는) 최악의 가설을 고려하게 한다고 주장한다.[10] 공포의 프리즘을 통해 불확실성과 싸우고 그리하여 가능한 최악의 결과를 예상하는 경향은 인과관계의 위기로 이해될 수 있다.

---

9) D. Garland, "The Rise of Risk", in R. V. Ericson and A. Doyle (ed.), *Risk and Morality* (Toronto: University of Toronto Press, 2003), p. 52.
10) F. Ewald, "The Return of Descartes's Malicious Demon: An Outline of a Philosophy of Precaution", in T. Baker and J. Simon (eds), *Embracing Risk: The Changing Culture of Insurance and Responsibility* (Chicago: University of Chicago Press, 2002), pp. 273-301.

인과관계의 문제는 공동체가 불행한 일들을 이해하는 방식과 매우 밀접한 관계가 있다. 사람들이 그러한 사건들—어떤 사고 또는 대참사—을 해석하는 방식은 지배적인 의미 체계를 통해 가공된다. "그것은 신이 한 일인가?", "그것은 자연 현상인가?", 아니면 "그것은 인간의 못된 행위의 소산인가?"와 같은 의문은 우리가 불행한 일을 이해하는 방식에서 중요한 함의를 지니고 있다. 오늘날 그러한 의문은 서구 사회가 공유된 의미에 대한 인식이 약하고 그리하여 자주 비난과 책임을 귀속시키는 방법에 관한 합의를 결여하고 있다는 사실에 의해 복잡해진다. 그러한 합의의 부재는 원인과 부정적 결과 간의 연계 관계가 계속해서 의문시된다는 것을 의미한다. 인과성에 관한 혼란은 추측, 소문, 불신을 조장한다. 그 결과 사건들은 자주 이해할 수 없고 또 인간 통제를 벗어나 있는 것처럼 보인다.

사회가 불확실성을 이해하는 데 어려움을 겪는 까닭은 현대의 공포가 갖는 날 공포의 성격 때문이다. 파킨의 구분, 즉 경의를 표하는 공포의 예측 가능성과 날 공포의 통제되지 않는 성격 구분은 불행의 의미가 더욱 의문시되는 경향을 표현하고 있는 것으로 이해될 수 있다. 우리가 무엇을 두려워해야 하고 누구를 비난해야 하는가라는 의문들은 점점 더 신랄한 논쟁의 대상이 되어왔다. 불행의 의미에 대한 합의의 결여는 사적이고 개별화된 그리고 심지어는 임의적인 특성을 두려워하게 한다. 불행의 의미에 대한 의견 불일치는 새로운 것이 아니다. 러셀 다인이 지적하듯이, 1755년 리스본 지진의 의미를 둘러싼 논쟁은 각축하는 세계관들 간의 대립으로 이어졌다.[11] 그러나 재난의 원인에 관한 과거의 논쟁은 경쟁하는 의미 체계들의 충돌을 수반했다. 오늘날 그러한 논쟁에서 주역들은 도덕적·지적 뒷받침을 받지 못하고 있으며, 고립된 개인으로서 그 논쟁에 참여한다. 사회의 공포를 둘러싸고 만들어진 합의가 아니라 우리가 위협에 반응하는 방식이 자주 우리를 고립시키는 경향이 있다. 버크는 "암과 범죄, 고통과 오염, 이것들에 대한 공포가 우리를 고립시킨다."고 지적한다.[12] 우리가 직면하는 그 위협들에 공통의 의미를 부여하는 거대 서사가 없을 때, 사람들의 반응은 점점 사적이고 개인화된 성격을 획득한다. 범죄의 위협에 대한 우리의 인식은 단지 공포의 사사화私事化의 가장 가시적인 표현일 뿐이다.

위험 회피

우리의 공포 문화는 사람들이 위험을 무릅쓰는 것을 막는다. 예방을 끊임없이 미덕으로 부추기고 위험 감수를 무책임한 행동과 등치시키는 분위기를 조장하는 것은 바로 문화이다. 공중의 삶에서 경험에 대한 이 같은 태도는 자주 **공포 정치**로 표현된다.[13] 우리가 위험 감수를 거부하는 프로젝트와 연관된 공포 정치를 조장하는 관점을 처음으로 마주하는 것은 토머스 홉스의 저작들에서이다. 홉스는 국가에 대한 공중의 공포를 가치 있는 것으로 평가했다. 왜냐하면 그 공포가 공중의 위험 감수를 억제하기 때문이었다.

---

11) R. Dynes, "The Dialogue Between Voltaire and Rousseau on the Lisbon Earthquake: The Emergence of Social Science View", in *International Journal of Mass Emergencies and Disasters*, Vol. 18, 2000.
12) J. Bourke, *Fear: A Cultural History* (London: Virago, 2005), p. 293.
13) F. Furedi, *The Politics of Fear: Beyond Left and Right* (London: Continuum, 2005)를 보라.

홉스는 "공중이 덜 대담할수록, 국가와 그들 자신 모두를 위해 더 좋다."고 기술했다. 21세기 초에는 대담하지 않음이 공공 정책과 대인 관계에 강한 영향력을 행사하게 되었다. 대담한 행동은 자주 부정적인 성격 특성과 관련된다. 그리고 과학의 미개척 분야에 과감하게 진출하고자 하는 사람들은 자주 그들의 오만을 질책받는다. "자연을 함부로 변형하는 것", "마귀를 병 밖으로 나오게 하는 것", "판도라의 상자를 여는 것", "신 행세를 하는 과학자들", "윤리를 위반하는 과학", "프로메테우스 같은 거만함"은 대담한 사람들을 고발하기 위해 사용되는 은유 중의 일부이다. 일상 용법에서 '시험'과 '실험'이라는 단어들은, 비록 사악한 것까지는 아니지만 부정적인 함의를 얻어왔다. 위험 혐오가 그러한 광범위한 반향을 얻어온 이유를 설명하기 위해서는, 공포 문화의 몇몇 주요한 특징을 개관할 필요가 있다.

해악에 대한 도덕적 반응의 변화

현대사회에서는 불행과 역경을 이해하기 어렵다. 사람들에게 닥치는 해악은 점점 무책임하거나 악의 있는 행동의 결과로 해석되고 있다. 우리는 때때로 나쁜 일이 우리에게 일어날 수 있다는 사실을 받아들이기가 어려운 세상에 살고 있다. 안전 전문가들과 건강 증진 주창자들은 '사고 accident'라는 단어를 싫어한다. 공중 보건 공무원들은 자주 사람들이 당하는 상해들은 예방 가능하고 그러한 사건들을 사고 탓으로 돌리는 것은 무책임하다고 주장한다. 미국 응급의료 단체는 '사고'라는 단어를 어휘에서 없애기 위한 캠페인의 선두에 서왔다. 『브리티시 메디컬 저널』은 'A'라는 단어에 반대하는 운동에도 참여해왔다. 이 학술 잡지는 자신들의 잡지에서 사고라는 단어를 금하기로 결정했다고 선언했다.14) 이 잡지는 "대부분의 상해와 그것을 촉발한 사건들이 예측할 수 있고 예방할 수 있기" 때문에, 사고라는 단어는 "사고를 일으키는 상해 또는 사건"을 언급하기 위해 사용되지 말아야 한다고 주장했다. 이 잡지의 편집자 서문은 몇몇 상해를 일으키는 사건들은 어쩌면 불행이나 신의 행위에 기인할지 모른다는 것을 어쩔 수 없이 인정한다. 하지만 그 잡지는 심지어 그러한 경우—지진 또는 눈사태—에도 예측이 종종 가능하기 때문에 "예방 조치를 취함으로써 위험한 때에 위험한 장소를 피할 수 있다."고 주장한다. 따라서 허리케인이 부는 동안 날아다니는 파편들로 인한 상해는 어떤 사고가 아니라 올바른 예방 전략을 채택하지 못했기 때문에 발생한 것이다.

   사고에 대한 『브리티시 메디컬 저널』의 태도는 전근대에 불행과 재난이 개념화되던 방식으로 되돌아간다. 자주 신의 행위—천벌의 형태—로 인식되는 재난은 빈번히 인간의 죄에 대한 벌로 묘사된다. 중세 시대에 사건과 불행을 초래하는 행동은 자주 몇몇 숨은 의미를 부여받았다. 사람들은 그러한 행동에 책임이 있는 어떤 사악한 대리인을 찾아 나섰다. 사람들에게 불행을 가져다주는 마녀들을 불태운 공동체들 또한 사고 같은 것은 존재하지 않는다고 믿었다. 세속주의가 발흥하고 나서야, 사회는 불행을 초래하는 행동을 이해하는 방식을 바꾸기 시작했다. 지식의 새로운 원천으로서의 과학의 발달은 재난에 대한 사람들의 인식을 바꾸었다. 재난은 점점 더 자연의 소행으로 규정되었다. 과학이 자연재해가 왜 그리고 어떻게 발생하는지를 설명할 수 있음에도 불구하고, 자연재해

---

14) "BMJ bans 'accidents'", in *British Medical Journal*, 2 June 2001, p. 1320.

는 그것의 모든 내적 의미를 박탈당했다. 하지만 최근에 우리는 중세 시대의 편견을 받아들이고 있는 것처럼 보인다. 열차 충돌이나 재난 직후에, 비난의 손가락은 변함없이 다른 사람을 가리킨다. 정부 공무원, 대기업 또는 부주의한 노동자들에게 불행을 야기한 책임을 지운다. 우리는 사고와 재난이 자연 발생적인 것으로 받아들여지기가 어렵다는 것을 발견한다. 열차가 충돌하거나 광산이 침수될 때, 우리는 자연스럽게 "누가 그 책임을 져야 하는가?"라고 묻는다.

불행이 인간 조건의 일부라는 것을 받아들이기 어렵다는 것을 발견하는 문화는 삶에서 의미를 발견하려는 필사적인 욕망을 무심코 드러낸다. 우리는 질병과 상해의 내적인 의미를 발견하기 위해 그것들을 탐구한다. 사람들은 자신들의 병에 대해 기탄없이 말한다. 그들은 그것에 관해 책을 쓰고 텔레비전에서 그것의 의미를 탐구하도록 고무받는다. 누군가가 끔찍한 상해로 괴로워하거나 비참하게 죽을 때, 우리는 그 경험을 해명하는 데 도움을 주는 몇몇 교훈을 탐색한다. "이런 일이 다시 일어나게 해서는 안 된다."는 문구는, 만약 우리가 어떤 비극의 실제 의미를 알 수 있다면, 그다음에는 유사한 불행한 사건들을 피할 수 있다는 확신을 표현한다. 가족 성원들은 '좋은' 어떤 것이 친척들로 하여금 비극적인 운명에서 벗어날 수 있게 할 것이라는 희망을 담은 메시지들을 전달한다. 심지어 단 하나의 예기치 못한 사건조차도 더 많은 규제와 예방 조처를 요구하게 하기에 충분하다. 무언가를 한다는 것은, 비록 그것이 단지 공식적인 조사를 실시하는 것이라고 하더라도, 무엇이 종종 실제로 불행을 유발하는 무의미한 행동인지에 주목하게 하는 데 도움을 준다. 현대 문화는 죽음이 어떤 본질적인 의미를 전혀 갖지 않는다는 생각을 거부한다. 우리가 사랑하는 그 사람이 단지 부적설한 때 부적절한 장소에 있었을 뿐이라는 관념은 모든 불행에는 어떤 내적 목적이 있다는 에토스와 상반된다.

 종교가 우리 중 많은 사람에게서 좀처럼 상상력을 불러일으킬 수 없기 때문에, 이제 불행의 원인을 더 이상 도덕적 목적을 지닌 신의 행동에 귀속시킬 수 없다. 그렇다면 우리는 한때 우연한 사건의 원인으로 탓했던 행동에 어떻게 의미를 부여하는가? 대체로 우리는 누군가에게 또는 어떤 제도에 우리의 곤경의 책임을 지움으로써 그렇게 한다. 비록 1918년에 인플루엔자의 대유행으로 2,000만 명 이상의 사람들이 사망했음에도 불구하고, 손가락질이나 비난이 거의 없었다는 것은 상기할 가치가 있다. 오늘날에는 심지어 작은 독감의 유행도 무책임한 공무원, 정치가 또는 보건 전문가에 대한 강력한 항의로 이어진다. 우리의 문화적 서사에서 '사고'라는 용어를 깨끗이 지우는 것은 비난할 누군가를 집요하게 찾아 나서게 한다. 여기가 바로 법률 전문가가 상해를 입은 사람들을 대신해서 그들에게 보상 청구를 할 수 있는 명백한 대상을 찾아 나서는 지점이다. "단지 사고였다고……. 만약 그게 아니라면?"은 상해를 입은 사람들에게 보상을 청구하라고 권하는 일에 몰두하는, 영국에 기반을 둔 조직인 액시던트 라인Accident Line이 발간한 리플릿의 표제이다. 그 리플릿은 "처음에는 그들의 사고가 어느 누구의 탓이 아닌 그들 자신 탓이라고 믿었던 많은 사람이 성공적인 청구를 하게 된 것"을 자랑한다. 그뿐 아니라 상해를 입은 사람들에게 "때때로 당신은 다른 누군가가 또는 무언가가 그것에 대해 책임져야 한다는 것을 깨닫지도 못한다."고 말한다. 사람들에게 그들이 자신의 과실이라고 생각했던 것이 실제로는 다른 누군가에게 책임을 물을 수 있는 것이라는 점을 발견하도록 교육하는 것은 영어에서 사고라는 관념을 제거하는 프로젝트의 일부인 것처럼 보인다. 『브리티시 메디컬 저널』의 비평가들처럼, 이 법률회사는 모든 상해 뒤에 과실 행동이 숨어 있다고 믿는다.

인간 존재는 항상 예기치 못한 사건, 특히 고통과 괴로움을 야기하는 사건을 이해하는 것을 돕는 어휘를 요구해왔다. 오늘날 그러한 설명의 요구는 거의 항상 누군가가 책임을 져야 한다는 것을 함축한다. 소송 혁명의 주요 동력으로 작동하는 것은 이기심이나 냉소주의가 아니라 불확실성과 불행을 이해할 수 없는 우리의 무능력이다. 그것은 불행한 경험을 즉시 어떤 다른 사람의 과실 탓으로 돌리는 분위기를 조장하는 데 일조해왔다. 이런 책임 전가의 당연한 결과로, 어떤 사람의 곤경에 대한 개인의 책임감은 약화된다. "그것은 내 잘못이 아니었다."는 진술은 우리가 우리의 삶을 괴롭히는 불유쾌한 경험에 대해 책임지기를 거부한다는 것을 뜻한다. 이것이 바로 거리를 걷다가 발이 걸려 넘어진 사람들이 지방 당국에 그것에 대한 보상을 청구할 자격이 있다고 느끼는 이유이다. 『브리티시 메디컬 저널』의 편집자 서문이 주장했듯이, 그것은 사고가 아니었다.

목적 자체로서의 안전

어느 누구도 우발적인 부상을 좋아하지 않는다. 삶의 모든 영역에서 사람들은 부정적인 결과를 초래할 가능성이 있는 특정 활동과 관련하여 이익을 따져볼 필요성에 끊임없이 직면한다. 접촉 스포츠에 참여하는 사람들은 그 운동의 흥분과 즐거움을 추구하다가 고통스런 부상을 당할 수도 있다는 것을 알고 있다. 따라서 스키어나 축구 선수가 직면하는 문제는 그들의 스포츠에서 부닥치는 위험을 어떻게 관리할 것인가 하는 것이다. 『브리티시 메디컬 저널』은 예방을 일방적으로 옹호하며, 위험 감수에 대해 심한 적대감을 드러낸다. 이 학술 잡지는 위험들을 관리하기보다는 피하고자 한다. '사고'라는 용어를 의학 사전에서 삭제하고자 하는 프로젝트는, 위험은 감수하거나 즐기는 것이 아니라 예방되어야 한다는 확신에 의해 추동되고 있다. 『브리티시 메디컬 저널』 비평가들의 태도를 이끌고 있는 문화적 각본은 예방을 미덕으로 규정하는 도덕적 전망을 제창한다. 그 각본은 위험 감수를 부정적인 측면에서 틀 짓고자 하는 경향이 있다.

'A'라는 단어에 반대하는 운동은 그것이 상해의 예방 가능한 성격에 관한 인식을 고취시킨다는 이유로 정당화된다. 그 운동은 그러한 인식이 "상해 발생의 빈도와 정도를 낮추는 데 일조할 것"이라고 믿는다. 상해를 예방하는 것은 물론 가치 있는 목적이다. 그러나 모든 상해가 예방될 수는 없다. 우리는 예방 가능한 모든 상해를 예방하기 위해 이용할 수 있는 모든 수단을 다 쓰려고 하지 말아야 한다. 이를테면 스키 부상을 완벽하게 예방하는 효과적인 방법이 있다. 그것은 사람들이 스키화를 착용하고 산에 오르는 것을 전면 금지하는 것이다. 우리는 사람들이 밖에서 자전거를 타다가 입는 부상을 자전거 타는 것을 금지함으로써 예방할 수 있다. 계몽된 사회는 인간 존재가 위험을 감수할 필요가 있고 그렇게 하면서 그들이 때때로 불행한 결과를 경험할 수도 있다는 것을 인정한다. 위험은 삶의 일부이다. 그리고 상해를 예방하는 것 자체가 목적이라는 견해를 채택하고 있는 사회는 다양한 창조적이고 도전적인 활동을 금지해야 할 것이다. 사고라는 단어를 금지하는 것은 신체적 상해를 거의 줄이지 못할 것이다. 하지만 그것은 위험 감수와 실험에 대한 현재의 불관용의 분위기를 강화할 것이다. 안전제일주의는 계몽된 사고방식의 산물이라기보다는 강박적 행동의 증상이다.

서구 사회는 안전에 사로잡혀 있다. 한때 세상을 변화시키기 위한 (또는 세상을 이전과 동일하게 유지하기 위한) 투쟁에 헌신했던 열정이 이제 우리가 안전하다는 것을 보장하기 위한 노력에 바쳐지고 있다. '안전한'이라는 딱지는 광범위한 인간 활동에 새로운 의미를 부여한다. 즉 그것은 특정한 인간 활동에 우리가 자동적으로 승인할만한 무언의 속성들을 부여한다. '안전한 섹스'는 단지 '건전하게' 행해지는 섹스가 아니다. 그것은 삶에 대한 전체 태도를 함의한다. 그리고 보다 안전한 섹스는 오늘날의 안전 문제 중 가장 이목을 끄는 것일 뿐이다. 안전 주창자들은 '안전한 공간'을 만들 것을 요구하며, 일상적 삶에서 안전한 장소를 열정적으로 그리고 세심하게 찾고 있다. 공적·사적 기관들은 끊임없이 그들의 주된 목적이 고객과 이해관계자의 안전을 보장하는 것이라고 선언한다. 내가 런던으로 통근할 때, 철도 회사는 회사가 승객의 안전을 위해 헌신하고 있다며 나를 계속해서 안심시킨다. 철도 회사는 정각에 열차를 운행하는 것이나 열차의 청결을 유지하는 것에 대해서는 훨씬 덜 말한다. 우리가 이사해서 아들이 다닐 학교를 탐색할 때, 교사들은 끊임없이 우리에게 그들이 얼마나 많이 학생들의 안전을 돌보는지를 일깨웠다. 그들은 우리에게 내 아이가 받을 교육의 질에 관해 말하는 것에 대해서는 덜 적극적이거나 별 관심이 없는 것처럼 보였다.

개인의 안전은 성장 산업이다. 이 추세는 미국에서 시작되어 즉

각 대서양을 지나 영국으로 넘어왔다. 이제 개인들에게 몇몇 새로운 위험이 보고되지 않고 한 주가 지나가는 경우는 거의 없고, 다른 안전 대책이 제안된다. 자선단체들과 조직들의 광범위한 네트워크가 개인의 안전의 모든 측면에 대해 조언하는 것을 목적으로 하여 성장해왔으며, 동일한 관심이 모든 주요 정당의 강령에도 반영되어 있다.

모든 공공장소와 사적 장소는 이제 안전의 관점에서 평가된다. 병원 보안은 보건 전문가들의 주요한 관심사로 부상해왔다. 신생아들을 잠재적 유괴범들로부터 보호하고자 하는 관심은 안전에 대한 집착이 너무 일찍부터 시작된 것이 결코 아니라는 것을 보여준다. 미국에서는 폭력적인 베이비시터에 관한 소동이 보육 보안 사업의 엄청난 팽창을 가져왔다. 런던의 크로포드 유치원은 부모들이 폐쇄 회로 텔레비전을 통해 집이나 사무실에서 자녀들을 모니터할 수 있게 한 영국 최초의 보육 시설이다. 미국에서는 오웰리언 사운딩 페어런트워치 Orwellian-sounding Parentwatch Inc라는 경비 회사가 부모들이 집이나 보육 시설에서 아장아장 걷는 유아들의 활동들을 모니터할 수 있는 웹사이트를 개설했다. 『완벽하게 안전한』이라는 제목이 붙어 있는 미국 부모들을 위한 한 매뉴얼은 '완벽하게 안전한 집'을 만드는 방법에 관한 정보를 제공한다. 예비 부모들 또한 아기와 유아를 위해 집을 안전하게 만드는 재설계 사업을 하고 있는 소규모 컨설턴트 산업에 의지할 수 있다.

영국과 미국 학교에서 안전은 큰 문제이다. 광범위한 범위를 커버하는 카메라, 자기磁氣 카드 그리고 이제는 일상이 된 다른 보안 조치들은 많은 학교를 마치 개방 교도소처럼 보이게 한다. 한편 카폰은 자신들의 자동차에 대한 격렬한 공격을 두려워하는 여성들을 보호하기 위한 안전장치로 팔리고, 전자 산업은 CCTV가 일반 가정용품이 되는 것은 단지 시간문제일 뿐이라고 추측한다.

경제생활은 분명 안전의 증진을 지향하고 있다. 서구 세계에서 보건 지출의 가파른 상승은 전통적으로 새로운 의학의 획기적 발전에 들어간 높은 비용의 결과로 설명된다. 하지만 미국과 영국에서 보건 산업을 가장 수익성이 있는 부문 중 하나로 만든 것은 새로운 의료 기술이 아니라 위험을 최소화하고자 하는 관심이다. 대체 요법과 대체 의학 시장의 성장은 수요를 창출하는 것은 다양한 첨단 과학 기술만이 아니라는 것을 보여준다. 위험 회피와 관련된 상품과 서비스는 호황을 구가하고 있다. 영국에서 병에 담은 생수는 음료 시장에서 가장 빠른 성장 부문이었다. 전적으로 안전한 수돗물도 점차 충분히 안전하지 않은 것으로 간주되고 있다.

"나중에 후회하는 것보다 안전한 게 낫다."는 말은 일반 사람들의 생활에서 근본적인 원칙이 되었다. 그리고 일단 안전에 집착하는 것이 일상의 평범한 일이 되고 나면, 인간 노력의 어떤 영역도 그것의 영향으로부터 벗어날 수 없다. 지금까지는 건강하고 즐거운 것처럼 보였던 활동—햇볕을 즐기는 것 같은 활동—도 이제 주요한 건강 위험이 되는 것으로 선언된다. 영국에서 몇몇 지방의회는 아이들이 마로니에 놀이—마로니에를 가지고 노는 오래된 풍습—를 하다가 상처를 입지 않을까 걱정한다. 그 결과 지방의회들은 마로니에 나무의 키를 아이들이 접근할 수 있게 만드는 '나무 관리' 정책—나무 잘라주기—을 시행했다. 게다가 올바르게 수행되어온 활동들조차 그것들이 위험하다는 이유로 이제는 안전 의식의 관점에서 재조명된다. 이러한 풍조 속에서 젊은이와 위험에 관한 출판물은 등산에 새로운 안전 조치가 취해졌다는 사실에 안심한다.

아무도 젊은 남성과 여성이 위험을 감수하는 것을 막지 않을 것이다. 그렇다고 하더라도 위험의 규모가 상황을 개선시킬 수도 있다는 것은 분명하다. 최근 몇 해 동안 암벽 등반가들은 더 나은 로프, 부츠, 헬멧 그리고 다른 장비의 도입 덕택으로 위험을 크게 줄여왔다.15)

우리를 우리 자신으로부터 보호하는 데 관심을 두고 있는 안전의식 전문가들은 산을 오르기로 한 젊은 사람들이 위험의 스릴을 부정하길 원치 않을 수도 있다는 사실을 고려하지 않는다.

안전의 관점에서 모든 것을 평가하는 것은 현대사회의 독특한 특징이다. 안전이 숭배되고 위험은 본질적으로 나쁜 것으로 인식될 때, 사회는 삶을 인도해야 하는 가치들에 관해 명확히 진술한다. 일단 등반이 위험 회피와 연관되면, 그것을 전적으로 금지하기 위한 캠페인이 시작되는 것은 분명 시간문제일 뿐이다. 최소한 등반 관련 사고로 고생하는 사람들은 "그들은 그들 스스로 자초했다."는 말을 들을 것이다. 왜냐하면 안전 충고를 무시하는 것은 새로운 도덕적 합의를 어기는 것이기 때문이다.

해악 서사의 변화

미디어는 우리가 환경 위험 요소들로 인해 직면하고 있는 위험을 우리 모두에게 끊임없이 상기시킨다. 인간이라는 종의 생존이 위태롭다고 말하면, 그다음에는 삶 그 자체가 하나의 커다란 안전 문

---

15) M. Plant and M. Plant, *Risk Takers: Alcohol, Drugs, Sex and Youth* (London: Routledge, 1992). pp. 142-143

제가 된다. 인간 생존을 일상의 문제로 취급하는 경향은 앞으로 우리가 마주칠 해악의 지속적인 팽창과 함께한다.

매우 생각이 깊은 논평자들은 실제로 사람들이 전보다 더 오래 살고, 이전 시대보다 더 건강하고 더 잘산다는 것을 인정한다. 그러나 많은 사람은 그러한 향상을 가능하게 한 사회적·경제적·과학적 진보는 단지 새롭고 더 큰 문제를 창출해왔을 뿐이라고 주장한다. 영향력 있는 저자들과 사상가들은 이제 새로운 기술적 위험 요소들이 위험에 무한한 특성을 부여해왔다고 주장한다. 그들은 과학적 발전과 관련된 위험을 계산하는 것이 더 이상 가능하지 않음을 시사한다. 오늘날 사건의 빠른 진행 속도, 그리고 현재 일어나고 있는 지구적 힘 때문에, 분명 인간 행동은 과거 그 어느 때보다 더 광범위하고 계산할 수 없는 결과를 초래하고 있다. 그 결과 문제가 되는 것은 우리가 알지 못하는 것만이 아니다. 우리는 그것의 결과 역시 알 수 없다.

재해와 격변은 역사 내내 발생해왔다. 그러나 이들 사건에 대한 반응은 당시 사회를 지배한 분위기에 따라 달랐다. 무엇이 위험 요소를 구성하는가에 대한 정의는 시간이 지나면서 변한다. 미국 미디어의 위험 보도에 관한 한 연구에 따르면, 1960년에 원자력에 대한 대부분의 이야기는 "비용보다는 이익을 강조했다. 1984년경 그 비율은 역전되었다." 그 연구는 또한 낙태에 관한 이야기가 틀 지어지는 방식에서 일어난 극적인 변화를 지적했다. 1960년에 낙태에 관한 이야기는 불법적인 낙태가 여성들에게 가하는 위험을 강조했던 반면, 1984년에는 그 초점이 합법적인 낙태가 태아에게 가하는 위험으로 옮겨갔다.[16] 미디어와 다른 기관이 어떤 위험을 구성하는 것을 집어내어 선택하는 방식은 위험 의식의 형성 배후에 자리하고 있는 사회 동학을 반영한다.

　1967년 1월 최초의 아폴로 우주선의 폭발, 그리고 19년 뒤 우주 왕복선 챌린저호의 폭발에 대한 사람들의 서로 다른 반응은 이 점에서 시사하는 바가 많다. 아폴로호가 불타고 세 명의 우주비행사들이 죽었을 때, 미국은 충격을 받았고 두려움에 떨었다. 하지만 그 사건에 관해 많은 사람이 비통해하고 염려했음에도 불구하고, 그 유명한 달 프로젝트의 미래는 심각한 의문의 대상이 되지 않았다. 이와는 대조적으로 챌린저호의 폭발에 대한 반응은 전면적인 패닉으로 이어지며, 중추 조직의 손실을 가져왔다. 많은 사람에게 이 비극은 과학 기술이 통제권 밖에 있다는 증거였다. 미항공우주국 나사는 그 자체로 너무 심한 정신적 충격에 빠져 다른 우주선을 발사하는 데 거의 3년이 걸렸다.

　두 개의 서로 유사한 비극에 대한 반응은 매우 달랐다. 그 이유는 무엇인가? 그 이유는 바로 어떤 사건에 대한 사람들의 인식과 반응이 시간과 장소에 따라 다르기 때문이다. 그러한 반응은 재난 그 자체에 의해서라기보다는 사회에 널리 퍼져 있는 사람들의 태도에 의해 구체화될 가능성이 크다. 사건을 보다 더 역사적·사회적 맥락에 위치시키는 관점은 안전과 위험에 관한 오늘날의 관심 증가가 과학과 기술의 진보와 별 관계가 없다고 주장할 수도 있다. 결국 불안과 공포를 불러일으키는 것은 기술적·과학적 발전의 결과만이 아니다. 범죄에 대한 우리의 공포, 아이들의 안전에 대한 우

---

16) E. Singer and P. Endreny, *Reporting on Risk: How the Mass Media Portray Accidents, Diseases, Disasters and Other Hazards*(New York: Russell Sage Foundation, 1993). p. 160.

리의 강박적인 염려 또는 친밀함에 대한 불안은 기술적 진보에 대한 사회의 반응과 별 관계가 없다.

역사적 우회

영국이 1950년대의 홍수와 최근의 홍수에 대응한 방식을 비교해보면 현재의 논점이 분명하게 부각된다. 2000년 10월 12일 밤에 잉글랜드의 남동부에서 큰 홍수가 났다. 홍수와 폭풍은 직·간접적으로 12명의 사망자와 그보다 더 많은 부상자를 낳았다. 거의 반세기 전인 1952년 8월 15일에 영국에서 이전에 발생한 적 없는 최악의 갑작스런 홍수 중 하나가 린마우스의 데본 마을을 휩쓸었다. 그 결과 9,000만 톤의 급류에 휩쓸려 35명이 사망했고, 수천만 톤의 바위가 흠뻑 젖은 엑스무어에서 흘러나와 마을을 덮치며 집, 다리, 가게, 호텔을 파괴했다. 이 대재해는 "20세기 동안 영국에 일어난 최악의 자연재해"인 1953년의 대홍수로 이어졌다.[17] 307명의 사람이 수많은 소, 돼지, 양, 가금류와 함께 익사했다. 에섹스의 캔베이 섬에서만 40명이 희생되었다.

사람들이 우연히 마주치는 재난에 대처하는 방식에는 현저한 차이가 있다. 1950년대에 사람들은 재난을 극복해야 할 시험이나 도전으로 해석하도록 고무되었다. 이와는 대조적으로 2000년에 홍수

---

17) P. J. Baxter, "The east coast Big Flood, 31 January-1 February 1953: a summary of the human disaster", in *Philosophical Transactions: Mathematical, Physical and Engineering Sciences*, Vol. 363, no. 1831, 2005, p. 1293.

는 개인들의 대처 능력을 압도할 수 있는 특히 위협적인 사건으로 표현되었다. 1953년에 여왕이 피해 지역을 방문한 것에 대한 『더 타임스』 기사는 사람들이 "용기와 불굴의 정신"으로 홍수에 대응할 것이라는 공식적으로 확인된 기대를 분명하게 전달했다. 그 신문은 여왕이 "큰 손해를 입고 분명 힘들고 견딜 수 없는 시간을 겪었을 사람들의 냉정하고 영웅적인 태도에 깊은 인상을 받았다."고 보도했다.[18] 여왕의 익숙한 낭랑한 웅변술은 상실감을 추인하는 은유와 강력한 상징을 통해 확대되어 전파되면서, 불굴의 영국인들이 직면한 고난을 이겨낼 것이라는 믿음을 전달했다. 이와는 대조적으로 2000년에 신문들은 수재민들이 심각한 심리적 손상을 입었을 수 있다는 확신을 전달했다. 『가디언』의 한 기사에 따르면, "자연재해 피해자들의 20% 정도가 외상 후 스트레스 장애로 고통 받을 수 있다." 기사는 많은 사람이 "우울해하고 고립되고, 장소 감각과 애착감을 상실하거나, 호된 시련의 결과로 강박적 불안"을 느낀다고 부언했다.[19]

사건에 대한 이 두 가지 대조적인 묘사는 해악에 대한 도덕적 지향에서도 본질적으로 다른 성향을 드러냈다. 1953년에 홍수는 정치화되지 않았다. 공무원, 공공 기관, 전문가 집단에 대한 비판을 좀처럼 찾아볼 수 없었다. 소수의 정치가가 부정확한 일기예보를 이유로 BBC를 비판했다. 2000년의 홍수에 대한 반응은 완전히 달랐다. 처음부터 주장 제기자claims maker에 의해 비난 프로젝트가 왕성하게 작동했다. 여러 차례 탐욕스러운 부동산 개발업자들, 환경

---

18) "The Queen Sees The Floods", *The Times*, 20 February 1953.
19) "In deep trouble", *Guardian*, 6 December 2000.

보호국, 공공 정책, 정치가들이 재해를 이유로 비난받았다. 놀랄 것도 없이 2000년의 홍수 직후에는 누가 비난을 받아야 하는지에 관한 논의들이 의심과 불신을 조장했다.

홍수에 대한 상이한 평가와 반응은 부분적으로는 지역사회의 비공식적 네트워크의 역할에 부여된 중요성 및 의미와 연관되어 있다. 1950년대의 홍수가 지역사회에 가해진 재해와 관련되어 있었다면, 2000년의 홍수는 개인적이고 사적인 고통과 관련되어 있다. 주목할만한 것은 1950년대의 재해와 비교해서 2000년에는 어째서 지역사회의 역할, 즉 이타주의와 복구 활동에 좀처럼 중요성이 부여되지 않았는가 하는 것이다. 언론 비평은 미디어가 복구 활동을 실제로 보도하지도 않는다고 지적한다. 지역사회의 이타주의에 대한 얼마 안 되는 보도 중 하나는 3일 동안 얄딩의 술집에 갇혀 있던 22명의 사람에게 초점을 맞추었다. 술집 주인은 "우리는 깜짝 놀랐지만, 그것은 됭케르크 정신Dunkirk spirit[위기에 처했을 때의 불굴의 정신] 같았다."고 말해 주목받았다. 이 기사에 따르면, 모든 사람이 서로 협력하여 서로에게 도움을 주었다고 한다.[20]

홍수에 대한 반응을 표현하기 위해 '영국의 불독 정신'이라는 전통적인 서사를 부활시키고자 시도했던 것은 가장 대중적인 타블로이드판 신문 『더 선』이었다. 그 필자 중 한 명은 "국가가 사람들이 기억하고 있는 홍수 중에서 최악의 대홍수를 겪으면서, 한 작은 무리의 사람이 우리에게 영국인인 것에 자부심을 느끼게 했다."고 썼다.[21] 그러나 영국인의 용기에 대한 『더 선』의 찬사의 초점이 되었

---

20) "Anguish as flood victims return to find their homes looted", *Daily Mail*, 16 October 2000.

던 것은 지역사회가 아니라 '작은 무리'의 응급 구조 노동자들이었다. 이와는 대조적으로 1953년 홍수에 대한 한 연구는 수천 명의 자원봉사자들이 구조와 구출 작업에 참여했음을 관찰했다. 당시 기사는 "민방위대 또는 자발적 조직에 속한 수많은 시민이 그들의 본분을 다했고, 영국 육군과 공군은 장교들과 병사들로 구성된 대규모 부대를 특파했다."고 적고 있다.[22]

2000년의 홍수에 대한 묘사와는 달리, 1950년대에 보도들은 지역사회의 반응을 계속해서 다루었다. 개인적인 인간적 고통에 대한 이야기는 드물었다. 『더 타임스』에는 역경에 대처하는 한 개인에 관한 이야기는 단 하나만이 실려 있다.[23] 사회의 어떤 수준에서도, 재해 과정에서 등장한 비공식적 지역사회 네트워크들이 시대의 영웅으로 보였다. 많은 수재민에게 자신들이 처한 위험한 상황에 대처할 수 있는 힘을 북돋아주는 것은 이웃과 다른 지역사회 성원들의 반응이었다. 캔베이 섬 출신으로 당시 세 형제를 잃은 크리스토퍼 맨서는 "지역 주민들이 필요한 옷가지들을 자발적으로 제공해준 것이 낳은 온정"을 회상한다. 그는 "여성들은 주머니의 내용물을 비우지도 않고 옷장에서 곧장 남편의 재킷과 바지를 가져와서" 수재민들에게 주었다고 언급한다. "나는 거기서 돈, 담배, 다이어리 등을 발견했다."고 그는 부언했다.[24] 많은 사람에게 공동체 의식은 무언가 긍정적인 것을 의미했다. 린마우스 홍수가 우체국

---

21) C. Yates, "They're floody heroes", *Sun*, 18 October 2000.
22) *The Times*, 3 February 1953.
23) *The Times*, 6 February 1953.
24) M. Pollard, *North Sea Surge: Ike Story of the East Coast Floods of 1953*(Lavenham: Terence Dalton Limited, 1978), Suffolk, p, 89에서 인용함.

을 삼켜버렸을 때 17세의 나이로 아버지를 구출한 존 페들러는 "우리는 매우 친밀한 공동체이며, 당시 우리에게 물건을 보내준 일반 사람들의 친절함을 기억한다."고 진술했다. 그는 "그것이 우리가 대처했던 방식"이라고 덧붙였다.[25]

사람들이 비상사태나 재해 시에 대처하는 방식에 관한 관념은 이전 경험에 의해 틀 지어지지만, 또한 일련의 기대를 만들어내고 사람들로 하여금 다른 문제보다 몇몇 문제에 더 민감하게 반응하게 만드는 문화적 서사에 의해서도 틀 지어진다. 그것은 사람들이 자신들의 경험을 이해하고 해석하는 틀을 제공한다. 21세기 서구 문화는 인류가 위험과 잠재적인 재난에 아주 특이한 방식으로 직면하는 위험한 시대에 살고 있다는 견해를 자주 전한다. 두 영국 역사학자는 "근대 시기는 자주 대재앙의 시대, 즉 세계적 분쟁, 대량 학살과 '인종 청소', 산업 및 농업 변화와 과학 기술의 오만에 따른 재해, 그리고 점점 더 심해지는 환경 격변의 시대로 조명된다."고 지적한다.[26] 크든 작든 재해의 경험은 손실에 대한 공중의 문화적 상상력과 태도를 통해 매개되는 사회적 현상이다. 우리의 공포 문화는 우리가 직면하는 위험을 확대하는 동시에, 역경의 경험과 맞서 싸울 우리의 능력을 손상시킨다. 그 결과 우리가 역경에 직면할 때, 우리는 스스로는 대처할 수 없을 것 같은 취약한 개인으로서 역경에 직면한다. 이것이 바로 우리가 두려워하는 방식의 가장 독특한 특징 중 하나이다.

---

25) *The Sunday Times*, 31 August 1997에서 인용함.
26) P. Gray and K. Oliver, "The Memory of Catastrophe", *History Today*, February 2001, p. l.

제2장
위험의 폭발

사회가 점점 더 위험에 사로잡히고 있다는 점은 널리 받아들여지고 있다. 이 장의 목적은 위험 논의에서 재현되는 몇몇 유형을 개관하는 것이다. 이 장은 위험에 대한 그러한 관심이 의미하는 바를 설명하려는 것이 아니라 그것을 확인하고자 한다. 이렇게 문제를 확인하는 것은 위험의 폭발 배후에 놓여 있는 것을 설명하는 데 필요한 하나의 준비 행위이다. 그것에 대한 설명은 다음 장의 주제이다.

위험에 대한 모든 논의에서 사고, 상해, 질병 또는 죽음의 발생 가능성과 자신들이 직면한 위험에 대한 사람들의 인식을 구분하는 것은 유용하다. 흔히 위험을 구성하는 것에 대한 사람들의 인식은 그들이 그러한 일로부터 불행한 일을 겪을 가능성과는 별로 관계가 없다. 예를 들면 2001년 1월에 유럽은 이른바 발칸전쟁 신드롬에 사로잡혔다. 유럽인들의 한 중요한 분파는 유고슬라비아를 폭격하는 동안에 떨어진 열화우라늄탄과 그 지역에 주둔하고 있는

NATO 군대가 겪고 있는 다양한 질병 간에는 관계가 있다는 주장을 믿는 것으로 보였다. 그러한 불안감을 가장 공세적으로 제창한 사람들조차 열화우라늄의 위험은 순전히 이론적이라는 점을 인정하고 있었음에도 불구하고, 여러 분파의 사람들은 그것을 실제의 위험으로 간주했다. 많은 군인이 볼 때, 이 새로 발명된 신드롬은 전후 자신들의 개인적 문제와 질병을 분명하게 설명해주었다. 그것만으로도 증거는 충분했다. 그러한 패닉은 반생산적이고, 심지어는 우리가 직면한 위험으로부터 주의를 다른 곳으로 돌리게 한다. 영국에서 패딩턴 열차 충돌 이후 런던으로 통근하는 수많은 사람이 열차를 포기하고 운전하여 직장으로 출근했다. 하지만 자동차 사고로 다칠 가능성이 기차 여행과 관련된 위험보다 훨씬 더 컸다.

우리가 두려워하는 것과 우리를 죽이거나 불구로 만드는 것은 항상 동일한 것이 아니라는 점은 잘 알려져 있다. 미국에서 실시한 조사에서 미국인들은 삶의 위협 리스트의 맨 꼭대기에 계속해서 원자력을 올려놓는다. 단 한 명의 미국인도 민간 핵 산업에서 방출된 방사선으로 인해 죽었다는 것을 입증할 수 없음에도 불구하고, 이 기술에 대한 공포는 여론에 계속해서 영향을 미치고 있다. 인간관계 영역에서도 일반인들의 공포와 실제 위험의 발생 간에 유사한 차이가 존재한다. 범죄의 인식과 발생 간의 차이는 환경 위험에 대한 반응과 유사하다. 미국의 경험에 기초한 보고서들은 사람들이 자주 자신들이 직면한 상황을 평가하는 방식에서 매우 부정확하다고 지적한다. 여러 조사가 한 집단의 피해 비율과 그 집단의 범죄에 대한 우려 사이에는 상당한 불일치가 있다는 것을 발견했다. 미디어의 위험 보도에 관한 한 연구에 따르면, "이를테면 젊은 흑인 남성들은 가장 많은 수의 피해와 가장 적은 수의 공포를 보고한 반면, 나이든 여성들(흑인과 백인 모두)은 가장 높은 수준의 공포와 가장 낮은 수의 피해를 보고한다."[1] 범죄에 대한 인식과 실제 위협 간의 관계는 전혀 분명하지 않다. 대서양 양편의 대학 캠퍼스에는 삶이 점점 더 폭력적으로 되어왔다는 인식이 널리 퍼져 있다. 사실 이러한 반응은 캠퍼스에서의 삶의 현실과 모순된다. 한 연구는 미국에서 1985년 이래로 폭력 범죄와 재산 범죄 모두의 비율이 떨어져왔음을 보여준다. 게다가 학생들은 그들 주변의 도시나 지역사회에서보다 캠퍼스에서 훨씬 더 안전하다.[2]

위험에 대한 주관적 인식과 실제 간의 차이는 위험 분야의 전문가들 사이에서 주요한 논의 주제 중의 하나이다. 전통적으로 위험 연구 분야는 주로 기술적 과제를 지향해왔다. 그리하여 기술 혁신의 해로운 결과를 최소화하거나 제거하기 위한 모델들이 개발되었다. 최근 몇 십 년 동안 이러한 접근 방법은 보다 광범위한 접근 방식에 길을 내주었다. 이러한 초점의 이동은 안전이란 무엇이고 위험이란 무엇인가에 대한 전문가의 의견과 일반인의 의견 간의 점점 더 증가하는 차이에 대한 하나의 반응이었다. 전문가의 견해와 자주 차이를 보이는 심각한 위험 의식의 출현은 그 분야에 대한 주요한 방향 전환을 요구했다. 그 결과 위험 연구 분야는 위험의 사회적 차원을 더욱 끌어들였다. 그러한 연구는 위험 인식을 옳거나 그른 것으로 성격 규정하는 것은 특히 유익하지 않다고 주장한다. 그러한 인식은 개인적 성향에 따른 단순한 반응이 아니다. 위험에

---

[1] Singer and Endreny, *Reporting on Risk*, p. 62를 보라.
[2] J. F. Volkwein, B. P. Szelest and A. J. Lizotte, "The Relationship of Campus Crime to Campus and Student Characteristics", *Research in Higher Education*, vol. 36, no. 6, 1995를 보라.

대한 불안의 폭발은 전체 사회의 상상력 내에서 발생한다. 그러한 상상력은 다양한 영향을 받아 구성되며, 지배적인 사회적·문화적 분위기의 본질적 부분을 형성하고, 하나의 풍조, 즉 일련의 태도를 표현한다. 그러한 분위기는 개인들이 표현하는 행복이나 슬픔처럼 합리적 또는 비합리적이라는 측면에서 성격 규정될 수 없다. 이것이 바로 더 나은 위험 커뮤니케이션을 통해 일반인의 인식에 영향을 미치고자 하는 공무원들과 전문가들이 대체로 어떤 효과도 거두지 못하는 이유이다. 특정 사건에 대한 많은 패닉 내지 과잉 반응은 결코 충분하지 않은 의사소통의 결과가 아니다. 그것은 자주 사회가 스스로를 어떻게 이해하는지에 대한 흥미로운 통찰을 제공한다. 그러한 반응은 단지 아래에서 검토할 보다 광범위한 사회과정과 관련해서만 이해될 수 있다.

위험이라는 용어의 용도에 대해 정확히 알려진 것은 거의 없다. 위험은 다양한 맥락에서 활용되고 상이한 테마들과 관련되어 사용되는 용어이다. 범죄 위험, 원자력 산업이나 생식 기술에 의해 제기된 위험, 피부암 위험, 걸프전 신드롬 위험, 정치적 위험 또는 인터넷 사용 위험에 대한 논의는 자주 있는 일이다. 종종 위험이라는 용어는 구체적 활동의 결과에 초점을 맞추어 사용되기도 한다. 에이즈 감염 위험, 미식축구 부상 위험 또는 (몸에서 콜레스테롤로 전환되는) 지방 과다 음식의 섭취에 따른 건강 위험 등이 그것들이다.

위험의 정의

위험이라는 용어는 손상, 상해, 질병, 죽음 또는 위해와 연관된 여타 불행의 가능성을 일컫는다. 위해hazard는 일반적으로 사람 및 사람이 가치 있어 하는 것에 대한 위협을 의미하는 것으로 정의된다. 위해는 단지 독극물, 박테리아, 유독성 폐기물 또는 허리케인 같은 명백한 위협만을 뜻하는 것이 아니다. 몇 가지만 거론하면 땅콩, 탐폰, 자동차, 피임약도 여러 차례 해를 끼칠 수 있는 것으로 제시되어왔다.

보고서들이 조깅이나 음주 또는 여행의 위험을 언급할 때, 위험이 지칭하는 것은 그 특정 활동이 위해로 이어질 가능성이다.

앞서의 정의를 포함하여 어떤 정의도 위험 개념의 의미와 용도를 다 포괄할 수는 없다. 게다가 그 용어의 용도가 계속해서 변화하고 있기 때문에, 위험을 구체적인 사회 및 맥락과 관련하여 고찰하는 것이 중요하다. 잠시나마 한 사회와 그 사회의 미래를 지배하는 관념과 가치도 위험을 인식하는 방식에 영향을 미친다.

모든 위험 개념은 실제와 가능성 간의 구분에 기초해 있다. 만약 "미래가 미리 결정되어 있거나 현재의 인간 활동과 독립적으로 존재한다면" 그 개념은 어떤 의미도 없을 것이다.[3] 현재와 미래의 관계는 사회가 오늘날 스스로에 대해 어떻게 느끼는지에 의존한다. 미래에 대한 공포는 오늘의 문제에 대한 불안과 연계되어 있다. 그리고 만약 미래가 두렵다면, 위험에 대한 반응은 해로운 결과가 초래될 개연성을 강조할 가능성이 더 크다. 그 결과 위험 그 자체의 의미는 사회가 변화를 관리하고 자신의 미래 대처 능력을 어떻게 판단하는지에 의해 틀 지어진다. 이를테면 최근까지 사람들은 빈

---

[3] O. Renn, "Concepts of Risk: A Classification", in S. Krimsky and D. Golding (eds), *Social Theories of Risk* (Westport, CT: Praeger, 1992), p. 56을 보라.

번히 나쁜 위험뿐만 아니라 좋은 위험에 대해서도 이야기했다. "많은 기회를 위해 적은 확실성을 감수하는 것"이 18세기에 사무엘 존슨이 이 용어를 사용한 방식이었다. 수차례에 걸쳐 위험 감수는 칭찬할만한 진취적인 정신으로 제시되었다. 최근 몇 십 년 동안 위험의 이 같은 중립적 속성은 그 정의상 하나의 문제로 인식되는 속성에 길을 내주었다. 긍정적 결과와 부정적 결과를 따져보던 위험에 대한 전통적 사고가 이제 단지 부정적 결과의 위험danger만이 방정식의 일부가 되는 사고방식으로 대체되었다. 따라서 오늘날 우리가 위험에 대해 말할 때, 우리가 염두에 두는 것은 해로운 결과로서의 위험이다. 우리는 '좋은 위험'으로 간주될 가능성이 있는 결정에 대해서는 점점 기술하지 않는다. 놀랄 것도 없이 위험이 점점 더 부정적 결과의 위험과 등치됨에 따라, 의식적으로 위험을 회피하기 위한 전략을 채택하는 경향이 있다. 실제로 전통적으로 '위험 감수'와 연관된 긍정적 함의는 비난에 그 길을 내주었다. 따라서 많은 상황에서 '위험을 감수하는 것'은 사회적 비난을 자초하는 것이다.

이 주제에 대한 현대의 논의와 관련한 또 다른 특징은 그것이 실제 인간 활동의 모든 유형에 내재한 위험성을 부각시키는 경향이 있다는 점이다. 이를테면 영국 소비자 안내 책자 『위치which?』의 1986년 7월호 광고는 다음과 같이 선언했다.

안전한 여행

당신이 항공기, 배, 버스로 여행할 때,

얼마나 위험한지 알기나 하는가?

우리는 그것을 조사한다.

이와 같은 조사는 집, 학교 또는 직장에서 이루어지는 활동과 관련하여 수행된다. 놀랄 것도 없이 그러한 조사의 의도는 안전을 현대사회의 주요한 덕목 중의 하나로 끌어올리는 것이다. 그러한 가치를 퍼뜨리는 것은 모든 실제 경험에 새로운 의미를 부여한다는 점을 지적할 필요가 있다. 의식적으로 안전을 추구하는 여행은 탐험과 발견을 위한 여행과 매우 다르다. 안전한 여행은 예기치 못한 것을 피하고자 시도한다. 왜냐하면 예기치 못한 것은 위험한 것일 가능성이 더 크기 때문이다.

현대의 논의는 "위험에 처"해 있다는 개념화를 통해 가장 잘 표현된다. 이 용어를 틀 짓는 새롭고 독창적인 방식은 매우 널리 퍼져 있어, 위험이 이러한 방식으로 인식되기 시작한 것이 단지 최근이라는 사실을 간과하기 쉽다. 위험에 처해 있다는 것은 모호한 개념이다. 그것은 어떤 위험에 특히 취약한 특정 유형의 사람들을 나타내기 위해 사용되곤 한다. 위험에 처해 있는 아이들은 보통 특정한 생활양식과 연계되어 있다. 그것은 또한 인간 존재에 대한 진술을 상징하기도 한다. 인간의 선택 범위와 미래는 그들에게 영향을 미치는 다양한 위험 요소로 둘러싸여 있다. 위험에 처해 있다는 것은 또한 어떤 상황, 만남, 경험을 일컫기도 한다. 섹스, 가정생활, 발전소 부근에서 살기, 또는 밤 외출은 사람들이 위험에 처해 있다고 일컬어지는 경험들이다.

"위험에 처"해 있다는 개념의 출현은 개인 행위와 일정한 위험 가능성 간의 전통적 관계를 끊어놓는다. 위험에 처해 있다는 것은 이제 더 이상 당신이 무엇을 하는가에 관한 것만이 아니다―그것은 또한 당신이 누구인가에 관한 것이기도 하다. 그것은 어떤 사람의 발이나 손의 크기처럼, 개인의 고정된 속성이 된다. 따라서 서로 다른 전문 분야의 전문가들은 누가 위험에 처해 있는지에 대한 프로필을 작성한다. 이를테면 사회사업가들은 부모의 배경을 살펴보고, 그 정보가 그들의 아이들이 위험에 처해 있는지에 대한 유효한 지표일 수 있다고 믿는다. 위험 요소에 대한 조사는 위험에 처해 있을 가능성이 가장 큰 사람들에게서 나타나는 행동 형태를 분리해낸다. 흡연, 비만, 스트레스는 건강 증진 분야에서 보다 공론화된 위험 요소 중의 일부일 뿐이다.

위험에 처해 있다는 것은 또한 사람들이 직면한 위험의 **독자성**을 함의한다. 위험에 처해 있는 사람들은 그들과 무관하게 위험에 직면한다. 이것은 위험이 단지 어떤 개인의 행동의 결과만이 아니라 행위자와는 전혀 별개로 독립적으로 존재하는 어떤 것이라는 점을 의미한다. 따라서 이 원리가 지배하는 곳에서는 손실 및 이익과 관련한 선택을 통해 위험 감수 여부를 결정하게 하던 개연성 원리가 위험 회피를 강조하는 것에 자리를 내주었다. 일단 위험이 그 자체로 존재하는 것으로 인식되고 그리하여 인간이 단지 최소한도로만 개입할 수 있는 것으로 인식되고 나면, 가장 현명한 행위 경로는 그것을 무조건 피하고 보는 것이다. "위험에 처"해 있다는 개념에 함축되어 있는 인간 능력의 축소는 위험 계산을 극적으로 변화시켜왔다. 이 책을 통해 점점 더 분명해지겠지만, 위험의 현대적 의미는 그것의 과거 용법과 공통점이 거의 없다. 어떤 활동이 긍정적 가능성은 물론 부정적 가능성에도 열려 있다는 것은 그것의 해로운 결과에 의해 압도당해왔다.

만약 위험이 독자적이라면, 그것은 위험이 어떤 행동이나 개인과 무관하게 존재한다는 것을 암시한다. 그리스의 신들처럼 위험 요소들은 그들 자신의 세계 속에 존재한다. 사회의 역할은 그 성원들에게 그들이 함께 살아갈 수밖에 없는 위험 복합체에 대해 경고하는 것이다. 위험에 처해 있다는 것은 삶의 하나의 조건이다. 이것이 특정한 위험 요소나 기술과 관련한, 위험의 전통적 개념화가 너무나도 제한적인 이유이다. 위험 요소 체계는 어떤 개인의 행동에 앞서 독립적으로 존재하는 것으로 제시되며, 따라서 위험에 처해 있다는 경험은 어떤 특정한 경험을 초월한다. 개인의 안전 지향적 태도는 환경문제에 대한 반응과 마찬가지로 이러한 의식을 표현하는 것이다. 그 결과 위험 의식은 인간 행동 전체에 영향을 미친다. 위험 요소의 독자화는 개인과 경험 사이의 인간 중심적 관계를 역전시킨다. 이 새로운 시나리오에서 자율적인 개인들은 사라지고, 그들은 독자적인 위험 요소들의 권위에 종속되는 사람들로 되돌아간다.

이 책의 중심 주장 중의 하나는 위험에 처해 있다는 인식은 사회에 널리 퍼져 있는 분위기, 즉 행위 전반에 영향을 미치는 분위기 중의 하나라는 것이다. 그것은 다양한 관심과 경험에 스스로 달라붙는 (그리고 그것과는 분리되어 있는) 막연한 의식인 것으로 보인다. 주요한 기술적 혁신뿐만 아니라 일상적 경험까지 잠재적 위협으로 인식하는 경향이 이미 존재하고 있다는 것은, 일반 사람들의 주목을 받는 어떤 위험에도 기꺼이 반응을 드러낼 준비가 되어 있는 고양된 의식 상태가 존재한다는 것을 의미한다. 이처럼 막연한 불안에 대한 이해는 위험 의식의 또 다른 차원을 검토할 것을 요구한다.

위험의 인플레이션

오늘날의 사회는 사람들이 직면하고 있는 위험에 사로잡혀 있는 듯이 보인다. 지난 10년 동안 우리는 새로운 위험의 진정한 폭발을 목도해왔다. 삶은 점점 더 폭력적으로 그려지고 있다. 아이들은 점점 더 통제할 수 없는 존재로 묘사된다. 범죄는 증가 일로에 있다. 우리가 먹는 음식, 우리가 마시는 물, 그리고 건물에서 휴대폰에 이르기까지 우리가 사용하는 모든 물질이 정밀 조사의 대상이 되어왔다. 하지만 인류의 생존을 의문시하게 한다고 말해지는 거대한 위협과 관련해서 보면, 그러한 일상적 위험에 대한 반응은 별반 의미를 지니지 못한다.

지난 10년 동안 인간 생존이 위협받을 수도 있다는 선언이 너무나도 빈번히 반복되어왔기 때문에, 세상의 종말에 대한 예측은 다소 진부하다. 우리의 상상력은 계속해서 사건에 대한 있음직한 최악의 해석을 이끌어낸다. 다양한 위험과 관련하여 광범위한 영향을 미칠 수도 있는 대재앙이 되풀이되어 예견되고 있다. 이런 식으로 치명적인 전염병의 대유행과 관련한 공포는 핵전쟁, 지구 온난화, 그리고 여타 환경 재해의 위험에 대한 불안을 강화한다. 에볼라 바이러스, 광우병, 중증급성호흡기증후군(SARS)과 같은 새로운 건강 위협이 가세하는 것만으로도(그리고 종래의 위험, 특히 콜레라, 결핵, 디프테리아가 종종 약물내성을 지닌 형태로 재출현함으로써), 에이즈는 페스트의 현대적 등가물의 지위를 차지해왔다.

위험의 인플레이션은 현재 체계적으로 연구되고 있으며 널리 받아들여지고 있다. 최악의 시나리오를 즐기는 경향은 존 레슬리의 책 『세상의 종말: 인간 소멸의 과학과 윤리』에 아주 잘 요약되어 있다. 레슬리는 그 책의 서두에서 인간 종을 전멸시킬 수도 있다고 자신이 믿고 있는 일련의 위험을 거침없이 서술하고 있다. 그 목록에는 핵전쟁과 오존층 파괴와 같은 7개의 위험이 포함되어 있다.

그는 그러한 위험들은 "이미 잘 알려져 있다."고 진술한다. 그는 또한 별의 폭발이나 컴퓨터와 연관된 재난과 같은 16개의 위험을 덧붙인다. 그는 그러한 위험들은 자주 "인지되지 않는다."고 주장한다.[4] 레슬리의 냉혹한 예측은 다소 유별난 것일 수도 있지만, 그것은 인류가 여러 가지 자연적·사회적·기술적 요소가 초래한 중대한 위험에 처해 있다는 합의를 반영한다. 사실 환경에 대한 출판물들은 계속해서 위기 담론을 사용한다. 이를테면 『가디언』에 실린 2005년 환경 상태에 대한 한 논평은 「기후 공포」라는 전형적인 제목을 달고 있다. 그것은 2005년은 "1861년 이후에 기록된 가장 무더웠던 네 해 중의 하나였다."고 지적한다. 그 논평은 이 "환경에 기념비적인 해"에 "가장 많은 수의 허리케인과 열대성 폭풍이 기록되었다."고 진술한다.[5] 그러한 보고들을 놓고 볼 때, 지구라는 행성이 종말적 쇠퇴 상태에 있다는 결론을 피하기 어렵다.

환경에 대한 불안은 새로운 장르인 메디컬 최후의 날 시나리오와 나란히 놓고 보면 그렇게 심각해 보이지 않는다. 아노 카렌의 『전염병의 진보: 인간과 질병의 사회사』와 로리 가렛의 『전염병의 도래: 균형 잃은 세계에서 새로 출현하는 질병들』과 같은 최근에 출간된 베스트셀러는 대서양 양편에 중요한 영향을 미쳤다. 이 책들은 과학 세계와 대중문화를 통해 삽시간에 번지는, 전염병 및 유행병과 관련한 패닉이 주는 새로운 긴장을 하나로 통합한다. 유행병이라는 단어가 그렇게 많은 서로 다른 현상과 관련하여 사용된 적

---

[4] J. Leslie, *The End of the World: The Science and Ethics of Human Extinction* (New York: Routledge, 1996), pp. 4-10.

[5] "Climate of Fear", *Guardian*, 21 December 2005.

은 없었다. 그런데 카렌은 "부활한 선腺페스트/폐페스트, 악성 신종 독감 바이러스, 새로운 공기감염 출혈열, 또는 다른 종들에게서는 발견되지 않고 잠복되어 있는 세균"이 초래할지도 모를 "전 지구적 대량 전멸"을 상상한다.6) 사실 영장류의 기관을 인간에게 이식하는 것에 대해 반대하는 주요한 이유 중의 하나는 알려지지 않은 바이러스가 동물에게서 인간으로 전이될 수 있는 명백한 위험이다. 이런 식으로 질병이 인간의 생존을 위협할 수 있다는 것에 대해 의문이 제기되고는 있지만, 그러한 위협의 존재 그 자체는 논의되지 않고 있다. 이 시나리오에서 전염병들은 우리의 막연한 위험 예감에 의해 발견되기를 기다리고 있는 중이다.

에이즈 패닉이 서구 세계를 처음으로 휩쓴 이후, 일련의 전염병이 분출해왔다. 그중 일부는 오염된 음식(살모넬라균에 오염된 달걀, 리스테리아균에 오염된 연질 치즈)과 관련되어 있었고, 다른 것들은 (자이르에서의 에볼라 창궐과 같은) 외래산이었다. 또 다른 것들은 여전히 결핵과 디프테리아 같은 구시대의 질병들이다. 영국에서는 광우병에 감염된 쇠고기가 인간 광우병 환자를 발생시키자 1996년 3월 대규모의 공중 보건 파동이 일어났다. 최근 들어서는 외래산 바이러스가 주요한 우려의 대상이 되었다.

이들 질병 파동의 가장 공통적인 특징은 위협의 규모에 대한 체계적 과장이다. 1990년대에 신문 보도들은 영국에서 10만 명에 달하는 사람들이 광우병이 유발한 불치의 뇌질환으로 사망할 것이라고 주장했다. 2005년경에 150명이 이 질병으로 사망했다. 그러나

---

6) A. Karlen, *Plague s Progress: A Social History of Man and Disease* (New York: Random House, 1995), p. 276.

미디어는 이전의 대재앙 예측이 현실화되지 않았음을 세상에 알리는 대신에, 광우병을 다가올 더 많은 위험의 서막으로 다루는 경향이 있다. 미디어는 사스와 관련한 희소식으로 일반 사람들을 안심시키지도 않았다. 2003년에 이 '살인 폐렴'에 대한 패닉이 최고조에 달했을 때, 미디어는 사스를 전체 세계를 위협하는 무서운 질병으로 묘사했다. 공항에서의 집단 검진과 국경 폐쇄도 요구했다. 다행히 사스는 단 200명의 사망자만을 낳았다. 그럼에도 불구하고 이 질병의 위험과 관련하여 민심을 소란케 하는 설명은 계속해서 유포되었고, 일반 사람들에게 사스는 전 세계적으로 유행할 새로운 바이러스성 전염병 물결의 서막이라고 경고했다.

전염병과 관련된 파동은 새로운 건강 문제의 끊임없는 발견에 의해 보충된다. 유행병과 함께, '신드롬'은 1990년대에 가장 남용된 개념 중의 하나이다. 점점 더 다양한 범위의 경험이 신드롬과 결합되고 있다. 우리는 걸프전 신드롬에서 만성 지각 신드롬까지 온갖 신드롬을 가지고 있다. 많은 설명은 산업화된 세계에 사는 사람들은 더욱 건강이 나빠지고 있다는 인상을 만들어내고 있다. 일부 필자들은 암으로 사망한 사람들의 수가 많다는 것을 우리가 본질적으로 유해한 환경에서 살고 있다는 증거로 제시한다. 슈레이더-프레체트에 따르면, "이미 암이 제2차 세계대전, 한국전쟁, 베트남전쟁 모두를 합한 기간 동안에 목숨을 잃은 미국인보다 더 많은 미국인의 목숨을 매년 빼앗아간다. 암으로 인한 연간 사망 사례 수는 수년간 자동차로 인한 사망 사례 수의 8배이다."[7] 암의 발생률이

---

[7] K. Shrader-Frechette, *Risk and Rationality: Philosophical Foundations for Populist Reforms* (Berkeley: University of California Press, 1991), p. 24.

그러한 이목을 끄는 표현으로 제시될 때, 암이라는 유행병이 미국을 휩쓸고 있다는 결론을 피하기란 어렵다. 하지만 실제로 현실은 아주 다르다. 수치는 폐암을 제외하고 모든 암을 합친 연령별 암 사망률이 1950년대 이후 85세 이상 집단을 제외하고는 모든 개별 집단에서 감소해왔음을 보여준다. 이처럼 암 사망률은 급상승하지 않고 있다. 실제로 그렇게 많은 사람이 여전히 암으로 사망한다는 사실은, 사람들을 이전보다 더 오래 살 수 있게 해주는 전반적인 건강 수준의 향상에 기인한다. 암은 그 비율이 연령과 함께 증가하는 질병이다. 과거에는 많은 사람이 암이 그들의 삶을 위협할 수 있는 연령까지 생존하지 못했을 것이다.[8]

많은 관찰자가 계속해서 건강에 사로잡혀 있는, 그리고 계속해서 어떤 의료 또는 환경 패닉에 빠져 있는 사회에는 어떤 잘못이 존재한다는 점을 인정한다. 하지만 건강과 관련하여 문제를 인식하고 있는 많은 필자가 대체로 실제 사회의 모든 영역이 위험의 폭발에 의해 지배되고 있다는 점을 깨닫지 못하고 있다. 그 문제와 전염병의 연계 관계는 결코 건강의 영역에만 국한되지 않는다. 아동 학대는 자주 현대 전염병으로 묘사되고 있다.

이를테면 미국아동보호협회는 1976년에서 1986년 사이의 모든 아동 학대 형태를 보고하면서 아동 학대가 225% 증가했다고 주장했다. 다른 사람들도 아동 학대는 전염병처럼 번져왔다고 주장한다. 이 주제에 대해 한 필자는 다음과 같이 주장한다.

---

8) 이 문제에 대한 흥미로운 논의로는 B. Ames and L. S. Swirsky Gold, "Misconceptions Regarding Environmental Pollution and Cancer Causation", in M. Moore (ed.), *Health Risks and the Press* (Washington, DC: Media Institute, 1989)를 보라.

성 학대는 다른 나라에서뿐만 아니라 미국에서도 중요한 문제이다. 일부 사람은 아이들 5명 중 1명—남아와 여아 모두—이 18살 생일이 되기 전에 성 학대를 당할 위험이 있다는 것을 보여주는 수치를 제시하면서, 성 학대가 전염병처럼 번지고 있다고 여긴다.[9]

유사한 주장이 가정 폭력, 학교에서의 약자 괴롭히기, 그리고 여타 다양한 형태의 괴롭힘의 폭발에 대해서도 제기되어왔다.

범죄가 끊임없이 증가하고 있다는 인식은 건강과 환경 영역에서의 패닉적 반응과 유사하다. 대부분의 연구는 일반 사람들이 개인의 안전에 대해 광범위한 우려를 하고 있음을 보여준다. 폭력 범죄에 대한 공포는 사회의 모든 수준에서 인간관계에 영향을 미친다. 건강 파동과 마찬가지로, 사회의 막연한 위험 의식은 수요일의 범죄와 일요일의 또 다른 범죄와는 다른 월요일의 한 범죄 유형에도 달라붙었다. 지난 몇 년 동안 영국인들은 여러 차례 노상 분노road rage〔교통 체증으로 인한 폭력 행위〕, 범죄 아동, 스토킹, 공공장소에서의 무작위적 폭력에 주목해왔다.

범죄에 대한 높은 수준의 불안은 세계를 더욱 불안정하게 만들 뿐이라는 것 역시 불행한 일이다. 미국에서 노상 분노에 대한 언론의 관심은 불안한 운전자들 사이에서 과대망상증을 부추기는 데 일조해왔다. 1980년대 후반 동안, 1,200건의 노상 분노 관련 사망 사건이 보고되었다. 그 결과 사람들은 너무나도 두려워서 조수석

---

9) R. E. Freeman-Longo, "Feel Good Legislation: Prevention or Calamity", *Child Abuse and Neglect*, vol. 20, no. 2, 1996, p. 95.

에 총을 두고 운전하기 시작했다. 이러한 반응의 예측 가능한 결과는 더 많은 사람이 목숨을 잃었다는 것이었다.

아동에 대한 범죄 위협과 관련한 불안은 자주 패닉 같은 성향을 지닌다. FBI 통계는 미국에서 1년에 100명이 안 되는 아이들이 낯선 사람에게 유괴된다는 것을 보여주고 있지만, 아이 유괴에 대한 일반인들의 우려가 만연해 있다. 이를테면 오하이오의 취학아동들에 관한 한 연구는 그들의 거의 절반이 자신들이 유괴될지 모른다고 생각한다고 보고했다. 그러한 반응은 놀랄만한 것이 아니다. 우유 팩, 포스터, 비디오의 공익광고 캠페인은 유괴가 광범위한 위협이라는 인상을 강화하는 데 일조해왔다. 이와 동일한 부풀려진 위험 인식이 영국에도 만연해 있다. 많은 부모는 솔직히 수년 동안 낯선 사람에 의해 살해된 아이들의 수가 계속해서 정지 상태에 있다는 것을 믿지 않는다. 그것은 1년에 평균 5건이었다. 매우 널리 알려진 몇몇 아동 살해는 그러한 비극이 "모든 아이에게 일어날 수 있다."는 인상을 심어주는 데 일조해왔다.

아동 관련 범죄에 대한 반응에서 가장 우려되는 증상 중의 하나는 사실이 취급되는 대담한 방식이다. 예를 들어 아이 양육 전문가 페넬로페 리치의 다음과 같은 최근 기고문을 살펴보자. "아이들에 대해 또는 아이들에 의해 행해지는 잔혹 행위의 실제 규모와 범위가 어떠하든 간에, 서구 사회에 의해 시들어가고 있거나 서구 사회를 시들게 하는 사람들이 수백, 수천 명이 아니라 수백만 명이 넘는다."[10] "실제 규모가 어떠하든 간에"라는 다소 불명확하게 시작

---

10) P. Leach, *Children First: What Society Must Do - and Is Not Doing - for Children Today* (London: Penguin, 1993), p. xiii.

하는 진술이 수백만 명의 희생자에 대한 확신에 찬 주장으로 끝난다. 유사한 맥락에서 로잘린드 마일스는 독자들에게 다음과 같이 경고한다. "오늘날 범죄 아동, 학대받는 아이, 통제 불능 아이에 대한 뉴스 기사가 넘쳐나는 것은, 그것들이 얼마나 신문의 과장 보도와 도덕적 패닉의 냄새가 나든 간에, 점점 더 증가하고 있는 정당화된 진정한 우려를 보여준다."[11] 이러한 관점에서 볼 때, '과장 보도'와 '도덕적 패닉'은 진정한 우려를 표현하는 수단이다. 이러한 우려가 진정하다는 데에는 의문의 여지가 없다. 그러나 "수치에 대해 신경 쓰지 마라, 그 문제가 엄청난 것임에는 틀림없다!"라는 태도가 그러한 우려의 근거를 해명해주지는 않는다.

최근에 아동 관련 문제가 어떻게 매우 감각적으로 다루어지는지는 널리 알려져 있다. 많은 사람은 1988년 영국 리즈의 내무국이 조직한 '낯선 사람 위험' 감시대와 같은 두려움 캠페인이 초래한 비극적 결과를 지적해왔다. 알지 못하는 사람을 믿지 말라고 아이들에게 경고하는 문구로 온 도시를 가득 채운 이 캠페인은 이 문제와 관련하여 히스테리와 흡사한 분위기를 만들어내는 데 일조했다. 유럽의 대부분의 지역보다 영국에서 아이들이 거리를 마음대로 돌아다닐 자유가 거의 없다는 것은 놀랄 일이 아니다. 몇몇 지역에서는 자녀를 학교까지 바래다주지 않는 부모들은 어린아이들을 위험에 방치한다고 여겨진다. '낯선 사람 위험'이라는 문화가 초래한 결과는 아이들의 독자적 이동에 관한 최근의 한 연구에 아주 잘 요약되어 있다.

---

11) R. Miles, *The Children We Deserve: Love and Hate in the Making of the Family* (London: Harper Collins, 1994), p. 46.

우리는 우리 아이들을 위해 공포를 통해 안전이 증진되는 세계를 창출해왔다. "한 번의 실수가 당신을 죽인다."와 같은 캠페인의 메시지는 위험의 원천을 존중하는 것이다. 아이들의 안전에 책임이 있는 사람들이 아무런 당혹감도 없이 또 공중의 분노를 불러일으키지 않고 그러한 세계를 광고할 수 있는 것은, 받아들일 수 없는 것이 얼마나 받아들여지게 되었는지를 보여주는 하나의 척도이다.[12]

불행하게도 공포의 활용은 다양한 선의를 증진시키기 위해 널리 받아들여진 장치의 하나가 되었다.

공포의 조장과 정보의 선동적 조작은 자주 그것이 일반인들에게 적은 비용으로 유익한 메시지를 전달하는 방법이라는 점에 근거하여 정당화된다. 이를테면 피부암의 위험에 관한 건강 증진 캠페인은 암 유발 요인으로서의 노출에 초점을 맞춘다. 하지만 결정적인 요인은 해당 개인의 유전학적 구조와 관련되어 있으며, 대부분의 사람은 여전히 피부암에 대한 두려움 없이 햇볕을 즐길 수 있다는 주장이 제시되어왔다. 많은 건강 증진 운동가는 이러한 주장을 알고 있지만, 정보가 조건부로 제시될 경우 정보가 일반 사람들에게 미치는 효과가 심각하게 훼손된다고 주장한다. 달리 말해 사람들은 정보를 제공받고 그것에 근거하여 선택하기보다는, 그냥 모든 사람이 그들이 위험에 처해 있다는 경고를 받는다. 명백히 위험에 처해 있는 사람들과 그렇지 않은 사람들을 구분하기를 거부하는

---

12) M. Hillman, J. Adams and J. Whiteleg, *One False Move ······ A Study of Children's Independent Mobility*(London: PSI Publishing, 1990), p. 111.

것은 또한 거듭된 에이즈 각성 캠페인의 특징이기도 했다. 미디어가 에이즈가 이성애자에게는 중요한 위협이 아니라는 것을 인정하기 시작한 것은 거의 10년 동안 캠페인이 전개되고 난 후인 불과 최근의 일이다. 이 캠페인의 지지자 대부분은 부정직한 선전을 조장해 온 것에 대해 사과하지 않는다. 마크 로슨은 『가디언』에 쓴 글에서 "정부는 거짓말을 해왔고, 나는 기쁘다."라고 선언했다. 로슨은 "정부가 '과장과 부정확성'을 조장해왔지"만, 그것이 "선의의 거짓말"이었기에 문제가 안 된다고 양보한다.[13] 성행위와 개인 관계에 크게 영향을 미친 널리 퍼진 이 패닉은 그 자체로 진실을 말하는 것을 하나의 협상의 대상으로 만들기에 충분한 명분이 된 것으로 보인다.

시민단체들은 자신들의 대의를 증진시키기 위해 의식적으로 위협 전략을 사용한다. 2006년 6월 부시 대통령이 그의 원자력 정책을 독려하기 위해 펜실베이니아를 방문하는 동안, 그린피스는 그것에 대응하여 지역의 반대자들이 제기하는 '위협'과 관련된 민심을 동요시키는 성명서를 발표했다. 우연히 공개된 그린피스의 메모는 이 단체가 공포 선전을 용인하고 있음을 예증해주었다. 메모에는 다음과 같이 적혀 있었다.

> 세계 최악의 핵 사고 체르노빌 비극 이후 20년 동안 세계는 거의 민심을 소란하게 하는, 그리고 아마겟돈적인 유사 사건들로 채워져 왔다.[14]

---

13) M. Lawson, "Icebergs and Rocks of the 'Good' Lie", *Guardian*, 24 June 1996.
14) *Washington Post*, 2 June 2006에서 인용함.

후일 이 메모의 작성자는 그가 '실수로' 누출한 이 문서에서 농담거리를 만드는 중이었다고 주장했다. 하지만 이와 같은 농담은 그 단체의 보도 자료에서 빈번히 정기적으로 등장한다.

팽창하고 있는 다양한 위험을 경고하는 선전과 정보에는 아무런 제약도 존재하지 않는 것으로 보인다. 그렇지만 사람들은 모든 것이 다 동시에 더 위험해지고 있다고 생각하지는 않을 것이다. 개연성의 법칙은 적어도 어떤 것들은 다른 방향으로 나아가고 있음에 틀림없다고 제시하기도 한다. 그러나 "그리고 그것은 더 나빠지고 있다."는 말은 놀랄 정도로 넓은 경험의 범위에서 점점 더 빈번하게 사용되고 있다. 게다가 이러한 경향은 현재 위험한 것으로 간주되는 다양한 활동으로 확대되고 있으며, 따라서 인간 생존에 대한 주요한 위협에서부터 걸어서 학교 가기 같은 세속적인 일상사까지 모든 것이 위험 의식에 종속된다. 때때로 그것들은 피할 길이 없어 보인다. 건강 증진 운동가들은 사람들에게 특정한 위험을 피하라고 조언하지만, 그렇게 하는 것 자체도 위험하다. 한 저자가 기술했듯이, "위험을 감수하고 몸을 극한 상황에 내던지는 것은 많은 스포츠 활동의 일부이다. 점점 더 많은 성인이 규칙적인 운동을 함에 따라 위험의 수 역시 크게 증가했다."[15] 따라서 운동을 하는 것과 소파에 앉아 TV를 보는 것 중에서 하나를 선택하는 것은 가능해 보인다. 그러나 위험을 피하는 것은 가능하지 않다. 전자의 경우에는 스포츠와 연관된 위험이 따르고, 후자의 경우에는 좋지 않은 건강이라는 위험이 따른다.

---

15) A. Quick, *Unequal Risks: Accidents and Social Policy* (London: Socialist Health Association, 1991), p. 81.

사실상 사회적 삶의 모든 영역에서 끊임없이 증폭되고 있는 위험은 몇 가지 근본적인 문제를 보여주는 징후임에 틀림없다. 미국 비평가 수전 손택이 논평한 것처럼 "매우 광범위한 영향을 미치는 격변을 예견하고 그것에 대한 너무나도 많은 준비가 눈에 띄게 이루어지고 있다는 것"은 사회 내에 뭔가 결함이 있다는 것을 시사하는 것임에 틀림없다.[16)]

부작용의 공포

위험에 대한 공포와 불안은 놀랄 정도로 선택적이다. 1995년 한 해 동안 자이르〔콩고민주공화국〕에서 발생한 에볼라 바이러스는 국제적으로 세인의 높은 관심을 끌었다. 미디어들은 이 이야기를 보도하는 데 상당한 자원을 쏟아부었고, 서구인들은 곧 또 다른 위험을 알아차렸다. 그러나 이 위험을 전파하는 사람들은 에볼라가 아프리카에서도 비교적 심각하지 않은 건강 문제라는 점을 제대로 언급하지 않았다. 자이르에서는 전염병이 발생한 동안에도 에볼라 바이러스보다는 수면병으로 더 많은 사람이 죽었다. 비교 관점에서 이 바이러스에 대한 보도를 살펴보기 위해서는 이 기간 동안 미디어들이 다른 비극을 다룬 방식을 고찰해볼 필요가 있다. 방글라데시에서는 설사를 유발하는 전염병이 3일간의 폭풍우와 함께 발생했다. 희생자―400명이 사망하고 5만 명 이상이 감염되었다―가 자이르에서보다 훨씬 많았음에도 불구하고, 서구 미디어들은

---

16) S. Sontag, *Illness and its Metaphors* (London: Penguin, 1990), p. 28.

그 이야기에는 별다른 관심이 없었다. 위험 의식은 세계 도처에서 훨씬 더 많은 사람을 죽인 설사가 아니라 에볼라에 달라붙었다.

사람들이 왜 다른 위험보다 몇몇 위험을 더 두려워하는지에 대해서는 많은 설명이 있다. 그동안 위험 인지에서 전문가와 일반인이 다르다는 주장이 제시되어왔다. 전문가들은 핵폐기물이나 핵발전소의 운영과 같은 위험 요소들에 의해 제기되는 위험을 일반인에 비해 덜 중요한 것으로 간주하는 경향이 있다. 흡연이나 알코올과 같은 이른바 생활양식 위험과 관련해서는 정반대인 것으로 제시된다. 다른 사람들은 위험의 질을 반응의 결정적 지표로 지적해왔다. 사람들은 자신들이 통제할 수 없는 화학적 오염과 같은 위험에 비해 등산과 같은 '자발적' 위험을 더 기꺼이 받아들인다고 제시되었다. 최근에는 가장 불안을 유발하는 것은 비자연적 위험 요소라고 주장되었다. '제조된 위험'과 같은 개념들이 가장 큰 놀람을 유발하는 비자연적 위험을 특징짓기 위해 사용되어왔다.

자연적 위험과 비자연적 위험의 구분은 위험 논의에서 중요한 테마로 제시된다. 모든 대구對句와 마찬가지로, 자연적-비자연적이라는 대구도 중요한 문제를 제기한다. 왜 몇몇 위험은 자연적이라고 불리고, 몇몇 위험은 비자연적이라고 불리는가? 실제로 전자와 후자의 구분선은 전혀 명료하지 않다. 오늘날 '자연적'이라는 말은 자주 건강에 좋은 것 그리고 본질적으로 좋은 것으로 묘사되지만, 무엇이 자연적인 것을 구성하는지는 간단한 문제가 아니다. 이를테면 일부 사람들은 피임약처럼 호르몬을 포함한 약을 먹는 것에 반대한다. 왜냐하면 그들은 어떤 비자연적인 병원체가 몸에 들어오는 것을 원치 않기 때문이다. 몸에는 많은 호르몬이 있다는 정보에 의해 이러한 반대 주장이 반격받을 때, 사람들은 자주 놀란 기색을 보인다.

좋은 자연 물질은 자주 비자연적인 합성 독성 물질과 대비된다. 호르몬의 경우에서처럼, 생물체는 더 복잡하다. 가장 아름다운 야생화와 식물은 발암물질로 가득 차 있다. 많은 식물은 자신이 생산하는 독성 자체가 동물들이 그것을 게걸스럽게 먹어치우는 것을 막아주기 때문에 생존한다. 우리의 가치 체계로 인해, 식물의 천연 농약은 보통 '자연적 저항'으로 묘사되는 반면, 병瓶에서 나온 어떤 것은 유독하다고 말해진다. 하지만 두 농약—천연 농약과 합성 농약—은 모두 발암물질이나 기형 유발 성질을 지니고 있다.

자연적인 것과 비자연적인 것은 엄격하게 대비되고, 서구 사회가 자연에 대해 가지고 있는 좋은 이미지는 현대 문화 및 가치와 매우 밀접하게 연관되어 있다. 과거에는 자연에 대한 우호적인 해석이 훨씬 더 부정적인 해석과 공존했다. 때때로 자연을 위협적인 것으로, 심지어는 파괴적인 것으로 보는 분위기가 압도하기도 했다. 오늘날에도 많은 농업 사회에서 자연의 힘은 사랑의 대상이기는커녕 두려움의 대상이다. 오늘날 서구 사회의 사람들은 그러한 위험을 그리 두려워하지 않는다. 홍수, 지진, 허리케인이 유발하는 손해는 기술 혁신을 통해 최소화되어왔다. 따라서 위험은 주로 인간에 의해 제조된 것으로 보인다. 홍수나 번개보다는 교통사고, 화학적 오염, 폭력 범죄가 사망과 상해를 유발한다. 그 결과 위험 인식은 점점 더 기술—인간이 창조한 또는 제조한 위험—에 초점이 맞추어지고 있다.

기술과 고양된 위험 의식 간에 설정된 밀접한 관계는 위험의 폭발을 기술하기는 하지만, 그것에 대해 많은 것을 설명하지는 못한다. 그러한 논의를 이해하는 좀 더 유용한 방법은 다음과 같이 묻는 것이다. 자연적인 것의 찬양과 비자연적인 것의 비난의 배후에 깔려 있는 것은 무엇인가? 이러한 감상이 우리를 지배하기 시작한 것은 비교적 최근이다. 인간 역사는 장기간에 걸쳐 자연을 변형시키고 개조하고 재배열해온 과정으로 해석될 수도 있다. 동물을 사육하고 우리 자신에게 백신을 주사하고 바다를 매립하는 것 이상으로 비자연적인 것은 있을 수 없다. 이러한 예전의 비자연적 행위 중 많은 것─애완동물 기르기와 같은 것─이 전적으로 자연적인 것으로 간주된다. 동시에 한때 위대한 업적으로 기술되었던 행위가 오늘날에는 파괴적인 것으로 기각된다. 이러한 분위기는 20세기 말의 문화와 매우 긴밀하게 연관되어 있다. 20세기 말의 문화는 인간 창조물을 기껏해야 좋기도 하고 나쁘기도 한 것으로, 그리고 가장 나쁘게는 전적으로 위험한 것으로 간주한다. 이 관점에서 볼 때, 인간 존재는 자연을 훼손하고 오염시키고 파괴하는 것으로 인식된다. 자연을 통제하거나 변형시키려는 바로 그 시도가 위험의 원천으로 묘사된다. 이것이 바로 우리가 에볼라를 두려워하는 이유일 수도 있다. 에볼라는 자연 생태계, 특히 열대우림을 인간이 간섭한 결과 인류에게 하나의 위협이 된 것으로 생각되는 수많은 새로운 바이러스 중의 하나이다. 우리의 부풀려진 위험 의식은 적어도 간접적으로는 인간의 혁신을 의혹을 가지고 바라보는 감상과도 연결되어 있다. 앞서 논의한 패닉 중의 많은 것이 혁신을 헐뜯고 인간의 잠재력을 불신하는 경향을 드러낸다. 이러한 상상력을 사로잡고 있는 것이 인간 경험의 파괴적 측면이다. '인구 폭발'이라는 은유는 세상에 거주하는 사람들이 적을수록 더 좋다고 믿는 의식을 상징한다. 미국의 시사 해설자 말콤 글래드웰이 지적한 바 있듯이, 새로운 전염병과 관련된 현대 문화는 인류에 대한 '자기혐오'를 드러낸다. 이는 외계인으로서의 적敵이라는 옛 냉전 시대의 이미지, 그리고 사악함에 대한 벌罰로서의 악성 유행병이라는 성경적 개념조차도 훨씬 넘어서는 것이다.[17] 그러한 뿌리 깊은 반인본주의적 감상의 정도는 리처드 프레스톤의 베스트셀러 스릴러 『핫존』에서 생생하게 예증된다. 에볼라 바이러스의 미국 도착에 관한 프레스톤의 이야기는 인류 그 자체를 전염병으로 묘사한다! "지구는 인간 기생충에 의한 감염 그 자체를 제거하고자 시도하고 있다. 어쩌면 에이즈는 자연의 청소 과정의 첫 단계일 것이다."[18]

프레스톤이 새로운 전염병을 자연의 인간 기생충 청소의 일종으로 환영하는 것은 괴상할 수도 있지만, 그가 인류와 그러한 부정적 속성을 등치시키는 것은 괴상하지 않다. 이는 문화적·정치적 논쟁에서 되풀이되는 하나의 유형이다. 실제로 동일한 감상이 폭력, 범죄, 학대의 논의에 영향을 미쳐왔다. 타락한 인간 존재, 즉 만들어지는 중에 있는 학대자나 '타고난 킬러'는 대중문화와 미디어의 상상력을 사로잡아온 하나의 성격 유형이다.

위험 인식은 인류에 대한 만연한 신뢰 부재에 의해 강력하게 틀 지어지고 있다. 신뢰의 쇠퇴는 사회가 위험에 민감해지게 된 원인으로 널리 인정받아왔다. 신뢰의 부재가 하나의 설명 요인으로 특별히 유용한 것은 아니다. 그러한 설명은 왜 신뢰가 쇠퇴해왔는가라는 질문을 회피하고 있다. 신뢰는 우리의 위험 의식의 원인이라기보다는 오히려 징후이다. 신뢰 쇠퇴의 결과, 사람들의 행위를 적

---

17) M. Gladwell, "The Plague Year: The Unscientific Origin of Our Obsession with Viruses", *New Republic*, 17 and 24 July 1995를 보라.
18) R. Preston, *The Hot Zone* (London: Corgi, 1994), p. 367.

어도 잠재적으로 위험한 것으로 보는 경향이 발생한다. 위험에 대한 한 중요한 연구가 주장했듯이, "제도와 개인 모두는 위험이 과소평가되고 있다는 점에 커다란 관심을 가지고 있다."19) 위험이 계속해서 '과소평가'되고 '무시'되거나 '가려져 있다'는 믿음은 많은 상황에 숨어 있거나 보이지 않는 위험들이 표면 아래에 잠복해 있다는 확신을 강화한다. 이러한 인식의 진전이 초래한 결과 중의 하나가 어떤 기술적 혁신 및 사회적 경험의 부작용과 관련하여 밑바닥에 흐르는 강력한 공포이다. 부작용에 대한 의심은 위험 의식의 중요한 모티브 중의 하나이다.

"어떤 부작용이 있는가?"라는 질문은 계속해서 늘고 있는 이 주제의 리스트와 관련하여 제기되는 질문이다. 이 질문이 단지 약물이나 복잡한 기술적 과정과 관련해서만 제기되는 것은 아니다. 실제로 어떠한 혁신도 이런 식으로 평가받을 가능성이 있다. 부작용의 공포는 자신들의 복리가 어떤 산업 과정의 부작용에 의해 영향을 받을 수 있다고 때때로 믿는 모든 지역사회에 영향을 미친다. 미디어는 어떤 알려지지 않았거나 보이지 않는 독성 물질이 질병의 원인이라는 지역사회의 불평을 이미 신뢰하고 있다. 미국에서 환경요인과 질병 간의 역학 관계에 관한 주장은 소송의 근거가 되고 있다.

오늘날 부작용의 위험이 많은 혁신이 가져다줄 이익보다 중요하다는 신념이 현대 서구 문화에 깊이 뿌리내려 있다. 이러한 태도가 가져오는 결과 중의 하나가 바로 관계와 산물 모두를 본질적으로

---

19) W. Leiss and C. Chociolko, *Risk and Responsibility*(Montreal: McGill-Queen's University Press, 1994), p. 259.

위험한 것으로 간주하는 것이다. 조만간 사실상 무엇이든 명백한 위험으로 인식될 수 있다. 모든 상황에서 계속해서 최악을 예상하는 심적 경향은 이러한 과정의 결과이다. 하나의 실례가 영불해협터널의 완공이다. 미디어는 프랑스와 영국을 연결하는 이 세기의 오랜 꿈이 실현되었음을 찬양하는 대신에, 문제와 부작용을 찾는 경향을 보였다. 곧 영국인들은 영불해협터널과 관련된 다양한 새로운 위험을 인식하게 되었다. 우선 많은 생명을 빼앗을 수 있는 주요 사건의 가능성에 논의의 초점이 맞추어졌다. 그다음에는 국제 테러리스트들이 터널을 폭파하여 엄청난 피해를 유발할 위험으로 초점이 이동했다. 영국인들은 심지어 광견병이 영불해협터널을 통해 대륙에서 영국으로 유입될 수 있다는 위험을 경고하기까지 했다. 이 모든 경고의 결과, 삶의 질을 향상시키고자 하는 이러한 개발의 긍정적 기여가 확실치 않게 되었다. 영불해협터널은 인간의 창의력의 한 실례라기보다는 오히려 새로운 위험 요인의 전달자로 보였다. 그리고 1996년 11월 트럭에서 난 불로 인해 터널의 한 구간이 폐쇄되었을 때, 그것은 회의론자들의 예지를 확인해주는 것 같았다.

혁신은 본질적으로 위험하다는 확신은 자주 부작용에 대해 추측하게 한다. 그러한 논의는 대체로 어떤 불행한 결과가 발생하는 것을 어떻게 가장 잘 막을 수 있는지를 숙고하는 형태를 취한다. 위험을 미연에 방지하고자 하는 이러한 강박충동은 때때로 미래에 발생할 수도 있는 문제에 대해 상상하고 그것을 가정하는 경향이 있다. 그러한 추측을 검토하는 한 논의는 그러한 추측이 항상 현대 사회문제를 기술 수준에 투영하여 살펴보는 형태를 취하고 있다고 지적한다. 광견병과 테러리즘에 대한 불안은 영불해협터널의 건설과 관련된 것이 아니다. 오히려 이 터널은 기존의 관심들에 형식과 틀을 부여한다.

생식 기술은 또 다른 예를 제공한다. 이 영역에서의 새로운 발전이 불임 문제를 극복하는 데 크게 기여한 것과 그것이 여성들에게 더 큰 출산 통제력을 부여할 잠재력을 찬양하는 대신에, 그것이 초래할 결과를 사람들에게 경고하는 경향이 드러났다. 미디어는 이 기술이 중년을 지난 여성과 레즈비언들에 의해 어떻게 오용될 수 있는지를 선정적으로 보도한다. 기사들이 계속해서 윤리적 문제를 경고하는 동안, 보수적 필자들은 인공수정을 비자연적인 것으로 비난한다. 이러한 경고의 배후에서 작동하는 것은 무엇인가? 이 논쟁을 검토한 한 연구는 그러한 우려를 이끄는 것은 가족 내에서 남성과 여성, 부모와 자식 간의 변화하는 관계에 적응하는 데 따르는 어려움이라고 지적한다. 이 기술이 존재하지 않을 때조차 전통적인 규범에 맞지 않는 생활양식에 대해서는 우려가 표명되었다.

생식 기술의 부작용에 대한 강박관념은 몇몇 사람으로 하여금 인공수정으로 태어난 아이들이 어떤 특별한 위험에 처할 수 있는지를 탐구하게 했다. 이러한 탐구는 그러한 문제를 보여주는 어떤 경험적 증거에 대한 반응이 아니었다. 이러한 연구는 생식 기술이 그러한 방식으로 태어난 사람들에게 몇몇 해로운 결과를 낳을 것이 틀림없다는 신념에 의해 추동되었다. 체외수정(IVF)을 통해 임신한 24~30개월 된 쌍둥이가 아닌 아이들과 자연 임신을 통해 태어난 아이들을 비교한, 부모-자식 관계에 대한 한 연구는 부모-자식 관계에서 어떤 유의미한 차이를 발견할 수 없었다. 그러나 이것이 체외수정을 통해 태어난 아이들이 틀림없이 어떤 특별한 위험에 처할 것이라고 연구자들이 상상하는 것을 막지는 못했다.[20]

최근 생식 기술이 아이들의 안전에 초래할 수 있는 위험을 연구한 한 모노그라프는 부작용에 대한 현재 연구의 전형을 보여준다. 그 연구를 진행한 루스 랜도는 이 기술이 아이들의 안전에 위험하다고 아주 확신하는 듯이 보인다. 그녀는 가능한 위험을 이론적으로 추측하는 방식으로 연구를 진행한다. 그녀가 열거하는 첫 번째 위험은 의학 기술의 도움으로 출생한 아이들은 계획된다는 사실과 관련되어 있다. 그런 아이들은 계획되기 때문에, 부모들은 자신들의 높은 기대를 충족시키지 못하는 아이들에게 만족하지 못할 가능성이 크다. 그녀는 다음과 같이 묻는다. 부모들이 그렇게 큰 기대를 하고 있음을 감안할 때, "학대, 방치, 유기가 일어나기도 한다는 점은 놀랍지 않은가?" 생식의 장애를 극복하기 위해 계획을 세우고 상당한 자원을 쏟아부은 부모들이 당연히 아이들에게 복리에 아주 좋은 환경을 만들어줄 가능성을 랜도가 고려하지 않는다는 것은 흥미롭다. 랜도는 안정적인 아동 발달에서 중요한 요소인 부모가 자식을 소망하고 있다는 점은 전혀 논의하지 않고 있다. 그 대신에 (실제로 의학 기술을 이용하는 사람들만이 아니라 서구 사회에서 부모의 상당한 비율을 차지하는 사람들을 포함하여) 임신을 계획하는 부모들은 가능한 최악의 동기를 가지고 있는 사람일 뿐만 아니라 학대자가 되는 중에 있는 사람으로 묘사된다.

랜도가 자신의 위험 해석을 뒷받침하기 위해 사용하는 두 번째 논거는 생물학적 부모와 자식 간의 전통적 유대의 부식腐蝕에 관한

---

20) H. Colpin, K. Dernyttenaere and L. Vandemeulebroecke, "New Reproductive Technology and the Family - The Parent-Child Relationship Following In-Vitro Fertilization", *Journal of Child Psychology and Psychiatry and Allied Disciplines*, vol. 36, no. 8, 1995를 보라.

오랜 보수적 공포와 관련되어 있다. 그녀는 인공수정, 체외수정, 대리 부모는 부모와 자식 간의 혈통을 흐리게 한다고 주장한다. 그녀에 따르면, 부모임이 분명하지 않다는 사실은 "부모의 책임을 이행하지 않게 할" 수도 있다. 그리고 이것은 "부모와 자식 간의 유대를 복잡하게 하고, 궁극적으로 또한 근친상간 금기를 약화시킬 수도 있다." 하지만 그녀는 아이를 갖기 위해 상당한 시간과 자원을 투여하는 사람들이 왜 다른 사람들보다 더 책임 의식이 없는지는 설명하지 않는다. 많은 수의 아이가 생물학적 양친에 의해 양육되지 않고 있는 시대에, 인공수정을 통해 태어난 아이들과 관련하여 전통적 유대의 결여를 우려하는 것은 전혀 타당성이 없다.

랜도 자신도 인공수정을 통해 낳은 아이들에게 어떤 위험이 있는지에 대해서는 확실히 알지 못한다. 하지만 그녀는 거기에는 틀림없이 몇 가지 위험이 있다고 굳게 믿고 있다. 이러한 신념은 혁신은 위험하다는 유행하는 이론에 뿌리를 두고 있다. 따라서 그녀에게는 어떤 위험도 규명할 의무가 없다. 그녀가 진술할 필요가 있는 것은 생식 기술의 '의학적·사회적 비용'은 "여전히 알려져 있지 않다."는 것이다. 그녀에 따르면, "이렇듯 기하급수적으로 증가하는 의학 일반의 진보와 특히 새로운 기술들은 아이들의 개인적 안전과 가족 내에서의 그들의 복리에 새롭고 전례 없는 위험을 창출하고 있다."[21] "새롭고 전례 없는 형태의 위험"에 대한 이러한 견해는 자연에 대한 어떠한 간섭도 엄청난 대가를 치르게 될 것이라는 가정에 기초하고 있다. 부작용이 이익을 능가할 것이라는 믿음은 이

---

[21] R. Landau, "The Impact of New Medical Technologies in Human Reproduction on Children's Personal Safety and Well-being in the Family", *Marriage and Family Review*, vol. 21, no. 1-2, 1995, p. 133.

러한 견해의 당연한 결론이다. 그러한 견해가 증거에 의해 입증될 것인가 하는 것은 아무런 의미가 없다. 자신의 창조물에 대해 일상적으로 불안감을 느끼는 사회에서 그것은 두려워하기에 충분하다. 보다 구체적으로 말하면, 랜도의 반발을 불러일으키고 있는 것이 체외수정 기술의 발달에 논리적으로 그리고 연대기적으로 앞서 있다. 양육에 대한 불확실성이 기술 위험이라는 새로운 형태로 다시 출현하고 있는 것이다.

인터넷이 우리의 삶의 질을 향상시키기 위한 하나의 강력한 도구로 간주된 것은 그리 오래된 일이 아니다. 하지만 생식 기술과 마찬가지로, 아주 오래전에 부작용에 관한 사회의 강박관념은 사이버공간에도 달라붙었다. 사이버공간의 사회학에 대한 논의는 점차 해로운 결과에 대한 현대의 불안을 반영하기 시작했다. 그 결과 인터넷상의 새로운 위험 및 위험 요소와 관련한 테마가 논의의 중요한 초점이 되어왔다. 위험은 사이버공간에도 잠복해 있다. '사이버 포르노'는 가장 큰 문제가 되었다. 많은 설명에 따르면, 사이버공간은 소아성애증 환자, 사이버 스토커, 다른 온라인 섹스 범죄자들이 거주하는 위험한 영역이 되었다. 미국의 한 주요 주간지는 다음과 같이 주장한다. 사이버공간은 "거칠고 용서하지 않는 공간으로 …… 악한들이 당신의 연구를 훔쳐가고 당신의 신용카드 정보를 빼가는 등 당신의 디지털 귀중품을 강탈하기 아주 쉬운 공간이다."[22] 인터넷에 대한 이러한 성격 규정은 FBI가 20세 학생인 제이크 베이커

---

22) *Business Week*, 27 February 1995를 보라. 컴퓨터 패닉에 대한 탁월한 논의로는 A. Calcutt, "Computer Porn Panic - Fear and Control in Cyberspace", *Futures*, vol. 27, 1995를 보라. 또한 J. E. Faucette, "The Freedom of Speech at Risk in Cyberspace", *Duke Law Journal*, vol. 44, no. 6, 1995도 보라.

를, 그가 동급생 한 명의 이름을 거론한 고문·살인 판타지 소설을 게재한 후 '사이버 강간' 혐의로 체포했을 때 입증된 것으로 보였다. 후일 그 혐의는 기각되었다.

인터넷을 포함하여 대부분의 새로운 기술은 본질적으로 위험한 것으로 묘사되기 쉽다. 새로운 위험의 발견은 그 어떤 것이든 실제로 진지하게 다루어지는 경향이 있다. 2년 전 뉴욕의 정신 약리학자 이반 골드버그 박사가 최초로 인터넷 중독 증후군을 규명했을 때, 그것은 농담 정도로 취급되었다. 하지만 그후 다른 전문가들은 인터넷 사용자들이 온라인 커뮤니케이션에 중독될 위험에 처해 있다는 것을 '입증해' 왔다. 한 설명에 따르면, 인터넷 중독 증후군은 "관계 파탄, 직업 상실, 재정적 파산, 그리고 심지어는 자살을 이유로 비난받아왔다."[23]

우리가 이미 두려워하고 있던 것이 이제 인터넷이 제공하는 새로운 공간 속에서 번성할 수 있다. 인터넷과 관련하여 표명된 우려들은 문제가 되는 것은 단지 기술의 신체적·물리적 측면만이 아니라는 것을 암시한다. 일부 사람들은 기술 혁신이 사람들의 복리와 안전을 위협하는 사람들에게 새로운 기회를 제공한다는 점에 근거하여 기술 혁신의 이익을 문제 삼는다. 최근 노동당의 한 문서는 다음과 같이 공언했다.

> 새로운 형태의 폭력적·성적 위협이 기술 변화를 통해 발전해 왔다. 전화는 항상 아는 남자와 모르는 남자 모두에 의해 여성

---

[23] R. Hammond, "Internet Users Risk Addiction to Computers", *The Sunday Times*, 9 June 1996을 보라.

을 학대하고 협박하는 데 이용되어왔다. 컴퓨터는 이제 특히 작업 환경 속에서 하나의 추가적인 수단을 제공한다.[24]

이러한 위험 감수성의 관점에서 볼 때, 모든 혁신은 다만 잠재적 위험을 증가시킬 뿐이다. 이것이 바로 대부분의 혁신이 곧 모든 발전 속에서 더욱 위험한 잠재 요소를 찾아내는 사람들의 정밀 조사의 대상이 되는 이유이다.

만약 인터넷과 같은 하나의 혁신이 그것의 위험한 부작용과 관련하여 그러한 불안을 불러일으킬 수 있다면, 좀 더 낙인찍힌 기술들—생명공학과 유전학—이 더욱 자주 논쟁과 공중의 적대감에 휩싸인다고 해서 놀랄 일은 아니다. 그러한 기술들은 몇몇 강력한 사변적 반응을 불러일으켰다. 비판가들은 '가설적 위험' 요소에 초점을 맞추었다. 이를테면 유전공학의 반대자들은 그 자체로는 무해한 유기체들이 위험한 인간 병원체 또는 동물 병원체를 생산하는 방식으로 조작되어, 그것이 전 세계로 퍼져 수백만 명의 사람들을 죽일 수 있다고 주장했다. 그러한 시나리오는 현재의 어떤 실례에 기초한 것이 아니라 있음직한 악몽을 꾸며낼 수 있는 능력에 기초한다. 가설적 위험은 어떤 일이 일어날 수 있다는 것을 전제로 한다. 사회의 불안에 관한 한 진술은 예전에는 공상과학소설로 간주되곤 하던 것이 이제 우리의 삶과 직접 연관되어 있는 것으로 간주된다고 언급한다.

하지만 공중이 불안을 느끼는 규모와는 무관하게, 그것이 특정 기술적 과정에 대한 직접적 반응이 아니라는 점을 이해하는 것이

---

24) Labour Party, *Peace at Home* (London: Labour Party, 1995), p. 4.

중요하다. 이를테면 인터넷에 대한 패닉은 사회 내에서 이미 고양된 불안 의식, 특히 아이들의 안전과 관련한 불안에 기초해 있다. 인터넷은 아이들이 보고 듣는 것과 그들과 이야기하는 사람들에 관한 걱정이 가시화될 수 있는 하나의 틀을 제공한다. 아이들의 안전에 관한 이러한 불안이 비디오나 컴퓨터게임의 위험에도 역시 달라붙었을 수 있다. 하나의 혁신이 면밀히 조사되지 않더라도, 경험은 그러한 혁신이 아이들을 위험에 처하게 할지 또는 성범죄나 국제 테러리즘에 기회를 제공할지의 여부를 확인하는 것은 단지 시간문제일 뿐이라고 시사한다.

숨어 있고 눈에 보이지 않는 그리고 항상 악화되고 있는

부작용과 위험에 대한 진술은 자주 실체가 없다. 하지만 가시적이거나 수량화할 수 있는 것은 단지 빙산의 일각이라고 가정된다. 그러한 결론은 자주 받아들여진다. 왜냐하면 많은 사람이 당국자가 진실을 말하지 않을 가능성이 크다고 생각하기 때문이다. 사람들이 쉽게 은폐와 숨어 있는 어젠다를 생각하는 것은 부분적으로는 과거의 경험에 기초한 이해할 수 있는 반응이다. 하지만 그것은 또한 실제의 어떤 문제에 대한 가장 극단적인 주장이—적어도 그것이 반증되기 전까지는—진지하게 받아들여질 수 있는 분위기를 조성하는 데 기여해왔다. 각축하는 그러한 주장들의 임무는 때로는 비교적 간단하다. 그렇다면 눈에 보이지 않거나 숨어 있다고 언급되는 위험 또는 다른 세대에게 알려지지 않은 위험의 해로운 결과가 주목받게 될 때, 어떤 일이 발생하는가?

현재 서구 사회를 특징짓고 있는 위험의 폭발은 그 파괴적 부작용이 무한할 것이라고 상상하는 의식을 동반한다. 사회의 위험 의식, 즉 막연한 위험 인식은 어떤 경험에 스스로 이미 달라붙어 있거나 달라붙을 수 있는 것만이 아니다. 그것은 가시적인 것이나 현재 존재하는 것에 제한되지 않는다. 따라서 특정 생성 물질이나 기술이 현재 명백한 문제를 만들어내지 않는다고 하더라도, 그것으로 끝이 아니다. 해로운 결과는 단지 미래 세대에 의해 알려질 수 있을 뿐이라고 가정되는 경향이 있다. 이러한 전망은 환경주의적 사고의 조류에 강력한 영향을 미치고 있다. 실제로 환경주의자들의 정책 중 많은 것이 오늘날 우리가 별 생각 없이 작동시키고 있는 위험으로부터 미래 세대를 보호한다는 것에 근거하여 정당화되고 있다. 하지만 우리가 앞으로 살펴보듯이, 이러한 감상은 사회정책에도 그리고 인간관계에 대한 학술적 연구에도 영향을 미친다.

특히 극히 혐오하는 다양한 위험 또한 자주 비가시적이라고 언급된다. 전염병처럼, 그것은 바깥에 존재하며, 언제든지 공격할 준비를 하고 있다. 그러한 비가시적인 위험은 HIV에서부터 독성 오염 물질까지 다양하다. 현대사회에서 오염은 산업의 부산물로서만이 아니라 다양한 경험을 이해하기 위한 하나의 은유로서도 중요하다. 이러한 비가시적 과정의 존재는 이제 모종의 오염 물질에 기인하는 사람들의 질병이 정기적으로 발생한다는 사실에 의해 확인된다. 그러나 오늘날의 오염도 과거의 오염과 마찬가지로 상상력, 사회적 가치, 문화와 긴밀하게 연계되어 있다. 일부 사회에서 신전을 더럽히는 행동은 신체적·물질적으로 경험된다. 이러한 인식은 한 공동체에서 어떤 질병의 발생은 우연의 일치가 아니라 모독 행위에 대한 신체적 반응이 틀림없다는 신념 못지않게 실재한다.[25]

과학에 헌신하는 『네이처』와 같은 정기간행물조차 보이지 않는 위험의 관념을 기꺼이 받아들이고, 그것을 부정적으로 해석한다. "환경오염 물질이 유발하는 잠행성潛行性 위협을 상기하게 한 것" 중의 하나가 1996년 2월 영국 남자의 정자 수가 감소하고 있다고 주장하는 한 연구 발표에 대한 『네이처』의 논평이었다.[26] 오염 물질과 정자 수의 감소 간의 연계 관계는 어떠한 정교화된 논의도 요구하지 않았다―그것은 **선천적으로** 확정되었다. 하지만 환경오염과 정자 수의 감소 간의 관계를 보여주는 증거는 거의 존재하지 않는다. 실제로 '사실'의 의미 그 자체에 의문의 여지가 있다. 정자 수가 감소하고 있는지는 여전히 확증되지 않았고, 정자 수의 감소가 어떤 의미를 가지는지도 확실하지 않다. 대중매체들과 함께 『네이처』는 그저 이 '잠행성 위협'이 사회에 대한 하나의 중대한 위험을 상징한다고 가정했다. 그러나 생식률이 남성의 정자 수보다는 피임에 대한 태도에 의해 주로 영향 받는 영국에서 그 위험이 암시하는 것은 과연 무엇인가?

숨어 있는 위험을 두려워하는 경향은 공상과학소설과 같은 추측을 불러일으킨다. 그러한 관점이 자주 세계의 미래에 대한 학술적 토의와 비학술적 토의 모두를 이끈다. 『뉴욕 타임스』는 "악몽이 헤드라인이 되는 시대에 당신은 위험을 어떻게 계산하는가?"라고 묻는다.[27] 『포린 어페어스』에 발표된 한 연구는 "만약 오늘 인플루엔

---

25) 이 주제에 대해서는 메리 더글러스의 흥미로운 연구를 보라. M. Douglas, *Risk and Blame: Essays in Cultural Theory* (London: Routledge, 1992).
26) *Nature*, 7 March 1996, p. 48.
27) "Risk managers face Challenge of Bracing for the Unimaginable", *New York Times*, 20 October 2001.

자가 덮치면, 국경이 폐쇄되고, 지구 경제가 휴업하고, 국제 백신 공급과 건강관리 체계가 무너지고, 패닉이 세계를 휩쓸 것"이라고 예언한다.[28] 지구적 테러리즘에 대한 우리의 반응과 마찬가지로, 그것은 무한한 공포—숨을 곳이 없는, 경계 없는 위협이다.

위험 속에서 스스로를 표현하는 부풀려진 위험 의식은 그 정의상 시간적으로도 공간적으로도 경계가 없다. 지역사회의 정신적 외상에 대한 미국의 한 연구에 따르면, 사람들은 "독성 화학 물질로 인한 비상사태"를 특히 두려워한다. 그 저자에 따르면, "그것은 결코 끝이 없기" 때문이다. "비가시적인 오염 물질들은 들판의 알곡, 몸의 조직 그리고 최악의 상황으로는 생존자의 유전 물질 속에 흡수되어 여전히 주변 환경의 일부로 남아 있다. 경보 해제 사이렌은 결코 울리지 않는다."[29]

어떤 보이지 않거나 알려지지 않은 물질에 의해 전체 지역사회가 오염되어왔고 또 앞으로도 당분간은 그 무시무시한 결과를 알 수 없을 것이라는 감상은 이제 하나의 기정사실이 되었다. 따라서 특정 지역에서 설명되지 않는 병이나 선천적 장애가 발생할 경우, 그것은 자주 환경상의 알려지지 않은 요소가 원인일 것이라는 추측을 낳는다.

설명되지 않는 위험과 비가시적인 위험에 대한 집착은 최근까지 결코 안전하지 않은 것으로 생각한 적이 없는 과정을 소급해서 재검토하도록 자극해왔다. 전력 주파수 전자기장에의 노출에 따른

---

28) Michael Osterholm, "Preparing for the Next Pandemic", *Foreign Affairs*, July/August 2005.
29) K. Erikson, *A New Species of Trouble: Explorations in Disaster, Trauma and Community* (New York: W. W. Norton & Company, 1994), p. 148.

잠재적 건강 위험은 미국에서 그리고 그 정도는 덜하지만 영국에서 공중의 중요한 관심사가 되었다. 일부 비판가들은 송전 케이블이나 변전소 주변에 사는 사람들은 특정 형태의 암으로 인해 위험에 처할 수 있다고 말했다. 암의 원인에 대한 관심 집중은 다른 기술과 과정 역시 의혹의 대상이 되게 했다. 그 결과 점점 더 많은 생성 물질이 인체 발암 성분의 증거로 조사되고 있다. 세계는 오염 물질로 가득 차 있기 때문에, 그리고 모든 생명체와 모든 산업이 세계를 '오염시키고' 있기 때문에, 암의 위험에 대한 부풀려진 인식에 도달하는 것은 어렵지 않다. 암 위험에 대한 현대의 강박관념에 대해 두 비판가는 다음과 같이 기술한다. "햇볕조차 발암성이 있고, 산소 역시 발암성이 있는 것으로 발견될 것이다."[30]

일광욕에 대한 현재의 공식적인 반대 입장은, 위험한 것으로 재해석될 수 있는 것은 단지 기술만이 아니라는 것을 말해준다. 햇볕이 위험하다는 관념은 햇볕이 실제로 건강에 좋다고 믿어온 세대에게 놀람으로 다가왔을 것임에 틀림없다. 영국에서 1995년에 건강교육청이 시작한 강력한 캠페인은 일광욕과 피부암을 등치시키는 데 일조했다. "이상적인 세계에서 우리는 내내 햇볕을 피할 수 있을 것이다."라는 말은 건강 잡지 『토프 상테 Top Santé』 1995년 7월 호가 새로운 지혜를 요약한 방식이었다.

미디어와 일반 사람들이 건강교육청의 새로운 메시지를 기꺼이 받아들였다는 사실은 위험 의식의 무한한 속성을 보여주는 증거였다. 미디어에서 어느 누구도 그렇게 많은 전문가가 그렇게 오랫동

---

30) Ames and Swirsky Gold, "Misconceptions Regarding Environmental Pollution and Cancer Causation", p. 21을 보라.

안 인간 건강에 유익한 것으로 간주했던 어떤 것이 어떻게 갑자기 그렇게 공중에게 위험한 것이 될 수 있었는지에 대해 묻지 않았다. 흑색종 유행으로 추정된 것을 정밀 조사하고 나선 것은 전문 의학 간행물뿐이었다. 실제로 일부 피부병 학자들은 햇볕 피하기 주창자들이 사실 사람들에게 문제를 창조하고 있는 중일 수 있다고 주장했다. 조나단 리즈 교수에 따르면, "대부분의 흑색종은 단지 간헐적으로 노출되는 피부에 발생한다. 햇볕에 계속해서 많이 노출해온 사람들은 간헐적으로 노출해온 사람들보다 흑색종이 낮은 비율로 발생한다." 리즈와 여타 학자들은 또한 선크림도 "실제로 흑색종 위험을 감소시키기보다는 증가시킬" 수 있다는 점을 들어 선크림의 이용에 의문을 제기했다.[31]

흑색종과 햇볕 노출 간의 관계에 관한 과학적 견해는 여전히 불명확하기 때문에, 그렇게 확고하고 의문의 여지가 없는 합의가 미디어에서 그렇게 빨리 이루어졌다는 점은 놀라운 일이다. 오랫동안 건강에 좋을 뿐만 아니라 즐거움의 한 원천이었던 관행이 갑자기 모두에게 위험한 것이 되었다. 일광욕에 대한 새로운 해석이 영국 사회의 의식 세계에 동화되는 속도 또한 놀랄만한 것이었다. 그것의 가장 명백한 징후는 아이들의 야외 놀이에 대한 관심이 광범위하게 발생한 것이었다. 실제로 햇볕 노출에 대한 아이들의 취약성은 공중 보건 주창자들의 주요한 강조점이 되었다. 그들의 메시지는 만약 아이들이 햇볕을 가리지 못한다면 실내에 있어야 한다는 것이었다. 탁아소와 유아 학교에서 아이들을 햇볕으로부터 보

---

[31] J. L. Rees, "The Melanoma Epidemic: Reality and Artefact", *British Medical Journal*, vol. 312, 1996, p. 137.

호하기 위해 취해진 많은 새로운 안전 조치는 상대적으로 빈약한 증거에 근거한 건강 증진 캠페인이 어떻게 일상 행동을 변화시킬 수 있는지를 보여준다. 우리가 안전을 위해 포기하는 것에 관한 의문들은 거의 탐구되지 않는다. 그 대신에 건강 증진 캠페인을 장려하는 측은 새하얀 얼굴이 아무런 문제가 없다고 안심시키고자 한다. 그들은 또한 햇볕에 탄 사람은 그렇지 않은 사람에 비해 빨리 노화한다는 점을 들어 여성들이 일광욕을 하지 못하게 한다.

지금까지 논쟁의 대상이 된 적이 없는 기술과 과정을 위험한 것으로 재정의하는 것은 그것들의 문제가 있는 측면과 파괴적 측면에 초점을 맞추는 사회의 성향에 의해 뒷받침된다. 위험, 적어도 숨어 있는 위험의 예견은 어떤 구체적인 공포 대상의 확인에 선행한다. 위험한 것으로 간주되는 기술에만 이런 식으로 접근하는 것이 아니다. 인간관계 역시 점점 더 새롭고 지금까지 인식되지 않은 위험의 장소로 해석되고 있다. '유독한 가정'이라는 미국의 용어는 위험에 대한 우리의 무한한 상상력이 기술적인 것을 초월하여 사회적 관계의 영역에 영향을 미친다는 것을 보여준다. 실제로 인간관계와 관련된 위험에 관한 많은 파동은 환경이나 기술에 대한 논의를 지배하는 것과 동일한 구조와 동학을 가지고 있다.

『유독한 부모』의 저자 수전 포워드는 나쁜 양육의 결과를 "당신이 결코 꿈에도 생각하지 않은 방식으로 당신의 삶에 침입한 보이지 않는 잡초"로 간주한다. 보이지 않는 유독한 물질을 유출하여 자신들의 취약한 후손들을 오염시키는 부모들은 우리가 두려워하는 것의 완벽한 화신이다. 포워드는 다음과 같이 설명한다.

내가 이러한 해로운 부모들이 공유하는 공통의 근거를 묘사하는 표현을 탐색했을 때, 나의 머릿속에 계속해서 떠오르는 단어는 '유독한'이었다. 화학적 독소와 마찬가지로 이러한 부모들이 입힌 감정적 손상은 아이들의 삶 도처에 퍼져 있고, 아이들이 성장함에 따라 고통도 커진다. 계속해서 아이들에게 정신적 외상을 입히고 학대하고 모욕하는 부모들을 묘사하고자 할 때, '유독한'이라는 단어 말고 그 어떤 더 좋은 단어가 있겠는가?[32]

포워드가 기술적 독소에서 인간 독소로 쉽게 넘어간 것은 무한한 위험에 대한 상상력을 보여준다. 이러한 상상력은 사람들이 환경뿐만 아니라 서로를 오염시킨다는 믿음을 전제로 하고 있다. 인간관계를 유독한 것으로 재해석하는 것은 그것이 도덕화 충동에 의해 추동되고 있음을 시사한다. 오염에 대한 이 같은 개념화는 그 용어의 전통적 의미에 영향 받고 있다. 도덕적으로 정의된 행동으로서의 오염은 명예를 더럽히고 신성을 모독하는 행위를 포함한다. 과거에 오염시킨다는 것은 의례상으로 또는 도덕적으로 순결하지 않게 되는 것, 신성을 더럽히는 것, 명예를 더럽히는 것, 가치를 훼손하는 것 또는 타락하는 것을 의미하는 것으로 이해되었다. 도덕적 모독에 관한 이러한 개념은 육체적 오염 행위처럼 비가시적이다. 그러한 개념은 우리에게 최악의 상황을 상상하게 한다.

사회문제에 대한 학술적·비학술적 논의들은 환경 위험, 건강 위험, 기술 위험에 대한 논의와 유사한 접근 방식과 어휘를 사용한다. 통상적으로 어떤 문제는 과소평가되거나 과소 보도되고 있고,

---

32) S. Forward, *Toxic Parents: Overcoming the Legacy of Parental Abuse* (London: Bantam Press, 1990), pp. 5-6.

사실 그것의 발생 빈도는 우리가 생각하는 것보다 훨씬 더 많다고 주장된다. 비가시성의 은유를 사용하는 것은 우리의 상상력이 분명한 인식의 경계를 넘어서게 한다. 실제로 문제가 가시적이지 않다는 바로 그 사실이 우리로 하여금 그것의 강도를 추측하게 한다. 공적 커뮤니케이션에 관여하는 사람들은 통상적으로 사람들로 하여금 일부 알려지지 않은 현상에 대해 추측하게끔 한다. 다음과 같은 왕립자동차클럽(RAC)의 언론 논평은 이를 예증한다. "노상 분노는 공식적으로는 존재하지 않는 것으로 되어 있지만, 우리는 그것이 매우 심각한 문제라고 생각한다."[33] 이 주장은 독자들이 중요한 정보가 공적 영역의 당국자에 의해 차단되고 있다고 믿는 경향이 있다는 가정에 기초하고 있다. 실제로 그 주장의 요점은 노상 분노가 "공식적으로는 존재하지 않는 것으로 되어 있다."는 것이다. 공식적으로 인정하지 않는 것은 그 주장의 설득력을 강화할 뿐이다.

인간관계 영역에서 발동되는 위험 경고는 항상 어떤 특정 조건이 숨어 있거나 의식적으로 보이지 않게 만들어진다고 주장한다. 그 결과 무질서나 사회문제의 진단은 자주 상당 기간 존재해온 조건을 발견하는 형태를 취한다. 전형적인 한 사례로, 주의력결핍장애(ADD)에 대한 한 논문은 「숨어 있는 핸디캡」이라는 제목을 달고 있다. 아이들 사이에서 발견된 이 숨어 있는 조건은 성인들 사이에도 설정된다. 『타임』은 "이제 그것은 성인에게서도 가장 빠르게 증가하고 있는 진단 범주 중의 하나"라고 기술했다.[34] 모든 사람이 이 은유를 채택하고 있는 듯이 보인다. 미국 백인 남성을 옹호하는 프레드

---

33) *Guardian*, 11 January 1996에서 인용함.
34) *Time*, 18 July 1994. "The Hidden Handicap", *Guardian*, 30 January 1996도 보라.

릭 린치의 책은 『보이지 않는 희생자들: 백인 남성과 차별 시정 조치의 위기』(1989)라는 제목을 달고 있다.

최근에 발견된 조건, 즉 사회적 공포증을 자각시키기 위한 호소는 사회적 공포증이 간파되지 않은 채 널리 퍼져 있음을 강조한다. 이 문제에 대한 한 연구는 "사회적 공포증은 단지 최근에 탐구의 대상이 된 무능력 장애"라고 지적한 후, "역학적 연구는 사회적 공포증이 이전에 생각했던 것보다 훨씬 더 널리 퍼져 있다는 것을 보여주었다."고 지적했다. 다른 연구들은 자신들이 검토한 것이 주요한 불안 장애 중의 하나라는 점에 주목하게 하기 위해 '무시된', '하찮게 다룬', '낙인찍힌'과 같은 용어를 사용했다.[35] 과거에 무시되었다는 주장은 문제의 중대성을 지적하기 위한 것이다. 그러한 과거의 '무시'가 정상적인 진단에 기초한 것일 수 있다는 견해는 받아들여지지 않는다. 과소평가된 외상 후 스트레스 장애(PTSD)와 독서 장애의 중요성에 대한 유사한 주장 역시 전문가의 공식적인 무시와 소홀을 그 논거로 사용한다. 지금까지 숨어 있던 질병이 많이 발견되고 있는 영역 중의 하나가 아이들과 관련된 영역이다. 과거에 임상의들은 아이들은 주요 우울증에 걸리지 않는다고 믿은 반면, 이제 일부 전문가들은 반대의 견해를 피력한다. 한 설명에 따르면, 그것은 아이들 사이에 존재하는 질병일 뿐만 아니라 "주요 잠행성 공중 보건 문제"의 하나이다.[36]

---

35) M. Rapaport, G. Paniccia and L. Judd, "A Review of Social Phobia", *Psychopharmacology Bulletin*, vol. 31, no. 1, 1995, p. 125; R. Hirschfeld, "The Impact of Health-care Reform on Social Phobia", *Journal of Clinical Psychiatry*, vol. 56, no. 5, 1995를 보라.
36) R. Lamarine, "Child and Adolescent Depression", *Journal of School Health*, vol. 65, no. 9, 1995, p. 390.

인지되지 않은 숨어 있는 위험에 관한 가정이 범죄 통계와 가정폭력에 대한 논쟁 참여자들의 접근 방식을 이끌고 있다. 범죄 위험의 증폭은 전통적인 이데올로기 분열을 초월한다. 우파는 자주 폭력 범죄의 위험에 대한 인식을 부풀려온 반면, 보다 자유주의적인 필자들은 사적인 가정생활의 영역 내에서 숨어 있는 위험에 더욱 민감하게 반응하는 경향을 보인다. 일부 필자들이 특정 유형의 범죄와 관련하여 패닉 의식을 조장한다는 이유로 다른 사람들을 비판하는 반면, 그들 스스로는 또 다른 위험을 증폭시킨다. 이를테면 피해와 관련한 한 핸드북은 "아동 학대, 가정 폭력, 인종 폭행, 성희롱, 외설 전화와 같은, 지금까지 인지되지 않다가 오늘날에 이르러서야 일반 사람들의 의식 속으로 스며들기 시작한, 방대하고 음울한 폭력 행위의 영역들이 존재하는 것 같다."고 지적하기에 앞서 그것들에 의해 발생된 일반 사람들의 패닉에 비해 범죄율이 상대적으로 낮다는 점을 인정한다.[37] 그렇다면 왜 그렇게 많은 새로운 학대, 범죄, 상황이 동시에 일반 사람들의 의식에 스며들게 되었는가? 만약 그 저자가 이 같은 질문을 숙고했더라면 '방대하고 음울한 영역'은 다른 관점에서 조명되었을 수도 있다.

아동 학대 논쟁은 문제의 차원을 놓고 의견 충돌이 있어왔다. 많은 전문가는 빙산의 일각 접근 방식을 채택한다. 그들은 학대가 사회가 받아들일 준비가 되어 있는 것보다 훨씬 더 빈번하게 발생한다고 주장한다. 그 결과 아동보호 영역에 관여하는 사람 중 많은 이가 이른바 사실보다 비가시적인 것이 더 적실성이 있다고 확신

---

[37] A. Kirsta, *Victims: Surviving the Aftermath of Violent Crime* (London: Century, 1988), p. 6.

하고 있다. 그러므로 그들의 직업은 이미 존재하는 위험을 찾아내는 것이 되었다. 런던 도심의 자치구 해크니에서 이 직업에 종사하는 사람들에게 돌린 리플릿에서 따온 다음과 같은 발췌문은 현재의 사고방식을 예증한다.

> 해크니에서 아동 성 학대 발각 정도는 낮다. 하지만 1차 진료에 종사하는 사람들이 알고 있듯이, 부모들이 과거 어린 시절의 학대를 폭로하는 경우는 흔하다. 우리가 성적 학대를 인지하는 능력을 향상시킬 수 있는가, 그리고 만약 우리가 그렇게 할 수 있다면 어떤 지원이 가능할까?[38]

낮은 발각 비율이 실제 아동 학대 빈도와 상응할 수도 있다는 점은 전혀 받아들여지지 않는다. 해크니에 거주하는 가족들이 눈에 보이지 않는 성폭력과 신체적 폭력의 세계에 살고 있다는 가정은 자명한 진리로 간주되고 있다. 스페인의 조사와 마찬가지로, 보다 효과적이고 강력하게 발각해내기 위해서는, 널리 행해지고 있지만 숨어 있는 행동을 들추어낼 것이 요구된다.

일단 우리의 무한한 위험 의식이 숨어 있거나 비가시적인 위험을 예견하는 경향을 드러내면, 필연적으로 새로운 발견이 뒤따른다. 인간 경험의 어떠한 부분도 폭력 위험에서 벗어나지 못한다. "노인 학대와 방치는 가정 폭력 분야에서 가장 늦게 발견된 것"이라는 말은 그 문제를 큰 소리로 알리는 것이다. 이 연구의 저자들은 노인 학대의 중요성은 빠르게 인식될 것이며 그것은 앞서의 20년 동안

---

[38] Leaflet by City and Hackney Community Health Services Trust, 24 May 1995.

'아동 학대와 배우자 학대'가 그랬던 것처럼 1990년대에 노인 학대를 찾아내게 할 것이라고 확신했다.[39] 많은 학대 전문가가 이 새로 확인된 현상을 공표하고, 그것을 하나의 새로운 대의로 전환시킬 것이다. "할머니 구타는 흔하지만 보고되지 않고 있다."라는 표현은 영국 『메디컬 모니터』 1996년 4월호에 실린 조사의 제목이었다.

하지만 많은 다른 사람이 또 다른 새로운 학대의 이름을 제시하고 있다. 최근에 또래 학대가 서구 사회의 아이들이 직면한 주요한 위협으로 확인되었다. 한 영향력 있는 연구에 따르면, "또래 학대는 과소평가되고 무시된 사회문제이다." 이 연구의 저자 안느-마리 앙베르는 또래 학대는 그 빈도가 더 잦기 때문에 부모의 학대보다 더 큰 문제가 될 것이라고 주장했다.[40] 유사한 단어들이 약자 괴롭히기 문제와 관련하여 사용되고, 유사한 주장들이 제기되었다. '인식되지 않은' 또는 '과소평가된' 같은 용어가 자신들이 추정한 위험의 규모에 사람들이 주목하게 하기 위해 사용되고 있다. 1996년 7월 레스터의 드 몽포르대학교에서 열린 한 학술회의에서, 강연자들은 그러한 행동이 어째서 "전에 생각했던 것보다 훨씬 더 흔한지" 그리고 남성의 약 3%가 어떻게 그러한 학대를 겪을 수 있었는지를 강조했다.[41] 동일한 주장이 지금까지 폭로되지 않은 다양한 학대와 관련해서도 계속해서 되풀이되고 있다.

인간관계에 숨어 있는 위험에 관한 기고문들은 놀랍게도 그것들

---

39) G. Bennett and P. Kingston, *Elder Abuse: Concept, Theories and Intervention* (London: Chapman and Hall, 1993), p. 1을 보라.
40) A. M. Ambert, "A Qualitative Study of Peer Abuse and Its Effects", *Journal of Marriage and the Family*, vol. 56, February 1994, p. 119.
41) *Guardian*, 3 July 1996의 기사를 보라.

이 다룬 주제에 무비판적이었다. 숨어 있는 위험과 지금까지 인지되지 않은 학대에 대한 사회의 민감한 반응은 과거에 사회가 그러한 상태를 은폐하려고 시도했던 것만큼이나 그것 자체를 문제 삼을 것을 요구한다. 수많은 심리 장애, 성범죄, 다양한 학대가 오늘날 정기적으로 발굴되고 있는 것은 우연의 일치인가? 이들 문제에 대한 대부분의 진지한 연구는 어떤 특정 학대가 증대하고 있다는 증거는 거의 없다고 시인한다. 오히려 이들 문제에 대한 민감성과 관심이 증가해왔을 뿐이다.

이른바 가족의 어두운 측면과 숨어 있는 의학적·심리학적 장애에 대한 관심의 증가는 앞서 논의한 자기혐오감을 표현한다. 인간 존재를 오염원으로 인식하는 사고방식은 물질적인 것과 정신적인 것을 구분하는 선을 넘어선다. 그 결과 그것이 가족의 부양이든 발전소의 건설이든 간에, 강조되는 것은 인간의 파괴적 측면이다. 이러한 관점에서 볼 때―인간의 동기와 인간의 창조물 모두에 대해―최악을 상상하는 것은 전적으로 이해할 수 있다. 그것이 바로 우리가 예견하고 생각하는 것이다. 과거에는 인간의 열정과 동기에 대한 확신이 없을 경우, 그것은 기대 수준을 낮추고 자제력을 요구하는 보수적 전망을 고무했다. 오늘날 이데올로기는 위험 의식의 형성에서 결정적이지 않다. 전체 정치적 스펙트럼―우파에서 좌파, 보수주의에서 자유주의에 이르는 스펙트럼―은 공통의 위험의식을 공유하고 있다. 가장 중대한 위험이 무엇인지를 놓고는 논쟁이 있을 수 있지만, 우리가 점점 더 위험해지는 세계에 살고 있다는 데에는 합의하고 있다. 왜 우리가 이런 식으로 느끼는지가 다음 장의 주제이다.

제3장

우리는 왜 패닉에 빠지는가?

> 패닉: 갑작스럽고 엄청난 놀람 또는 공포의 느낌으로, 보통 사람들의 육체에 영향을 미치고, 안전을 확보하고자 하는 지나치거나 무분별한 노력을 이끈다.
>
> ―『옥스퍼드 영어소사전』(제3판, 1965)

우리가 보통 패닉과 연관시키는 "갑작스럽고 엄청난 놀람 또는 공포의 느낌"은 표본조사와 여론조사에 분명하게 나타나 있다. 영국과 미국에서 수행된 여론조사는 사람들이 미래에 대해 불안해하고 다양한 종류의 위험을 두려워하고 있다는 점을 보여준다. 이러한 증거에도 불구하고 사회의 패닉 성향에 대한 어떠한 진지한 논의도 찾아보기 어렵다. 때때로 관찰자들은 범죄에 대한 불안의 주기적 발생과 같은 구체적 사건이나 패닉을 논의한다. 그러한 논문의 대부분은 하나의 구체적 사건에 대한 반응들이다. 그러한 패닉 현상이 어떤 좀 더 광범위한 경향의 일부인지를 파악하기 위해 상이한 패닉 유형들을 비교하고자 하는 시도는 사실 전혀 없다. 그 대신에 구체적 패닉 현상에 대한 분석은 그것의 원인을 서로 무관한 별개의 사건으로 간주한다. 따라서 방사선, 범죄 또는 아동 유괴에 대한 공포는 보다 광범위한 사회적 경향의 일부로 논의되지 않는다. 따라서 이 장이 다루고자 하는 중심적 질문, 즉 "우리는 왜 패닉에 빠지는가?"는 거의 다루어지지 않고 있다.

많은 관찰자가 실제로 우리가 앞서 논의한 수많은 공포의 돌연한 발생이 패닉과 같은 것인지에 대해 의문을 제기한다. 사람들이 드러내는 위험 회피 반응이 패닉은 아닐지라도 적어도 과잉 반응이라고 보는 견해는 지적으로 받아들여지지 않는다. 미디어의 섹션은 실제로 그러한 반응을 우리가 완전히 이해하지 못하는 삶을 헤쳐나가는 유일한 분별 있는 방식으로 해석한다. 이 주제에 관한 영향력 있는 기고문들은, 위험 회피 반응은 상황에 대한 분별 있는, 그리고 실제로 유일한 책임 있는 판단이라고 주장한다. 한 주요한 연구는 "전문가들이 마치 현실을 보는 어떤 마술의 창窓을 가지고 있다는 듯이, 위험 對 인지된 위험을 논의하는 것은 이해할 수 없다."고 주장했다. 이처럼 인지된 위험과 현실을 등치시키는 것은 사람들의 반응을 아무런 문제가 없는 것으로 간주하는 것이다. 공중의 위험 지각은 그 자체로 쟁점이 된다. "우리가 위험을 인지할 때 우리는 모든 위험에 대처해야 한다."는 것이 그 연구의 결론이다.[1] 주요 필자들은 불안을 공개적으로 표현하는 것을 칭찬하는 데 몰두하고 있다. 「매우 두려워하고 있는」은 영국의 한 주요 일간지의 기사 제목이다. 그 기고자에 따르면, 불안을 강하게 표현하는 것은 "다만 새로운 책임에 대한 외침일 뿐"이다.[2] 따라서 불안에 대한 개인적·집합적 표현은 비합리적 패닉으로 해석되기보다는 칭찬받을 가능성이 더 크다.

---

1) Shrader-Frechette, *Risk and Rationality*, pp. 82-84.
2) J. Vidal, "Be Very Afraid", *Guardian*, 29 May 1996.

한 사람에게는 패닉인 것이 다른 한 사람에게는 합리적 반응이라는 생각이 이 주제에 대한 문헌들을 관류하고 있다. 또 하나의 이중적 기준이 이 주제를 다룬 글들에 스며들어 있다. 저자들은 어떤 반응이 패닉으로 간주되고 또 그렇지 않은지에 대해 분명히 선택적이다. 따라서 일부 심한 불안과 공포는 패닉 같은 것으로 해석되는 반면, 다른 것들은 그렇지 않다. 반면 비판적인 사회과학자들은 패닉의 표현 중 일부는 인정하지만 다른 것은 인정하지 않을 수도 있다. 이 이중적 기준은 자주 필자들의 사회적·문화적·정치적 견해와 상응한다. 자유주의 성향의 필자들과 페미니스트 필자들은 범죄와 가족 가치 같은 우파적 패닉에 민감하다. 동시에 그들은 아동 학대와 같은 가족의 어두운 측면과 관련하여 발생한 많은 패닉은 안중에 없다. 이와는 대조적으로 보수적 지식인과 우파 지식인들은 환경 대재앙과 다양한 형태의 가족 학대와 관련된 패닉을 큰소리로 비난하지만, 법질서 캠페인이 산출한 히스테리는 무시한다.

아래에 이어지는 것은 이 이중적 기준이 작동하고 있는 몇 가지 사례이다. 영국의 아동 피해자에 대한 한 중요한 연구의 저자들은 노상 범죄, 강도, 인종 폭동, 가족의 존엄성과 관련된 최근의 법질서 패닉에 관심을 기울였다. 그들은 이러한 반응을 사회사업가들에 대한 공중의 반발 사례와 연결시킨다. 그중 매우 널리 알려진 것이 1980년대 중반 클리블랜드에서 아동 학대 스캔들을 둘러싸고 일어난 일이다. 1987년 초 잉글랜드 북동부의 이 작은 도시에서 121명의 아이들이 3개월 동안 지역 당국에 의해 보호되며, 소아과 의사와 사회사업가로 구성된 작은 팀에 의해 아동 성 학대 진단을 받았다. 이 사례들에 대한 공적 탐구의 결과가 12개월 후에 발표되었다. 그때는 98명의 아동이 가족에게 돌아간 상태였다. 아동보호 산업 관련자들은 미디어의 섹션들에 근거하여 클리블랜드 사회사업가들이 설정한 표적을 고전적인 도덕적 패닉의 전형적 사례로 해석했다. 그러나 그 연구자들은 의사와 사회사업가가 클리블랜드에서 아동 학대라는 전염병을 날조한 것이 그 규모로 볼 때 훨씬 더 중요한 사건이라는 것을 전혀 생각하지 못했다. 그러한 날조는 수백만 명의 사람들에게 영향을 미친 광범위한 불안과 공포를 폭발시키는 데 일조했다. 많은 사회과학자와 사회사업가가 클리블랜드와 여타 지역에서 부당한 취급을 받은 부모들의 우려와 스스로 거리를 두고 있는 듯이 보인다. 그들은 아동 학대 고소와 사탄과 같은 학대 패닉이 부모의 삶에 미치는 결과에 초연하고, 부모들이 처한 곤경에 유독 무관심하다. 이러한 생각은 의심할 바 없이 전문가들은 부모들의 아동 학대 혐의에 대해 경각심을 불러일으켜야 할 권한이 있다는 확신에 의해 지속된다. 이러한 관점에서 보면 과잉 반응과 열성적인 정책 입안의 사례는 패닉을 만들어내지 않는다. 그렇기는커녕 사회가 아동의 안전에 전념하는 것은 수백만의 학대 부모들이 야기하는 위협에 대한 하나의 책임 있는 대응이다.

도덕적 패닉이 부당한 취급을 받은 부모에 대한 적대가 아니라 돌봄 전문가들에 대한 적대에서 나온 것이라는 견해는 논문 모음집 『지역사회의 소동: 도덕적 패닉에 빠진 영국』에서 체계적으로 추적되고 있다. 사회사업가와 지역사회사업가를 위한 잡지 『커뮤니티 케어』가 출간한 이 텍스트는 우파 미디어의 비방으로부터 자신들의 독자를 지키고자 시도한다. 예상할 수 있듯이, 이 텍스트에 기고한 사람들은 도덕적 패닉과 사회사업가에 대한 공격을 등치시키는 경향이 있다. 편집자 제프리 피어슨은 빈번히 "아동보호 사업가들이 공적 수치심이라는 모진 의례를 치러왔으며", 이것은 "그들이 거의 이해되지 않는 더 큰 도덕적 드라마 내에 위치하고 있다는 것을 암시한다."고 옳게 지적한다. 불행하게도 사회사업가들이 처한 어려움에 대한 이 같은 동정은 아동보호 사업가들의 조치가 초래한 부모의 굴욕에 대한 어떠한 동정과도 비교되지 않는다. 어떤 유형의 사회적 강박관념이 도덕적 패닉이라는 용어와 어울리는지는 분명 선택의 문제이다.[3)]

패닉에 대한 우파적·보수적 기고문들은 자유주의적 기고문들의 거울 이미지 모습을 하고 있다. 그러한 기고문들은 성범죄, 성희롱, 성적 학대와 관련된 현대의 강박관념을 가장 흥미롭게 폭로하고 있는 것의 일부일 뿐이다. 하지만 보수적 기고문들은 소위 가족 가치의 부식에 관한 보수적 필자들의 관심에 의해 추동되고 있기 때문에, 일방적이고 선택적인 경향이 있다. 미국의 간행물 『퍼블릭 인터레스트』는 그러한 접근 방법을 보여주는 좋은 실례이다. 그 잡지의 기사들은 환경과 학대와 관련된 패닉 인플레이션을 지적해왔으면서도, 그 기사들은 정작 홀어머니와 복지 수급자를 큰소리로 비난한다. 그러한 태도는 클리블랜드 스캔들에서 열성적인 아동보호 사업가들이 취한 접근 방식을 반영하고 있다. "자식을 구타해왔거나 그들에게 음식을 먹이고 목욕시키는 일을 게을리해온 복지 수급자 홀어머니를 책임 있는 부모로 바꿀 수 있는가?"라는 질문은 『퍼블릭 인터레스트』 1994년 봄 특집호에서 헤더 맥도널드가 제기한 수사적 질문이다. 학대하는 남성을 문제로 바라보는 자유주의적 아동보호 사업가들과는 달리, 맥도널드는 복지 수급자 홀어머

---

3) G. Pearson, "Introduction", in *Scare in the Community: Britain in a Moral Panic* (London: *Community Care*, Reed Business Publishing, 1995), p. 4를 보라.

니의 "부당성과 사회적 역기능"을 표적으로 삼는다. 하지만 자식을 어머니로부터 떼어놓는 그녀의 해결책은 아동보호 전문가들이 채택한 접근 방식과 동일하다.[4)]

정치적 스펙트럼 전체를 넘나들며 패닉을 논의하는 필자들의 선택성은 공포의 제조가 반드시 나쁜 것은 아니라는 것을 입증한다. 몇몇 필자는 실제로 도덕적 패닉이 사회적 인식을 증대시키기는 데 일조한다고 주장한다. 이를테면 사회사업가들에 대한 적대와 관련한 패닉을 개탄하는 한 기고자는 모든 도덕적 패닉이 나쁜 것은 아니라고 믿는다. 그는 다음과 같이 기술했다.

> 우리는 '도덕적 패닉'을 유감스럽고 창피한 에피소드로 생각하는 경향이 있다. 하지만 그것은 사회적 불안을 분출하는 것인 한, 그것이 왜곡되고 이데올로기적으로 추동된 것일지라도, 공중의 인식의 중요한 전환을 보여주는 하나의 지표일 수 있다.[5)]

그는 영국에서 '아동 학대 패닉 물결'은 '사회적 환상'을 깨는 데, 그리고 문제에 대한 인식을 고양시키는 데 일조했다고 덧붙였다. 패닉을 계몽의 한 도구로 보는 이러한 견해는 결코 유별난 것이 아니다.

한부모에 대한 이전의 영국 정부의 태도에 대한 한 기고문은 일정한 유형의 패닉을 적극적으로 환영한다. 그 기고자들이 이끌어 낸 결론은 "도덕적 패닉의 한 가지 결과는 아버지임의 획득적 성격

---

4) H. MacDonald, "The Ideology of 'Family Preservation'", *Public Interest*, Spring 1994, pp. 45, 60.
5) A. Cooper, "Child Abuse", in *Community Care*, 1995, p. 35.

을 더욱 정치적으로 표출하고 아버지의 역할과 현대 아버지의 성격에 대한 보다 식견 있는 논쟁을 시작하고 있는 것으로 판단될 수도 있다."는 것이었다. 여기서 우리가 염두에 두고 있는 것은 행복하게 끝나는 도덕적 패닉이다. 왜냐하면 표적이 홀어머니에서 못된 아버지로 이전했기 때문이다. 이러한 관점에서 볼 때, 패닉의 결과는 영국 가족생활의 동학에 대해 좀 더 분명하게 이해할 수 있게 해준다.[6] 보수적인 저자들은 서로 다른 패닉을 좋아한다. 그중 많은 사람은 에이즈에 대한 일반 사람들의 반발을 좋아한다. 왜냐하면 "성적 책임의 관념이 그것이 지니고 있던 청교도적 이미지를 내팽개쳐왔기" 때문이다.[7] 여기서 에이즈에 대한 일반 사람들의 불안은 보다 엄격하고 청교도적인 성적 에토스를 대중화시키는 중요한 감성으로 파악된다.

매우 많은 관찰자가 이처럼 공포의 제조를 무비판적, 심지어는 긍정적으로 묘사한다는 사실은 현대 패닉의 사회학이 왜 그렇게 저발전 상태에 있는지를 설명하는 데 도움을 준다. 만약 사람들을 놀라게 하는 것이 공중을 교육하는 하나의 정당한 방법으로 간주된다면, 무엇이 문제인가? 그러한 태도는 사람들이 처한 위협의 규모가 너무나도 커서 위험을 과장한다는 것은 불가능하다고 확신하고 있는 많은 주요 사회과학자와 저널리스트에 의해 더욱 강화된다. 상식과는 반대로 많은 전문가는 학대가 일상적이라고 믿거나

---

6) C. Roberts and L. Burghes, "Lone Parents", in *Community Care*, 1995, pp. 23-28을 보라.
7) C. Sykes, *A Nation of Victims: The Decay of the American Character*(New York: St Martin's Press, 1992), p. 246을 보라.

환경이 전멸을 향해 나아가고 있다고 믿는다. 그 결과 다양한 위험에 대한 반응은 중요성과 비례한다고 파악된다. 많은 위험—환경 위험과 개인적 위험—과 관련된 '의식 고양'에 관여하고 있는 개인과 집단은 그들이 아니었더라면 자기만족적이었을 정치 문화의 식견 있는 아방가르드라고 찬양받는다.[8)]

패닉이 의식 고양과 연관되어 있을 수 있다는 점은 아마도 이성에 근거한 주장에 대한 믿음이 상실되었다는 것을 보여주는 하나의 증표일 것이다. 제1장에서 제시했듯이, 위험 의식의 인플레이션이 초래하는 결과는 명료성이 아니라 불확실성이다. 그러한 결과가 항상 본격적인 패닉으로 이어지는 것은 아니다. 그러나 그것들은 불필요한 불안과 공포를 만들어낸다. 몇 가지 예를 들어보자.

독성 쇼크 증후군Toxic shock syndrome(TSS)은 사소한 문제가 어떻게 수백만 여성들의 생활에 영향을 미치는 주요한 공포 캠페인으로 전환되었는지를 보여주는 고전적인 사례이다. 미국에서는 한 미디어 캠페인이 실제로 알려지지 않은 질병으로 인해 릴라이 탐폰이 수백만 달러에 달하는 리콜을 하게 하는 상황을 초래했다. TSS에 대한 일반 사람들의 인식은 여성들의 탐폰 구매 습관을 크게 변화시켰다. 오늘날까지도 TSS는 자주 여성에 대한 심각한 건강 위험으로 논의된다.

TSS는 통상적으로는 해가 없는 박테리아가 만든 독소, 즉 **황색포도상구균**에 대한 극단적 반응이다. 이 균은 전체 인구의 약 3분의 1

---

8) 예컨대 N. Luhman, *Risk: A Sociological Theory* (New York: Walter de Gruyter, 1993)와 U. Beck, A. Giddens and S. Lash (eds), *Reflexive Modernisation: Politics, Tradition and Aesthetics in the Modern Social Order* (Cambridge: Polity Press, 1994)를 보라.

에 살고 있고, 여성 10명 중 약 1명의 질에 살고 있다. 이 독소가 갑작스런 고열, 구토, 저혈압, 후두염, 홍반성 발진을 동반하는 심각한 질병의 원인이 되는 경우는 극히 드물다. 만약 그것이 초기에 포착되면, 항생제로 퇴치할 수 있다. 그것을 방치하면 사망에 이를 수도 있지만 그것은 매우 드문 경우이다.

   미국에서 고흡수성 탐폰을 사용한 여성들에게서 수많은 사례가 발생한 이후 TSS는 탐폰과 연관 지어졌다—그리고 탐폰 사용자들이 특히 TSS에 걸리기 쉬운 것으로 보이는 것은 여전히 사실이다. 하지만 그러한 관계가 무엇인지는 어느 누구도 정확하게 입증하지 못했다. TSS와 탐폰 간의 관계는 인과관계를 암시하지 않는다. 독성 쇼크 정보를 전담하는 직원을 두고 있는 여성환경네트워크 같은 단체조차도 TSS 보고 사례 중의 약 절반이 생리와는 전혀 무관하다는 점을 인정한다. 수술 후의 감염이 일반적인 원인이다. 왜냐하면 상처를 태우거나 베어내기 때문이다. 또한 생리 기간에 TSS에 걸린 여성들도 항상 탐폰을 사용하는 것은 아니다. 미국에서 보고된 TSS 사례 중 두 사례는 탐폰을 우려하여 천연 생리대로 바꾼 여성이었다.

   TSS와 탐폰 간의 관계는 불명확한 것만이 아니다. 이 널리 알려진 질병은 극히 희소하다. 영국에서는 매년 약 20명의 확진 또는 추정 사례가 발생하며, 그중 정확히 50%가 탐폰과 연계되어 있는 것으로 추정된다. 그러니까 탐폰을 사용하는 1,400만 명의 생리하는 여성 중에서 단 10명의 여성이 감염된다. 달리 표현하면 탐폰 사용으로 인해 그해에 TSS에 걸릴 확률은 140만분의 1이다. 이 병은 매우 희귀한 질병일 뿐만 아니라 치료할 수 있는 병이다. 사망 사례는 1년에 1명도 되지 않는다.

TSS에 대한 일반 사람들의 인식은 그것이 자신에게 대수로운 일이 아닌 정도와 비례한다. 그 일반 사람들이 그렇게 인식하게끔 하는 것 중의 하나가 그것에 대한 떠돌아다니는 불평이다. 그것이 자신에게는 대수로운 일이 아님에도 불구하고 어떤 사람이 그것이 "매우 중요한 문제"라고 말할 때, 모든 사람은 점잖게 끄덕이며 여성들에게 탐폰 사용을 줄이라고 충고한다. 영국에서 공공 부문 노동조합은 조합원들과 인사과에 TSS의 위험에 대한 정보를 회람시켰다. 심지어는 제조업자조차도 그러한 우려를 액면 그대로 받아들이고, 자신들의 리플릿에 경고문을 인쇄한다. 탐팩스를 만든 탐브랜즈사는 앞서 언급한 것과 유사한 수치를 제공하는 유용하고 성실한 특별한 리플릿을 제작하여, 만약 여성이 TSS에 걸렸다고 생각되면 어떻게 해야 하는지에 대해 충고하고 나선다.

한 설명에 따르면, TSS의 경우와 같이 대수롭지 않은 주장이 그렇게 많은 미디어의 주의를 끄는 이유는 "희소한 위험이 흔한 위험보다 더 뉴스 가치가 있기" 때문이다.[9] 미디어 전략과 관련하여 이러한 주장이 지닌 장점이 무엇이든 간에, 그것은 왜 희소하고 치료할 수 있는 질병이 주요한 공중 보건 문제로 취급되는지를 설명하지 않는다. TSS를 둘러싼 우려의 조장은 몇몇 사람만이 위난이나 위험에 관한 주장에 과감하게 의문을 제기하는 도덕적 분위기의 맥락에서만 이해될 수 있다.

---

9) Singer and Endreny, *Reporting on Risk*, p. 83.

기술적 설명

미디어는 위험에 대한 사회의 인식을 틀 짓는 데 중요한 역할을 수행한다. 이에 대한 연구는 미디어가 특정 범죄나 질병을 강조하는 것이 일반 사람들에게 그와 관련된 위험 인식을 고조시킨다는 것을 보여주었다. 싱어와 엔드레니는 그리스에서 발생한 미국 시민이 포함된 단일 테러 사건에 대한 보도 내용이 어떻게 유럽 여행을 준비하는 사람들의 수를 크게 감소시켰는지를 지적한다. 테러리스트에 의해 살해된 사람들보다도 더 많은 미국 사람이 욕조에서 익사했다는 사실에도 불구하고 유럽을 여행한다는 것은 하나의 위험한 모험처럼 보였다.[10]

미디어의 영향력은 1995년 10월과 1996년 6월의 영국의 경구 피임약과 관련된 위험의 보도 내용을 비교함으로써 파악할 수 있다. 1995년 10월 의약품안전위원회 Committee on Safety of Medicines(CSM)는 특정 브랜드의 혼합 경구 피임약이 정맥 혈전 색전증의 위험이 약간 높은 것으로 나타났다고 주장하는 권고 통지문을 발표했다. 그 공식 성명서는 의사들에게 여성들로 하여금 고위험 약을 다른 처방의 약으로 바꾸게 하라고 통고했다. 약 사용자들은 의사에게 조언을 구하고 충고를 들었다. CSM이 (당시에는 미출간된) 세 편의 논문에 대한 심리를 통해 촉구한 조치는—여성들은 말할 것도 없고—의료 전문가들, 가족계획 기관들, 저널리스트들을 깜짝 놀라게 했다. '약이 사람을 죽인다.'는 선정적인 헤드라인은 황금 시간대 기자회견—공식적인 우려를 공표하는 수단—에 대한 필연적

---

10) Singer and Endreny, *Reporting on Risk*, pp. 1-2.

반응이었다. 보건 공무원들은 정맥 혈전 색전증의 위험 증가 정도가 얼마 안 되기는 하지만(더 위험한 약을 사용하는 여성은 10만 명당 30명이 위험에 처할 수 있다면, 그렇지 않은 여성은 10만 명당 15명이 위험에 처할 수 있다), 그럼에도 불구하고 위험이 존재하며 일반 사람들은 그 사실을 알 권리가 있다고 주장함으로써 자신들이 그것에 대해 '경고'하고 나선 것을 정당화했다. 그 결과 약 12%의 여성들이 약의 사용을 중단했고, 낙태율이 급증한 것으로 보고되었다.

 이러한 해석에 비추어볼 때, 모든 브랜드의 혼합 경구 피임약이 유방암 위험의 상대적 증가와 연관이 있음을 시사하는 연구가 1996년 6월에 『란세트』에 공표되기 이전에 『선데이 타임스』에 누설된 바 있었지만, 그때는 보건 공무원과 저널리스트에 의해 전혀 다르게 취급되었다는 지적은 흥미롭다. 보고된 바에 따르면, 경구 피임약과 유방암 간의 관계는 크지 않았지만, 그럼에도 불구하고 경구 피임약과 정맥 혈전 색전증 간의 관계보다는 컸다. 더 나아가—"그 약을 사용하든" 그렇지 않든 간에—순환계 질병보다는 유방암으로 훨씬 더 많은 여성이 죽는다. 그러나 이 연구가 세계의 거의 모든 전문가가 관여하는 영국왕립암연구재단Imperial Cancer Research Fund(ICRF)의 조정 역할하에서 동료를 평가하는 식으로 이루어진 공동 연구였다는 사실에도 불구하고 6월의 공표에 대해 사람들은 별 반응을 보이지 않았다.

 이 상이한 반응은 적어도 부분적으로는 미디어의 역할에 기인한다. 1995년 10월에 위험은 크게 취급되어 공포 헤드라인으로 끌어올려졌다. 다음 해 6월에 위험은 경시되었다. ICRF와 가족계획 기관들의 신중한 브리핑에 따라 미디어는 기사를 중립적으로 다루기로 의식적으로 결정했고, 위험의 보도에도 불구하고 어떠한 패닉도 발생하지 않았다.

미디어는 위험의 인지를 틀 짓는 데 있어 중요한 역할을 수행한다. 대부분의 사람이 직접 경험보다는 미디어를 통해 정보를 얻기 때문에, 그들의 인식은 정보가 소통되는 방식에 의해 형성된다. 한 설명에 따르면, 위험 지각의 틀을 형성하는 데 있어서는 다음과 같은 것들이 중요하다.

> 미디어 보도의 정도, 제공된 정보의 양, 위험이 틀 지어지는 방식, 위험과 관련한 메시지의 해석, 그리고 위험을 묘사하고 그 성격을 규정하는 데 이용되는 상징·은유·담론.[11]

하지만 미디어는 사회의 위험 의식을 증폭하거나 약화시킬 뿐이지 위험의 원인이 아니라는 점을 기억하는 것이 중요하다.

해로운 결과를 기대하는 성향도 존재한다. 그리하여 미디어가 그것에 개입한다. 그러한 개입으로 인해 미디어는 일정한 위험을 계속해서 경고한다. 그러나 미디어가 위험에 몰두하는 것은 문제의 조짐이지 문제의 원인이 아니다. 미디어의 개입이 없었다면 평온하고 안심하고 있었을 사람들이 미디어의 조작으로 영원한 패닉에 빠졌을 것 같지는 않다.

미디어가 현대 위험 의식의 인플레이션에 대해 책임을 져야 하는 유일한 기술적 대행자는 아니다. 많은 설명은 정교한 선별 기법과

---

11) R. Kasperson and J. Kasperson, "The Social Amplification and Attenuation of Risk", *Annals of the American Academy of Politics and Social Science*, no. 545, 1996, p. 97을 보라.

측정 방법의 발달을 우리가 이전에 비해 전혀 다른 규모로 위험을 인지하는 이유로 제시한다. 이러한 해석을 지지하는 한 사람에 따르면,

> 자연계에 대한 우리의 인식을 확장하는 기술의 힘은 우리의 가장 강력한 원리에 대해서조차 도전해왔다. "살인하지 말지니라."는 여전히 건전한 사상이다. 그러나 우리는 태내를 조사하고 시험관에서 난자를 수정시키고 뇌사 후에 공기와 피를 주입하기 때문에, 우리는 지금 생명과 살인의 정의 자체에 대해 논의하고 있는 중이다. …… 우리는 위험을 측정하기 위해 정교한 생물학적 탐구와 컴퓨터 계산을 이용하고 있다. 우리는 얼마만큼의 위험이 지나친 것인지 그리고 심지어는 우리가 얼마나 많은 살인을 묵인할지를 결정해야 할 것이다.[12]

그렇다면 왜 더 많은 기술적 정교화가 위험에 대한 우려를 고양하는가? 누군가는 정반대의 견해를 설득력 있게 주장하며, 보다 세련된 선별 방법이 위험 의식을 최소화하고 사회의 통제 의식을 강화할 것이라고 결론지을 수도 있다. 그리고 물론 새로운 계산 도구는 인간관계와 가족생활 영역에서 증가하는 위험 의식을 설명하는 데 별 적절성을 지니지 않는다.

많은 필자가 볼 때, 사회가 위험에 몰두하는 것은 과학적·의학적·보험 통제적 조사를 통해 이룩한 이론적 성과의 산물이다. 달

---

12) W. Kaufman, *No Turning Back: Dismantling the Fantasies of Environmental Thinking* (New York: Basic Books, 1994), p. 172.

리 말해 지식의 발전은 지금까지 인식하지 못한 위험에 더욱 민감해지게 하는 데 일조해왔다. 이 주제에 대한 한 중요한 연구는 다음과 같이 주장한다.

> 최근 일어난 일들은 얼마간은 우리가 처한 위험에 맞서는 데 우리가 '더 많은' 노력을 …… '경주할' 수 있게 되었기 때문에, 우리가 우리의 환경 속에서 드러나는 위험성을 더욱 인식하게 되었다는 데 기인한다.[13]

이러한 접근 방법에 따르면, 과학적 연구를 통해 획득한 통찰력은 사람들이 자신이 처한 위험을 더욱 인식할 수 있게 도와준다.

과학의 진보와 그것에 평행하는 위험 인식의 증대 간의 관계는 사실 그리 분명하지 않다. 지식의 발전과 위험 인식이 나란히 자동적으로 성장한다는 가정은 사회가 인간의 의식을 틀 짓는 데 미치는 영향을 무시한다. 원칙적으로 지식의 진보가 반드시 위험에 대한 불안으로 이어지지는 않는다. 어떤 상황에서는 그것이 높은 수준의 신뢰로 이어질 수도 있다. 실제로 과학적 이성에 대한 많은 비판가는 그것의 '오만함'과 사건 통제 능력에 대한 '과신'을 이유로 19세기 산업 문명을 비판해왔다. 기술과 과학의 진보는 오늘날과 마찬가지로 1세기 전에도 중요했다. 그러나 그것은 위험 의식을 고취시키기는 대신에, 과학과 사회가 인간의 운명을 틀 짓는 힘을 신뢰하는 풍조를 강화하는 데 일조했다. 심지어는 특정 기술의 파

---

13) W. Leiss and C. Chociolko, *Risk and Responsibility* (Montreal: McGill-Queen's University Press, 1994), p. 7.

괴적 측면이 비극적으로 드러날 때조차도, 그것이 반드시 위험 의식의 문화로 이어지지는 않았다. 전후 일본은 히로시마와 나가사키의 무서운 경험에도 불구하고, 비록 핵무기에 대해서는 적개심을 가지고 있지만, 기술 발전에 대한 강력한 믿음을 여전히 가지고 있다.

과학과 기술의 진보와 위험 의식의 증대 간에 어떤 직접적인 인과적 관계는 존재하지 않는다. 오늘날 위험 의식과 증대된 각성을 동일시하는 경향이 있지만, 위험 인식과 실제의 위험을 혼동해서는 안 된다. 그렇게 하는 것은 우리의 패닉 성향을 실제보다 부각시키고 새로운 통찰력과 각성 주장에 과잉 반응하는 것일 수 있다. "잠재적인 기후 재해의 증가로 인해 세계는 실제로 더 위험한 장소가 되고 있다."는 영국의 한 주요 일요 신문의 주장에 대해 사람들은 어떻게 생각하는가?[14] 현대의 경험은 이러한 재난의 예견을 정당화하는가?

인류가 처한 많은 문제에도 불구하고 우리가 역사의 어떤 시기보다도 훨씬 더 안전한 세상에 살고 있다는 것은 주목해볼 만하다. 서구 사회가 노령 인구에 대해 우려하게 되었다는 사실 그 자체는 최근 인간이 질병과의 투쟁에서 거두어온 극적인 진보를 반영한다. 1950년 이래로 평균수명은 전 세계적으로 17% 증가했다. 이 증가가 가장 극적인 곳은 아시아의 가난한 나라들로, 그 증가율이 20%에 달했다.[15] 먹을거리 생산의 진보는 경이적이었으며, 그것은 인간의 부양능력을 증명한다. 의학의 발전 또한 인상적이다. 많

---

14) "Storms, Drought, Floods on Rise as Climate Spins Out of Control", *Independent on Sunday*, 30 June 1996을 보라.
15) J. Simon, *The State Of Humanity* (Oxford: Blackwell, 1995), p. 46.

은 사람이 우리가 오염으로 더럽혀지고 그것에 의해 질식당하고 있다고 확신하고 있음에도 불구하고 개선의 증거도 많이 있다. 1952년에 런던에서는 안개로 1만 2,000명이 사망했다. 1962년에도 『더 타임스』는 「안개가 폐를 위협한다―런던에서 55명 사망」이라는 제목의 기사를 실을 정도였다.16) 1962년 12월 런던에서 스모그로 136명이 사망한 것은 군중의 외침으로 이어지지 않았다. 오늘날 그러한 사건은 보팔이나 체르노빌의 참사에 필적하는 것으로 인식될 것이다. 이러한 반응의 차이는 실제 위험 인식과 별 관계가 없다. 역설적으로 1960년대에 오늘날의 런던 사람들보다도 실제로 더 큰 오염의 위험에 처해 있던 사람들은 훨씬 더 안전하다고 느꼈다.

위험 의식에 대한 또 다른 형태의 기술적 설명들은 그것을 기술 발전의 가속화가 초래한 위험한 결과와 연계시킨다. 그러한 주장은 우리가 기술을 발전시킬수록 위험을 유발하는 힘이 더 커진다는 상식적 가정에 기초한다. 이러한 논지를 개진했던 학자가 독일의 뛰어난 사회학자 니클라스 루만이었다. 그는 어떤 단일한 요소 이상으로 "기술적 가능성의 무한한 팽창이 관련 위험에 주목하는 데 기여해왔다."고 제시한다.17) 루만의 주장은 과학 발전 그 자체가 위험 의식을 강화하는 데 도움을 주는 위험을 창조한다는 관점으로 초점을 이동시킨다.

위험에 대한 모든 기술적 설명과 마찬가지로, 루만의 설명도 왜 사회가 기술 영역 외부의 영역에서 발생하는 위험을 두려워하게 하는 경향이 있는지를 다루지 않고 있다. 유감스럽게도 기술 발전

---

16) *The Times*, 6 December 1962.
17) Luhman, *Risk*, p. 83.

의 결과에 대한 이러한 강조는 이 주제에 대한 영향력 있는 많은 설명에서도 되풀이되고 있다.

지식의 산물로서의 위험

사회와 위험에 관한 영향력 있는 저자들은 자주 기술에 대한 루만의 반감과 기술이 새로운 위험을 이끈다는 확신을 결합시킨다. 과학·기술과 위험한 결과를 동일시하는 것은 흔한 일이다. 과학의 진보에 대한 이러한 적대감은 지식에 입각한 주장들에 대한 회의주의를 키워왔다. 실제로 위험 사회학의 많은 주요 전거는 위험 사회학의 발전과 지식의 진보를 연관시킨다.

독일 교수 울리히 벡과 케임브리지 교수 앤서니 기든스와 같은 유럽의 주요 사회학자들은 위험 의식과 지식의 증가 간의 밀접한 연계 관계를 주장한다. 기든스는 "오늘날 우리가 처한 많은 불확실성은 바로 인간 지식의 증가에 의해 창출된 것"이라고 기술하고,[18] 벡은 "위험의 근원은 이제 더 이상 무지가 아니라 지식"이라고 지적한다.[19] 이 시나리오에서 지식은 그것의 적용을 통해 새로운 위험과 그 위험에 대한 인식 모두를 창출한다.

지식과 위험의 관계는 기술 발전으로 끊임없이 위협받고 있는 사회 모델에 기초하고 있다. 위험으로서의 지식 테제 중 가장 설득력 있는 견해를 제시하고 있는 벡은 근대화를 전대미문의 위험 생산

---

18) A. Giddens, "Risk, Trust, Reflectivity", in Beck et al., *Reflexive Modernisation*, p. 185.
19) U. Beck, *Risk Society* (London: Sage, 1992), p. 183.

자로 간주한다. 실제로 그는 '위험 사회'를 산업사회의 성장 속에서 산출된 위험이 지배하는 근대 세계의 한 단계로 특성화한다. 그러한 사회는 기술 발전의 의도하지 않은 결과로 인해 중대한 생존 위협에 처한다. 근대화의 결과로 초래되는 위험의 규모는 바로 그 위험의 성격을 변화시킨다. 이것은 근대화로 인해 고삐 풀린 파괴의 힘이 점차 그 이익을 능가하기 때문이다. 벡은 종래의 위험과 새로운 위험을 다음과 같은 방식으로 대비시킨다.

> 새로운 나라와 대륙을 발견하고자 하는 사람은 누구나—콜럼버스처럼—분명 '위험'을 감수했다. 그러나 그것은 핵분열과 방사능 폐기물의 저장에서 초래되는 위험과 같은 전 세계적인 위험이 아니라 개인적 위험이었다. 초기에 '위험'이라는 단어는 지구상의 모든 생명체의 자멸의 위협이 아니라 용감성과 모험을 의미하는 것이었다.[20]

위험 감수와 파괴 행위 간의 친숙한 연계 관계는 그러한 행위에 특유의 무책임성을 부여한다. 게다가 위험 감수 행위가 사적인 개인적 문제를 넘어서기 때문에, 다른 사람들이 위험을 감수하고 나설 때, 사회는 그 위험으로부터 자신을 보호하기 위한 조치를 취할 권한을 부여받는다. 이제 문제가 되는 것은 구체적 위험이 아니라 위험 감수 행위이다.

---

20) U. Beck, "Risk Society and the Provident State", in S. Lash, B. Szerszynski and B. Wynne (eds), *Risk, Environment and Modernity: Towards a New Ecology* (London: Sage, 1996), pp. 28-29와 Beck, *Risk Society*, p. 26을 보라.

프랑켄슈타인 정도의 위험 생산자로서의 과학의 이미지는 위험의 성격에 대한 현대 학계의 논쟁을 예고한다. 이것은 전통적으로 과학에 대한 보수적 해석과 연관되어온 견해이다. 이 견해에 따르면, 과학과 지식은 항상 자연이 설정한 한계를 넘어서며 혼돈과 대재앙을 이끈다. 현대 보수주의자들이 과학과 기술에 대한 믿음을 즉각 비난하고 나선 것은 놀랄 일이 아니다. 그들은 인류가 너무 멀리까지 갔다는 것을 세상에 상기시킬 어떤 기회―에이즈, 온실효과, 광우병―도 놓치지 않는다. 영국의 보수적 사상가 존 그레이는 기술의 능력에 대한 현재의 신뢰 위기는 "진정으로 보수적인 정책"을 정당화한다고 논평했다. 그레이에 따르면, 위험의 폭발―광우병에서 유전자공학이 초래한 위협에 이르기까지―은 인간의 오만함에 대한 자연의 복수를 반영한다.[21]

역설적이게도 지식과 위험을 연관시키는 주장은 은연중에 앎의 능력에 의문을 제기한다. 그것은 인간 지식은 지구적 자본주의에 의해 움직이는 예측할 수 없는 사건의 연쇄에 의해 압도당한다고 말한다. 기술과 인간 행동의 결과는 알거나 계산할 수 없다고 널리 주장되고 있다. 이러한 견해는 지구화된 환경 속에서 기술 발전은 예측의 토대를 파괴할 수 있을 만큼 복잡하다는 믿음에 의해 추동되고 있다. 따라서 루만은 "어느 누구도 미래에 대한 지식을 주장할 수 있는 위치에 있지도 그것을 변화시킬 수 있는 능력을 가지고 있지도 못하다."고 주장한다.[22] 루만이 볼 때, 지식은 이미 발생한 것에 대한 통찰력, 오히려 그것에 한정된 통찰력을 제공하는 데 국

---

21) John Gray, "Nature Bites Back", *Guardian*, 26 March 1996.
22) Luhman, *Risk*, p. 48.

한된다.

지식, 기술 그리고 과학에 대한 부정적 감상은 그것이 위험의 원인이라는 믿음을 반영한다. 인간이 창조한 이른바 제조된 위험은 과거의 '자연적' 위험과 날카롭게 대치된다. 세계에 대한 그러한 모델은 사실 극히 일방적이다. 위험이 기술 진보의 결과라는 가정은 어느 정도 현대 서구 세계에서의 경험과 상응한다. 미국인이나 유럽인 중에서는 소수만이 기근이나 홍수와 번개 같은 자연적 위험으로 죽는다. 왜냐하면 과학과 기술의 진보가 높은 수준의 안전을 보장해왔기 때문이다. 하지만 그러한 안전 수준은 단지 세계의 작은 부분에서만 확보되어 있다. 이것이 바로 먹을거리의 잔류 독성 물질보다는 부실한 음식물로 인해 훨씬 더 많은 사람이 사망하는 이유이다. 서구 세계에서조차 전통적 위험은 고도 기술 부문이 초래한 위험을 능가한다. 한 연구에 따르면, 오랜 전前 산업적 전통을 가진 직업에 종사하는 사람들의 1인당 치명적 재해 수치는 고도 기술 산업의 재해 수치보다 "비교가 안 될 정도로 높다." 이를테면 스위스에서 화학 산업 노동자가 작업 과정에서 사망할 가능성은 벌채 노동자보다 18배 적다.[23]

위험에 대한 우리의 우려의 비자연적·기술적 토대에 대한 강조는 여전히 위험 인식의 사회적 영향을 과소평가한다. 이러한 세계관에서 위험 메커니즘은 근대화를 통해 고삐 풀린 과정에 의해 자동적으로 작동된다. 따라서 위험의 분배는 어느 누구도 면할 수 없

---

23) H. Lubbe, "Security: Risk Perception in the Civilization Process", in Bayerische Ruck (ed.), *Risk Is a Construct: Perceptions and Risk Perception* (Munich: Knesebeck, 1993), p. 25.

는 하나의 불가항력적인 것이다. 이것이 많은 위험 사회학자가 위험의 분배가 사회적 불평등과 무관한 것으로 확신하는 것처럼 보이는 이유이다. 그 위험이 체르노빌이건, 에이즈건, 온실 효과건 간에 어느 누구도 위험을 면할 수 없다. 이 주제에 대한 한 논문 모음집의 저자들은 이러한 맥락에서 저술하며 "위험 사회에서 위험의 분배는 불평등과 무관한 것으로 보이며, 위험은 쉽게 국경과 계급 경계를 넘어선다."고 진술한다.[24] 이러한 논리에 따르면, 나일 삼각주에서 생계를 꾸려가는 가난한 농민과 뮌헨에서 안락한 삶을 살아가는 중간계급 엔지니어는 일련의 위해로부터 똑같은 위험에 처해 있다.

사회가 근본적으로 통제 밖에 있는 위험을 무작위적으로 분배한다는 것은 1980년대에 대중화된 진부한 상투어, 즉 "우리 모두는 위험에 처해 있다."는 말의 지적 토대이다. 이 신념에 대한 자신들의 믿음을 고백하는 사람들은 단지 사회학자들만이 아니다. 다양한 원인을 주장하는 사람들도 역시 그러한 신념을 가지고 있다. 위험이 발생할 때 우리 모두가 위험에 처하는 것은 아니며, 동일한 정도의 위험에 처하는 것도 분명 아니다. 연구들은 분명히 무작위적인 재해들조차도 무작위적으로 분배되지 않는다는 것을 보여준다. 예컨대 영국 어린아이들이 당한 사고에 대한 연구는 노동계급 출신의 0세에서 14세 사이의 어린아이들이 부모가 중간계급인 어린아이들에 비해 사고로 사망할 가능성이 두 배라는 것을 보여준다. 그들이 또한 교통사고로 사망할 가능성은 5배 높았다. 사회적 불평등과 건강 간의 관계 또한 잘 입증되어 있다. 미국에서 가난하

---

24) Lash et al., *Risk, Environment and Modernity*, p. 2.

게 사는 것이 평균수명을 약 9년 단축시킨다는 사실은 가난하다는 것이 갖는 위험을 아주 잘 보여준다. 그리고 예상할 수 있다시피, 미국에서 실업은 가장 위험한 직업인 뾰족탑이나 높은 굴뚝을 수리하는 일을 하게 한다. 한 설명에 따르면, "일을 하지 않는 동안 자살, 알코올음료 섭취로 인한 간경화, 그리고 다른 스트레스 관련 질병의 위험이 크게 높아지기 때문에, 실업 상태에 있다는 것은 하루에 담배 10갑을 피우는 것과 동일한 것으로 평가될 정도이다."[25)]

위험이 사회를 초월하지 않는다는 것은 분명하다. 오히려 모든 것을 고려해볼 때 위험은 사람들의 권력 및 영향력과 관련하여 사람들에게 영향을 미친다. 그렇게나 많은 중요한 관찰자가 그와 같이 비사회적·기술적 방식으로 위험을 고려한다는 바로 그 사실이 주목할만한 가치가 있다. 위험이 인간 행동, 지식, 과학의 산물이라는 견해의 당연한 귀결은 그것이 통제와 규제에 종속되지 않는다는 것이다. 램프에서 나온 마귀처럼 위험은 이제 더 이상 인간의 통제에 종속되지 않는다. 위험을 인간의 노력이 낳은 초월적인 기술적 문제로 묘사하는 것은 인간의 성격에 대한 하나의 분명한 태도를 보여준다. 그것은 우리가 가지고 있는 능력은 우리의 일상생활을 파괴하기만 할 뿐 그 위를 떠돌아다니는 위험에 대해서는 어찌 할 수 없다는 것을 시사한다.

---

25) J. Ross, "Risk: Where Do Real Dangers Lie?" in *Smithsonian*, November 1995, p. 46. 어린이와 관련한 사고에 유용한 연구로는 H. Roberts, S. Smith and C. Bryce, *Children at Risk? Safety as a Social Value*(Buckingham: Open University Press, 1995), p. 6을 보라.

우리는 왜 패닉에 빠지는가?

위험 의식에 대한 설명을 지배하는 기술적 접근 방식은 우리가 직면하는 위험을 창출하는 기술 진보의 과정을 강조한다. 그것은 위험 인식에 영향을 미치는 사회관계의 변화와 그것의 역할에 대해서는 그리 주목하지 않는다. 그러한 설명은 인간 행위의 장기적 결과는 오늘날 계산할 수 없을 뿐만 아니라 또한 미래에도 역시 통제권을 벗어나 있다는 가정에 근거한다. 이러한 위험의 객관화는 패닉과 공포라는 인간의 반응을 자명한 것으로 만든다. 그것은 우리가 우리 행위의 의도하지 않은 결과에 대해 우려하는 것은 당연하다고 결론짓는다.

많은 경우에, 심지어는 기술과 자연을 물신화物神化하는 경향에 비판적인 사람들조차도 위험을 사회적·역사적 구체성 속에 위치시키기를 꺼려한다. 이를테면 이 주제에 대한 흥미로운 논문 모음집의 편집자들은 자연을 객관화하는 사람들을 비판하지만, "그러한 모든 문제는 '단지' 사회적 구성물일 뿐이며 따라서 (그것이 함축하는 바에 따르면) 실제가 아니라는 대안적인 견해를 진척시킴으로써 그러한 과학적 물화物化를 비판하는, 이따금 등장하는 사회학적 경향도 마찬가지로 잘못"이라고 경고한다.[26] 물론 여기서 문제가 되는 것은 인식된 위험이 실재하는가가 아니라 그러한 반응이 무엇에 토대하는가이다. 실재하는 것과 실재하지 않는 것을 대치시키는 것은 그리 유익하지 못하다. 산업 쓰레기와 같은 어떤 '실제' 위험은 한 상황에서는 받아들일 수 있는 것으로 파악될 수 있는 반

---

26) Lash et al., *Risk, Environment and Modernity*, p. 2.

면, 다른 상황에서는 치명적 위협으로 해석된다. 탐구할만한 가치가 있는 질문은 사회가 그 '문제'를 선별하는 방식이다. 문제화 과정에 초점을 맞추는 것은 다음과 같은 무엇보다도 중요한 문제를 제기하는 것일 수 있다. 문제가 되고 있는 일련의 경험이 오늘날 거기서 왜 그렇게 증가하는가?

사실 문제화 과정과 그것이 언급하는 경험 간에는 직접적인 관계가 없다. 우리가 '약자 괴롭히기'나 '성희롱'이라고 이름 붙인 활동은 오랜 역사를 가지고 있다―그러나 그것들이 문제로 규정된 것은 단지 최근의 구체적 상황에서이다. 이와 같이 어떤 것을 위험으로 정의하는 것 자체는 사회 내의 변화하는 관계 및 인식과 결부되어 있다. 이것이 바로 위험 인식의 증대가 역사적 맥락과 사회적 맥락 모두를 갖는 이유이다. 예컨대 현재 섹스와 위험 간에는 하나의 등식이 존재한다. 1960년대의 쾌락적 섹스에 대한 긍정적 견해는 섹스는 정의상 하나의 위험이라는 확신에 길을 내주었다. 인간 활동의 이 기본적 형식이 왜 위험 프리즘을 통해 해석되어야 하는가는 육체적 행위에 대한 탐구를 통해서는 명료화될 수 없을 것이다. 이 과정에 대한 통찰력을 획득하기 위한 보다 유익한 접근 방법은 가족 내의 관계 변화와 남자와 여자와의 관계 변화 그리고 여타 인간 상호작용 형태의 변화를 검토하는 것이다.

위험 의식의 기술적·자연적 토대를 부각시키는 경향은 위험에 대한 운명론적 해석에 기여한다. 관찰자가 위험 의식의 설명에서 기술적 요소에 부여하는 가중치는 그 자체로 중요하다. 이것은 우리 모두가 위험에 처해 있다는 감상을 지적 형태로 표현하는 접근 방식이다. 또는 적어도 이것은 그러한 감상이 분명하게 정의된 위험에 대한 당연한 반응이라고 가정한다. 따라서 탐구가 요구되는 것은 위험이 해석되고 인식되는 방법이 아니라 위험이다. 이런 식으로 분석은 기술적 요소에 대한 강조를 강화하는 반면, 사회적 영향의 중요성을 과소평가한다.

위험을 기술의 관점에서 파악하는 것은 위험이 표현되는 중요한 사회과정을 과소평가하는 것이다. 위험에 대한 부정적 묘사와 그것의 끝없는 인플레이션은 진공상태에서 발생하는 것이 아니다. 많은 필자가 사회적 불안의 만연 및 권위의 전통적 근거에 대한 일반 사람들의 광범위한 불신을 이러한 반응과 연계시키고자 노력해 왔다. 많은 건강 문제, 먹을거리, 환경과 관련한 패닉의 발생은 의심할 바 없이 몇몇 근원적인 막연한 불안의 징후이다. 분명 그러한 반응은 권위에 대한 명백한 불신을 드러내는 것이다. 신뢰 관계의 부식에 대한 강조는 그러한 문제의 여러 측면을 조명하는 데 도움을 주어왔다. 하지만 우리가 앞으로 살펴보듯이, 패닉의 폭발은 또한 현대사회의 작동 방식에 대해 훨씬 더 많은 것을 우리에게 알려준다. 아래의 테마들은 위험 의식의 영향을 통찰하는 데 도움을 줄 수 있을 것이다.

변화는 자주 위험으로 경험된다

위험 인식은 이전의 변화 경험에 영향을 받는다. 수많은 사회적 실험의 실패—소련에서부터 유럽식 복지국가에 이르기까지—는 변화의 결과에 대한 보수적 의구심을 강화해왔다.[27] 오늘날 계획, 사회공학, 개혁 같은 용어는 자주 부정적 함의를 지닌다. 심지어는

---

27) 이 논점은 F. Furedi, *Mythical Past, Elusive Future*(London: Pluto Press, 1992)에 더욱 정교하게 제시되어 있다.

국가 개입주의적 전략을 정식화하고자 하는 시도조차도 유토피아적인 것으로 치부된다. 과거에는 국가 개입이 문제에 대한 하나의 가능한 해결책으로 간주되었다면, 오늘날 그러한 정책은 사회의 어려움 중 많은 것의 원인으로 제시된다. 그리고 보다 일반적으로 말하면 변화는 문제의 해결책이 아니라 문제의 원인으로 간주된다. 그러한 반응은 정치적 실험에만 국한되는 것이 아니다. 과학과 기술 분야의 혁신은 회의적으로 고려된다. 그러한 회의주의는 무언가가 잘못되어가고 있다는 확신과 결합해 있다. 제2장에서 논의한 부작용에 대한 공포는 변화와 위험 간의 이러한 관계를 가장 분명하게 보여주는 것이다.

변화에 대한 의구심은 인간이 처한 문제에 대한 해결책을 발견할 수 있다는 믿음이 설득력이 없다고 본다. 해결책에 대한 불신은 정치 영역을 훨씬 더 넘어서서 사회적 관여의 모든 분야로 확대되어 왔다. 해결책이 우리의 삶에 대해 갖는 적합성을 상실한 것으로 보임에 따라, 문제는 이제 하나의 불가항력적인 형태를 취한다. 명백한 해결책의 부재는 그 문제에 특별한 가중치와 중요성을 부여한다. 오늘날 위험 계산의 한 독특한 특징인 문제의 인플레이션은 논리적으로는 사회변동 관점이 지지받지 못하고 있다는 데서 기인한다. 심각한 문제들에 대한 해결책을 발견하고자 했던 인간의 노력이 과거에 실패한 것은 앞으로 변화를 추구할 사람들에게 하나의 경고로 재조명된다. 사회가 해결책을 가지고 있지 못하다는 인식이 남긴 주요한 유산은 불확실성 문화의 강화이다.

미래에 대한 우려

변화에 대한 의심은 사람들이 미래를 생각하는 방식에 크게 영향을 미친다. 사람들은 기본적으로 상황이 더 나빠질 가능성이 크다고 예상한다. 대부분의 여론조사는 사람들이 미래에 대해 두려움을 가지고 있다는 점을 확인해준다. 무엇보다도 먼저 제2차 세계대전의 종전 이후에, 부모들은 자식들의 삶이 자신들의 삶보다 더 나빠질 것이라고 예상했다. 그러한 미래 인식은 현대의 불안을 반영한다. 실제로 그들은 오늘날 사회의 집합적 불안전성을 미래로 투영한다.

미래는 현재의 지리학과 별 관계가 없는 지형으로 인식된다. 인간이 변화 과정을 관리할 수 없는 것으로 보이기 때문에, 그것의 미래 방향은 점점 더 이해할 수 없는 것이 된다. 사회가 변화 과정으로부터 소외되어 있기에, 사회는 미래에서는 알아볼 수도 없을 정도로 낯선 것으로 표현된다. 그것은 미디어에서 가장 분명하게 제시된다. 미디어에서 미래는 현재에 비해 사회가 비인간화되었다는 점을 강조하는 방식으로 다루어진다. 오늘날의 공상과학소설은 미래 사회를 불모지나 첨단 기술의 지옥으로 묘사한다. 일부 위험 이론가들도 유사한 메시지를 발표한다. 이 주제에 대한 한 영향력 있는 텍스트의 편집자들에 따르면, "미래는 이전의 어느 때보다 과거와 달라 보이며, 어떤 식으로든 매우 위험해지고 있다."[28]

미래가 이처럼 부정적이고 불안한 측면에서 인식된 경우는 이전에도 몇 차례 있었다. 현재와 미래의 관계가 구성되는 방식과 관련하여 드러나는 차이는, 우리가 두려워하는 미래가 오늘날 우리의 행위의 직접적 결과라는 것이다. 이것은 인간이 파괴한 것이 매우 잠재적이어서 그것의 무시무시한 결과는 많은 세대가 지날 때까지

---

28) Beck et al., *Reflexive Modernisation*, p. vii.

는 분명하게 알 수 없을 것이라는 믿음에서 표현된다. 이런 식으로 오늘날 우리의 공포는 인류가 처한 위험의 전 범위는 단지 불명확한 미래에 분명해질 것이라는 인식에 의해 더욱 심해진다. 이것은 위험을 더욱 무한한 것으로 인식하는 데 일조한다. 우리의 행위가 갖는 위험성은 지금부터 수십 년이 지날 때까지 알려지지 않을 것이다. 그 결과 우리의 행동은 오늘날의 사람들뿐만 아니라 다가올 세대의 사람들까지도 위험에 처하게 한다. 주류 생태학적 사고를 이끄는 것이 바로 이러한 미래 모델이다. 세대 간 형평성과 지속 가능성 같은 용어들은 미래 발전을 고려하여 우리의 행동이 자제되어야 한다는 것을 암시한다.

미래가 매우 위험한 것으로 생각될 때 비난받는 것은 현재의 사회라는 점을 지적할 필요가 있다. 왜냐하면 만약 우리의 행동이 미래에 그러한 충격을 줄 가능성이 있다면, 미래 시대에 발생하는 것에 대해 책임이 있는 사람은 바로 우리이기 때문이다. 루만이 지적하듯이, "미래의 점점 더 많은 부분은 분명 현재 내린 결정에 의존하게 될 것이다."[29] 우리의 행위가 미래에 사람들이 처할 위험을 증가시킬 가능성이 크기 때문에, 가장 식견 있는 전략은 미래 세대가 처할 위험을 최소화하는 것이다. 이는 우리가 미래에 결과를 초래할 가능성이 있는 것을 가능한 한 최소화할 것을 요구한다.

알 수 없음

위험은 점점 더 우리가 알 능력이 없다는 것과 관련하여 지적으로 정의된다. 여기서 문제가 되는 것은 단지 알지 못한다는 것이

---

29) Luhman, *Risk*, p. 147.

아니라 알 수 없다는 것이다. 이러한— '모른다는 것을 모르는'이라는 관용구로 인상적으로 표현되는—태도는 대對테러 전쟁 및 기후 변화와 관련한 정책들을 특징짓는다. 결과를 예측할 수 없다는 사실은 현대 기술의 신속하고 광범위한 결과와 자주 연계 지어진다. 많은 관찰자는 기술 혁신의 결과가 매우 빨리 실현되기 때문에, 그것의 있음직한 영향을 인식하거나 이해할 시간이 전혀 없을 뿐이라고 주장한다. 시간 부족은 또한 오늘날 취해진 행동의 장기적 영향과 관련해서도 상정된다. 소위 예방 원칙을 지지하는 많은 사람이 특정한 혁신의 결과가 이해될 때까지는 다음 세대에게 피해를 유발할 수 있는 과정이 제한받지 않고 진행되게 될 것이라는 점에 근거하여 신중을 기할 것을 주장한다. 루만에 따르면, "필요한 정보를 얻는 데 요구되는 시간이 없다는 사실은 합리성에 근거한 희망을 약화시킨다."[30] 미래의 발전 추세를 더 많이 안다는 것은 솔직히 불가능하다.

앞서 논의한 지식과 위험의 관계는 심히 반反인본주의적인 지적 전망에 기반을 두고 있다. 이 모델에서 지식과 과학 모두는 자신들의 진리 파악에 한정된다. 그러나 그것들은 의도하지 않은 결과를 초래하는 혁신을 가져오기 때문에, 그것들 또한 문제를 만들어낸다. 그러한 견해는 20세기 정치 변동의 성과에 대한 부정적 경험에 의해 크게 틀 지어져 있다. 소련과 중국에서의 정치적 실험의 실패는 야심찬 정치적 프로그램이 효과가 없음을 보여주는 직접적인 증거로 해석된다. 그리고 회고해볼 때, 그러한 부정적 경험은 우리가 단지 앎의 방식을 알지 못한다는 것을 확인해준다.

---

30) Luhman, *Risk*, p. 44.

우리의 행위의 결과를 알지 못한다는 것은 불확실성과 사태에 대한 부정적 기대를 강화한다. 알지 못한다는 것과 아는 것이 불가능하다는 감상은 인간이 위험을 무릅쓰고 무엇인가를 할 수 있는 능력을 약화시킨다. 예견되는 부정적 결과는 사회적 실험을 흔쾌히 받아들이지 못하게 하며, 결과에 대한 의심이 사회 전역에 깊이 파고들 때 새로운 사태에 대한 반응은 적어도 불안정하거나 걱정스런 성격을 띤다. 그러한 반응은 단지 과잉 반응이나 패닉과 한 발자국 떨어져 있을 뿐이다.

축소된 인간

사회의 사회적 실험 관리 능력과 지식 및 과학의 주장에 대한 부정적 해석은 사회에서 인간은 그리 중요하지 않고 그리 특별하지 않은 역할을 수행한다는 사회관과 연계되어 있다. 위험 담론의 사용 그 자체는 기술적 요소가 사회적 요소보다 중요하다는 세계관을 보여준다. 위험 분석이 기술 영역과 관련하여 발전했다는 것은 지적할만한 가치가 있다. 위험에 대한 사고의 발전은 기술적 계산이 사회적 영역으로 확산되고 있음을 보여준다. 확률과 예견에 대한 관심은 상당 정도 인간 행위와는 무관한 결과를 향해 있다. 현재 유행하는 모델은 인간을 자신이 창조한 힘—주로 파괴적인 힘—을 필사적으로 통제하고자 하는 반半의식적인 존재로 묘사한다. 이 모델에서는 기술적으로 추동된 과정이 우위를 차지하고, 인간은 손상과 피해를 최소화하는 존재로 축소된다. 그러한 모델은 인간 통제의 한계와 관련한 강력한 진술을 대표한다.

인간은 과거의 손상을 벌충하기에는 너무나도 무력하고 미래를 구상하기에는 너무나도 무지하다는 표현이 널리 유포되어 있다.

인간의 주체성에 할당된 제한된 역할은 위험 의식을 통해 가장 분명하게 표현된다. 위험은 점점 더 인간의 조작을 크게 넘어서는 독자적인 힘으로 상정된다. 위험은 어떤 개인이나 그의 경험과는 별 관계가 없다. 위험은 개인의 행위를 다소 위험하게 만드는 다양한 요소로부터 출현한다. 위험은 능동적 행위자이고—위험에 처한—사람들은 사회 속의 수동적 행위자이다.

위험 의식의 증대는 인간의 주체성에 할당된 역할의 축소와 비례한다. 지난 10년 동안 인간이라는 종種의 역할과 인간 중심적 세계관(인본주의)은 다양한 방향에서 체계적 공격을 받아왔다. 정치적 실험은 전체주의로 이어지고 있다는 이유로 공공연히 비난받아왔다. 과학과 기술이 사회에 가져다주는 혜택을 지지하는 사람들은 자주 지구 생태계에 대한 관심을 결여하고 있는 무책임한 사람으로 비난받는다. 이와 유사하게 동물의 본능에 대한 인간 이성의 우위성을 단언하는 것도 자주 종種차별주의라고 공격받는다.

인간의 주체성에 할당된 축소된 역할은 또한 우리 인류에 대한 재정의를 수반한다. 지난 몇 십 년 동안 인간의 능동적 측면에 비해 수동적 측면을 부각시키는 것이 인간의 파괴 및 학대 잠재력에 대한 우려와 병행되어왔다. 위험한 개인 역시 위험에 처해 있는 사람이다. 인간관계와 위험의 연계 관계—이는 제4장과 제5장의 주제이다—는 지속적으로 경계심을 드러내는 삶을 공고히 하는 데 일조한다. 그러한 태도는 의심과 패닉 성향을 낳는다.

한계와 화해하기

위험 의식의 확산은 사람들이 자신들의 상황을 이해하는 방식에 영향을 미쳐왔다. 인간 주체성에 할당된 역할의 축소는 자주 한계의식의 고양과 관련하여 논의된다. 벡이 볼 때 위험 사회는 "근대화의 자기 한계에 의문"을 제기한다.[31] 다른 학자들은 다른 형태들—소비, 기술 발전 등—에서의 자제를 요구해왔다. 자제를 뒷받침하는 감상은 책임과 배려의 표현으로 긍정적으로 언급된다. 재활용은 도덕적 미덕으로 표현된다.

영웅은 이제 분명 구시대적 인물이다. 1990년대의 미덕은 배려하기와 고통 감수이다. 개인의 수준에서 그러한 미덕은 한계에 대한 존중을 찬양한다. 위험 감수하지 않기가 적극적으로 제창된다. 위험과 관련되어 있는 사람들의 무력함이 널리 확증되고 있기 때문에, 제한된 야망이 점점 더 받아들여졌다. 인간의 통제를 넘어서는 결과들이 실패의 불명예를 덜어준다. 카운슬링 같은 치료 전략의 발전은 자신들을 위험에 처하게 만든 경험과 함께 살아가는 사람들을 도와주는 것에 기초한다. 그러한 전략이 '자기 존중'을 강조하는 것은 성공과 실패를 나누는 선을 희미하게 하는 데 일조한다. 자신의 한계를 알고 스스로를 받아들이는 것이 실제적 결과보다 더 중요하다고 주장된다. 행위로부터 의무 및 책임을—적어도 미완성 형태로나마—분리시키는 것이 축소된 주체의 창조가 낳은 가장 파괴적인 성과이다.

사람들이 영원히 위험한 삶을 사는 상황에서 책임은 상이한 속성을 획득한다. 그러한 상황이 허용하는 인간 행위의 제한된 범위는 대부분의 결과가 어떤 한 개인의 통제를 벗어나 있다는 것을 의미한다. 상황이 매우 예측 불가능하기 때문에, 개인은 신중을 기하고

---

31) Beck, "Risk Society and the Provident State", in Lash et al., *Risk, Environment and Modernity*, p. 29.

다른 어느 누구도 위험에 처하지 않게 하는 식으로만 자신의 책임을 다할 수 있다.

패닉 성향

앞서 논의한 테마들은 문제가 부풀려지고 가능한 해결책이 으레 신뢰받지 못하는 풍조를 보여준다. 그러한 감상은 아동 양육이나 교육을 특징짓는 것만큼이나 경제에 대한 논의에도 영향을 미친다. 거기에는 형용할 수 없는 행복감이 결여되어 있을 뿐만 아니라 곤경과 관련한 모든 단서는 과장되는 경향이 있다. 대부분의 사람은 서구 사회의 작동 방식이 신뢰하기 어렵다고 생각한다.

자본주의사회의 신뢰 상실은 경제에 그 원인을 돌리지 않을 수 없다. 하지만 경제적 문제가 그대로 사회의 신뢰 상실로 이어지는 것은 아니다. 실제로 오늘날 특히 흥미로운 것은 자본주의 체계의 수혜자들조차도 미래에 대해 의문과 불안을 표현한다는 것이다. 실제로 점점 더 사람들을 불행하다고 느끼게 한다는 이유로 풍요 자체가 비난받고 있다. 기술과 함께 풍요는 시장의 질병 중의 하나로 묘사된다.

냉전 시대부터 아주 최근까지 의기양양하게 등장한 산업 지도자들과 대부분 영역에서 활동하는 지배 엘리트들이 미래에 대해 매우 불안감을 느낀다는 것은 아이러니하지만, 주요 경영자들이 경영을 두려워해왔다는 것은 점점 더 분명해지고 있다. 많은 사람이 대부분의 기본적인 결정을 전문 조언자나 컨설턴트에게 넘김에 따라, 진정한 의미의 경영 훈련 산업과 컨설턴트업이 출현해왔다. 이런 현상들은 사회의 다른 부문들로 확산되었다. 사적 부문과 공적 부문 모두에서 권위의 중추 상실은 문제를 회피하고 대결을 미루는 것을 돕는 의례들을 급격히 증가시켰다. 따라서 현재는 많은 기관이 다양한 영역에서 일상적인 인간관계를 관리하기 위해 '퍼실리테이터'나 '컨설턴트', '멘토'나 '카운슬러'에 의존한다.

앞서 개관한 추세는 불확실성에 대한 하나의 반응이기만 한 것은 아니다. 그것은 인간 잠재력의 역할이 의문시되는 오늘날의 구체적 상황 속에서 드러나는 불확실성에 대한 반응이다. 위험 의식은 불확실성뿐만 아니라 인간이 직면한 문제에 대해 별로 할 수 있는 것이 없는 인간 종種의 무능력과 관련되어 있다. 위험의 공포와 실험의 불신은 사회가 직면한 문제와 맞서 싸울 수 있는 능력이 사회에게는 없다는 것을 사회가 인식하는 방법이다. 이것은 광범위한 사회과정의 수준과 개인의 상호작용 수준 모두에서 작동한다.

사회의 중추 상실을 가장 분명하게 보여주는 것이 그간 사회가 생존 투쟁으로부터 발생하는 긴장과 갈등을 억제하기 위한 조정 기구들을 제도화해왔다는 것이다. 이러한 경향을 뒷받침해준 것이 바로 사람들은 자신들의 문제를 처리할만한 능력이 없거나 처리하는 데 부적합하다는 감상이다. 이러한 확신은 '탐욕'의 1980년대와 '배려'의 1990년대가 반복적으로 비교되는 과정에서 부각되었다. 그러한 비교는 개인의 자기 이익 추구에 대한 비판과 규제에 대한 암묵적인 요구를 분명하게 표현하고 있다. 그러한 입장은 사적인 욕심에 대한 식견 있는 공격처럼 보이지만, 그것은 또한 인간의 잠재력에 재갈을 물리고자 하는 것으로 인식될 수도 있다.

오늘날의 불안전이 격심한 불안 의식을 창출해온 주요한 이유는 사회와 개인 간의 관계가 변화한 것과 관련이 있다. 많은 관찰자가 최근 수십 년 동안 서구 사회에서 발생해온 가차 없는 개인화 과정에 대해 논평해왔다. 경제적 조건의 변화는 노동시장의 불안정성을 창출해온 반면, 복지 서비스 공급 체계의 변화는 점차 책임을 국가에서 개인으로 이전시켜왔다. 노동의 개인화와 복지 서비스 공급 체계의 변화는 생존을 더욱더 사적인 문제로 만들었다. 최근 BBC의 여론조사는 대부분의 사람이 오늘날 영국은 20년 전에 비해 살기 나쁜 곳이라고 생각한다는 것을 보여주었다.[32] 많은 사람이 범죄, 테러리즘, 개인의 안전에 대해 우려한다. 생존에 대한 극히 개인화된 관심이 널리 퍼져 있다.

그러나 물론 노동시장의 변화만으로는 개인화 과정을 설명할 수 없다. 경제적 변화는 사회 전역에서 일어난 제도 및 관계의 변화와 병행되어왔다. 정당과 노동조합에 대한 참여 감소는 사람들 사이에서 전통적인 형태의 연대가 부식되고 있음을 시사한다. 이것은 전통적인 노동계급 조직의 붕괴와 함께 가장 분명해졌다. 많은 주류 논평자가 이러한 경향을 자신들이 공동체의 쇠퇴라고 부르는 것을 통해 해석해왔다. 심지어는 가족과 같은 근본적인 제도조차도 이러한 과정의 영향을 받지 않을 수 없었다. 가족 유대와 가족 관계의 변화는 사람들의 삶에 깊은 충격을 주어왔다. 오늘날 세 명의 아이 중 한 명이 결혼 생활 밖에서 태어난다. 결혼한 사람들 가운데서도 이혼하는 경우가 매우 많다. 이러한 상황에서 가족생활의 안전은 좀처럼 실현되기 어려운 하나의 이상이다.

경제적 탈구와 사회제도 약화의 상호 상승적 결합은 사회의 파편화 경향을 가속화해왔다. 이러한 사회적 유대의 문제는 개인들의

---

32) *BBC News*, 4 September 2006을 보라.

일상적인 일에 영향을 미친다. 종래의 삶의 관례와 전통 중 많은 것이 이제 더 이상 당연한 것으로 간주될 수 없다. 심지어는 하나의 부양 체계로서의 가족 역할조차도 의문시되고 있다. 이러한 상황하에서 가까운 과거로부터 물려받은 기대나 행동 양식은 미래 행위의 효과적인 지침일 수 없다. 30년 전 사람들 간의 관계는 오늘날 문제를 처리하는 데 있어 우리에게 말해주는 것이 별로 없다.

개인화 과정은 결코 하나의 새로운 현상이 아니다. 공동체와 종래 형태의 연대의 붕괴, 조직화된 종교의 쇠퇴, 지리학적 이동과 도시화 모두 자본주의 발전에서 중요한 요소이다. 하지만 오늘날의 개인화는 단지 동일한 과정이 더 많아진 것이 아니다. 과거에 제도의 부식은 새로운 형태의 연대가 창출된 상황에서 발생했다. 이를테면 19세기 사적 영역의 성장은 협동조합, 노동조합, 대중운동 및 여타 집합적 제도의 출현과 동시에 발생했다. 오늘날 그 같은 제도들의 부재는 널리 인식된 문제이다. 이것은 좀 더 광범위한 사회적 네트워크를 대신할 대체물을 제공하고자 하는 운동들을 키워왔다. 자조 집단, 상담 전화, 카운슬링은 개인들 간에 보다 유기적인 연계가 부재하는 것을 벌충하기 위해 설계된 대책들이다.

사회에서 개인과 다른 사람들을 연계시켜주는 제도의 상대적 약화는 사람들을 더욱 고립시킨다. 개인화 과정은 취약하다는 느낌을 강화한다. 많은 사람이 말 그대로 스스로 자신을 감당해야 한다. 그러한 사회적 고립은 불안전감을 강화한다. 사회 특유의 강박 관념 중 많은 것—건강, 안전, 보안—은 이 같은 사회적 고립 경험의 산물이다.

이러한 파편화 의식은 사회의 가치가 무엇이어야 하는가에 대한 합의가 부재한다는 사실에 의해 강화된다. 이제 많은 전통적인 규범이 강력한 의문의 대상이 되고 있다. 영국 신문들이 세 아이 중 한 명이 결혼 생활 밖에서 태어나고 있다고 보도할 때, 어떤 사람들은 전통적인 '서출'이라는 용어를 사용한 반면, 다른 사람들은 이 경멸적인 호칭에 강한 이의를 제기했다. 『가디언』의 한 칼럼니스트는 『더 타임스』의 불합리한 고정관념과 편견을 비난했다.[33] 무엇이 옳고 그른가라는 근본적인 의문을 둘러싼 그러한 논쟁은 항상 존재해왔다. 그 차이는 도덕 및 기본적 규범과 관련한 오늘날의 쟁점들이 더 자주 그리고 더 강력하게 의문시되고 있다는 것이다. 기본적인 행동 규범에 대한 이러한 합의의 결여는 삶의 불확실성에 연료를 공급한다. 아이들과 가족 간의 관계와 같은 기본적인 문제에 대한 합의의 결여는 인간 행동의 모든 측면에 혼란을 산출하는 데 일조한다.

사회적 역할이 계속해서 수정되고 무엇이 옳고 그른지가 전혀 확실하지 않을 때, 사람들은 미래에 대해 불확실하다고 느낄 권리가 있다. 이러한 과정 모두가 개인화 과정을 강화한다. 여기서 출현하는 것이 바로 매우 조심하는 개인이다.

축소된 통제 의식

앞서 묘사한 변화의 가장 중요한 결과는 아마도 개인의 통제력이 축소되었다는 의식일 것이다. 일상생활의 매우 많은 측면이 더 이상 당연한 것으로 간주될 수 없기 때문에, 한때 일상적이었던 많은

---

33) *Guardian*, 3 June 1996.

활동이 문제가 있는 것이 되었다. 이것은 우리를 다음과 같은 이 책의 주요 테제 중의 하나로 인도한다. 그것은 바로 태도와 행동 방식이 더 이상 당연한 것으로 간주될 수 없을 때, 지금까지 상대적으로 간단한 것이었던 경험이 이제는 위험한 것으로 인식되게 된다는 것이다. 이것이 바로 오늘날 사회에서 발생하고 있는 위험과 안전에 대한 강박관념을 이해하는 열쇠이다.

예컨대 오늘날 소위 양육의 위기를 둘러싼 불확실성에 대해 살펴보자. 이러한 불확실성은 부분적으로는 가족의 성격 변화에 기인한다. 그러나 그것은 또한 부모와 자식, 남자와 여자 간의 관계 변화에도 기인한다. 이러한 관계 변화는 무엇이 받아들일 수 있는 행동인지가 명확하지 않다는 점과 결부되어 있다. 오랫동안 당신이 잘하고 있는 것으로 당연히 간주되던 양육과 가족생활의 행동이 이제는 자명한 것과는 거리가 먼 것이 되었다. 간단한 것은 아무것도 없어 보인다. 양육이 마치 지뢰밭이 되어버린 것 같다. 이 같은 사태 전개로 인해 초래된 축소된 통제 의식은 불안전감과 위험에 처해 있다는 의식을 더욱 심화시킨다. 놀랄 것도 없이, 가족은 많은 관련자가 계속해서 위험에 처해 있는 것으로 주장되는 위험한 장소로 인식되게 되었다. 가족의 집은 이제 더 이상 하나의 피난처가 아니라 아이들이 학대 위험에 처해 있고 여성들이 가정 폭력의 위험에 처해 있는 하나의 정글로 묘사된다.

동일한 방식으로 작업 관행이 변화한 결과, 동료들 간의 관계는 더 이상 당연한 것으로 간주될 수 없게 되었다. 희롱과 약자 괴롭히기에 대한 새로운 걱정은 일터가 이제 사람들이 위험에 처하는 장소로 인식된다는 것을 보여준다. 남자와 여자의 관계 변화는 이제 당연한 것으로 간주할 수 있는 것이 거의 없다는 것을 의미한다. 쳐다보거나 어떤 제스처를 취하는 것은 이제 감정의 일상적 신호나 가벼운 형태의 희롱으로 해석되기도 한다. 강간과 학대의 정의에 대한 논쟁은 아무것도 당연한 것으로 간주될 수 없는 상황에서 위험이 어떻게 폭발하는지를 보여준다.

적절한 행동 형태가 무엇인가와 관련한 혼란은 항상 있어왔으나, 오늘날 그러한 혼란은 위험이라는 매우 긴장된 분위기를 통해 표현된다. 제7장에서 정교화하는 주장 중의 하나는 도덕 감정이 자주 위험의 어휘를 통해 표현된다는 것이다. 다른 사람들을 위험에 처하게 하는 사람들은 그들이 유발한 불행으로 인해 비난받는다. 하지만 그러한 비난은 명백한 도덕적 담론을 통해 발생하는 것은 아니다. 그 대신에 위험한 개인들은 건강과 안전에 근거하여 공격받는다. 문란한 미혼모를 표적으로 하던 종래의 도덕 대신에, 새로운 에티켓은 임산부가 담배를 피우거나 술을 마셔서 미래의 아이를 위험에 처하게 한다는 이유로 그녀를 비난한다.

그러나 새로운 위험의 도덕이 반드시 가치 논쟁의 문제를 해결하는 것은 아니다. 왜냐하면 종래의 관습의 쇠퇴가 개인들이 자신들의 삶을 제대로 통제할 수 없다고 느끼게 하는 상황을 창출하기 때문이다. 이것은 다시 불가피하게 불안전 의식을 강화하는 데 일조한다. 우리는 위험에 노출되어 있고 안전하지 못하다고 느낀다. 오늘날 우리로 하여금 개인적 안전에 그렇게 몰두하게 만드는 것은 통제를 벗어난 어떤 기술에 대한 공포라기보다는 바로 이러한 경험이다. 그 결과 위험에 처해 있다는 것 자체가 하나의 삶의 방식으로 묘사되거나 받아들여지게 된다.

위험에 처해 있다는 것과 살아 있다는 것이 동일하다는 관념은 아이들의 경우에 가장 분명하게 드러난다. 오늘날 유년기에 대한 논의들을 살펴보면, 하나의 위협이 그다음의 위협에 길을 내준 것으로 보인다. 아이들은 학대하는 어른들로부터뿐만 아니라 또래들 사이에서 약자를 괴롭히는 아이들과 학대하는 아이들로부터도 위험에 처해 있는 것으로 가정된다. 지난 10년 동안 안전 문제는 여성의 지위에 대한 논의 역시 지배해왔다. 여성은—영원히—남성 폭력의 위험에 처해 있는 것으로 가정된다. 심지어는 남성조차도 이제 새로운 위험에 처해 있다고 말해진다. 남성성에 대한 최근의 문헌은 강한 '남성성 지향'을 가진 사람들은 그들이 가지고 있는 엄격한 남성 젠더 역할로 인해 그들이 필요로 하는 도움을 요청하지 못하기 때문에 그들의 건강을 위험에 빠뜨리고 있다고 주장해왔다.[34] 축소된 통제 의식은 가장 기본적인 인간 활동조차도 안전의 문제로 전환시킨다. 우리는 계속해서 섹스가 그리고 우리가 먹는 음식이 제기하는 위험에 대한 경고를 받고 있다. 그러한 집착이 낯선 사람을 더욱 의심하게 하고, 범죄, 노상 분노, 그리고 개인적 안전에 대한 여타 위험들과 관련하여 우리를 쉽게 패닉 상태에 빠져들게 한다는 것은 놀랍지 않은가?

당연한 것으로 간주할 수 있는 것이 거의 없는 존재 양식에 불안전이 내재하는 것은 자명하다. 하지만 그러한 불안전이 자동적으로 위험 의식으로 변형되는 것은 아니다. 그러한 변형은 인간에 대한 각성 경험을 통해 매개되어왔다. 개인화 과정과 사회적 비관주의 분위기의 동시 발생은 사회적 약속의 가치와 관련한 냉소주의

---

[34] M. Kaplan and G. Marks, "Appraisal of Health Risks: The Role of Masculinity, Femininity, and Sex", *Sociology of Health and Illness*, vol. 17, no. 2, 1995, p. 207을 보라.

를 산출하는 데 일조한다. 인간의 문제 해결 능력에 대한 이러한 믿음의 결여는 취약하다는 인식을 강화하는 데 일조한다. 불안전과 우리가 그것에 대한 해답을 가지고 있지 못하다는 인식의 이 같은 결합이 바로 사회가 자신이 패닉에 빠질 자격이 있다고 느끼게 만든다.

제4장
학대 문화

위험 의식에 대한 문헌은 주로 위험 인식과 실재 간의 관계에 관심을 기울인다. 그런 문헌은 환경과 건강 같은 물리적 위험을 지향한다. 인간관계에 뿌리를 두고 있는 위험 분석은 기껏해야 이들 문헌에서 하나의 부차적인 주제일 뿐이다. 이 장의 그리고 실제로는 이 책의 핵심적 논지 중의 하나는 물리적 오염에 관한 우려의 인플레이션은 단지 현대의 전망의 한 측면에 불과하다는 것이다. 물리적 오염에 관한 불안은 실존적·도덕적 공포와 뒤얽혀 있다. 따라서 우리 시대는 환경오염에 대한 높은 수준의 불안뿐만 아니라 개인에 대한 학대 또는 모독에 관한 독특한 강박관념에 의해서도 특징지어진다.

앞서 논의한 위험의 폭발은 학대의 확대와 나란히 진행되고 있다. 1980년대 이래로, 학대 경험의 정상화는 사람들에 대한 묘사를 변화시켜왔다. 학대가 만연하다는 주장, 즉 대부분의 사람이 학대에 의해 침해받고 피해를 입는다는 주장은 이제 널리 받아들여지고 있다. 그러한 주장은 폭력이 증가하는 추세라고 보는 전망이 모든 사람은 잠재적으로 희생자 또는 학대자라는 합의를 산출하는 데 일조하는 도덕적 분위기에서 번성한다. 학대받는 사람들, 즉 다른 사람에 의해 피해 받은 개인들이 이 장의 주제이다.

학대의 정상화

만약 1900년경에 살았던 어떤 계몽된 미국 또는 영국의 사회 평론가가 그 세기 말경에 그들의 사회가 다시 마녀 사냥 상태로 되돌아갈 것이라는 말을 듣는다면 그들은 믿을 수 없다는 반응을 보였을 것이다. 18세기 이래로 지식인들은 미신과 싸우는 데 선두에 서 왔다. 여러모로 볼 때 널리 퍼져 있는 편견임에도 불구하고 서구 사회는 자신들을 미신에 사로잡힌 과거와는 아무런 공통점이 없는 계몽된 공동체로 간주했다. 하지만 오늘날에는 얼마간 변했다. 암흑시대 이후 악의 조직화된 힘에 관한 걱정은 약화되어왔다. 하지만 악마적인 학대와 관련한 작은 패닉들이 대서양 양편에서 분출해왔고, 걱정스런 지식인들은 그것의 존재를 부정하는 사람들을 비판해왔다. 악마주의의 번성에 대한 그러한 믿음은 한층 더 불안을 조장하고 있다. 그러나 그 문제에 대한 진지한 조사들은 악마 숭배 의식에서 아동 학대가 일어나고 있다는 그 어떤 증거도 발견하지 못했다.

거의 모든 가정에 잠재적 학대자가 있다는 섬뜩한 예견이 제기되기도 한다. 약탈로 살아가는 치한들이 일상적으로 그들의 희생자들을 약탈하고 있다는 믿음이 일상의 상상 속에 각인되어왔다. 사람들은 불과 몇 십 년 전에는 찾아보기 힘들었던 종류의 의구심을 가지고 다른 사람들을 주시한다. 부모들은 자신들의 아이들을 돌보는 주간 보호 센터 근무자들이 믿을만한 사람인지를 의심한다. 학교에서 타박상이 있는 아이들은 그들의 부모가 어떤 짓을 하고 있는지에 대한 교사들의 의심을 불러일으키는 경향이 있다. 한편 부모들은 교사들이 아이들을 포옹하는 것이 전적으로 순수한지를 의심한다. 그러한 불신은 또한 친척들과 이웃들에게까지 확장된다. 아버지와 어머니 간의 관계는 역시 학대가 인간 조건의 일상적인 위험으로 간주되는 분위기에 의해 영향을 받아왔다. '알아차리는' 데 '민감해진' 5~6세의 아이들은 그들의 상상력에 깊이 박혀 있는 불신의 가치를 가지고 성장하고 있다. 일부 전문가들이 보기에 이 불신 교육은 아직도 충분하지 못하다. 한 모노그라프는 "아동들은 현재 성인들이 저지르는 아동 학대를 인식하고 저항하고 신고하도록 사회화되고 있으나, 또래 학대에 대해서는 그와 유사한 노력이 전혀 이루어지지 않고 있다."고 지적하며, 아동들이 어른들을 불신하는 데에만 민감해져왔을 뿐이라고 공공연히 비난한다.[1] 하지만 공포와 불신이라는 전제에 기초하는 이러한 사회화 과정의 옹호자들은 그것이 갖는 함의를 좀처럼 탐구하지 않는다.

학대 경험의 일상화가 야기한, 인간 동기에 대한 강한 의구심은 사람들이 당국으로 하여금 있을지도 모를 도착 행동에 대해 경고해줄 것을 촉구하게 해왔다. 말과 행동은 자주 가능한 한 나쁜 쪽

---

[1] A. M. Ambert, "A Qualitative Study of Peer Abuse and Its Effects", *Journal of Marriage and the Family*, February 1994, p. 120.

으로 해석된다. 그것이 아이들과 관련될 때 특히 더 그렇다. 두 가지 사례를 검토해보자. 전문가들이 경찰에게 하버드대학교의 사진학 수강생인 토니 마리 안젤리가 그녀의 4살 된 아들을 찍은, 어쩌면 포르노 사진일 수도 있는 사진들에 대해 경고한 이후, 1995년 11월에 형사들은 지방 사진관에서 그녀에게 말을 걸며 다가갔다. 그 사진들은 아버지가 아들을 공중으로 들어 올릴 때 싱긋 웃고 있는 벌거벗은 소년을 보여주고 있었다. 과거에는 사랑과 애정의 이미지로 간주되었을 사진이 이제는 악행을 저지르고 있는 것으로 해석되도록 부추겨졌다. 토니 마리 안젤리에게 부과된 수업 과제에는 "아이 알몸의 순진무구함"이라는 제목이 붙어 있었다. 그녀에게 수갑을 채우고 그녀를 거칠게 다룬 경찰은 그 과제에 대해 보다 최신의 문화적 해석을 하고 있었다.[2]

영국에서 있었던 줄리아 소머빌의 사례는 학대 예상이 어떻게 고상한척하는 분위기와 염세적인 분위기 모두를 만들어내는 데 기여하는지를 예증한다. 1995년 11월에 영국의 유명한 뉴스 진행자 줄리아 소머빌과 그녀의 남자 친구 제레미 딕슨은 한 사진관 점원이 밀고한 후 체포되었다. 부츠 더 케미스트 체인점에서 일하고 있는 그 점원은 딕슨이 현상을 맡긴 여러 필름 중의 하나에 목욕 중에 있는 소머빌의 딸을 찍은 사진 28장이 포함되어 있다는 것을 그의 상관에게 보고했다.

부츠와 경찰 어느 누구도 그 문제의 사진들이 해변이나 정원 또는 욕실에서 부모들이 그들의 벌거벗은 아이들을 찍은 무수한 사진과 어떤 차이가 있다고 주장하지 않았다. 그 사진들에 대해 세상

---

[2] M. Granfield, "The Molester Within", *New York Times Homepage*, June 1996을 보라.

에 경고했던 셀던 앳킨슨조차도 그 아이가 "웃고 있고 불쌍하거나 딱해 보이지 않는다."는 점을 인정했다. 실제로 그 점원을 놀라게 했던 것은 딕슨이 그 사진들의 복사본을 요청했다는 사실이었다. 게다가 그는 만약 그것이 한두 장의 스냅 사진이었다면 괜찮았겠지만, 28장은 "너무 많았다."고 말했다. 이 사건에서 어떤 사실도 그 두 용의자들에게 불리한 판결을 내리게 할 수 없었고, 그들은 어떤 범죄로도 기소되지 않았다.

이 사건은 영국의 도덕적 분위기에 관한 많은 흥미로운 특징을 보여주었다. 소머빌이 유명 인사였기에 그 사건은 널리 알려졌고, 그래서 그렇지 않았더라면 주목받지 않았을 일이 주의를 끌었다. 그 논쟁은 사진관에서 일하는 사람들이 가족 포르노와 소아애를 감시하는 무급 스파이 노릇을 하도록 기대받고 있다는 것을 보여주었다. 이를테면 어린 소녀의 할머니에게 크리스마스 선물로 사진을 보낼 작정으로 벽난로 옆에서 벌거벗고 누워 있는 세 살 된 딸의 사진을 찍은 한 어머니가 체포되었다. 이 사건 역시 이른바 전문가들이 학대를 발각하는 데 얼마나 사로잡혀 있는지를 보여주었다.

비록 많은 사람이 소머빌과 딕슨을 다룬 방법에 대해 불쾌감을 느꼈지만, 부츠의 권리와 그 사진들을 조사하고 그 커플을 체포한 경찰에 도전할 수 있다고 느낀 사람은 거의 없었다. 공개적인 비판은 대체로 미디어의 역할과 그 이야기가 신문에 누설된 방식에 국한되었다. "부모가 찍은 벌거벗은 아이 사진 몇 장이 그러한 우려를 불러일으키는 곳이 된 영국은 어떤 종류의 사회인가."라고 질문할 준비가 되어 있는 사람은 거의 없었다. 벌거벗은 아이의 이미지가 아름다움과 순진무구함을 의미하던 때가 있었다. 아기 천사, 즉 '아름답고 순진무구한 어린아이'라는 고전적 정의는 먼 옛날부터 예술가들에게 영감을 주어왔다. 물론 그러한 시각은 유년기에 대한 관념에서 잃어버린 가치를 재발견하려고 노력한 인간 상상력의 산물이었다. 오늘날 사회의 상상력은 인간의 아름다움에 대한 관념에까지는 뻗어나가지 못하고 있다. 한때 순수함에 대한 찬양이었던 것이 이제 도착에 대한 하나의 유혹이 되었다. 순진무구함을 상상하지 못한다는 것은 우리가 영혼의 타락을 쉽게 발견할 수 있다는 것과 일치한다.

영국 아동보호 산업은 일반적으로 소머빌 사건을 학대와 싸우는 데 긍정적 기여를 한 것으로 묘사했다. 영국아동학대예방협회(NSPCC) 같은 조직은 사람들이 결코 항상 철저하게 경계할 수 없다는 것을 근거로 하여 부츠의 프리랜서 스파이 활동을 옹호했다. 영국사회사업가협회 이사 클리브 월시는 심지어 『가디언』에 소머빌이 자신에 대한 조치를 불평하는 대신에, "사건을 설명해달라는 요구를 기꺼이 받아들여 진실을 밝힘으로써 우리 모두가 그녀를 충분히 신뢰하게 만들고", 그럼으로써 그녀는 자신에 대한 세간의 주목을 이용하여 우리의 아동 학대 반대 운동을 도와주었어야 했다는 식의 글을 기고했다. "당신이 학대자가 아니라는 것을 증명하라."는 월시의 암묵적인 메시지는 그 당시의 염세적 분위기를 분명하게 요약하고 있는 것이었다.

학대라는 테마는 현대 서구 문화의 가장 뚜렷한 특징 중 하나가 되었다. 이 용어가 사용되는 빈도와 학대로 정의되는 경험의 수의 증가는 현대 문화에서 이 인공물이 갖는 중요성을 보여준다. 아이러니하게도 학대 위험을 공론화하는 사람들은 이 위험이 교육자들에 의해 그리고 미디어에 의해 충분히 알려지지 않고 있다고 주장한다. 그들은 학대 행동의 위험에 대해 더 많이 경고해줄 것을 요구한다. 실제로 거의 모든 형태의 미디어는 이미 이 주제에 대해 강박적이 되었다. 영국의 통속적인 연속극들은 이 주제에 열을 올리고 있다. 미국의 토크쇼들도 학대 경험을 정상화했다. 성적 학대는 할리우드 영화와 소설에서 인기 있는 주제가 되었다. 신체적 학대와 성적 학대에 대한 우려는 이제 엔터테인먼트 산업의 주된 내용을 이루고 있다. 리버풀을 배경으로 한 연속극 〈브룩사이드〉(채널 4)는 조다쉬 편(아내 맨디는 남편 트레버가 어린 딸을 성추행하자 그를 죽였다)에서 아내 구타와 아동 성적 학대를 크게 다루었다. 〈코로네이션 스트리트〉는 그후에 아내 구타를 주제로 다룬 반면, 〈브룩사이드〉는 남매 근친상간으로 눈을 돌렸다.

범죄 쇼(허구와 다큐멘터리)도 마찬가지로 성적 학대에 열중하고 있다. 미국 작품 〈1급 살인〉은 15세 소녀에 대한 소름끼치는 성추행 살인을 심층적으로 조사한다. 중심적인 줄거리는 두 등장인물 중 누가 성적 학대에 더 많은 죄가 있는지를 규명하는 것이다. 수많은 사람이 등장하는 하위 줄거리들은 성적 학대와 성희롱에 초점이 맞춰진다. 다큐멘터리 분야에서 채널 4는 1995년 가을 동안, 영국 사회를 학대하는 관계들의 연합체로 묘사하는 〈학대받는 영국〉이라는 제목의 다큐멘터리 시리즈를 방송했다.

〈네트〉(산드라 블록 주연)와 〈스트레인지 데이즈〉(캐서린 비글로우 감독) 같은 영화에서 할리우드는 인터넷을 성희롱 및 강간과 연관 짓는 식으로 사이버공간을 연출해왔다. 이에 밀리지 않고, 한때 "순결한 것은 낭비다."라는 관념에 전념하는 것처럼 보였던 음반업계는, 이제 랩, 래가, 헤비메탈, 정글 같은 (외설스러운 함의를 담고 있는) '하드코어' 음악이 초래하는 것으로 추정되는 학대 효과들에 대해 자기반성의 시간을 가졌다. 아동 학대는 심지어 마돈나의 팝

뮤직 비디오에서도 크게 다루어졌다.

할리우드 못지않게 대중소설은 학대를 베스트셀러 주제로 만들어왔다. 도로시 앨리슨의 호평받은 저작 『캐롤라이나 출신의 사생아』, 마릴린 프렌치의 『우리 아버지』, 제인 스마일리의 퓰리처상 수상작 『천 에이커의 땅』은 이 주제에 초점을 맞춘 유명한 작품 중 소수에 불과하다. 케이트 로이프가 『하퍼스』 매거진에 썼던 것처럼, "1990년대 초까지 근친상간은 미국 문학 지도―모나 심슨의 캘리포니아 도시, 제인 스마일리의 미국 중서부의 편평한 농지, 메리 개츠킬의 중간계급 교외 지역, 러셀 뱅크의 뉴욕 주 북부의 작은 벽촌, 그리고 심지어 애니 프루의 캐나다의 얼음 섬까지―를 휩쓸었다."

미디어가 학대를 정상적인 것으로 표현하는 것은 가정 폭력을 다룬 문학의 경이적인 성장에 의해 뒷받침되어왔다. 미래에 관념사는 분명 지난 30년을 이른바 가족의 어두운 면에 관한 관심에 의해 지배된 시대로 간주할 것이다. 1980년대의 연구에 대해 한 논평이 지적하듯이,

> 지난 10년 동안 가정 폭력을 주제로 다룬 연구는 사회과학의 어떤 다른 실제 분야보다 더 넓고 아마 더 크게 확장되었을 것이다. 아동 학대와 아내 학대에 대한 연구에 더하여, 부모, 특히 노부모에 대한 폭력, 구애 폭력, 그리고 성적 학대를 주제로 한 일단의 실제적 연구가 진행되었다.[3]

---

3) R. J. Gelles and J. R. Conte, "Domestic Violence and Sexual Abuse of Children: A Review of Research in the Eighties", *Journal of Marriage and the Family*, vol. 52, 1990, p. 1045.

사회과학 연구의 이러한 주요한 방향 전환은 정상성을 구성하는 것에 대한 기대치가 극적인 변화를 겪어왔다는 것을 의미한다. 건전한 핵가족이라는 전후의 이미지는 끝없는 타락이라는 견해로 대체되어왔다.

학대의 정상화는 인간관계는 본래 위험하다는 확신에 의해 뒷받침되어왔다. 위험의 영원화는 개인 수준에서는 영원한 학대의 하나로 재조명되어왔다. 아동, 여성, 노인 그리고 심지어 남성들조차도 영원히 학대 위험에 처해 있는 것으로 정의된다. 따라서 위험에 처해 있다는 것은 유년기와 여성임의 조건 그 자체로 받아들여져 왔다. 학대에 대한 통계는 실로 놀랄만한 해석을 만들어낸다. 통계 수치는 실제로 모든 여성이 폭력의 대상이 될 정도로 여성에 대한 남성의 폭력은 너무나도 철저하게 구조화되어 있음을 시사한다. 사람들을 걱정스럽게 만드는 설명들은 여성의 네 명, 세 명, 또는 두 명 중 한 명이 강간당할 것이라고 경고한다. 그러한 패닉을 유발한 연구 조사의 한 사례가 바로 캐나다 여성의 98%가 성적으로 폭행을 당한다고 주장했던 캐나다 캔팬의 조사였다.[4) 아동 학대, 노인 학대, 약자 괴롭히기와 관련해서도 이와 유사한 전염병 주장이 만들어지고 있다.

가정 폭력 조사는 학대를 매우 자의적으로 개념화함으로써 학대를 크게 부풀리고 있다. 학대 행동은 어떤 구조나 확고한 특성을 가지고 있지 않다. 왜냐하면 학대 행동은 자신들이 학대당해왔다고 믿는 사람들의 눈을 통해 정의되기 때문이다. 이 관점이 초래하

---

4) 캔팬의 보고서에 대한 통렬한 비판으로는 J. Fekete, *Moral Panic: Biopolitics Rising* (Montreal/Toronto: Robert Davies Publishing, 1994)을 보라.

는 가장 불합리한 결과 중 하나는 진실이 항상 학대를 주장하는 사람들 편에 있다는 믿음이다. 따라서 증거에 입각한 주장과 그 주장에 대한 면밀한 심문은 종종 그 희생자의 상황과 무관하다거나 영향 받지 않았다는 이유로 기각된다. 증거에 대한 이러한 접근 방식은 미국 페미니스트 사회사업가 루시 베를리너의 아동 학대에 대한 논평에서 잘 예증된다.

> 법적 결정을 결코 진실과 혼동하지 말아야 한다. 만약 우리가 아이들이 말하는 것을 믿는다면, 우리는 95~99%가 옳을 것이다. 만약 우리가 징후와 증상을 증거로 원한다면, 우리는 70~80%가 옳을 것이다. 만약 우리가 의학적 증거를 요구한다면 우리는 20%가 옳을 것이고, 만약 우리가 증인을 기다려야만 한다면 우리는 1%가 옳을 것이다.[5]

이러한 관점에서 보면, 증거 요구는 학대의 초월적인 진실을 손상시킨다. 심지어 분명한 거짓 고소의 예들조차 몇몇 본질적인 진실을 포함하고 있는 것으로 보인다. 이를테면 한 설명에 따르면, 아동 성 학대에서 거짓 고발이 드물게 있기는 하지만, "고발이 있을 경우, 그것은 거의 항상 도움을 요청하고 있는 것이다." 그 저자들은 "거짓 진술을 하는 아이들은 도움과 지원을 요청하는 것이 분명하며, 따라서 이 증거 없는 주장을 무시하지 말아야 한다."고 부언한다.[6] 그러한 동정심은 좀처럼 피의자에까지 확대되지 않으며, 증거

---

5) G. Taylor, "Challenges from the Margins", in J. Clarke (ed.), *A Crisis in Care? Challenges to Social Work?*(London: Sage, 1993), p. 132에서 인용함.
6) G. Anthony and J. Watkeys, "False Allegations in Child Sexual Abuse: The Pattern of

없는 주장들은 심지어 거짓일 때조차도 "무시되지 말아야" 하기 때문에, 비난의 대상이 되는 사람들은 혐의에서 벗어날 수가 없다.

　가정 폭력 분야의 전문가들은 자신들이 고소인의 진술을 믿는 것이 얼마나 중요한지를 강조함으로써 자신들은 사실에 대해 해명할 의무를 면제받아왔다. 악마적 학대의 제안자들은 사디스트적인 성적 학대의 희생자들에게 일어날 수 있는 최악의 사태는 아마도 대개는 믿기지 않는 일들일 것이라고 주장함으로써 회의론자들을 무장해제시킨다. 패트릭 케이스먼트는 이 테제를 다음과 같은 방식으로 논의한다.

> '악마적인' 학대로 알려진 몇몇 소문은 망상일 수도 있으며 그리고 그런 말을 하는 사람들은 경우에 따라서는 실제로 정신이 상자일지도 모른다. 그러나 만약 그러한 소문 중 일부가 사실이라면, 그리고 만약 우리가 거기에 존재할지도 모를 진실을 파악할 용기가 없다면 …… 우리는 비밀을 빌미 삼아 계속되고 있는 그러한 관행을 암묵적으로 인정하고 있는 것일지도 모르며, 또한 우리가 그런 일들이 존재할 수도 있다는 믿음을 거의 전면적으로 거부함으로써 그러한 관행을 뒷받침하고 있는 것일지도 모른다는 무서운 사실에 여전히 직면할 수밖에 없다.[7]

고소인은 자신의 말을 믿기를 거부하는 것을 비난함으로써 몇몇

Referral in an Area Where Reporting is Not Mandatory", *Children and Society*, vol. 5, no. 2, 1991, p. 120.

7) P. Casement, "The Wish Not to Know", in V. Sinason (ed.), *Treating Survivors of Satanist Abuse* (London: Routledge, 1994), p. 24.

초월적인 진실에 관한 독점권을 부여받는다. 이런 식으로 사람들에 관한 최악의 것을 생각하는 것은 실제로 그것이 뜻하는 것—인간 불신의 표현—보다는 용기 있는 행동으로 해석된다.

학대가 널리 퍼져 있다는 것에 대한 **선천적인 믿음**이 그 성격상 원래 들쭉날쭉할 수밖에 없는 학대 증거의 판단 기준이 되어왔다. 실제로 학대를 구성하는 것이 무엇인지에 대한 정의 그 자체조차도 학대 희생자의 해석에 의존한다. 학대, 희롱, 약자 괴롭히기에 대한 매뉴얼은 그러한 행동이 "대체로 그것의 의도가 아니라 그 행동이 학대받은 사람에게 미치는 영향에 의해 정의된다."고 주장한다.[8] 이것은 그 행동이 그 의도에 의해서가 아니라 학대받은 사람의 스트레스와 굴욕감에 의해 정의된다는 것을 의미한다. 영국 대학의 많은 징계 규칙은 "희롱은 그 희생자에 의해 정의되어야만 한다."는 표현을 포함하고 있다.[9] 학대에 대한 진술이 이처럼 임의적이기 때문에, 그 문제에 대해서는 다양한 정의가 공존할 수 있다. 노인 학대에 대한 문헌은 이 추출-혼합 접근 방식pick-and-mix approach의 생생한 실례를 제공한다. 이 문제에 대한 유명한 교육 매뉴얼은 "심지어 수년 동안 그 문제를 연구해오고 있는 연구자들조차도 어떤 간단한 정의에 동의할 수 없다."는 점을 인정하고 있다. 그러나 그 매뉴얼의 의도가 독자들이 "자신들의 정의를 발전시키도록" 돕는 것이기 때문에, 그것은 문제가 되지 않는다.[10]

---

8) 이를테면 직장에서의 약자 괴롭히기를 다루고 있는 영국 노동조합 MSF의 팸플릿(1995) 3쪽을 보라.
9) 이를테면 리즈대학교 학생회 행동 규칙 제8장을 보라.
10) J. Pritchard, *The Abuse of Older People: A Training Manual for Detection and Prevention* (London: JKP, 1995), p. 27.

노인에게 일어나는 거의 모든 일이 학대로 범주화될 수 있다는 것은 사회사업가들의 일을 알리는 것을 목적으로 하는 정책 문서에서도 확인된다. 영국 사회 서비스 검열 실시 지침은 다음과 같이 언급한다. "학대가 신체적, 성적, 심리적 또는 재정적으로 묘사될 수도 있다. 그것은 의도적일 수도 있고 의도하지 않은 것일 수도 있으며, 아니면 무시의 결과일 수도 있다. 그것은 일시적이든 일정 기간 동안이든 노인에게 해를 끼친다."[11)]

달리 말해 어떤 것이든 노인 학대가 될 수 있다. 노인들이 겪은 불쾌한 경험은 학대 담론 속에 제시된다. 노인을 대상으로 한 좀도둑질과 사취 행위는 재정적 학대로 낙인찍힘으로써 엄한 처벌을 받는다.

학대에 대한 주관적 해석은 단지 가족의 과장과 또 다른 형태의 개인 간 폭력에 근거를 제공하는 것만이 아니다. 그것은 또한 학대하는 것으로 낙인찍힐 수 있는 인간 경험의 범위를 끊임없이 확대한다. 과거에는 나쁜 습관으로 간주되었을 수도 있는 관행—먹기, 음주—이 학대로 성격 규정지어지고 있다. 보다 중요한 것은 과거에는 일상적인 것으로 받아들여졌던 행위 형태가 이제는 학대로 재정의되고 있다는 것이다. 일단 하나의 경험 유형이 학대로 정의되고 나면, 다른 유형의 경험에 대해서도 동일한 주장을 하게 되는 것은 단지 시간문제일 뿐이다.

학대 관계의 평범화는 노인 학대의 경우에 분명하게 드러난다. 소홀히 대함과 의도하지 않은 무례가 신체적 폭력과 동일시되어

---

11) Social Services Inspectorate, *Social Services Inspectorate Guidelines. No Longer Afraid* (London: HMSO, 1993), p. 3.

만능적인 포괄적 학대 개념에 통합될 때, 노인의 삶은 영원한 악몽이 된다.

> 노인 학대는 괴로움과 고통을 초래하는 노인 혹사로 묘사될 수도 있다. …… 그것은 단일한 사건일 수도 있고, 의식적인 행동을 통해 반복되는 형태의 일부일 수도 있으며, 아니면 학대하는 사람에 의해 무시되는 것일 수도 있다. 남성과 여성 모두 학대받고 있으며, 돌보미들은 그들이 돌보는 사람들에 의해 학대받을 수 있다. 학대는 누군가의 집에서도, 낮 동안에 또는 일시적으로 보호해주는 돌보미 집에서도, 그리고 특정 형태의 보호시설—요양원이든 병원이든—에서도 일어날 수 있다.[12]

단일한 사건과 반복되는 형태 모두를 포괄하는 개념 또는 소홀히 대함과 고의를 구분하지 않는 개념은 그 일관성이 의심스럽다. 어른들이 그들의 자녀에게 너무 멀리까지 나가는 것을 경고하기 위해 하는 이야기에서처럼, 위협이 되는 것은 어디에든 있다.

약자 괴롭히기는 학대 관계 중 가장 크게 증가하고 있는 것 중 하나로 부상했다. 과거에는 약자 괴롭히기가 성장 과정의 무례한 측면 중 하나로 해석되었던 반면, 오늘날 그것은 희생자에게 깊은 상처를 남기는 하나의 병리로 이해된다. 약자 괴롭히기를 구성하는 것이 무엇인지에 대한 정의가 이루어지면서, 약자 괴롭히기 관련 산업은 참으로 놀랍게 성장했다. 노인 학대와 마찬가지로 약자 괴

---

12) Action on Elder Abuse, *Everybody's Business! Taking Action on Elder Abuse* (London: AEA, 1995), p. 3.

롭히기의 정의 역시 다양하다. 그러나 약자 괴롭히기에 대해서는 다른 사람에 대해 반복적으로 행해지는 '부정적인 행위'라는 점이 강조된다. 다른 학대의 경우처럼 약자 괴롭히기 관련 전문가들은 놀라운 통계를 근거로 하여 그 문제의 중요성을 정당화한다. 학생 네 명 중 한 명 또는 다섯 명 중 한 명이 괴롭힘을 당하는 것처럼 제시된다. 그 증거를 보다 면밀하게 검토한 한 조사는 다른 학대처럼 약자 괴롭히기 행동에 부여된 의미 역시 매우 들쭉날쭉하다는 것을 보여준다. 약자 괴롭히기로 정의되는 대부분의 경험은 이전에는 험담하기로 불리던 것들이다. 일부 전문가들은 직접적인 괴롭히기와 간접적인 괴롭히기, 즉 공개된 공격들과 사회적 고립을 구분한다. 누군가가 하나의 친구 집단에 끼지 못하는 것은 약자 괴롭히기 테마에서 나타나는 한 변종에 불과하다. 전문가들은 약자 괴롭히기 담론 속에서 거부와 배제 같은 또래 간 상호작용의 기본 형태를 재정의해왔다. 이제 감정적 약자 괴롭히기로 표현되는 사회적 배제는 또한 약자 괴롭히기의 가장 고통스런 형태로 해석된다.[13] 이런 식으로 아동이 사회적 기술을 습득하고 자신감을 가지는 데 따르는 공통적인 어려움은 또 다른 학대 관계의 결과로 인식된다.

약자 괴롭히기의 부풀리기와 평범화는 실제로 스트레스가 많은 모든 또래 간 관계를 학대 경험으로 전환시켜왔다. 스트레스를 많

---

13) D. Olweus, "Annotation: Bullying at School: Basic Facts and Effects of a School Based Intervention Program", *Journal of Child Psychology and Psychiatry and Allied Disciplines*, vol. 35, no. 7, 1994, p. 1173. 또한 약자 괴롭히기 통계에서 험담하기가 차지하는 중심적인 위치에 대해서는 P. Smith and S. Sharp (eds), *School Bullying: Insights and Perspectives*(London: Routledge, 1991), p. 16과 "Pupils Say Emotional Bullying the Worst", *Guardian*, 11 April 1996을 보라.

이 받는 아동의 경험이 하나의 병리로 널리 받아들여지게 되면서, 다른 사람들 역시 자신들이 괴롭힘을 당하고 있다고 주장하게 되었다. 학교에서 괴롭힘을 당하는 것은 단지 아동들만이 아니다. 서리대학교 심리학과의 최근 연구는 '자질이 떨어지는' 많은 학교 임원이 교사들을 괴롭히고 있다는 결론을 내렸다. 그 보고서는 '희생자들'이 동료들과 학생들 앞에서 아주 자주 큰소리로 야단맞고 망신당하고 자존감에 상처를 입는 것을 발견했다. 또 다른 보고서는 교사 괴롭히기가 널리 퍼져 있었다고 주장하면서, 그러한 경험이 "성인을 겁먹은 아이처럼 만들어버린다."고 부언했다.[14] 약자 괴롭히기 전염병에 직면한 성인은 교사만이 아닌 것으로 보인다. 영국 노동조합 MSF가 실시한 조사는 응답자의 30%가 "약자 괴롭히기가 직장에서 하나의 중요한 문제라고 생각한다."고 폭로했다. 좀더 엄밀한 조사에 근거해볼 때, MSF가 직장에서의 약자 괴롭히기로 범주화한 것은 '사무실 정치'로 불리곤 했던 것이 분명하다. 퍼스낼리티 충돌, 잘못 관리된 관계, 사소한 질투는 직장에서의 약자 괴롭히기를 낳는 요소이다. 일의 경험에 따르는 일상적 긴장에 약자 괴롭히기의 속성을 부여함에 따라 인간관계는 병들게 된다. 한 보고자는 "이제 직장에서의 약자 괴롭히기로 인정되는 그러한 정신적 고통은 기업의 폭군과 작업 현장의 '히틀러'에 의해 파괴되고 있는 수만 명의 피고용주들의 삶과 함께 오늘날 주요한 고용 문제 중 하나로 부상하고 있다."고 주장한다.[15]

---

14) "School Heads Accused of Bullying Staff", *London Evening Standard*, 12 May 1996 과 A. Adams, "The Bullying Kind", *Managing Schools Today*, July 1993, p. 23을 보라.
15) MSF(1995), pp. 1-5를 보라. 작업 현장의 '히틀러'에 대해서는 J. Kossoff, *Time Out*, 20 September 1995를 보라.

학대 문화는 가정 폭력 연구 분야에 그 지적 기반을 두고 있다. 과거 15년 동안 이 분야가 수행한 연구는 희생자 수가 계속해서 증가해왔음을 보여주었다. 희생자 수의 증가는 폭력과 학대에 대한 정의의 확대에 따른 것이었다. 폭력의 의미에 대한 재정의는 남성의 여성에 대한 폭력의 영역에서 가장 혁신적이었다. 수많은 설명에서 여성에 대한 폭력은 정상적인 사태로 묘사되어왔다. 미국의 연구자들은 네 명의 여성 중 한 명이 강간을 당한다고 주장해왔다. 잡지 『미즈』의 유명한 기사에서 메리 코스가 제시한 이 근거 없는 주장은 강간 유행병의 실체를 입증하는 데 일조했다. 다른 것과 마찬가지로 영국에서 미국의 지적 유행을 흉내 내는 데에는 그리 오래 걸리지 않는다. "모든 소녀의 절반이 18세가 되기 이전에 성기 노출에서부터 강간에 이르기까지 일정 형태의 원치 않는 성적 경험을 한다."는 것이 이 문제에 대한 영국 노동당 전문가의 의견이다.[16]

남성 폭력과 강간에 관한 논의는 대인 관계에 대한 근본적으로 수정된 해석에 기초하고 있다. 성폭력이란 말은 감정적인 용어이다. 그러나 그것은 다양한 행위―원치 않는 접촉에서부터 강간 행위에 이르기까지―를 포함하는 용어이다. 모호하고 기껏해야 사소한 화를 부를 뿐 어떤 폭력도 포함하지 않는 행동들이 이제 강간과 구타와 함께 분류된다. 이런 식으로 모든 요구받지 않은 접촉은 성폭력 희생자의 수를 늘리는 데 일조한다. 유사한 접근 방법이 성희롱의 범주화에도 사용된다. 아이오와대학교에서 수행한 이 문제에 대한 유명한 조사에서 사용한 수단은 성희롱을 여덟 가지 행동 범주―성차별적 발언, 필요 이상의 관심, 말로 하는 성적인 유혹, 신

---

[16] Labour Party, *Peace at Home*, p. 2.

체적인 언어, 유인, 신체적인 유혹, 노골적인 성적 수작 걸기, 성적인 뇌물주기—로 정의했다.

남성 폭력의 방법론적 과장을 뒷받침하고 있는 것은 여성에 대한 남성의 어떤 행동도 학대 프리즘을 통해 해석될 수 있다는 모델이다. 일부 페미니스트 필자의 저작에서 폭력과 정상적인 남성의 행동을 구분하는 경계를 식별하기란 쉽지 않다. 그것은 모든 대인 관계 중에서 가장 애매한 것—섹스 관계—과 관련되어 있다. 하버드 대학교 법학 교수 캐서린 맥키넌은 "강간(과 구타)을 구성하는 행동과 성교를 구성하는 행동은 말할 것도 없고, 양자를 구성하는 유형, 리듬, 역할, 감정" 간의 유사성을 지적하고 싶어 한다. 맥키넌은 '병리 상태와 정상 상태' 그리고 '폭력과 성행위'를 구별하기가 쉽지 않다는 것을 발견한다.[17] 이러한 관점에서 볼 때 성교는 병리적인 것이 되고, 동시에 남성 연인은 강간범이 된다.

이 문제에 대한 다른 기고자들은 남성 폭력을 '단일한 현상'으로 묘사한다. 잘나 핸머와 메리 메이나드는 남성 폭력—강간 또는 가정 폭력—을 별개의 행동으로 묘사하는 것은 잘못이라고 주장한다. 그들은 그러한 행동들이 남성 행동의 다른 표현들과 밀접하게 연계되어 있다고 주장한다. 그들은 또한 모든 그러한 행동—강간, 가정 폭력, 성기 노출, 음란 전화—이 자신들이 '남성 권력'이라고 칭하는 것의 투영으로 이해되어야 한다고 요구한다.[18] 이런 식으로 다양한 별개의 행동이 방법론적으로 강간으로 연결된다. 남성

---

17) C. MacKinnon, *Toward a Feminist Theory of State*(Cambridge, MA: Harvard University Press, 1989), p. 146.
18) J. Hanmer and M. Maynard, *Women, Violence and Social Control*(London: Macmillan Press, 1987), p. 2.

의 행동을 단일한 폭력 현상으로 통합하는 것은 각각의 개별 행동에 부착되어 있는 의미를 일정 부분 상실하게 한다.

남성 폭력의 의미 확대는 성폭력 연속선 테제에서 가장 일관되게 주장되고 있다. 이 테제에 따르면, 남성 폭력은 강제적인 성적 행동의 연속선으로 이해될 수 있다. 학대 정의의 계속되는 확장과 함께, 그 연속선의 약한 쪽의 끝은 바라보는 것에서 시작하고, 격심한 쪽의 끝은 신에게 바치기 위한 의례적 살해에서 그 정점에 이른다. 이 테제는 폭행 희생자 수를 늘리는 데 일조한다. 왜냐하면 야한 농담에서부터 신체적 폭행에 이르기까지의 모든 것이 남성 폭력이라는 공통의 속성에 의해 정의되기 때문이다. 정상적인 남성 행동은 강간을 위한 전조일 뿐이다.

이 폭력 연속선 테제를 입증하기 위해 사용되는 방법론은 인간관계를 심히 곡해하는 데 일조한다. 비록 그 연속선 테제에 관한 논의가 경험적인 연구에 의존하고는 있지만, 무엇이 폭력과 강간을 구성하는지에 대한 결론은 연구자들의 해석에 달려 있다. 이를테면 네 명의 여성 중 한 명이 강간당하고 있다는 메리 코스의 묘사는 사건들에 대한 그녀의 해석에 기초한 것이지 희생자로 추정되는 사람들의 행위 인식에 기초한 것이 아니다. 그녀에 대한 비판가 중 한 사람에 따르면, 코스에 의해 강간 피해자로 분류된 사람들 가운데 73%가 그들이 강간당했다고 생각하지 않았으며, 그중의 42%는 동일 남성과의 합의하에 성관계를 가지고 있다고 보고했다.[19] 일단 연구자들이 그들의 표본이 가지고 있는 견해를 무시하고 강간에 대한 정의를 독점하는 것에 아무 거리낌이 없다면 그 수

---

19) Fekete, *Moral Panic*, p. 74.

치는 천문학적이 될 수 있다.

강간과 여타 형태의 남성 폭력에 대한 계속 넓어지는 정의는 여성을 곧 희생자로 보는 인식에 토대를 제공한다. 그러한 주장이 갖는 함의 중의 하나가 모든 여성—그중 대부분은 결코 폭력을 경험했던 적이 없었다—이 그들이 마치 폭력을 경험했던 것처럼 행동하고 느껴야 한다는 것이다. 이런 식으로 모든 여성은 '집합적 희생자'의 일부가 된다. 이 테제의 한 지지자는 다음과 같이 주장했다.

> 연속선 개념을 사용하는 것은 모든 여성이 그들 삶의 어떤 시점에서 성폭력을 경험한다는 사실을 강조한다. 그것은 여성들의 보다 일반적인 일상의 학대 경험과 범죄로 낙인찍힌 보다 덜 일반적인 경험을 연계시키는 것을 가능하게 한다.[20]

이처럼 질적으로 다른 경험들을 방법론적으로 융합시키는 것을 통해, 성폭력은 남성과 여성 간의 관계에서 지배적인 모티브가 되고, 남성 폭력—남성성의 한 정상적 특징—은 여성과 아동 모독의 일반적 원인으로 재구성된다.

남성 폭력을 정상적이고 여성들의 매일의 경험에 내재하는 것으로 특성화하는 것은 지식계급 사이에서 널리 유행해왔다. 심지어 주요 사회학자들조차도 남성 폭력을 원죄의 재현으로 바라보는 이같은 의사擬似 종교적 해석을 채택한다. 그러한 접근 방식은 아마도 오늘날 가장 영향력 있는 영국 사회학자일 앤서니 기든스의 저

---

20) L. Kelly, "Continuum of Sexual Violence", in Hanmer and Maynard, *Women, Violence and Social Control*, p. 59.

작에서도 분명하게 나타난다. 기든스는 남성 폭력의 연속선 테제를 수용할 뿐만 아니라, 그것을 확장시켜 근본적인 이성애 경험에까지 통합시킨다. 그는 다음과 같이 주장한다.

> 남성의 여성에 대한 폭력과 여타 형태의 위협과 희롱 간에 분명한 단절이 아니라 하나의 연속선이 존재한다는 것은 분명해 보인다. 강간, 여성 구타 그리고 심지어 여성 살해는 이성과의 비폭력적인 만남에 포함되어 있는 것과 동일한 핵심적 요소, 즉 성적 대상을 복종시키고 정복하는 것을 자주 포함한다.[21]

인간 경험을 '핵심 요소'로 축소시킬 경우 가장 있음직하지 않은 일들을 서로 연관 지을 수 있다. 그런 가능한 예 중의 하나가 먹기와 식인 풍습 간의 연속선이다—그것들 역시 동일한 핵심 요소들을 포함하고 있다.

남성 폭력을 상상하는 데서 드러나는 격정은 사회학자가 사회적 측면을 무시할 수도 있다는 기사도적 태도에서도 드러난다. 남성 폭력을 사회로부터 분리시키는 것은 그것에 거의 초월적 특성을 부여한다. 기든스에 따르면, "여성을 굴복시키고자 하는 충동"은 "어쩌면 남성 심리의 일반적 측면의 하나"이다.[22] 만약 실제로 그러하다면, 그리고 이성애적 만남이 항상 폭력을 함축한다면, 학대 관계들은 그 정의상 정상이 된다.

인간관계의 대부분의 형태를 학대로 표현하는 것에 대해 사람들

---

21) A. Giddens, *Modernity and Self Identity: Self and Society in the Late Modern Age* (Cambridge: Polity Press, 1991), p. 121.
22) Giddens, *Modernity and Self Identity*, p. 121.

은 별로 저항하지 않는 것 같다. 모든 사람은 위험에 처해 있다는 인식이 지배하는 사회에서 이러한 결과는 놀랍지 않다. 학대와 관련된 패닉은 환경 및 더 넓은 사회과정과 관련하여 작동하는 위험 의식이 개인 수준에서 작동하는 것이다. 학대를 통해 우리 인간은 침해당한다―전문가의 의견에 따르면, 그러한 경험을 하고 나면 우리는 결코 그 이전과 동일할 수 없다. 학대는 오염에 관한 우리의 우려가 개인적 관계의 수준에서 드러나는 형태이다. 영어 단어 abuse의 전통적 의미는 오용, 남용, 악용 행위와 관련되어 있었으나, 그것은 또한 모독, 오염, 더럽힘의 뜻도 담고 있었다. 18세기에 자기 학대 self-abuse라는 용어는 '자기 오염self-pollution'으로 정의되었다.[23] 오늘날 그 강조점은 자신의 오염이 아니라 타인을 더럽히는 것에 있다. 우리의 위험 의식 내에서 이 유형의 오염이 보다 광범위한 환경 손상의 공포보다도 더, 어쩌면 훨씬 더 만연해 있다.

이러한 학대 담론이 갖는 중요한 의미는 그것이 갈등과 긴장의 관계를 오염의 은유를 통해 재정의한다는 것이다. 유독성 폐기물의 영향처럼, 인간 오염의 영향은 장기적이다. 점점 더 넓은 범위의 경험을 잠재적 학대로 정의하는 이 염세적 경향은 인간의 상태에 대한 중요한 비난을 표현하고 있다. 인간관계는 모두 잠재적으로 유독하기 때문에 주의 깊은 관리와 통제를 요구한다. 이 같은 인간 타락의 시각을 지지하는 사람들은 사적인 삶을 병리학적 용어들을 통해 고려한다. 카미너가 지적했듯이, 그들은 가정을 '질병 배양기'로 본다. 그곳에서 "그들은 '유독한' 수치심, '유독한' 분노, '유독한' 자기 불신, 몇몇 '유독한' 의존, 그리고 '유독한' 사생활

---

23) *Shorter Oxford Dictionary*(1965), p. 1834를 보라.

집착을 제조한다."[24] 우리가 모두 죄인이라고 선언했던 종래의 종교들처럼 오늘날의 학대 문화는 우리 인간은 손상당한, 그리고 몹시 도움을 필요로 하는 존재라고 주장한다.

학대의 순환

벌거벗은 아이의 스냅 사진을 순진무구함의 상징으로 묘사하던 것에서 타락의 자극제로 보는 것으로 변화한 것은 인간의 동기를 염세적으로 표현하는 것이다. 학대 문화는 사회가 그 자체와 성원들에 대해 느끼는 혐오를 표현한다. 이러한 문화는 다양한 경험을 학대로 해석할 수 있는 틀을 제공한다. 이것은 1996년 애틀랜타 올림픽 즈음에 기계 체조 경기의 엄격함은 아동 학대나 매한가지였다고 주장하는 보도에서 특히 분명하게 표현되었다. 그러한 주장은 『뉴잉글랜드 저널 오브 메디슨』에 의해 뒷받침되었다. 그 보고서의 작성자들에 따르면, 강압적인 부모들과 코치들은 아이의 성공을 대리 경험하고자 하고, 이 "대리인에 의한 성취"는 "일종의 아동 학대"로 파악될 수도 있다.[25] 올림픽에서조차 더 이상 영웅은 없다. 그 드라마에서 주역은 학대자들과 생존자들이다. 성인들이 그들의 어린 시절의 사진 속에서 학대의 증거를 찾을 수 있을 때,

---

24) W. Kaminer, *I'm Dysfunctional, You're Dysfunctional: The Recovery Movement and Other Self-Help Fashions*(Reading, MA: Addison-Wesley Publishing Company, 1993), p. 12.
25) I. Tofler, B. Stryer, L. Micheli and L. Herman, "Physical and Emotional Problems of Elite Female Gymnasts", *New England Journal of Medicine*, vol. 335, 1996, no. 4.

성숙은 생존과 동일시된다.

생존은 학대 문화의 중심축을 이루는 원리가 되어왔으며, 인간 존재는 점점 더 정신적 외상을 경험한 생존자로 인식된다. 자주 그들은 손상당한 사람으로 묘사된다. 이것은 다시 그러한 손상의 인정이 어떤 사람이 공적인 인물이 되는 데 필수적인 것으로 인식되는 분위기를 조장해왔다. 한 예리한 논평자에 따르면,

> 역사에서 사람들이 스스로를 그토록 손상당한 존재로, 즉 화, 공격, 좌절된 야망, 충족되지 않은 욕망으로 마음이 찢어진 존재로 표현한 적은 결코 없었다. 사람들이 스스로를 희생자나 과거에 갇혀 있는 사람으로 그렇게 강고하게 생각했던 적은 결코 없었다.[26]

전시의 고난 또는 심지어 홀로코스트를 함의하는 '생존'이라는 명칭의 사용은 어떻게 일상의 삶이 중요한 시험으로 전환되어왔는지를 분명하게 보여준다. 생존의 찬양은 일상생활의 일상적 경험 그 자체를 하나의 목적으로 전환시킨다. 그러한 지평의 축소는 우리의 어린 시절의 정신적 외상이 너무 커서 우리가 결코 그것의 영향으로부터 자유로울 수 없다는 것을 근거로 하여 정당화된다. 근대성의 출현 이래로 인간의 행동과 통제의 자유가 오늘날처럼 강력하게 부정된 적은 없었다. 사람들은 너무나도 무력해서 그들의 부정적 경험의 결과를 극복할 수 없고, 그리하여 그것이 "삶에 상처

---

[26] R. Coward, *The Whole Truth: The Myth of Alternative Health* (London: Faber and Faber, 1989), pp. 102-103.

를 남기게"되는 것으로 여겨진다. 이 표현은 이제 학대 또는 범죄의 희생자에게 어떤 일이 일어날지를 예측하기 위해 일상적으로 재현되고 있다.

손상당한 사람은 자주 학대받아온 사람이 된다. 학대 관련 전문가들은 모두 그 경험의 장기적 결과를 강조한다. 그것은 희생자들에게 종신형과 같은 것이다. 이 견해는 약자 괴롭히기에 대한 문헌에서 강조되고 있다. 약자 괴롭히기는 희생자들의 마음에 '상처'를 남겨왔다. 이 정신적 손상은 거의 완전히 치유될 수 없다. 아동 희생자에 관한 한 연구는 "피해의 경험에 영향을 받지 않고 그것에서 벗어날 수 있는 아동은 아주 적다."고 결론지었다.[27] 「또래의 거부는 아동이 즉각적으로 장기적인 행동 위험에 처하게 한다」라는 제목의 연구에서도 유사한 결론이 도출되었다.[28] 그 연구는 또래 거부의 장기적인 결과가 비행, 학교 중퇴, 정신 병리였다고 주장했다. 같은 맥락에서 아동 성 학대 이력이 있는 성인들에 대해 기술하고 있는 한 연구의 저자들은, 그들이 "심하게 손상당한 사람들"로 "다른 성인들보다 훨씬 더 많은" 의료 서비스를 이용하고 있다고 결론지었다. "그들 중에서 더 많은 사람이 심각한 문제들을 안고 있으며 알코올과 약물을 남용하며 과민성대장증후군을 가지고 있는" 것으로 보인다.[29]

---

[27] J. Morgan and L. Zedner, *Child Victims: Crime Impact and Criminal Justice* (Oxford: Clarendon Paperbacks, 1992), p. 183.

[28] J. Morgan and L. Zedner, "Peer Rejection Places Children at Immediate, Long Term Behavioural Risk", in *Brown University Child and Adolescent Behavior Letter*, August 1994.

[29] D. Smith, L. Pearce, M. Pringle and R. Caplan, "Adults with a History of Child Sexual Abuse: Evaluation of a Pilot Therapy Service", *British Medical Journal*, vol. 310, 1995, p. 1177.

학대로 인한 장기적인 손상은 '학대의 순환' 이론에 의해 지적으로 존중받고 있다. 폭력의 세대 간 이전은 가정 폭력 문헌에서 논쟁의 여지가 없는 테마 중 하나이다. 이 테제를 지지하는 사람들은 학대를 세대 간에 이어지는 질병으로 본다. 학대자들은 그들이 어린아이였을 때 그들 자신이 학대당했고, 그들의 희생자들은 명백한 비행 행동을 하게 된다. 따라서 학대는 희생자로 끝나지 않는다. 학대는 그 자신의 삶을 가지며, 그다음에는 미래 세대에게 전달된다.

확실한 증거가 부족함에도 불구하고 학대의 순환 테제는 논쟁의 여지가 없는 진리의 지위를 획득해왔다. 하지만 그 증거를 진지하게 따져볼 필요가 있다. 폭력이 폭력을 낳는다는 견해는 소급적인 연구들에 기초하고 있다. 그러한 연구들은 공격적인 사람들이 그들이 어렸을 때 더 많이 학대받았을 가능성을 파악하기 위해 공격적인 청소년 및 남성과 비공격적인 청소년 및 남성을 자주 비교한다. 그러한 연구들에는 많은 문제가 있다. 사람들이 회상에 부여하는 지위는 논쟁의 영역 중 하나이다. 그러한 연구들의 또 다른 근본적인 약점은 어린 시절의 학대 경험과 그후 성인의 학대 행동 사이에서 이끌어낸 관계이다. 이것은 인과적 관계인가? 이 폭력 경험이 성인의 후속 폭력 행동의 원인인가 아니면 그 반응을 틀 지은 다른 영향이 있는가? 하나의 변수―학대―를 추출하고 그것을 미래의 학대 행동과 직접 연계 짓는 것은 사회적 현상의 다양성을 무시하는 것이다.

초월적인 힘의 수준까지 폭력 경험을 끌어올리는 것은 잔인한 행위를 경험해온 사람들이 스스로 더 잔인해질 가능성이 크다는 상식적인 가정에 기초하고 있다. 한 설명은 노인 학대를 이 잔인해진

생활양식 모델에 기초하여 추측하고 있다.

> 세대를 넘어서는 폭력이 발생하고 아이들이 학대당하는 상황이 존재한다면, 학대당한 아이들은 후일 배우자 학대에 빠지고 자신의 아이들을 학대하고 나중에는 자신이 노인이 되어 학대당하는 사람이 될 가능성이 있다.[30]

비록 그 저자들이 그것은 단지 '가능성'일 뿐이라고 진술함으로써 자신들의 논평을 한정하고 있음에도 불구하고, 자기 복제 현상으로서의 학대 이미지가 그 문제에 대한 인식을 압도하고 있다.

과거에 '폭력 사회'의 결과로서 극단적으로 단순화하여 이해되었던 문제들이 오늘날에는 점점 더 '폭력 가정'에 의해 설명된다. 학대의 순환 테제에 대해 널리 퍼져 있는 신뢰는 사회학적 상상력이 쇠퇴하였음을 보여주는 증거이다. 소위 최하층 계급에 관한 논의에서 많은 사회과학자가 빈곤의 순환 테제를 비사회적인 것으로 파악하고 분명하게 거부하는 것은 주목할만한 가치가 있다. 하지만 그들은 학대와 관련하여 그러한 테제를 받아들이는 것에 아주 행복해하는 것 같다. 사회적 설명에서 벗어나 있는 이러한 전환의 이유는 복잡하다. 성인 행동은 가정생활에 뿌리를 두고 있다고 설명하는 전통적인 보수주의적 테제의 중요한 요소 중의 하나가 좌파, 페미니스트 그리고 자유주의 사상가들에 의해 점점 더 받아들여져왔다. 이러한 경향은 굴벤키안재단의 아동과 폭력위원회 보고

---

30) G. Bennett and P. Kingston, *Elder Abuse: Concept, Theories and Intervention* (London: Chapman and Hall, 1993), p. 32.

서에 잘 설명되어 있다. 이 보고서에 따르면, 비폭력적 사회의 창조는 적극적인 육아에 달려 있다. 이 결론은 폭력이 사회생활의 다른 영역들로 퍼지기 전에 가정생활의 범위 내에서 발생한다는 전제에 기초하고 있다. 이 문제에 대한 해결책은 양육의 영역에 있다. 왜냐하면 바로 그것이 "아이들이 폭력을 경험할 기회를 최소화하고 그 결과 그들이 다시 폭력적으로 행동할 가능성을 최소화하기" 때문이다.[31]

굴벤키안재단 보고서는 학대의 순환 테제를 일관되게 제시한다. 그 보고서는, 비록 폭력 행동의 원인이 '의심할 여지없이' 규명될 수 없다는 것을 받아들이지만, 가정 내 폭력이 폭력 행동의 주요한 요인으로 작동하고 있다는 것을 확신한다. 그 보고서의 주요 테제는 폭력이 폭력을 낳는다는 것이다. 보고서 작성자들은 가정 폭력 이외의 다른 요인, 즉 빈곤, 가정 파탄, 알코올의존증, 미디어 같은 요인들을 기꺼이 고려한다. 하지만 그 보고서는 이 모든 요소가 아동들에게 미치는 영향을 '간접적'인 것으로 고려한다. 아동들에게 '직접적'인 영향을 미치는 것으로 개념화하는 유일한 변수는 부모의 폭력이다. 따라서 보고서는 다음과 같이 주장한다.

> 매우 실제적인 조사 증거는 부정적·폭력적·굴욕적인 형태의 훈육이 아주 어려서부터 폭력적인 태도와 행동의 발달에 중요한 영향을 미친다고 강조한다. 가족 구조와 가족 붕괴의 영향은 간접적이고, 그것은 양육 과정의 질을 통해 조정될 수 있다.

---

31) Gulbenkian Foundation Commission, *Children's Violence: Report of the Gulbenkian Foundation Commission* (London: Calouste Gulbenkian Foundation, 1995), p. 14.

동일한 방식으로 빈곤, 학교 교육, 알코올은 간접적이라고 말해진다. 그 보고서는 "많은 영국 연구에서 낮은 사회경제적 지위가 비행이나 폭력과 명백하게 연관되어 있음을 보여주었다."고 지적한다. 그러나 그것은 낮은 경제적 지위가 폭력의 '원인'이 아니라고 첨언하는 데에는 신중하다. 그 보고서에 따르면, 빈곤과 낮은 경제적 지위는 "다른 위험 요소들과의 상호 관계를 통해 폭력 위험"을 증가시킨다. 이 조심스러워 하는 뉘앙스를 풍기는 식의 접근 방식은 부모의 폭력에 이르러서는 사라진다. 단순 인과관계는 어떤 복잡한 사회적 관계 속에서 유지되기 어렵지만, 몇몇 이유에서 가정 폭력은 다른 것과는 전혀 다른 현상으로 간주된다. 어떤 다른 사회적 경험과는 달리, 가정 폭력은 직접적으로 행동을 틀 짓는 자율적인 힘을 갖는다. 왜 폭력적인 훈육만이 행동에 대해 직접적이고 무매개적인 영향을 미치는지는 전혀 설명을 필요로 하지 않을 만큼 분명한 것으로 인식된다.[32]

그 보고서의 숙명론적인 전제는 일단 아이들이 폭력을 경험했다면 모든 것이 손상되었다는 것이다. 그것은 "성인기 폭력의 최고 예측자가 어린 시절의 폭력 행동이라면, 우리는 성인 폭력의 가장 중요한 인과적 기여 요인들은 청소년기에 이르렀을 때에는 이미 만들어져 있는 것으로 가정할 수 있다."고 주장한다.[33] 그렇다면 성인의 폭력은 어린 시절에 부화한다. 폭력을 사회적으로 결정되지 않는 독립변수로 묘사하는 것은 그것을 불치병으로 만들어버린다. 병리라는 용어는 일단 손상이 발생하면 개입할 수 없는 현상을

---

32) Gulbenkian Foundation Commission, *Children s Violence*, pp. 11-12, 56-59.
33) Gulbenkian Foundation Commission, *Children s Violence*, p. 40.

가장 잘 요약해준다. 보고서는 또한 "폭력이 '전염' 과정을 통해 빠르게 증폭될 수 있다."고 지적할 때에도 이 어휘를 사용한다.34)

어린 시절의 폭력 경험이 성인 범죄의 원인이 된다는 견해는 사회를 기쁘게 한다. 어린 시절에 내일의 범죄자들이 될 폭력배들을 만들어낸 책임은 가족이 지게 된다. 폭력은 보다 광범위한 권력관계들로부터 분리된다. 이제 폭력이라는 용어는 맥락을 떠나 못된 아이의 행동, 강간범의 행동 또는 전장에서 싸우는 군인들의 행동을 묘사하는 데에도 사용될 수 있다. 이제 개인적 절망 행동이 수천 명의 사람들의 삶에 영향을 미치는 힘의 계산된 투사와 등치된다.

어린 시절의 폭력이 성격 형성에서 수행하는 역할에 부여된 중요성은 인간 조건에 대한 매우 결정론적인 관점에 기초하고 있다. 그것은 어른의 생활 방식은 그들의 어린 시절의 경험에 의해 미리 결정된다고 시사한다. 우리가 성인일 때 한 많은 경험은 우리가 아이일 때 경험했던 학대 행동에 비해 그리 중요하지 않다. 그리스비극에서처럼 우리는 우리의 운명을 우리의 삶을 통해 깨달을 수 있을 뿐이다. 사람들은 그들 자신을 스스로 결정하는 행위자로서보다는 가정생활의 희생자로 보도록 부추겨진다. 이러한 문화가 초래할 부정적 결과는 자명하다. 과거가 성인기의 문제를 거의 모두 설명한다. 인간 존재는 단지 그들의 과거의 희생자들일 뿐만 아니라 또한 미래 세대를 손상시키도록 운명 지어진다.

학대 순환 테제는 학대받은 아동들이 이미 학대자로 만들어지고 있는 세계를 가정한다. 이것이 바로 한 런던 지역 신문에서「미래의 성 위협을 붙잡을 자금」이라는 표제를 낳은 통찰력이었다.『해

---

34) Gulbenkian Foundation Commission, *Children s Violence*, p. 62.

크니 가제트』는 지방의회가 "잠재적 소아성애자들과 강간범들이 일반 사람들에게 위협이 되기 전에 그들을 발각하기 위한" 프로젝트에 자금을 제공해왔다고 보도했다. 이 청소년 학대자 프로젝트의 목적은 "10대 초반의 성범죄자와 아동 성추행범들을 학대에서 벗어나게 하는 것"이다.[35)] 가정이 폭력의 훈련장이라는 관점은 청소년들의 개인적인 행동을 관리하는 데 중점을 두게 한다.

그렇다면 학대는 끝없는 경험이다. 그것은 부모로부터 아이에게로 이전되는 세대 간 질병이다. 이 모든 것은 거의 성서의 인간 관념으로 이어진다. 부모의 죄가 자식들에게 돌아온다. 그들이 했던 것은 결코 하지 않은 것이 될 수 없다. 학대의 경험은 사람들의 삶에 상처를 남기고, 미래 후손들이 의당 그러한 행위들에 대한 최종 대가를 치른다.

학대 문화는 무력함에 새로운 정의를 부여한다. 전통적인 범죄 관념과 달리, 폭력은 더 이상 단 한 번의 행동으로 간주되지 않는다. 학대의 영향은 희생자의 육체와 영혼에 오랫동안 남는다. 그 영향은 평생 간다. 게다가 그 영향은 너무나도 커서 실제로 생존자의 삶의 모든 측면에 영향을 미친다. 중독, 섭식 장애, 공포증은 이 종신형의 발현을 보여주는 것의 일부이다. 이 정신적 외상을 인정하는 것은 생존자들이 그것에 대처하는 것을 돕는다. 학대 관련 산업의 많은 전문가는 희생자들에게 그들의 처지를 극복하기 위해 스스로 노력하라고 큰소리로 훈계한다. 일부 치료사들은 중독과 여타 문제들을 극복하려는 개인적 시도들을 '완벽주의 콤플렉스'의 무익한 표현으로 치부한다. "당신이 병에 걸린 것을 인정하면

---

35) *Hackney Gazette*, 4 April 1996을 보라.

회복 중에 있는 사람들을 동료로 기꺼이 받아들이는 것이고, 그것을 의문시하면 당신은 '거부하고' 있는 것이다."라는 말은, 카미너가 많은 치료사의 태도를 묘사했던 방식이다.36) 희생자가 전문가와의 상담을 피하는 것은 희생자들이 직면한 문제의 중대성을 보여주는 증거로 활용된다.

학대라는 병리가 초래하는 가장 해로운 결과 중 하나는 그것이 자신들의 삶을 통제하려는 사람들의 욕구를 서서히 약화시키는 방식이다. 과거에는 오늘날 학대로 이름 붙여지는 경험들에 대처하는 것이 삶의 필수적인 부분이었다. 많은 끔찍한 개인적 비극에도 불구하고, 대부분의 사람은 그러한 몇몇 경험이 주는 고통을 어떻게든 극복해왔다. 실제로 그 고통에서 벗어나려는 노력은 능력의 중요한 원천이 되었다. 학대 관련 산업에 따르면, 전문가의 개입 없이 그러한 고통을 관리하려는 시도 그 자체가 문제이다. 이를테면 에든버러에서 있었던 아동 피해에 관한 한 연구는 "아이들이 서로를 지원함으로써 피해에 대처하도록 하는 전략을 취할 것을 강요받고 있다."는 사실을 부정적으로 표현했다.37) 달리 말해 성장 과정에 있는 아동들은 그들이 직면했던 곤경들에 대해 그들 나름으로 해결책을 발견했다. 그 저자들은 그러한 상호 지원의 확대를 칭찬하는 대신에 공적인 개입의 부재를 비난했다. 불행하게도 학대라는 병리는 어쩌면 자기 충족적 예언의 결과를 초래할 수도 있다. 그들이 힘든 경험에 대처할 수 있도록 돕는 것이 필요하다는 말을 계속해서 듣는 사람들은 그들 스스로 문제에 맞서 싸우기가

---

36) Kaminer, *I m Dysfunctional*, p. 26.
37) Morgan and Zedner, *Child Victims*, p. 159에서 인용함.

어렵다는 것을 발견할 것이다. 학대 문화는 개인들이 약하다는 점을 부각시키고 사람들의 열망을 약화시킨다.

무능한 사람들

사람들이 자신들이 직면하고 있는 문제들에 스스로 대처하고 협상하려는 시도는 전적으로 부적절한 것으로 여겨진다. '그들 스스로' 또는 '홀로 대처하기' 같은 용어들은 개인들이 스스로 개인적 문제들을 다루는 것이 얼마나 부적절한지를 강조하기 위해 사용된다. 문제 해결에 있어서 개인의 부적절성은 자주 전문가와의 많은 만남이 요구되는 것으로 가정되는 특별한 기술 및 자원들과 대비된다. 개인으로서는 어쩔 수 없기에 요구되는 다양한 전문가와의 만남과 경험 지식이 최근 수십 년 동안 크게 증가해왔다. "대처할 수 없음"에 따른 전문가와의 만남에 관한 설명은 학대 관계의 표현과 동일한 양식을 취해왔다. 학대로 이름 붙여진 경험의 범위가 확대되어온 것과 마찬가지로, 개인이 홀로 대처할 수 없을 것으로 보이는 상황도 확대되어왔다. 양육과 같은 가장 기본적인 성인 역할 중 몇몇조차도 특별한 고찰의 대상이 되었다. 사람들은 '양육 기술'을 훈련받아야, 그들의 가난한 선조들이 트레이너와 카운슬러의 도움 없이 수행했던 역할을 할 수 있다.

카운슬링의 놀라운 성장은 '대처할 수 없음' 경향의 가장 분명한 표현 중 하나가 되었다. 1980년에 영국카운슬링협회(BAC)에는 1,800명이 약간 넘는 개인 회원과 160개의 단체 회원이 있었다. 1993년경 그것은 1만 명 이상의 개인 회원과 500개의 단체 회원을 거느렸다. 현재 BAC는 매월 300명이 넘는 카운슬러들을 신입 회원으로 받고 있는 중이라고 한다.[38] 이 주제에 관한 한 연구에 따르면, 이러한 성장은 "대부분의 사람이 문제에 대처하는 데 필요한 자원들을 가지고 있지 않을 수도 있는 여러 문제에 때때로 직면한다는 것을 사람들이 점점 더 받아들이는 것과 함께 이루어졌다."[39]

사람들이 일상생활의 일부로 고려해온 경험을 다루는 데 '필수적인 자원'을 가지고 있지 못하다는 견해는 이제 깊숙이 자리를 잡았다. 학교에서 카운슬러들은 얼마 전까지만 해도 가정의 사적인 일로 간주되었던 광범위한 사건들을 다룬다. 그들은 학교와 관련된 문제만을 다루는 것이 아니라 실업, 이혼, 알코올의존증, 섭식장애 그리고 가족의 사망까지도 다룬다. 카운슬링은 이제 대부분의 기관에서 하나의 의무적인 서비스로 간주된다. 노동조합, 경찰 같은 기관, 영국의사협회 같은 직업 단체들 모두가 그들의 구성원들에게 카운슬링을 제공한다. 영국 국가 발행 복권의 운영자인 카멜롯은 모든 당첨자에게 카운슬링을 제공한다.

오늘날 우리는 상황의 심각함을 강조하기를 원할 때마다, 어떤 사람이 카운슬링을 받고 있다는 점을 지적한다. "그들은 여전히 카운슬링을 받고 있다."는 표현은 미디어에서 사태의 중대함을 지적하기 위해 사용된다. 보다 심각한 경우에 감독관은 특정 집단이 오랜 기간 카운슬링이 필요할 것이라는 통보를 받는다. 내가 상세한 설명을 들었던 비극적인 학교 사고의 한 사례의 경우에, 부모들은

---

[38] 수치들은 J. Cunningham, *Sociology of Counselling* (Glasgow: unpublished manuscript, 1995), p. 1에서 따왔다.

[39] R. Nelson-Jones, *The Theory and Practice of Counselling Psychology* (London: Cassell, 1994), p. 507.

그 사건이 발생한 후 4년 동안 그들에게 카운슬링 서비스가 가능하다는 것을 알리는 편지를 받았다. 더할 나위 없이 행복한 삶을 살아가던 부모는 카운슬러들과 이야기하는 것이 내키지 않는 데에는 무언가 이상한 것이 있다고 느꼈다.

카운슬링을 통해 전해지는 메시지는, 점점 더 사람들이 전문가의 개입 없이 대처할 수 있을 것 같아 보이지 않는다는 것이다. 카운슬링의 제도화는 교육 분야, 특히 고등교육 분야에서 가장 발달해 있다. 영국 대학에서 학생들은 항상 카운슬러의 서비스를 제공받는다. 다양한 카운슬링 서비스를 적어놓은 긴 목록이 대학 화장실 벽에 붙어 있다. 영국 캠퍼스에 도착한 한 이방인은 대학 생활이 너무나도 많은 복잡한 위험으로 가득 차 있어 어느 누구도 전문가의 도움 없이는 잘해나갈 수 없다고 쉽게 결론 내릴 수도 있다. 자신들의 기술을 지키는 데 급급한 카운슬러들은 그러한 인상을 강화하고, 대학 교수들에게 "구체적인 기술이나 훈련을 필요로 하는" 학생 문제에 개입하지 말 것을 충고한다.[40]

대처할 수 없다는 것, 즉 카운슬링 혁명의 근본적인 가정은 질병과 중독의 용어를 통해 설명된다. 학대의 병리학이 인간관계 일반을 설명하는 모델을 제공하는 것처럼 보인다. 질병의 용어를 통해 다양한 경험이 의료화된다. 경험의 의료화의 가장 극적인 결과는 다양한 새로운 장애와 질환의 발명이다. 행동을 하나의 장애 또는 질병으로 변환시키는 것은 학대 순환 이론의 주된 성과 중 하나이며, 심리적

---

[40] S. Easton and D. Van Laar, "Experiences of Lecturers Helping Distressed Students in Higher Education", *British Journal of Guidance and Counselling*, vol. 23, no. 2, 1995, p. 173을 보라.

장애의 범위를 계속 확대시킴으로써 그 실체를 획득해왔다.

이들 장애—몇 가지만 거론하면 사회적 공포증, 외상 후 스트레스 장애, 주의력 결핍 장애 등—는 모두 학대 경험과 동일한 양식을 따르고 있다. 이것은 평생 지속되며 행동을 틀 짓는다. 바이러스, 세균 또는 오염 물질처럼 사람들이 그러한 질환에 감염될 때, 사람들은 그것의 영향을 거의 피할 수 없다. 그것의 존재 자체가 인간 행동을 설명하는 데 도움을 준다. 이를테면 어떤 사람이 "스트레스 받는다."고 말할 때, 우리는 개인의 외부에 있는 어떤 설명할 수 없는 힘이 개인의 행동에 영향을 미치고 있다고 이해한다. 의심할 여지없이 그러한 진술은 스트레스 카운슬러에게 필요한 의례를 수행하라는 초대장이다.

학대의 경우처럼 질환과 장애는 계속해서 발견되고 있다. 실제로 모든 형태의 행동이 오늘날 의료의 꼬리표하에 포섭되었다. 나쁜 습관으로 불렸던 것이 이제 중독으로 불린다. 실제로 모든 형태의 강박 행동이 이제는 하나의 중독으로 분류된다. 알코올의존증은 다른 형태의 강박 행동에 하나의 모델을 제공한다—쇼핑 중독자, 섹스 중독자 그리고 일 중독자는 모두 그들의 특정한 강박관념에 중독된 사람들이다. 이를테면 미국에서는 너무나도 자주 그리고 너무나 많이 사랑받고 다른 사람을 사랑하지 않으면 안 되는 사람들은 섹스에 중독되어 있는 것으로 낙인찍힌다. 근대 내내 사람들은 자신들의 파트너 선택과 관련하여 어리석은 선택을 해왔으며, 때로는 파트너의 집에 너무 오래 머물렀고, 사랑하는 사람을 찾는 데 너무나도 많은 시간을 써왔다. 오늘날 우리는 너무나도 평범한 이 모든 인간 경험을 묘사하기 위해 질병과 중독의 담론을 사용한다. 미국섹스중독문제협회는 모든 미국인의 10∼15%—즉 약

2,500만 명―가 섹스에 중독된 것으로 추정해왔다![41]

섹스 중독을 하나의 독특한 장애로 해석하는 것은 인간관계에서 나타나는 애매함이 행동의 의료화를 통해 단순화된다는 것을 의미한다. 이러한 사태를 분석하려는 취지의 모노그라프들은 사람들이 오랫동안 알고 있던 것을 단지 의학 용어로 재조명할 뿐이다. 그러한 연구 중의 하나에서 섹스 중독은 사람의 내적 상태를 조절하는 하나의 수단으로서 외적 행동에 강박적으로 의존하는 것으로 진단된다. 달리 말해 자존심을 버리지 않고 살아가는 데 따르는 어려움이 외적 확신을 얻기 위한 시도로 이어진다는 것이다.[42] '섹스 강박충동' 또는 '섹스 의존' 같은 용어는 일상적 행동들을 병리적인 것으로 만들 뿐이다.

강박적 활동이 주요한 중독으로 변형되는 한 가지 방식은 그것의 특징을 알코올의존증의 특징과 비교하는 것이다. 이런 식으로 우리는 컴퓨터게임에 사로잡힌 아이들이 심각한 문제를 가지고 있다는 것을 안다. 왜냐하면 그 아이들은 흡연자와 술고래가 얻는 것과 동일한 도취감을 얻기 때문이다.[43] 우리는 또한 쇼핑에 도취되어 그것에 중독된 사람들이 실제로 질병으로 고통 당하고 있다는 것을 안다. 왜냐하면 쇼핑 중독은 "강박적인 도박과 알코올의존증과 똑같이 병의 한 형태일 수 있기" 때문이다. 미국인 임상의사로 자신이 '회복 중인 음식 중독자'라고 자인한 케이 셰퍼드에 따르면,

---

41) Sykes, *A Nation of Victims: The Decay of the American Character*, p. 14.
42) A. Goodman, "Diagnosis and Treatment of Sexual Addiction", *Journal of Sex and Marital Therapy*, vol. 19, no. 3, 1994.
43) "Children Obsessed with Computer Games Show Symptoms of Addiction", *Alcoholism and Drug Abuse Weekly*, 10 March 1994를 보라.

많은 음식 중독자가 알코올의존자 가족에서 나온다. 셰퍼드는 또한 음식 중독은 알코올의존증 못지않은 문제라고 주장한다.[44] 알코올의존증의 파괴적 결과들과 최근 발견된 다양한 중독의 파괴적 결과들의 역사적 친화성이 그러한 중독들에 알코올의존증과 유사한 지위를 부여하기 위해 동원된다.

또한 중독은 점점 더 질병으로 표현된다. 과거에는 과식 또는 비만으로 특징지어졌을 음식 중독이 이제는 신체적 질병으로 의료화된다. 케이 셰퍼드는 "그것은 음식에 대한 강박관념, 체중에 대한 강박관념, 먹는 양에 대한 통제력 상실로 특징지어지는 신체적 질병"이라고 주장한다. 이런 강박관념은 몸의 생리학적 또는 생화학적 상태들의 결과로 표현되고, 그러한 상태는 "복합 탄수화물에 대한 갈망"을 낳는다.[45] 섹스 중독 제창자들은 또한 질병에 초점을 맞춘 치료법을 제창한다. 한 미국 전문가는 치료와 약물 요법을 결합한 처방을 내리고, 이 주제에 대한 말레이시아인의 기고문은 그 질병의 효과적인 치료제로 무엇보다도 클로미프라민(항우울제)을 제안한다.[46]

행동의 의료화는 인간 조건을 끊임없이 재정의한다. 우리의 경험이 점점 더 의학적으로 정의됨에 따라, 인간 행동에 열려 있는 공

---

44) "Compulsive Shopping 'Real Illness'", *Guardian*, 6 October 1996; L. Baker, "Food Addiction Deserves to Be Taken Just as Seriously as Alcoholism", *Addiction Letter*, July 1995.
45) "Compulsive Shopping 'Real Illness'"; Baker, "Food Addiction Deserves to Be Taken Just as Seriously as Alcoholism".
46) Goodman, "Diagnosis and Treatment of Sexual Addiction", 그리고 M. Azhar and S. Varma, "Response of Clomipramine in Sexual Addiction", *European Psychiatry*, vol. 10, no. 5, 1995를 보라.

간은 좁아진다. 동시에 그것은 몇몇 질환 또는 장애로 고통 받는 사람들의 수를 체계적으로 증가시킨다. **동반 의존**co-dependency이라는 개념의 발명과 함께, 실제로 모든 사람은 이런 식으로 묘사될 수 있다. 원래 미국에서 알코올의존자들과 결혼한 여성들의 문제를 지칭했던 동반 의존은 1980년대에 중독 카운슬러들에 의해 재정의되었다. 웬디 카미너는 "이제 그것은 실제든 상상이든 당신 또는 당신과 가까운 누군가가 겪고 있는 모든 중독과 관련된 모든 문제에 적용된다."고 지적한다. 그 결과 실제로 모든 미국인은 동반 의존자로 정의될 수 있다. 동반 의존이 나쁜 양육 또는 아동 학대 때문이라는 지적은 주목할만한 가치가 있다. 이 같은 우회적 방식으로 학대 문화는 더 많은 신입 회원을 찾아내고 있다. 모든 강박적 눈짓이나 행동은 학대 경험에 그 원인이 있는 것으로 추정될 수 있다.[47)]

그간 새로운 불안 장애가 크게 발견되었다. 사회적 공포증 또는 의존성 성격장애 같은 장애는 개인의 행동과 성과에 원인이 있는 것으로 주장된다. 문제에 대한 반신반의, 결정을 내릴 능력이 없음 또는 인생의 좌절과 관련된 낙담은 이제 일상적으로 모종의 불안 장애의 징후들로 진단된다. 그러한 진단은 사람들이 그러한 문제에 대처할 때 겪는 어려움을 이해하는 데 도움을 준다. "대처할 수 없음"이라는 일반적인 상태는 자연스러워진다. 이러한 관점에서 볼 때, 사람이 자신들의 삶을 통제할 수 있는 정도를 추정하려는 시도는 애처로운 짓이 된다. 왜냐하면 우리는 도움을 필요로 하고 독립적이지 못하기 때문이다.

행동의 의료화는 사람들이 계속해서 자신들의 행동을 유기체론

---

47) Kaminer, *I m Dysfunctional*, pp. 9-13.

적으로 또는 심리학적으로 설명하려는 분위기를 만드는 데 일조해왔다. 부모는 나쁜 행동을 하는 자녀가 주의력결핍과잉행동장애나 새로 발견된 불안 장애를 겪고 있다는 말을 들을 때 안도한다. 대학에는 낙제와 나쁜 성적을 의료화하는 문화가 실제로 존재한다. 이런 식으로 학대 문화 전반은 낮은 기대를 정당화하는 데 연루된다.

학대 문화는 사람들이 그들 자신을 중독자 또는 병자로 생각하도록 조장한다. 따라서 사람들의 삶과 행동은 영구히 그들의 통제를 벗어난 영향력에 한층 더 종속된다. 인간의 자결自決에 대한 이 자연스러운 제약은 현대의 정체성의 유력한 구성 요소가 되었다. 중독과 질병은 인간 정체성의 불가결하고 고정된 부분이 되어왔다. 사람은 결코 중독을 치료할 수 없다는 카운슬러들의 주장은 '회복 중인 중독자' 같은 용어를 유포시켜왔다. 우리는 우리에게 가해지는 손상을 견제할 수는 있지만, 그것의 영향력을 벗어날 수는 없다. 우리는 과거에 우리에게 일어났던 일의 희생자로 간주되고, 우리가 이 세상을 만들기 위해 스스로 해왔던 일에 의해서가 아니라 과거에 우리에게 일어났던 일에 의해서 우리 자신을 정의한다.

희생자 정체성의 성장

대서양 양편의 관찰자들은 희생자 의식victimhood 문화의 성장에 대해 논평해왔다. 그들은 매우 다양한 이해 당사자가 자주 희생자를 이용하고 있는 것으로 보인다고 지적해왔다. 미국과 영국의 논평자들은 경쟁하는 희생자 단체들이 그들의 고통에 대한 보상으로 특별한 특권과 자원을 요구하고 나서는 '불평 문화'가 성장하고 있다고 언급해왔다. 그러한 과정을 보여주는 괴상한 일이 셰필드의 힐스버러 축구 경기장 참사 직후에 실제로 발생했다. 부상당하거나 사망한 축구 팬들의 친족들은 그들이 보상받기 전에 보상을 기다리고 있던 많은 경찰이 먼저 실질적인 보상을 받았다는 뉴스를 듣고 화가 나서 반발했다. 어떤 단체가 이 비극으로 더 정신적 충격을 받았는지—그리고 물론 누가 가장 보상받을만한지—에 대한 논의들이 분출했다.

희생자 의식이 독자적인 하나의 제도로 가장 발달된 곳은 미국이다. 강박적 도박꾼에서부터 정크 푸드 중독자에 이르기까지 다양한 집단이 특정한 종류의 피해를 받았다고 주장한다. '유독한 부모'의 희생자들은 미디어에 그들의 고통을 자세히 말하기 위해 불구가 된 섹스 중독자들과 경쟁한다. 희생자 의식은 학대 문화의 중심 범주 중 하나이다. 유명 인사들은 자신들이 아이였을 때 겪은 고통스러운 학대를 생생하게 고백하기 위해 서로 경쟁한다. BBC가 다이애나 왕세자비와 가진 매우 갈채 받은 인터뷰는 이 시대가 희생자의 시대라는 점을 상징했다. 다이애나가 그녀를 보고 싶어 하던 모든 사람에게 자신의 감정적 상처를 드러낼 때, 그녀는 말 그대로 자신의 고통을 떠벌렸다. 실제로 그녀는 자신의 고통을 즐기는 능력을 광고했다. 즉 그녀는 그것이 자신을 국민을 상대로 하는 여성 인생 상담자에 적합한 후보자로 만들어주는 주요한 소양이라고 생각했다.

내적 고통을 공개적으로 드러내는 것이 높이 평가받는 문화가 창조되었다. 그것은 개인과 집단으로 하여금 자신들의 고통스러운 경험을 당당하게 밝히게끔 해왔다. 대처할 수 없음과 다양한 곤경과 불평은 어린 시절에 발생한 어떤 정신적 외상 사건 때문이고,

오늘날 정신적 외상으로 재정의되는 경험들의 수는 증가하고 있다. 1996년 초『브리티시 메디컬 저널』은 어린 시절에 포경수술을 받았던 남성들을 위한 희생자 지원 단체를 설립한 20명의 남성이 서명한 편지를 공표했다. 그들의 편지는 "우리 모두는 영국 의사가 어린 시절에 한 포경수술로 인해 해를 입어왔다고 믿는 성인 남성들이다."라는 선언으로 시작한다.[48] 그들은 실제로 그들이 얼마나 해를 입었는지를 지적하지는 않았지만, 미국의 유사한 남성 단체들이 제시한 방침으로부터 그들의 불평의 요점을 쉽게 파악할 수 있다. 그들은 포경수술로 인해 자신들이 절단당하고 심리적으로 손상당했다고 느낀다고 주장하고, 영구히 노출된 귀두가 덜 민감해지기 때문에, 그들은 섹스에서 원래 만족해야 하는 것보다 덜 만족한다고 믿는다.

유아의 포경수술을 학대로 변형시키고자 하는 시도는 새로운 희생자를 확충하고자 하는 사회의 또 다른 염려스런 요구를 보여준다. 어떤 사람은 [포경수술을 종교적으로 강요당하는] 유대인들과 이슬람교도들이 어떻게 수세기 내내 그럭저럭 살아왔는지 의아해한다. 그러나 포경수술을 학대로 보는 이러한 견해에 대한 주요한 반응은 그것을 희생자 지위를 부여받을만한 가치가 없는 주장으로 치부하기는커녕, 하나의 통념으로 간주하는 것이었다.

영국에서 남성 잡지와 신문은 포경수술을 한 성인 남성들의 곤경을 심각한 문제로 간주해왔다. 이를테면『맥심』은『포경수술 하지 않는 기쁨! 당신의 타고난 권리를 되찾고 당신의 성적 쾌감을 최대화하라』의 저자인 미국 심리학자 짐 비글로우의 연구 결과에 동조

---

48) *British Medical Journal*, 10 February 1996, p. 377.

하는 기사를 크게 실었다. 『가디언』은 섹스를 즐기는 능력이 약화되어왔다고 불평하고 "절단감과 상실감"을 느끼는 포경수술을 한 남성들에 관한 이야기들을 보도했다. 채널 4는 수술하는 동안 무엇이 잘못될 수 있고 (드물게) 잘못되는지를 보여주기 위한 다큐멘터리를 의뢰했다. 이 모든 캠페인이 누적되어 만들어낸 효과는 포경수술이 아동 학대의 한 형태였다는 인상을 창출하는 것이었다. 또 다른 학대가 태어났다.

포경수술을 아동 학대의 한 형태로 변형시키려는 다양한 시도를 하나하나 열거하는 것은 당연히 별 가치가 없을 것이다. 상황에 대한 책임을 부모의 등에 옮겨 지우고자 하는 집단은 항상 있다. 하지만 이 캠페인에서 가장 주목할만한 것은 저널리스트와 미디어 쪽에서 비판이 제기되지 않았다는 것이다. 그것은 마치 그들이 너무나도 당혹스러워서 포경수술을 한 남성들의 주장을 캐물을 수 없는 것 같았다. 절단이라는 주장은 침묵을 강요하기에 충분했다. 다음과 같은 분명한 질문은 꺼려졌다. 역사에 기록된 가장 초기 수술 중 하나가 그토록 명백히 파괴적인 심리적 영향을 미친다는 것을 우리는 왜 이제 와서야 발견하는가? 아니면 다른 것과 관련해서는 자신들의 생각을 그렇게 아주 분명하게 표현하는 유대인과 이슬람교도 남성들이 왜 그들의 불만족스런 성생활에 대해 수세기 내내 침묵해왔는가? 그러한 이야기를 유포시키는 미디어는 또한 악마적 학대에 대한 소문과 희생자 의식에 대한 유사한 주장을 전달하는 데 공조할 것이 분명하다.

이 장에서 논의한 모든 상황과 마찬가지로, 희생자 의식의 상태 역시 무한한 미래로 지속된다. 그것이 남긴 상처는 후대로 이어진다. 희생자 의식의 제창자들은 학대 문화에 중심적인 테마들을 통합하여, 일단 어떤 사람이 희생자가 되고 나면 그는 항상 희생자가 될 것이라고 암시한다. 최근 제2세대 그리고 제3세대 생존자의 지위를 주장하는 것이 유행했다. 단지 몇 십 년 전에 희생된 누군가와 관련된다는 것만으로도 사람들은 자신들의 삶에 주요한 영향을 미칠 만큼 정신적 충격을 받는다. 심리학은 희생자 경험의 불분명한 지위를 정당화해주는 지적 장치를 제공한다. 외상 후 스트레스 장애 같은 상태는 정신적 외상이 영속하는 현상임을 암시한다.

희생자 의식은 또한 간접 희생자 개념을 통해 확대되어왔다. 이를테면 범죄를 목격한 사람들이나 불미스런 어떤 일이 그들이 아는 누군가에게 일어났다는 것을 단지 알기만 하는 사람들은 잠재적인 간접 피해자들이다. 아동 희생자를 옹호하고 나서는 사람들은 이 간접적인 경험의 중요성을 주장한다.

> 아이의 가족 성원이나 다른 가족의 성원이 범죄 피해를 당할 경우, 아이가 스스로 자신을 희생자로 인식할 가능성은 크지 않다. 하지만 그것은 그 아이를 희생자로 마땅히 인정해야 하는 경험일지도 모른다.[49]

간접 희생자의 개념과 함께 희생자 숫자는 엄청나게 증가하게 된다. 불쾌한 어떤 일을 목격한 사람이나 그러한 경험에 대한 말을 들은 사람은 누구든지 간접 희생자의 지위를 차지할 적합한 후보자가 된다.

희생자 의식을 둘러싼 모든 논의 속에서 인간 경험을 이런 식으

---

49) Morgan and Zedner, *Child Victims*, p. 73.

로 개념화하는 것이 아주 최근의 일이라는 사실은 쉽게 간과된다. 최근까지 희생자라는 말은 신 또는 어떤 초자연적인 힘에 희생되었던 사람과 관련하여 사용되었다. 그것은 또한 고문당하거나 처형당한 사람을 묘사하기 위해 사용되었다. 19세기에 그 개념은 부당하게 취급된 사람들을 포함하는 데까지 확대되었다. 하지만 희생자 의식이 영속적인 정체성의 성격을 획득하게 된 것은 1960년대에 들어서였다!

사람들이 희생자로 묘사되고 그들이 그러한 하나의 집합적인 정체성을 부여받은 것은 단지 최근 몇 십 년의 일이다. 1960년대에 희생자들이 범죄학자들과 여타 사회정책 관련자들에 의해 발명되었다는 것은 주목할만한 가치가 있다. 그들의 회고적인 이야기들은 정책 입안자들이 이 '보이지 않는' 집단을 인지하지 못하고 있다는 이유로 그들을 비판했다. 다른 사람들은 희생자 의식을 너무 뒤늦게 인정했다는 점을 지적한다. 범죄학자들은 범죄가 과소 보고되기 때문에 우리가 생각하는 것보다 훨씬 더 많은 희생자가 존재한다고 부언한다. 하지만 그러한 비판들은 논점을 잘못 짚고 있다. 희생자는 사회적 구성물이다. 해롭거나 정신적 외상을 초래할 만한 경험을 한 사람들은 사회가 그들을 희생자로 규정하지 않는 한 자신들을 희생자로 생각하지 않는다. '보이지 않는' 희생자라는 개념은 당치 않다. 왜냐하면 그 개념은 이전에 희생자 정체성을 가지고 있던, 어떤 식으로든 무시당한 사람들의 존재를 함의하기 때문이다. 실제로 그것을 뒷받침하는 사람들은 존재하지 않았다. 희생자들을 돕기 위해 실행되었던 초기 조치들의 대부분이 위로부터 나왔다는 점에 주목할 필요가 있다. 영국 희생자들의 발견에 관한 주요 텍스트의 저자는 1964년 시행된 범죄상해보상제도가 "희생자들 스스로가 수행한 어떤 대중 캠페인의 결과가 아니었다."는 점을 지적한다. 그 제도는 전문 개혁가들의 로비의 산물이었다.[50]

범죄학자들이 제시한 널리 받아들여지는 견해, 즉 발견되기를 기다리는 일군의 고독하고 고립된 개인들이 존재한다는 견해는 현실을 전혀 새로운 방식으로 생각하게 한다. 그것은 특정한 경험을 한 개인들에게 희생자의 지위를 소급하여 부여한다. 이 절차는 아동 희생자를 소급적으로 구성하는 데서 가장 분명하게 예증된다. 아동 희생자의 제창자들이 강조하는 요점 중 하나는 어른들의 세상이 아이들이 그러한 인식을 하지 못하게 막고 있다는 것이다. 모건과 제드너는 "성인들은 아동에게 저질러지는 범죄의 많은 유형을 어떤 공식적인 대응을 할 만큼 충분히 심각한 것으로 간주하지 않기" 때문에 아이들이 희생자의 지위를 '획득해'야 했다고 논평한다. 그들은 다음과 같이 부언한다. "약자 괴롭히기, 체벌, 또는 강한 비난 같은 일상적으로 일어나는 심각하지 않은 폭력 행동이 아동에게 저질러질 때, 그러한 행동은 범죄로 정의되는 것에 저항하는 것으로 보인다. 이 정도로 아동들은 희생자로 인정되지 않을 가능성이 크다."[51] 교묘한 책략과 함께 아동들 사이에서 벌어지는 "일상적인 심각하지 않은 폭력 행동"이 범죄로 정의되어왔다. 이처럼 범죄 또는 학대 의미의 확장이 바로 또 다른 희생자 집단이 연이어 출현하게 된 전제 조건이다.

모건과 제드너가 생각하지 못한 것은, 아동 희생자라는 구성물이 만들어지기 이전에 아이들이 희생자 지위를 얻기 위해 노력하지

---

50) P. Rock, *Helping Victims of Crime* (Oxford: Clarendon Press, 1990), p. 87.
51) Morgan and Zedner, *Child Victims*, p. 22.

않았던 것은 아이들이 그들 자신을 희생자로 보지 않았다는 매우 단순한 이유 때문일 수도 있다는 점이다. 하지만 그들의 통계 수치는 희생자 의식이 외부에서 규정지어질 수 있다는 것을 암시한다. 그들은 옥스퍼드에서 아동들에게 저질러진 알려진 범죄 중 가장 큰 단일 범주가 자전거 절도—모든 기록된 범죄의 57%—라고 지적한다. 오늘날 옥스퍼드에서 자전거를 도난당한 아동들은 모두 희생자로 간주된다. 이러한 사태의 전개에서 흥미를 끄는 것은 그토록 많은 자전거가 도난당한다는 사실이 아니다. 우리 중 많은 사람이 어린 시절에 자전거를 도난당했다. 그러나 우리가 우리 자신을 희생자라고 조용히 밝히는 식으로 대응했는가? 그 경험이 우리에게 정신적 충격을 주었는가? 우리는 삶에 상처를 받았는가? 우리는 카운슬링이 필요했는가? 이 옥스퍼드 이야기의 흥미로운 측면은 비교적 사소한 어린 시절의 경험이 희생자 의식의 조장과 통합되는 기사도적 방식이다.

  희생자라는 용어는 이제 아이들이 걱정되는 상황에서 너무 자유롭게 사용되어서 그 내용의 일부를 잃어버릴 정도이다. 굴벤키안 재단 보고서는 말 그대로 피해를 어린 시절을 규정하는 속성으로 간주한다. 그 보고서는 매우 평범한 만남이 부드러운 형태의 살인이 될 정도로 폭력의 의미를 확장시킴으로써 그렇게 한다. 이 폭력의 연속선에서 '형제간의 폭행'이 살인과 동시에 논의된다. 그 저자들은 미국에서 형제간 폭행이라는 '유행병'이 존재하고 있음을 지적하고 있는 미국의 연구들을 인용한다. 분명 1,000명 당 800명의 아동이 '형제간 폭행의 희생자'이다.[52] 서로 머리카락을 잡아당

---

52) Gulbenkian Foundation Commission, *Children s Violence*, p. 255.

기고 달려들어 때리는 것이 단지 아이들이 하는 행동 정도로 이해되던 때가 있었다. 이 행동을 형제간 폭행으로 재해석함으로써 희생자 운동을 벌이기 위한 거대한 잠재적 충원의 풀pool이 만들어져 왔다. 이러한 사태 진전의 결과, 아이들은 이제 스스로를 희생자로 생각하기 시작할 것이다. 자손들이 그렇게 많은 카운슬링을 필요로 할 것이라고 예상하는 사회는 카운슬링을 필요로 하는 온갖 희생자들을 가지게 될 것이다.

희생자 연구를 전문으로 하는 사회과학자들은 자신들의 주제를 좀처럼 비판적으로 성찰하지 않고, 그들의 전공이 왜 그렇게 갑자기 부각되어왔는지를 탐구하지 않는다. 그들은 모두 보이지 않던 온갖 희생자들이 왜 최근에야 그토록 뒤늦게 인정받게 되었는지를 지적한다. 그러나 좀처럼 다루어지지 않는 문제는 다음과 같은 것들이다. 왜 약자 괴롭히기가 그렇게 중요한 관심사가 되었는가? 왜 수세기 동안 아이들이 받아들여온 경험이 과거 20년 동안 그렇게 문제가 되었는가? 그리고 보다 광범위하게는 왜 그 희생자가 우리 시대의 그렇게 중요한 상징이 되었는가?

희생자 연구는 지난 20년 동안 부상해왔다. 하지만 이러한 상황 전개는 지금까지는 보이지 않던 사람들이 좀 더 보이게 되었기 때문이 아니다. 희생자의 발명은 특별한 상황하에서 일어났다. 희생자 정체성 출현의 전제 조건은 위험 의식의 강화였다. 영국과 미국에서 범죄에 대한 증가하는 공포와 위험에 대한 증가하는 인식은 모든 사람이 잠재적 희생자라는 감상에 기여해왔다. 하지만 범죄와 범죄에 대한 공포는 모든 사람이 위험에 처해 있다는 믿음을 강화하는 형태의 불안전 중에서 가장 현저하게 드러나는 것일 뿐이다.

과거에는 특정한 폭력 사건으로 고통 받았던 사람들은 스스로를 희생자라고 말하지 않았다. 이것은 그들이 고통 받지 않았거나 그들의 남은 삶을 상처를 지니고 살지 않았기 때문이 아니라 그 경험이 정체성을 규정하는 것으로 보이지 않았기 때문이다. 사람들은 그러한 폭력을 불운한 사건으로 간주했지만 그들을 오염시켰던 사건으로는 생각하지 않았다. 심지어 사람들이 크게 다치고 심하게 학대받았다고 느낄 때조차도, 그들의 자기 정체성은 그 경험에 의해 규정되지 않았다. 이와는 대조적으로 오늘날에는 희생자 의식이 평생 우리에게 영향을 미친다는 믿음이 존재한다―그것은 우리의 정체성의 결정적 요소가 된다. 우리의 행동 중 너무나도 많은 것이 우리의 통제 밖의 힘의 결과이기 때문에, 희생자로서의 우리의 경험은 새로운 중요성을 획득한다. 삶의 주체라기보다는 객체로서의 경험은 어떤 것이 우리에게 행해지고 있다는 인식을 고양시킨다. 이것은 우리가 끊임없이 상실감을 느끼는 상황을 이끌어 왔다. 우리 시대의 분위기를 특징짓는 것은 통제감이라기보다는 바로 이러한 인식이다. 사회는 범죄 또는 비극으로 고통 받는 사람들이 그들의 상실에 특별한 의미를 부여하도록 그들을 부추긴다. 살해당한 아이들의 부모들은 그들의 "자녀가 헛되이 죽어서는 안 된다."고 주장한다. 그들은 자신들의 아이가 죽게 된 원인을 공론화하고, 그것을 통해 다른 사람들에게 특정한 위험을 경고하기 위한 캠페인과 자선사업을 시작한다. 영국에는 희생자의 이름이 포함된 명칭의 자선단체가 거의 300여 개에 이르고, 그중 다수가 희생자들의 친족에 의해 설립되었다.

    희생자 문화에 대한 대부분의 비판적인 설명은 재정적 또는 다른 형태의 개인적 이득을 단체 설립의 동기로 강조한다. 많은 사람이 자원에 대한 그들의 권리 주장을 강화하기 위해 그들의 희생자 의식을 냉소적으로 배양한다는 것은 의심의 여지가 없다. 그러나 대규모 희생자의 제도화를 냉소주의와 부정한 조작의 성과로 설명할 수는 없다. 실제로 흥미로운 것은 다른 사람들을 괴롭힘으로써 고발당한 사람들조차도 같은 식으로 대응한다는 것이다. 이를테면 남성 억압으로 고발당한 남성들이 이제는 자신들이 그간 피해를 받았다고 자주 주장하고 있다. "모든 남성이 성폭행의 잠재적인 희생자"라는 것이 멤피스에서 수행된 한 연구의 결론이었다. 영국에서 평등기회위원회(EOC)는 이제 직업 차별에 관해 여성보다 남성으로부터 더 많은 불평을 받고 있다.[53] 사회의 모든 분파가 모종의 피해에 대해 배상을 요구할 준비가 되어 있는 것으로 보인다.

만연한 희생자 의식은 우리 모두가 위험에 처해 있다는 생각의 당연한 결과이다. 희생자 격상시키기는 주체의 축소로 이어지는 것과 동일한 과정을 표현하는 것으로 이해되어야 한다. 앞서 논의한 많은 과정은 희생자 옹호와 직접적인 관계가 있다. 인간의 잠재력이 축소되었다는 인식과 함께 제3장에서 논의된 개인화 과정은 사람들 사이의 관계에서 신뢰를 약화시키는 데 일조해왔다. 그토록 많은 관계의 문제화는 인간이 취약하다는 인식을 강화시켜왔다. 젊은 세대에 대한 노인들의 인식은 이러한 경향을 예증한다. 오늘날 미국과 영국 모두에는 노인들이 실제로 젊은이들을 두려워한다는 것을 암시하는 상당한 증거가 있다. 그러한 높은 수준의 불신은 대인 관계를 잠재적으로 위험한 것으로 간주하는 광범위한 분위기를 분명하게 보여주는 징후이다. "위험에 처"해 있다는 의식은 쉽게 그것을 희생자 정체성으로 전환시킨다.

---

53) G. Lipscomb, G. Muram, D. Speck and P. Mercer, "Male Victims of Sexual Assault", *Journal of the American Medical Association*, vol. 267, no. 22, 1992.

희생자 정체성 출현의 잠재성은 위험 의식을 강화하도록 도왔던 그 과정에 포함되어 있었다. 그러나 이 잠재성은 1980년대의 특정한 상황 아래에서 실현되었다. 1980년대에 일어났던 희생자 정체성의 정치화에 주목하는 것이 중요하다. 그리고 그것의 현재의 영향력과 권력을 해명하는 데 도움을 줄 수 있는 것이 바로 희생자 정체성을 정치화한 독특한 상황이다.

현대 희생자 운동은 초기에는 정치적 스펙트럼상에서 우파와 매우 밀접하게 연계되어 있었다. 1960년대에 희생자 문제가 미국의 보수적인 공화당원 배리 골드워터의 대통령 선거운동에서 중심을 차지하고 있었다는 것은 의미심장하다. 1964년 선거운동에서 골드워터는 '노상 범죄'를 그의 유세의 일부로 만들었다. 그후 수년 동안 미국 우파 정치인들은 법과 질서의 문제를 그들 공약의 중심 항목으로 삼았다. 그들의 선거운동은 범죄—특히 노상 범죄—의 희생자들을 옹호하고 나섰다. 그들의 호소는 소위 침묵하는 다수를 겨냥한 것이었다. 이 불명확한 용어는 잇따른 자유 민주주의 정부가 영속화시킨 불평등을 조용히 겪고 있던 수많은 일반 미국인의 이미지를 불러냈다. 학대받은 사람들을 옹호하고 나선 사람들이 보이지 않거나 인정받지 못한 희생자들을 거론하기 오래전에도, 침묵하는 다수는 존재했다.

정치적 우파와 희생자의 정치화의 결합은 단지 역사적 중요성만을 지니는 것이 아니다. 비록 희생자 문화에 대한 비판가 대부분이 우파 출신이기는 하지만, 그들은 좀처럼 희생자 문화의 제도화가 왜 1980년대—레이건과 대처의 시대—에 본격화되었는지를 탐구하지 않는다. '탐욕의 80년대'로 알려진 10년이 또한 희생자들이 발견되었던 때라는 것은 역설적으로 보인다. 자유주의적 사회과학자들조차도 영국에서 희생자들에 대한 공식적인 지원이 제도화된 것은 보수당 내무장관들의 재임 기간이었다는 점을 인정한다. 영국 보수당 정부가 1990년에 발간한 『희생자 헌장』은 정치적 우파가 그 문제에 부여해온 중요성을 예증해준다.[54]

하지만 희생자 운동의 제창은 결코 정치적 우파에게만 한정되지 않는다. 이 문제를 둘러싼 많은 의안이 스스로를 페미니스트, 좌파 또는 자유주의자라고 밝힌 사람들에 의해서도 발의되었다. 1960년대와 1970년대 동안 좌파 정치는 주요한 변화를 겪었다. 사회 변화와 실험에 대한 믿음이 각종 사건들로 인해 그 토대를 침식당했다. 이 기간 동안 자신들을 변화의 대행자로 간주했던 많은 좌파 동맹이 희생자로 이해되기 시작했다. 노동계급에 관한 문헌들은 그러한 변화를 예증한다. 지금까지 변화의 강력한 힘으로 묘사되었던 노동자들은 점점 그들의 통제권 밖에 있는 힘의 희생자로 제시되었다. 유사한 과정이 여성 운동에서 분명하게 드러났다. 1960년대 후반과 1970년대 초에 페미니스트들은 여성을 희생자로 표현하는 것에 대해 격렬하게 반대했다. 1970년대 후반에 이르러, 이 관점은 근본적으로 수정되었다. 여러 캠페인이 이제―구타당하고 모욕당하고 성폭행당한―여성 희생자를 강조했다. 실제로 모든 여성이 항상 위험에 처해 있다는 인식은 이 시기에 나타났다.

좌파와 페미니스트 담론에서 희생자 쪽으로 방향이 전환된 것은 변화의 주체로서의 사람에 대한 그들의 각성을 반영하는 것이었다. 점점 더 많은 사람이 '도움'이나 '권한 부여'가 필요한 존재로 간주되게 되었다. 희생자 의식에 관한 새로운 관념의 대부분은 이

---

54) Rock, *Helping Victims of Crime*.

방면에서 생겨났다. 개인을 악의 희생자로 간주했던 전통적인 보수적 기고가들과 달리, 페미니스트와 좌파 필자들은 개인을 체계 또는 가부장제의 희생자로 묘사했다. 그러나 그들은, 비록 그 문제의 여러 측면에 대한 해석에서 차이가 있기는 하지만, 사람들이 희생자라는 가정을 공유했다.

좌파와 우파의 공통 가정들은 범죄 문제에 의해 잘 예증된다. 좌파의 관심의 초점이 범죄의 주변화된 희생자들에게 있었던 반면, 우파의 주된 대의는 법과 질서였다. 이 두 관심은 희생자에 대한 새로운 광범위한 동정심 속에서 융합되었다. 그 결과 피해로부터 사람들을 보호하는 것이 모든 사람의 판단 기준이 되는 정치적 분위기를 창출했다. 이 새로운 방향 설정은 이를테면 노동조합의 특성에 중대한 영향을 미쳤다. 영국에서 노동조합은 사회 개혁보다 약자 괴롭히기와 희롱으로부터 조합원들을 보호하고자 노력한다. 과거에 노동자들은 그들이 낮은 임금과 열악한 노동조건, 긴 노동시간과 일시 해고의 공포로 고통 받고 있다고 불평하곤 했다. 오늘날 그들은 스트레스를 호소한다. 조사들은 스트레스가 작업장에서 전염병처럼 퍼지고 있음을 입증한다. 직무 스트레스 증후군의 출현은 잠재적인 호전적 조합원이 무력한 희생자로 전환되어왔음을 보여주는 확실한 신호이다.

작업장 정치의 변형은 정치 생활의 변화하는 모습을 보여준다. 어린 시절의 정치화는 아마 이 경향을 가장 분명하게 보여주는 것일 것이다. 그 결과 전통적인 보수적 권위주의와 개인사에 대한 좌파의 개입이 하나로 합쳐졌다. 이 통합은 학대 문화의 정치가 왜 전체 정치의 스펙트럼을 가로질러 그처럼 반향을 불러일으키는지를 설명하는 데 일조한다.

제5장
위험한 낯선 사람들의 세계

　우리가 신중을 기해야 한다는 관념은 예방 원칙으로 명문화되어 왔고, 수많은 국제 협정에 환경 관리 지침으로 명시되어왔다. 이 원칙을 지지하는 사람들은 인간 행동이 환경에 미치는 영향을 예측하기란 불가능하기 때문에 기술의 도입에 신중을 기하는 것이 최선이라고 주장한다. 이 관점은 우리가 장차 일어날 일의 결과에 관한 충분한 지식을 가지고 있지 못하다는 믿음에 기초하고 있다. 인간 행동의 결과와 관련한 불확실성은 예방 원칙에 주요한 이론적 근거를 제공한다. 간단하게 말해 이 원칙의 목적은 "신중을 기함으로써 불필요한 위험을 피하는 것"이다.[1]

　비록 예방 원칙이 환경 관리의 영역에서 등장했지만, 그것은 삶

---

[1] T. O'Riordan and J. Cameron (eds), *Interpreting the Precautionary Principle*(London: Earthscan, 1994), pp. 17-18을 보라.

의 다른 측면도 지배하는 불확실한 미래에 대한 하나의 접근 방식을 표현한다. 미래―환경의 미래를 포함하여―의 불확실성은 다른 문제에 대한 사회의 분위기 및 반응과 따로 떨어져서 존재하지 않는다. 앞서의 장들이 시사해왔듯이, 비록 우리가 불확실성을 환경문제와 관련하여 구체적으로 감지할 수 있게 되었지만, 이러한 감상은 실제로는 실존적이다. 신중을 기하는 것으로부터 사회가 이득을 얻는다는 관념이 사회적·정치적 삶도 인도한다. 그 주제가 새로운 기술이든 아니면 섹스든 간에, 신중은 불확실한 세계에서 조심성 있는 조치로 제시된다.

세계의 미래와 불확실성의 상관관계는 사람들 사이의 행동에 커다란 영향을 미친다. 그러한 감상은 사람들의 관계를 표현하는 용어가 명확하지 않다는 사실에 의해 발생한다. 근본적인 관계에 영원성이 결여되어 있다는 것은 불확실성의 한 중요한 원천일 뿐이다. 신중을 기하라는 관념은 어떤 만남을 계속하는 최선의 방법이 무엇인지 막연한 사람들에게 적절한 조치인 것으로 보인다. 그리고 신중의 원칙에 영향을 받는 것은 단지 대인 관계만이 아니다. 건강과 섹슈얼리티도 점점 더 예방 원칙의 관점에서 판단된다.

예방 조치를 취하는 것은 그 자체로 새로운 현상이 아니다. 사람들은 잠재적인 위험으로부터 자신을 보호하기 위해 항상 그들의 상식을 이용해왔다. 특히 신중을 기하고 위험으로부터 자신과 가족을 보호하는 것에 정력을 쏟는 사람들은 항상 있어왔다. 하지만 안전을 확보하기 위한 그러한 시도들을 현대사회의 발전과 혼동하지 말아야 한다. 오늘날 신중을 기하는 것은 삶의 모든 측면을 보호하기 위해 제도화되어왔다. 이 제도화는 자주 기술적으로―위험을 최소화하는 확실한 방법으로―해석된다. 그것은 또한 인간관계의 점점 더 예측할 수 없는 결과들을 통제하는 방법으로 이해될 수도 있다. 신중을 기할 것을 장려하는 조치들은 지금까지 문제가 되지 않았던 사람들 사이의 관계조차 현재 긴장으로 가득 차 있다는 육감에 기초한다. 이는 결과를 자동적으로 인식할 수 없는 경험들의 범위가 확대되어왔음을 의미한다. "모른다는 것을 모르는"의 관점은 또한 대인 관계에 대한 인식도 인도한다.

젊은이와 노인 사이에서 발생하는 현대의 긴장은 인간관계에서 나타나는 불확실성의 증대와 관련한 흥미 있는 실례를 제공한다. 세대 간 갈등, 이를테면 전후 시대의 '세대 차이'는 특별히 새로운 것이 없다. 반항적인 젊은이들은 수세기 동안 항상 문헌의 주제가 되어왔다. 하지만 오늘날 세대 간의 관계는 좀 더 골치 아픈 하나의 차원을 추가해왔다. 그것은 단지 구세대들에 대한 청년 세대의 반항의 문제가 아니라 노인들 사이에서 일고 있는 명백한 공포감의 문제이다. 조사들은 많은 노인이 실제로 아동과 10대를 무서워한다는 것을 보여준다. '할머니 유기'와 '할머니 구타' 같은 용어들이 통용되어온 시대에, 구체적으로 노인들을 겨냥한 폭력 위협이 노인들을 사로잡고 있다는 것은 놀랄 일은 아니다. 일부 필자들은 인구 노령화와 관련하여 자원을 둘러싼 세대 간 갈등의 가능성에 대해 추론해왔다. 노인 수의 증가는 현재 젊은이들에게 부담의 증가를 의미한다고 제시되어왔다. OECD는 자원들을 둘러싼 그러한 갈등이 "세대 간 연대―모든 공적 퇴직 급여가 기초하고 있는 개념―를 위험에 처하게 할지도 모른다."고 주장해왔다.[2]

---

2) P. Mullan, *Deconstructing the Problem of Ageing*(London: unpublished manuscript, 1996), p. 27에서 인용함.

세대 간 연대의 약화 가능성은 퇴직연금 지급의 문제를 넘어서는 함의를 지닌다. 그러한 연대의 부식은 대인 관계 행동에 영향을 미칠 것이 틀림없다. 만약 노인들이 어떤 유용한 기여도 하지 않는, 사회의 짐으로 묘사된다면, 젊은이들은 관심을 가지고 그들을 볼 것 같지 않다. 노인들은 권위나 지혜의 원천이 되는 대신, 기껏해야 무관한 사람 그리고 최악의 경우에는 경멸의 대상으로 인식될 것이다. 이러한 불확실성의 관계에서 아이들은 노인들을 반드시 '존경심'을 가지고 대하지는 않는다. 노인들에게서 불확실성의 관계는 취약감과 불안전감의 증대로 경험된다. 노인들에게 기대되는 것이 무엇인지 그리고 노인들이 다른 사람들에게 무엇을 요구할 수 있는지를 모르는 상태에서, 노인들은 자주 그들 자신의 집에서 그리고 그들 자신의 공동체에서 이방인이다. 최신 안전장치를 자랑하는 보호시설은 노인들에게 개인의 안전이 얼마나 문제가 되어 왔는지를 보여준다. 많은 노인에게 거리는 위험한 낯선 사람들이 살고 있는 곳처럼 보인다.

신중의 제도화가 낳은 결과들이 이 장의 주제이다. 이 과정은 우리가 타인들로부터 소원해지는 것에서 그 연료를 공급받는다. 더 많은 사람이 낯선 사람들로 보일 뿐만 아니라 그들이 잠재적으로 우리의 안전을 위협하는 것으로 인식된다. 이것이 바로 안전책을 강구하는 것이 더 나은 이유이다. 신중의 가치에 영향을 받는 생활양식은 새로운 제한과 구속을 받는다. 그것은 사회적 실험을 자제하게 하고 개인의 안전에 관한 우려를 강화한다.

낯선 사람들의 세계

불확실한 관계에는 많은 원인이 있을 수 있지만, 가장 공통적인 원인 중 하나는 관여의 규칙과 관련된 명확성의 결여이다. 괴롭힘 같은 문제들에 대한 논의는 허용되는 것과 허용되지 않는 것과 관련된 불확실성의 정도를 은연중에 거론한다. 일련의 관계 내에서 사람들에게서 예상할 수 있는 것과 관련된 명확성이 결여되어 있다는 것 역시 긴장의 한 근원이다. 자신들이 더 이상 관습적인 존경을 받을 수 없다는 것을 깨달은 노인들은 그들이 만나는 젊은 낯선 사람들로부터 무엇을 기대할 수 있는지를 알지 못한다. 그들에게 여전히 버스에서 욕하는 문제아를 호되게 꾸짖을 권리가 있는가? 하지만 자신들의 역할에 확신이 없는 것은 노인들만이 아니다. 사회의 어떤 분파도 그들이 타인과의 관계에서 어디에 위치하고 있는지를 명확히 알지 못한다.

인간관계의 불확실성의 증대는 어떤 일도 일어날 수 있다는 믿음을 강화해왔다. 높은 이혼율과 안정된 직장의 갑작스런 상실 같은 사건들은 사람들이 예기치 못한 것을 예기하는 풍토를 만들어왔다. 그 결과 사회에는 예외적이고 극단적이고 혐오스런 행동들을 우리가 살고 있는 병든 세계의 모습을 확인해주는 것으로 파악하는 경향이 있다. 미디어가 연쇄살인범에게 끌리는 것은 우리가 현재 극히 변태적이고 구역질 나는 몇몇 개인에게 희생되고 있다는 감상을 반영한다. 그러한 감상은 심지어 아이들에게도 달라붙는다. 영국에서 아이들이 저지른 소수의 폭력 행동이 극히 이례적인 주목을 받았다. 1993년 제임스 벌저가 다른 두 아이에 의해 살해된 사건은 어린 시절의 의미와 관련된 하나의 주요한 미디어 패닉을 유발했다. 미디어는 영국 아이들이 직면한 폭력의 규모를 과장할 뿐만 아니라 어린 시절의 상태에 관한 의문을 제기했다. 미디어는 범죄를 저지른 것이 바로 아이들이었다는 점을 강조했다.

벌저 사건을 둘러싸고 아동 폭력에 관해 제기된 질문들은 인간관계와 관련한 불확실성을 특히 강력한 형태로 표현했다. "아이들에게 무슨 일이 있었는가?"라는 문제가 검토되었다. 아동 범죄자들에 대한 공판 이후, 『선데이 타임스』는 우리는 "결코 같은 방식으로 우리 아이들을 다시 볼 수 없을" 것이라고 반성했다. 그 신문은 "전국에서 부모들이 그들의 자식들을 새로이 걱정스럽게 바라보고 있다."고 덧붙였다.[3] 이러한 반응은 의식적으로 "우리는 우리의 자녀가 무엇을 하고 있는지 알고 있는가?"라는 문제를 제기했다. 이 살인을 둘러싼 패닉은 그것이 아이들에 대한 사회의 불안을 드러냈다는 점에서 흥미를 끌었다. 표면 아래 존재해 있던 감정이 갑자기 감지할 수 있는 형태로 그 모습을 드러냈다. 통제하에 있지 않던 공포—통제 밖에 있던 아이들에 대한 공포—는 이 하나의 매우 공론화된 사건에 의해 그 정당함을 입증받았다. 이러한 반응은 대부분의 부모가 자신들의 아이들이 살인자로 만들어지고 있다는 점을 두려워했다는 것을 의미하지는 않았다. 그것은 소원함—"우리가 진정 그들을 알고 있는가?"—에 대한 인식을 반영하는 것이었다.

켄트 해안의 조용한 마을 커니어에 살고 있는 나는 1995년 10월에 현관문을 통해 전단지(다음 쪽을 보라) 하나를 받았다. 다소 가공된 이 문서—아이들이 사용한 콘돔과 함께 중독성 약물을 쓰고 버리고 있다는 내용을 담고 있다—는 작성자들의 심한 불안을 은연중

---

3) *The Sunday Times*, 28 November 1993.

친애하는 주민 여러분께

할로윈데이가 '과자 안 주면 장난칠 테야' 놀이의 문제와 함께 다시 우리 앞에 다가왔습니다. 주민들이 아이들에 대해 제기한 우려는 여러분의 자녀들이 '과자 안 주면 장난칠 테야' 놀이에 참여하여 밤늦게 문을 두드리는 것을 저지하라고 요구하는 데까지 이르렀습니다.

다수의 10대 무리가 만남의 장소로 사용하고 있는 무링스 호텔 구석에 있는 공중전화 박스에 관한 우려 또한 제기되었습니다. 최근 며칠간 주사 바늘, 중독성 약물, 사용한 콘돔, 빈 병과 캔이 공중전화 박스 주변에서 어질러진 채 발견되었습니다. 경찰이 이를 통보해왔습니다.

- 당신은 당신의 아이가 언제 놀러 나가 어디에 있는지 알고 계십니까?
- 당신은 당신의 아이가 중독성 약물을 복용하거나 술을 마실지도 모른다는 것을 알고 계십니까?
- 당신은 만약 당신의 아이가 사용한 주사 바늘을 떨어뜨린다면 어떻게 하시겠습니까?

커니어의 걱정스런 주민들로부터

에 드러내고 있다. 그것은 심지어 모든 사람이 다 서로 얼굴을 알고 있는 커니어 같은 작은 지역사회에서조차도 아이들은 어른들이 알지도 이해하지도 못하는 세계에 살고 있다고 시사한다. '커니어의 걱정스런 주민들'에게 그들의 자녀들은 낯선 사람들이며 그들은 지역의 10대들을 위협적인 존재로 경험한다. 소원하기는 하지만 평화로운 이 지역사회에서 어떤 일도 일어날 수 있는 것처럼 보인다. 어떤 뚫을 수 없는 장벽이 세대 간을 분리하고 있는 것처럼 보인다. 이것은 분명 그 지역사회도 알지 못하는 것이다.

어떤 일도 일어날 수 있다는 것은 매우 드문 예외적인 경험에 의해 확인될 수 있다. 과거에 비해 아이들은 오늘날 상대적으로 안전하다. 영국에서 1983~1993년 동안 57명의 아이가 낯선 사람에 의해 살해되었다. 1년에 평균 5명이 살해되었다. 아이의 인명 손실은 어떤 경우든 비극이다. 그러나 영국에 1,200만 명의 아동이 있다는 것을 고려할 때, 낯선 사람에 의한 살인 위험은 통계적으로 사소한 것이다. 그럼에도 불구하고 광범위한 불안감 때문에 사회는 끊임없이 아이들에게 낯선 사람을 무서워하라고 경고한다. 캠페인은 아이들에게 모르는 사람들을 믿지 말라고 가르치는 것을 명시적인 목적으로 한다. '낯선 사람 위험'은 있을 것 같지 않은 일들을 우리의 상상력을 잡아먹는 너무나도 빈번한 위협으로 전환시키는 데 일조한다.

사람들은 어떤 상황에서든 최악을 상상하는 경향이 있다. 이것이 바로 아동 살인 사건의 수가 적음에도 불구하고 모든 아이가 위험에 처해 있는 것으로 해석되는 이유이다. 아이들에 대한 이러한 우려는 밖에는 몹시 나쁜 행동을 할 수 있는 많은 낯선 사람이 있다는 믿음을 낳는다. 소수의 폭력 범죄에 대한 선동적인 보도에 의해 강화되는 그러한 예상은 아이들의 안전에 관한 항구적인 불안감에 근거를 제공해왔다. 때때로 폭력적인 낯선 사람들에게 포위되어 공격당하는 아이들의 모습이 제시되기도 한다. 훌륭한 가정 관리라는 '아동 안전 캠페인'은 미디어가 '아동 안전의 위기'를 어떻게 다루었는지에 대한 한 좋은 실례를 제시한다.

> 우리의 임무는 영국 연방을 아장아장 걷는 아이가 우리의 시야에서 벗어나는 순간에 우리가 공포를 느끼지 않는 나라, 10대들이 공격받을 걱정 없이 즐길 수 있는 나라, 습격이 두려워 차 문을 잠그고 여행을 하거나 난폭 운전자들이 피해를 끼칠까 봐 두려워하며 걸을 필요가 없는 나라, 아이들이 학급 친구들로부터 폭력이나 성폭행을 당할 위험 없이 학교에 갈 수 있는 나라로 만드는 것이다.[4]

이 선언에 포함된 메시지는 부모가 아장아장 걷는 아이가 시야에서 벗어나는 순간을 두려워해야 한다는 것, 10대들이 신체적 공격을 우려하는 것이 당연하다는 것, 그리고 차 문을 잠그고 여행할 필요가 있다는 것이다. 온 세상이 폭력이 아이들을 먹어치우는 인간 정글로 제시된다.

낯선 사람들의 위험에 처해 있는 것은 단지 아이들만이 아니다. 말 그대로 신생아도 위험에 처해 있다. 심각한 정신 장애가 있는

---

[4] C. Hay, "Mobilization through Interpellation: James Bulger, Juvenile Crime and the Construction of a Moral Panic", *Social and Legal Studies*, vol. 4, 1995, p. 214에서 인용함.

여성들이 병원에서 신생아들을 훔쳐갔던, 매우 공론화된 두 사건은 아동 병동을 보안 수준이 낮은 병동으로 보이게 하는 데 일조했다. 유아 유괴라는 희귀 사례에 대한 미디어의 높은 관심은 병원 보안을 대대적으로 촉구하고 나서게 했다. 따라서 경계 서기가 산후 조리 의례의 일부가 되었다. 실제로 예비 부모들에게 제공되는 정보의 우선적인 항목 중 하나가 아기 보호를 위해 만들어진 안전 장치와 관련된 것이다. 걱정스러워 하는 부모들은 이제 그들의 아기를 돌보는 사람의 신분증과 사진을 보여달라고 요구하라는 말을 일상적으로 듣는다. 그러한 조치는 병동에 숨어 있는 유아 유괴범들이 자신들의 아기에게 매우 실재적인 위험이 된다고 두려워하는 부모들에 의해 강력하게 지지받는다.

  유아 유괴에 대한 보안 조치의 제도화는 우리 시대의 경향을 보여주는 것이다. 유아 유괴라는 단발적인 행동은 결코 새로운 사건이 아니지만, 이 행동에 관심이 집중됨으로써 또 다른 잠재적인 위험이 부모들에게 전해졌다. 그러한 행동은 경고되어왔고, 오늘날에는 주의를 기울일 것이 요구되고 있다. 부모들이 병동에서 마주치는 모든 낯선 사람은 이제 아기의 안전의 관점에서 평가될 것이다. 이 과정이 누적되어 발생하는 결과는, 비록 신생아들이 낯선 사람들로부터 이전보다 더 큰 어떤 위험에 처해 있지 않음에도 불구하고, 부모들은 자녀들이 자궁에서 나오자마자 자녀의 안전에 관해 걱정하도록 교육된다는 것이다.

  치안 문제가 산과 병동의 운영 방식에까지 침입하게 된 것은 사회에서 여러 관계에 영향을 미치는 보다 광범위한 과정의 일부이다. 사회생활은 그 복잡함과 긴장에도 불구하고 일상적 경험을 위험한 것으로 끊임없이 재정식화하는 것에 점점 더 대처해나갈 수

밖에 없다. 이를테면 가정의家庭醫를 방문하는 것과 같은 통상적인 행동도 이제 안전과 관련된 함의를 지닐 수 있다. 최근 영국 의학신문은 '환자 폭력' 문제에 주목했다. 의사들은 이제 환자 폭력의 문제로 상담 전화를 걸 수 있고, 그것과 관련한 워크숍에 참석하거나 리플릿을 읽는다. 환자 폭력이 실제로 증가하고 있는지 아니면 보건 전문가들이 보다 공격받기 쉽다고 느낄 뿐인지는 분명하지 않다. 이처럼 이와 관련한 위험의 정의는 대체로 불분명하며, 이는 점점 더 혼란스러운 보건 체계 속에서 의사들이 환자의 신뢰를 얻는 데 따르는 어려움과 관련이 있다. 한 의사는 "공격적이고 지나친 요구를 하는 환자들로 인해 의사-환자 관계에 형성된 긴장이 '진료실 분노' 사건을 이끌 수도 있다."고 경고했다.[5] 긴장된 관계를 '진료실 분노'로 특성화하는 것은 문제 있는 만남을 안전 어젠다와 연결시키는 경향을 예증한다. 그리고 비록 '진료실 분노'가 아직 '노상 분노'나 널리 인정된 몇몇 다른 공공 위험의 지위를 획득하지는 못했지만, 의료 센터에서의 몇몇 비극적인 사건이 주요 미디어에 모습을 드러내는 것은 단지 시간문제일 뿐이다.

갑자기 위험한 장소가 된 곳은 산과 병동과 의사들의 진료실만이 아니다. 대부분의 사회적 만남과 경험은 이제 낯선 사람들에 대한 면밀한 심사를 요구한다. 미국의 오랜 관행을 쫓아, 영국 보육원과 학교의 관리 업무도 점점 더 안전 우려라는 긴급한 요구에 지배되고 있다. 아이들은 점점 더 낯선 사람들을 삶의 많은 위협 중 하나로 간주하도록 사회화된다. 고등교육 단체들은 학교가 중단한 지점에서 다시 시작한다. 전국학생연합 여성캠페인이 발간한, 「집에

---

5) *BMJ News Review*, 19 June 1996, p. 18.

서의 여성 안전」이라는 제목의 리플릿은 집안에서의 안전에 대해 48가지 항목을 조언하고 있다. 그것의 메시지는 누구라도 위험할 수 있다는 것이다.

> 여성에 대한 공격은 너무나도 자주 희생자 자신의 집에서 일어난다. 이런 사례 중 많은 경우에 가해자가 집에 강제 침입한 흔적이 전혀 없다. 누구든―낯선 사람이든 아는 사람이든―집에 들어오게 할 때는 신중을 기하는 것이 대단히 중요하다.[6]

그 조언은 매우 분명하다. 그것은 모든 사람―낯선 사람 또는 아는 사람―은 신중하게 대할 필요가 있다는 것이다. 아는 사람들이 가장한 낯선 사람들일 수도 있다는 것이 그 리플릿의 숨은 의미이다.

지금까지 위험의 공포에 영향을 받지 않았던 영역들에까지 안전에 대한 우려가 확대되었다는 점은 널리 언급되어왔다. "우리가 폭력 사회에 살고 있다."라는 취지의 진부한 이야기들이 이러한 사태의 진전을 설명하기 위해 자주 이용된다. 그러나 사회가 실제로 과거보다 더 폭력적인지 그리고 개인에 대한 위험이 더 증가되었는지는 전혀 분명하지 않다. 가장 크게 두려워하는 위험 중 많은 것이 과잉 반응의 성격을 지니고 있다는 것은 분명하다. 산과 병동에 있는 아기에게 해를 끼치는 것과 같은, 종종 통계적으로 무의미한 사건이 전국적인 불안과 공포를 자극한다. 그러한 반응이 지니는 확산적 성격은 그러한 반응이 그것을 산출한 구체적 사건과는 일

---

[6] "Women's Safety in the Home", leaflet published by the NUS Women's Campaign, London, 1993.

정 정도 구분되는 요소에 의해 발생한다는 것을 시사한다. 사회생활의 새로운 영역에서 제기되는 안전의 제도화 요구가 기본적인 실존적 불안전의 결과일 수 있다는 것은 당연하다.

안전에 관한 우려는 또한 일상생활을 문제 삼는 경향의 결과로 해석될 수도 있다. 많은 기본적인 관계가 당연한 것으로 간주될 수 있는 것과 그렇지 않은 것에 관한 분명한 기준을 상실해왔다. 물론 인간관계는 항상 유동적이고 바뀌어왔지만, 오늘날 새로운 것은 관계들이 변화하고 있다는 것이 아니라 그러한 관계들이 이전보다 덜 조정된다는 것이다. 이를테면 환자 폭력의 논의는 자주 근본적인 문제, 즉 의사-환자 관계 자체가 더 이상 당연한 것으로 간주될 수 없다는 것을 놓치고 있다. 진료실 분노와 관련한 경고를 다룬 『BMA 뉴스 리뷰』가 또한 의사들을 위한 BMA 스트레스 카운슬링 서비스 광고를 싣고 있었다는 점은 주목할만하다! 분명 의사들은 환자를 두려워할 뿐 아니라 자신들의 역할과 그들 자신에 관해서도 확신이 없다. 의사들은 그들의 진단을 기다리는 사람들로부터 만큼이나 그들 자신으로부터 소외된다.

의사들이 환자에게서 소원해지는 것은 학생에 대한 영국 교사들의 반응과 유사하다. 교사들은 문제 학생을 퇴학시킬 것을 학교에 강요하기 위해 노팅엄에서 파업을 벌였다. 교육자들은 교사들이 13살 아이를 통제할 수 없었던 이유를 묻기는커녕, 1996년 4월 파업에 박수를 보냈다. 이 파업의 중심에 섰던 주요 노조인 여교사노조전국연합(NASUWT)은 학생들에게 포위된 교사들에게 학생들은 신체적 위협에 해당한다고 믿는 것으로 보인다. NASUWT는 『학교 규율』이라는 팸플릿에서 보편적 도덕의 쇠퇴에 대해 기술하며, 아이들이 우리가 살고 있는 "공격적이고 이기적이고 물질주의적이고 폭력적인 사회"에서 기인하는, "우리가 용인할 수 있는 저급한 행동"을 서슴없이 한다고 주장한다. 아이들에 대한 이러한 평가가 전통적인 교사-학생 관계에 대해 갖는 함의는 물론 광범위하다. 그리고 교실에서의 권위 상실에 대한 책임의 짐은 점점 더 교사들보다는 아이들의 등에 지워지고 있다.

다양한 만남과 관련한 불확실성은 낯선 사람들의 수를 증가시켜 왔다. 부모들이 자녀를 알지 못하게 되는 방식, 또는 의사들이 환자를 알지 못하게 되는 방식은 다양한 사회적 상황에서 반복된다. 하지만 이 소원화 과정에는 그 이상의 것이 있다. 왜냐하면 우리가 낯선 사람들을 만날 때 예상하는 것은 뜻밖의 기쁨이 아니라 어떤 막연한 위험의 속성이기 때문이다. 따라서 낯선 사람들은 우리가 알지 못하는 사람들일 뿐만 아니라 우리가 신뢰할 수 없는 사람들이다. 신중의 원칙은 우리가 낯선 사람들을 만나는 것이 발생시키는 모호함에 대한 적절한 반응이다.

유년기의 예방 원칙

신중의 제도화가 가장 광범위한 영향을 미쳐온 영역이 아이들의 삶의 영역이다. 지난 20년 동안 아이들의 안전에 관한 걱정은 지속적인 논의의 대상이 되어왔다. 아이들은 항상 위험에 처해 있는 것으로 묘사된다. "위험에 처한 아이들"에 대한 상대적으로 균형 잡힌 설명도 유년기를 "인생의 비할 데 없이 위험한 시기"로 간주한다.[7] 영국과 미국에서 아이들의 안전에 대한 걱정은 유년기의 경험을 크게 재조직화해왔다. 친구들과 돌아다니거나 걸어서 학교를 오가는 것과 같은 유년기 활동은 점점 더 드문 경험이 되고 있다. 오늘날에는 아이를 혼자 놔두어서는 안 된다는 데에 분명한 합의를 보고 있다. 특히 중등학교 아이들은 이제 어른들의 지속적인 단속 대상이다.

지적 측면에서 아동 권리 찾기 운동의 출현이 아이들이 서로 함께 놀 수 있는 자유가 계속해서 침식하는 것과 동시에 일어나고 있다는 것은 역설적이다. 아이들의 이동에 관한 한 연구는 문서에 기초하여 이러한 자유의 부식을 분명하게 예증한다. 그 연구는 두 조사—하나는 1971년도에 수행되었고 다른 하나는 1990년도에 수행되었다—에 기초하여, 초등학생의 경우 주말에 에너지를 사용하는 활동의 양이 현저하게 감소했음을 보여주었다. 혼자 길을 건너는 것을 허락받은 아이들의 비율 또한 감소해왔다. 1971년에는 초등학생의 거의 3/4이 혼자 길을 건너는 것을 허락받고 있었다. 이 비율은 1990년경 절반으로 떨어졌다. 하지만 가장 극적인 변화는 부모 감독의 폭발적 증가였다. 1971년에서 1990년 사이에 승용차로 등교하는 아이들의 비율이 4배 늘었다. 그 연구의 저자들은 또한 두 조사 시점 사이의 20년 동안에 아이들이 혼자 하는 활동의 수가 거의 절반으로 줄었다고 평가했다.[8]

아이들이 혼자 돌아다니도록 놓아두는 것이 초래하는 공포는 일종의 강박관념이 되었다. 이러한 공포가 집이나 거리에서의 사고—아이들의 상해와 사망의 가장 중요한 원인—쪽을 향해 있는

---

7) H. Roberts, S. Smith and C. Bryce, *Children at Risk? Safety as a Social Value* (Buckingham: Open University Press, 1995), p. 1.
8) Hillman, Adams and Whiteleg, *One False Move ······ A Study of Children's Independent Mobility*, pp. 43, 87.

경우는 드물다. 부모의 행위에 영향을 미치는 것은 취약한 아이들을 먹이로 삼는 낯선 사람의 위험이다. 방과 후에 바쁜 아이들을 보호하기 위한 다양한 조치―물론 어른의 감독하에서 이루어지는 조치―가 고안되어왔다. 조사들은 아이들이 부모 세대가 집 밖에서 보낸 시간보다 적은 시간을 집 밖에서 보내고 있음을 보여준다. 실제로 감독받지 않는 아이들의 활동―놀이라고 불리던 활동―이라는 개념은 오늘날 그 자체로 위험한 것으로 해석된다. 아이들을 항상 감독하는 것이 갖는 장점을 의문시하는 사람들은 때때로 무모한 양육을 하고 있다고 비난받는다. 일부 지역사회에서는 아이들을 감독 없이 걸어서 학교에 가게 하는 부모는 자주 지역의 가십거리의 대상이 된다. 부모의 책임은 점점 더 기꺼이 아이들을 감독하고 보호자로서 동반하는 것과 연계 지어진다.

아이들의 이동 제한은 그들의 발달에 예측 가능한 결과를 초래한다. 아이들의 건강에 대한 수많은 보고서가 오래 앉아 있는 아이들의 생활이 초래하는 부정적 결과들에 관해 경고해왔다. 이를테면 아이들의 심장 박동에 관해 최근 3년에 걸쳐 실시한 연구 프로젝트의 결과는 영국 의료 전문가들을 놀라게 했다. 그 보고서는 대부분의 아이가 거의 운동을 하지 않고 있음을 보여주었다. 그것은 또한 아이들이 한 세대에서 다른 세대로 이어져왔던 많은 게임을 더 이상 하지 않는다고 지적했다.[9] 다른 보고서들은 영국 아이들의 건강 저하를 그들이 걷기와 자전거 타기에 쓰는 시간이 줄었다는 것과 연결시켰다. 제1차 전국여행동태조사는 1985년에서 1993년 사이에 매년 걷는 거리가 약 20%, 그리고 자전거 타는 거리가 27%

---

9) *The Sunday Times*, 17 March 1996에서 인용함.

감소했음을 입증했다. 신체 활동의 이 같은 감소와 특히 소녀들의 비만 증가 경향 간의 연계 가능성이 의학 신문에서 주목받아왔다.[10]

또한 자녀의 안전에 관한 부모의 높은 불안 수준에 주목해온 영국 미디어들은 이에 대해 많은 기사를 쓰고 많은 보도를 해왔다. 영국의 가장 큰 아동 자선단체인 버나도스Barnardo's가 수행한,『안전하게 놀기』라는 이름이 붙은 한 조사는 아이들의 이동 감소에 관해 강한 우려를 표명했다. 그것은 아이들의 안전에 관한 염려는 "유례없는 수준으로 부모와 자식에게 해"를 입혀왔다고 지적했다. 그 보고서는 아이들의 이동 제한은 "아이의 발달과 독립심 형성에 분명히 좋지 않다."고 결론지었다.[11]

신중의 원칙을 축으로 한 유년기의 재구조화가 아이들의 건강과 발달을 약화시키는 결과를 초래한다는 것에 대한 버나도스와 다른 기관들의 인정은 올바른 방향으로 나아가는 한 단계이다. 비록 그러한 보고서들이 자주 유년기의 재조직화가 초래하는 결과에 대해 유익한 의문을 제기하기는 하지만, 그들은 자주 그러한 재조직화의 전제를 공유한다. 아이들의 안전을 그 자체의 목적으로 장려하는 것에는 실제로 전혀 이의를 제기하지 않는다. 이것은 놀랄 일이 아니다. 왜냐하면 심지어 자유분방한 정신의 소유자들조차도 그들의 아이들이나 다른 아이들의 삶을 위험에 방치해놓고 있다고 비난받는 것을 원하지 않기 때문이다. 부모들이 대화하는 과정에서 누군가 "우리는 다른 세계에 살고 있다."고 말할 때, 모든 사람은 그것

---

10) "Why Are Fewer Children Walking to School?", *Medical Monitor*, 24 July 1996을 보라.
11) Barnardo's, *Playing It Safe*(London: Barnardo's, 1995), pp. 3, 22.

이 만연해 있는 막연한 위험에 대해 말하고 있다는 것을 분명하게 이해한다. 오늘날 상식이 된 그러한 감상은 아이들의 '보호'에 부여된 중요성이 지대한 의미를 지닌다는 것을 분명하게 보여준다.

예방 원칙을 축으로 한 유년기의 재조직화가 갖는 함의는 좀처럼 상세히 탐구되지 않는다. 자유의 상실이 유년기의 질에 미치는 결과는 공적 관심의 대상이 되어왔다. 그리고 감독받지 않는 활동들이 여전히 아동 발달에서 결정적인 경험을 이루고 있다. 성격 형성에 중요한 유년기의 경험 중 일부는 어른들의 감독에서 벗어나 있는 또래 집단 상황에서 일어난다. 그러한 감독받지 않는 기회들은 아이들이 실수를 하고, 그것으로부터 배우고, 중요한 사회적 기술을 습득할 수 있게 해왔다. 규제받지 않는 비구조화된 환경에서 또래들 간에 이루어지는 상호작용 원리는 아이들에게 대인 관계에 관한 중요한 교훈들을 얻을 수 있게 한다. 현재처럼 아이들의 환경을 구조화하고 감독할 것을 강조해서는 창의력과 진취성을 자극할 수 없다. 그러나 이러한 전체주의적 안전 체제는 아마도 아이들의 잠재력 발달에 가장 큰 피해를 줄 것이다. 놀기, 상상하기 그리고 심지어 곤경에 빠지기는 그간 사회에 일조해왔던 독특한 모험심을 진작시키는 데 기여한다. 모험심과 야망을 상실한 사회는 위험에 처하게 되는데, 바로 이러한 결과는 아이들의 사회화가 무엇보다도 공포를 주입하는 식으로 이루어지는 곳에서 초래될 수 있다.

아이들이 낯선 사람들과 접촉하는 것을 인위적으로 막는 것이 초래하는 결과에 대한 논의는 별로 없고, 그와 관련한 조사는 훨씬 더 없다. 아이들을 위험으로부터 보호하려는 시도가 실제로 그들을 예기치 못한 것에 대처할 수 없게 만들 수 있다는 것은 좀처럼 받아들여지지 않는다. 아이들의 삶이 점점 더 어른들을 통해 중재

됨에 따라, 물어볼 가치가 있는 질문은 "아이들이 얼마나 스스로 배울 수 있는가?" 하는 것이다. 일부 학교 교과서들은 세상 물정에 밝아지는 방법에 관해 아이들에게 조언하지만, 경험은 실제로 세상 물정에 밝은 사람들은 책에서 그 기술을 배우지 않았다고 암시한다. 아이가 거리에 나가는 것이 허락되지 않는 상황에서 어떻게 아이가 세상 물정에 밝아질 수 있는지를 상상하기란 어렵다. 어른들의 지속적인 감독하에서 살아온 아이들이 일상생활에서 발생하는 문제를 특히 더 잘 다루지 못하는 것은 당연하다.

아이들에게 낯선 사람들을 두려워하도록 교육한 것이 초래한 결과 역시 좀처럼 면밀하게 조사되지 않고 있다. 낯선 어른과 위험을 등치시키는 것은 아이를 거의 보호하지 못한다. 하지만 그것은 인간 본성에 관한 냉소주의를 일찌감치 배우게 한다. 최근 학교에 배포된 영국 내무부 비디오 〈싱크 버블〉은 "당신이 신뢰할 수 있는 성인"의 리스트―경찰관, 경호원, 점원, 유모차와 함께 있는 어머니―를 제공한다. 그러나 그 밖의 모든 사람은 위험의 화신이 된다. 그 비디오는 아이들에게 만약 어떤 낯선 사람이 말을 걸려고 하면 도망치라고 충고한다. 같은 맥락에서 '아동 안전' 캠페인을 벌이는 키드스케이프가 발간한 팸플릿은 부모들에게 "낯선 사람과 말을 하는 것은 **결코 좋은 생각이 아니**"라는 것을 자녀들에게 가르치라고 충고한다. 그러한 충고는 불안과 공포를 강화하는 데 일조할 수 있지만, 아이들의 위험 의식을 발달시키는 데는 거의 도움이 되지 않을 것이다. 만약 모든 사람이 위험하다면, 아이들은 적과 아군을 식별하는 능력이나 문제를 탐지하는 방식을 발전시키지 못할 것이다. 세상을 신뢰할 수 있는 사람과 신뢰할 수 없는 사람으로 나누는 것은 일상적인 사적 만남의 불명확성을 극복할 수 있는 지침을 거의 제공하지 않는다.

유년기를 빼앗는 것은 실제로 제 힘으로 할 수 없는 상태 또는 적어도 의존적 미숙 상태의 기간을 연장한다. 어느 시점에서 어른의 감독이 필요하지 않게 되는가? 그리고 자유로운 이동을 부정해온 사람들은 어떻게 아이들이 그들의 이전의 의존적 생활 방식에서 벗어나게 가르치는가? 일화 속의 증거는 유년기에 독립심을 가지지 못하는 것이 아이들이 스스로에 대해 그리고 스스로의 행동에 대해 책임지지 못하는 단계를 연장하는 데 일조한다고 암시한다. 이러한 사태의 진전 결과를 보여주는 것 중의 하나가 바로 부모에게 의존하는 기간의 연장이다.

대학 학부 과정에 지원하는 학생이 면접을 보기 위해 부모와 함께 대학에 가는 것을 꿈에도 생각할 수 없었던 때가 있었다. 1960년대와 1970년대에 대부분의 학생은 대학에 가는 것을 부모로부터 독립한다는 생각과 연관 지었다. 많은 사람이 학생이 어른과 함께 캠퍼스에 오는 것을 보면 쑥스러워 하거나 당혹스러워 했을 것이다. 지난 10년 동안 실제로 중요한 변화가 일어났다. 학생들은 이제 면접을 보기 위해 부모와 함께 대학에 온다. 집단 토론에서 토론을 지배하는 것은 부모이고, 자녀들은 멍하니 바라보며 앉아 있다. 마치 학생들은 부모에 의해 신뢰할 수 있는 다른 어른 집단에게 인계되기 위해 거기에 있는 것처럼 보인다.[12]

그리고 마침내 학생들은 대학에 와서조차 여전히 어떤 부모의 감독하에 있다. 그 부모는 생물학적 부모가 아니라 **부모를 대신하여** 그 새로운 역할을 맡고 있는 대학이다.

---

12) *Independent*, 5 December 1996에 실린 프레디와 다른 사람들의 인터뷰 기사.

미국과 영국 대학들이 부모를 대신한다는 거만한 신조는 신중의 원칙을 축으로 한 유년기의 재조직화가 낳은 필연적 결과이다. 고등교육기관이 법적으로 '부모를 대신'한다고 주장하는 이 신조는 20세기 전반 동안 미국의 대학 생활에 영향을 미쳤다. 1960년대 학생 급진주의가 낳은 결과 중 하나는 이 신조에 도전하는 것이었다. 한 설명에 따르면,

> 1960년대와 1970년대의 혼란 이후 주요 단과대학과 종합대학의 행정관들 사이에서 학생들, 심지어 학부 학생들조차 그들 자신의 생활양식을 선택하고 그 결과에 책임질 수 있는 능력이 있는 성인 교육 소비자라는 데 폭넓은 합의가 이루어졌다.[13]

이 기간 동안 캠퍼스 생활은 규제되지 않았다. 학생들은 그들 나름의 삶을 살았고, 그들의 사회적 또는 정치적 삶을 규제하려는 대학 당국의 어떠한 시도도 그들의 자율성에 대한 심각한 침해로 간주했다.

1980년대 동안 규제되지 않는 열린 캠퍼스는 도전받았다. 열린 캠퍼스에서 규제되는 캠퍼스로의 전환은 위험 의식의 언어로 정당화되었다. 실제로 더 넓은 사회로 확대된 패닉 중 많은 것이 캠퍼스에서 특히 강렬한 형태를 띠었다. 따라서 대학 당국이 건강과 안전의 문제를 중심으로 학생들의 생활을 규제하기 시작했을 때, 실제로 반대는 없었다. 1960년대에 학생들이 대학 당국의 간섭에 반

---

13) J. Simon, "In the Place of the Parent: Risk Management and the Government of Campus Life", *Social and Legal Studies*, vol. 3, 1994, p. 16.

항했던 반면, 1980년대에는 캠퍼스 생활에 대한 규제가 받아들여졌고, 그것은 자주 적극적으로 환영받았다. 신중의 원칙을 축으로 한 캠퍼스 생활의 재구조화는 이제 기정사실이다. 대서양 양편의 대학들은 아마도 가장 규제받는 공공 기관일 것이다. 행동 규약은 매우 친숙한 문제들을 상세하게 안내해준다.

1960년대 대학 생활의 탈규제에 대한 반작용은 학생들과 대학 당국 간의 관계가 인식되는 방식에 대한 중요한 함의를 지닌다. 학생들은 항상 충고와 지도가 필요한, 완전한 성인이 아닌 존재로 취급된다. 학생들이 자신의 힘으로 삶을 꾸려나가도록, 즉 독립과 자립의 습관을 배우도록 놔두어야 한다는 관념 그 자체는 캠퍼스 문화와 정반대의 것이 되었다. 학생 생활의 모든 영역이 문제시되었고, 캠퍼스 행정관들은 학생 지원 서비스의 질을 자랑한다. 현대의 대학생들은 의지가 약하다고 가정되고, 따라서 그들 곁에는 항상 카운슬링이 따라다닌다. 이를테면 한 학술 단체가 펜실베이니아에 있는 한 캠퍼스에서 성희롱에 대한 조사를 할 때, 조사원들은 만약 그 조사 과정에서 어떤 고통을 경험한다면 대학 카운슬링 센터에 연락하라고 학생 응답자들에게 알렸다.[14] 오늘날 학교에서 학생들에게 그들이 자신들의 고통에 대처하도록 가르쳐야 한다는 관념은 분명 별난 생각이 되었다.

건강과 안전의 문제를 축으로 한 캠퍼스 생활의 재구조화는 어린애 같은 언행을 더욱 조장한다. 아이들에게나 적합할지 모를 교육 기법들이 대학 교육자들 사이에도 유행해왔다. 학생들이 '불편해'

---

14) J. Cleary et al., "Sexual Harassment of College Students: Implications for Campus Health", *Journal of American College Health*, vol. 43, 1994, p. 11을 보라.

하거나 그들에게 압박감을 주는 강사들은 보다 개선된 기법을 채택하라는 충고를 받는다. 신중의 메시지와 함께 캠퍼스 생활의 규제는 고등교육의 경험에 영향을 미칠 수밖에 없다. 그러나 이러한 사태의 진전이 의존 기간을 연장하는 효과를 측정하기는 어렵다. 영국의 경우 이 문제는 점점 더 많은 비율의 학부생—1995년에 46%—이 현재 집에서 부모와 함께 살고 있다는 사실에 의해 한층 더 복잡해진다. 대학에 가기 위해 집을 떠나는 것에서 부모와 함께 사는 것으로의 이러한 전환이 반드시 장기적으로 어떤 결과를 낳는 것은 아니다. 하지만 "아마도 인격을 형성하는 데에는 19세에서 22세 사이에 부모와 함께 사는 것이나 집을 떠나는 것이나 마찬가지일 것이다."라는 영국 대학입학지원국(UCAS) 국장 토니 히긴스의 말에는 동의하기 어렵다.15)

영국에서 집에 머무르는 것이 일반 청년들 사이에서도 점점 더 널리 퍼져왔다. 리서치 기관 민텔이 수행한 1996년 6월의 조사에 따르면, 영국에 사는 20~24세 청년의 절반 이상이 여전히 집에서 부모와 함께 살고 있었다. 민텔의 이 보고서에 대한 언론의 반응은 경제적 요인을 힐난하는 경향이 있었다. 비판적인 논평자들 사이에서 나온 일반적 반응은 젊은 사람들 사이에서 집에 머물고자 하는 새로운 태도가 형성되는 것을 실업, 저임금, 복지권 박탈, 학비 보조금의 삭감 등이 야기한 경제적 불안정의 결과로 파악하는 것이었다. 이 일방적인 경제적 분석은 이전 시대에 많은 사람이 틀림없이 빈곤을 탈출하고 출세하기 위해 부모 집을 떠났을 수도 있다는 점을 놓치고 있다. 사람들은 일자리를 찾아서 자주 세계를 일주

---

15) *The Guardian*, 9 August 1996에서 인용함.

해왔다. 하지만 오늘날 영국 청년들의 많은 비율이 집에 숨는 식으로 동일한 경제적 문제에 대응한다. 분명 일상적 불안전 이외의 무언가가 여기에 작동하고 있다―특히 버젓한 일자리를 가지고 있는 젊은 사람들도 보금자리를 떠나고자 하는 성향을 그리 보이지 않기 때문이다.

유년기에 신중의 원칙이 작동한 결과 중 하나가 의존 관계의 연장이다. 그것은 심지어 실제로 과거보다 덜 자급자족적인 사람들을 만들어내는 상황으로까지 이어질지도 모른다. 현대의 유년기 재구조화의 역설은 유치하지만 중요한 실험 기간을 줄이는 반면 부모 의존 단계를 확장한다는 것이다. 이 모든 것은 막연한 위험과 위험한 낯선 사람들로부터 우리의 아이들을 보호한다는 명분으로 행해진다.

세상에서 가장 위험한 장소

안전 가치의 장려는 학계의 자료를 통해 지적인 일관성을 획득한다. 안전, 건강, 환경, 아이들, 위험에 대한 관심은 현대의 지적 추세에서 필수적인 요소이다. 하지만 이 주제에 대한 글을 쓰는 사람들은 자신들의 견해를 표명할 뿐만 아니라 그러한 견해에 따라 산다. 이를테면 미국과 영국의 캠퍼스에서 장려되는 신중의 가치는 또한 그곳에서 제도적으로 추구된다. 학계는 자신이 설교하는 것을 실천한다. 따라서 캠퍼스는 패닉이 자랄 비옥한 지대를 제공한다.

가정 폭력과 성폭력에 대한 가장 중요한 연구 중 많은 것이 캠퍼스에서 학생들을 대상으로 실시된 조사에 근거해왔다. 이 조사는 대학 생활(특히 미국에서)과 성폭력 간의 연관성을 만들어내는 데 일조해왔다. 영국 대학 역시 성폭력의 온상이라는 예상은 영국사회학회의 회보 『네트워크』 1996년 5월호에 실린 다음과 같은 공지문에서도 드러난다.

> …… 포르노, 길거리에서의 괴롭힘, 원치 않은 접촉이나 응시, 성기 노출 ……
>
> **고등교육에서의 성폭력**
>
> 그것이 당신에게 일어난 적이 있습니까?
>
> 만약 당신이 이것을 경험했거나 경험한 누군가를 알고 있다면, 우리는 당신에게 그 이야기를 듣고 싶습니다. 우리는 학생들의 경험에 대한 전국 조사를 실시하고 있을 뿐만 아니라 현 정책과 관행을 재검토하고 있으며, 그러한 경험에 관해 좀 더 자세히 학생들과 이야기하고 싶습니다.
>
> …… 음란 전화, 강제 섹스, 위협과 폭력 사용, 강간 ……

독특한 '학생 경험'을 추출하여 그것을 응시에서부터 강간에 이르는 다양한 행동과 연계시키는 것은 이 조사의 결과가 결코 크게 놀랄만한 것은 아닐 것임을 암시한다. 그것은 대학 생활을 심히 위험한 경험으로 제시하는 편견을 키우는 데 기여할 것이다.

캠퍼스 범죄가 미국에서 발견된 것은 1980년대 후반이었다. 소수의 캠퍼스 폭력 사건들이 위험한 캠퍼스라는 이미지를 구성하는 데 원자료를 제공했다. 미국 대학 당국은 학생들이 직면하는 위험을 감시하고 규제하는 식으로 이에 대응했다. 알코올과 마약 소비에 대항하는 캠페인이 조직되었다. 새로운 규제 정치는 외부인들을 대학 시설에 접근하지 못하게 하는 쪽으로 방향이 맞춰졌다―기숙사와 학생회관이 범죄 예방과 민사 책임의 제한을 이유로 비非학생에게 폐쇄되었다. 하지만 규제 정치는 그것이 학생들에게 미치는 영향이라는 측면에서 더욱 광범위한 효과가 있었다.

새로운 규제 정치는 안전과 책임의 가치를 적극적으로 지지했다. 알코올 소비 제한은 자주 폭력, 성차별, 인종차별주의 또는 여타 형태의 용납할 수 없는 행동들을 억제한다는 이유에서 정당화된다. 대학 당국은 학생들의 행동 규제와 더 광범위한 폭력 범죄 문제를 연계시키는 방식으로 캠퍼스 문화를 재조직화해왔다. 대부분의 조사는 미국의 학생들과 교수들이 점점 더 캠퍼스 범죄의 문제를 걱정하고 있음을 보여준다. 미디어는 이 테마에 주목하여, 캠퍼스 범죄가 폭력적이고 점점 더 걷잡을 수 없게 되고 있다는 인상을 만들어왔다.[16]

많은 캠퍼스에서 이제 교육 범죄 예방과 안전 프로그램은 하나의 의무이다. 수많은 캠퍼스가 비상 전화 또는 경보기를 설치하거나 신형으로 바꾸어왔다. 많은 캠퍼스에서 밤에 캠퍼스를 순찰하고

---

[16] "Fear Prompts Self-defense as Crime Comes to College", *New York Times*, 7 September 1994를 보라.

감시하기 위해 학생들을 모집한다. 많은 방범 대책 또한 미국 캠퍼스에서 제안되고 있다. 시러큐스대학교에는 RAPE(성폭행: 주장, 예방, 교육), SCARED(성폭행 교육에 관심을 가진 학생들), CARE(주민을 위한 지역사회 의식 교육), 그리고 SARE(피고용주를 위한 안전-보안 의식)가 있다. 법원의 몇몇 판결은 캠퍼스 범죄의 학생 희생자들에 대한 대학 책임의 문제를 제기해왔고, 책임을 입증하기 위한 기준으로 예견 능력이라는 원리를 사용해왔다. 미국 의회는 1990년 고등 교육기관에게 정확한 범죄 통계와 안전 정책을 공개적으로 보고할 것을 명령하는, 범죄 의식과 캠퍼스 안전법을 통과시키는 방식으로 이에 대응했다. 이런 식으로 '캠퍼스 범죄'는 1980년대에 새롭게 구성된 많은 범죄 중의 하나가 되었다.[17] 그리고 그것이 현재는 하나의 '독특한' 범죄이기 때문에, 미디어의 떠들썩한 주목을 받는 것은 당연하다.

미국에서 캠퍼스 범죄의 공포는 신체적 위험의 증가라기보다는 대학 환경을 지배하는 분위기와 연관되어 있다. 연구들은 위험 인식이 신체적 폭력의 발생 빈도와는 분명 차이가 있다고 시사한다. 실제로 한 연구의 결과는 캠퍼스에서의 폭력 범죄와 재산 범죄 모두의 비율이 특히 1985년 이래로 낮아져왔다는 것을 보여주었다. 게다가 그것은 학생들이 주변 도시와 지역사회에서보다 캠퍼스에서 훨씬 더 안전했다는 것을 보여주었다.[18] 그럼에도 불구하고 캠

---

17) B. Fisher, "Crime and Fear on Campus", *Annals of the American Academy of Political and Social Science*, vol. 87, 1995, pp. 183-191을 보라.

18) J. Volkwein, J. Szelest and B. Lizotte, "The Relationship of Campus Crime to Campus and Student Characteristics", *Research in Higher Education*, vol. 36, no. 6, 1995를 보라.

퍼스가 점점 더 위험해지고 있다는 생각은 지속되고 있다.

대부분의 미국의 유행 풍조와 마찬가지로, 캠퍼스 범죄에 대한 우려가 영국에 수입되는 것은 단지 시간문제일 뿐이었다. 1990년대 동안 캠퍼스 안전은 영국에서 학생 활동의 주요한 관심 대상으로 부상했다. 학생 신문들은 높은 범죄 발생률에 대해 보도하기 시작했다. 브리스틀대학교 신문은 학생들의 59%가 범죄로 고통 받고 있음을 보여주는, 뉴캐슬에서 이루어진 한 조사를 보도했다. 유사한 조사 결과가 다른 캠퍼스에서도 보고되었다.[19] 신문은 젊은 10대 폭력배들이 케임브리지에서 순종적인 학부생들을 어떻게 위협하는지에 관한 기사를 실었고, 『인디펜던트』는 「범죄 집단에게 만만한 사람들」을 특집 기사로 다루었다. 그 기사의 테마는 "학생들이 특히 범죄에 취약하다."는 것이었다.[20] 미국에서 입증된 방식을 따라, 영국에서도 캠퍼스 안전은 주요 이슈가 되었다.

영국에서 캠퍼스 안전의 주요 주창자들은 학생회이다. 캠퍼스에서 어떻게 안전이 정치·사회운동을 대체해왔는지에 주목할 필요가 있다. 학생회는 학생들이 건강과 안전 문제에 민감하게 만드는 데 선두에 서 있다. 그들의 간행물은 사실상 안전의 모든 측면에 대해 충고한다. 이를테면 옥스퍼드대학교에 입학한 모든 신입생에게 배포된 「리틀 블루 북」은 의학 매뉴얼과 윤리 매뉴얼을 혼합한 것처럼 보인다. 그것의 표지 문구는 "학생을 위해 학생이 편집한 「리틀 블루 북」은 피임, 낙태, 섹스 관련 질병, 약물, 그리고 여타

---

19) *Epigram*, 25 January 1995를 보라.
20) *Independent*, 4 January 1996을 보라. 그리고 케임브리지에서 발생한 사건에 대한 기사로는 *Daily Telegraph*, 6 August 1996을 보라.

건강 문제들에 대한 최신의 확실한 정보를 제공한다."고 자랑한다.21) 다른 학생회 간행물은 개인의 안전 문제를 집중적으로 다루고 있다. 학생회는 성폭행 경보기를 광고하고, 일부 학생회는 밤에 여성 전용 미니버스를 제공한다.

거의 부지불식간에 학생회는 캠퍼스 도덕의 수호자가 되었다. 이러한 경향을 보여주는 분명한 실례가 1995년 9월에 전국학생연합이 개시한 학생 알코올 자각 캠페인이었다. 전국학생연합은 이 행사를 시작하기 위해 『폭음 빅 북』을 발간했다. 과거에는 술 취하는 것이 학생 생활에서 용인할 수 있는 부분으로 인식되었던 반면, 오늘날 그것은 반사회적인 일탈 행동으로 제시된다. 이 책자에서 전국학생연합은 "만약 알코올이 오늘날 발견되었다면 거의 확실히 헤로인만큼 불법적인 것이 될 것"이라고 경고한다. 안전, 책임, 자제의 메시지가 이 젊은 전문 도덕주의자들이 주장하는 고결함이라는 감상을 표현한다.

영국 미디어의 어느 누구도 무엇이 학생 알코올 자각 캠페인을 촉발시켰는지 묻지 않았다는 것에 주목할 필요가 있다. 캠퍼스에서 알코올은 새로운 현상이 아니고, 어느 누구도 학생 알코올의존증 또는 알코올 관련 사망이나 질병이 증가해왔다고 주장하고 나서지 않는다. 그렇다면 왜 학생들로 하여금 알코올에 대해 각성하게 하는 것이 필요하게 되었는가? 그리고 알코올 소비와 헤로인 소비를 등치시키는 위협 전술을 사용하는 것이 왜 필요한가?

학생들을 그들 자신으로부터 보호하는 것은 그들을 다른 사람들

---

21) Little Blue Book Committee, *The Little Blue Book* (Oxford: Parchement Limited, 1992).

로부터 보호하는 것만큼 중요한 것으로 보인다. 대학생들의 생활 규제는 이전의 유년기에 부과되었던 억제가 확대된 것을 의미한다. 캠퍼스는 유기적으로 관련된 취약성을 이상하게 통합한다. 여기서 캠퍼스 범죄에 관한 엉뚱한 주장들은 안전 문제에 관한 정교화된 논의들을 통해 표현된다. 캠퍼스의 관행은 규정된 행동 형태들을 제도화하고 있다는 점에서 점차 종교 공동체의 그것과 닮아가기 시작한다. 캠퍼스에서는 어떤 인간관계도 자발적으로 진전되거나 운에 맡기도록 허락되지 않는다. 상세한 행동 규약이 학생들 간의 그리고 교사와 학생 간의 적절한 행동 형태에 관한 지침을 설정한다. 그렇게 면밀하게 다듬어진 행동 규약은 이제 모든 사람은 낯선 사람이며 따라서 개인적인 관계는 분명한 규칙과 규제를 통해 인도될 필요가 있다는 것을 시사한다.

행동에 대한 구속과 개인 생활의 규제는 계몽된 캠퍼스의 견해라는 점을 명분으로 하여 정당화되고 받아들여진다. 과거에 그러한 구속들은 명시적인 도덕률을 통해 합리화되었다. 오늘날에는 그렇지 않다. 캠퍼스 생활의 규제를 주창하는 사람들은 "일련의 초월적 가치를 명분으로 자신들의 조치를 정당화하는 것이 아니다. 그들이 그러한 조치를 취하는 것은 고위험 행동이 타인의 건강권과 안전권을 침해하기 때문이다."[22] 그 결과 매우 소수의 행동들만이 도덕적으로 의식적인 비난의 대상이 된다. 문제는 마약을 복용하는 것이 아니라 마약이 안전하게 복용될 수 있는가 하는 것이다. 안전한 음주 또는 안전한 섹스는 모두 세속적인 형태이기는 하지만 자

---

22) Simon, "In the Place of the Parent: Risk Management and the Government of Campus Life", p. 31.

제라는 종교적 의미를 담고 있다. 이것이 바로 위험 감수 행동과 타인을 위험에 처하게 하는 행동을 제외하고는 어떤 특정한 행동 양식도 비난하지 않는다는 에티켓이다. 이런 식으로 캠퍼스가 행동 규제 체제를 제도화할 때조차도 캠퍼스는 자유로운 사고를 지지하는 자유주의를 신봉한다는 평판을 유지할 수 있다.

캠퍼스 안전 문제의 등장과 대인 행동의 규제 경향의 증대는 실존적 불안의 지각과 밀접한 관계가 있다. 그러한 지각들은 캠퍼스에서 거의 분명하게 감지되는, 개인의 취약성에 대한 인식을 반영한다. 현대의 지적 추세는 이 강화된 자기 소외 의식을 반영한다. 이것이 대학이 매우 위험한 장소로 느껴지는 이유이다. 패닉 경향을 정상화하는 데 기여해온 것 중의 많은 것이 대학 환경의 소원해진 분위기에 영향 받고 있다.

개인적인 불안전과 사회적 고립은 위험한 낯선 사람들의 세계의 이미지를 고무하는 데 일조한다. 그러한 불안은 항상 "당신은 누구를 신뢰할 수 있는가?"라는 문제를 제기한다. 이것이 바로 다음 장의 주제이다.

제6장
누구를 신뢰할 수 있는가?

위험한 낯선 사람들의 세계에서, 누군가를 신뢰하기란 쉽지 않다. 실제로 낯선 사람에 대한 공포와 위험에 대한 공포는 신뢰의 쇠퇴와 비례한다. 사람들 간의 관계, 심지어는 같은 주택 단지나 지역사회에 살고 있는 사람들의 관계에서조차 기대되는 형태의 행동을 점점 더 분명하게 기대할 수 없는 실정이다. 이러한 상황에서 항상 제기되는 질문이 "당신은 그들이 하는 것을 얼마나 신뢰할 수 있는가?"이다. 이러한 사태를 기술하기 위하여, 한 미국 사회과학자는 혜안을 가지고 "이웃 사람 없는 이웃"이라는 표현을 만들어냈다. 이 용어는 서로 이웃으로 살며 공간적으로 가까우나 다른 측면에서는 서로 여전히 고립되어 있는 사람을 지칭한다. 만약 당신이 이웃 사람들을 매우 잘 알지 못한다면, 당신이 그들에게 친근함을 느끼기란 어렵다. 만약 당신이 당신의 이웃 사람들이 살아가기 위해 무엇을 하는지를 알지 못한다면, 당신은 그들이 나쁜 일을 꾀하고 있다고 상상하기 쉽다. 그리고 만약 서로 다른 가정의 아이들까지도 자발적으로 서로 교류하는 것이 허용되지 않는다면, 거기에는 공통의 관심사가 구축될 여지가 거의 없다. 이러한 공통의 관심사의 결여는 같은 주택 단지에 거주하는 사람들 사이에서 상호 책임이라는 역할을 최소화한다.

제5장에서 우리는 사회가 아이들의 안전에 전념하는 것이 초래하는 해로운 결과에 대해 논의했다. 사회가 아이들의 안전을 강박적인 방식으로 관리하는 데에는 많은 이유가 있지만, 어른들의 아이들에 대한 감독을 증가시키는 가장 중요한 요인 중의 하나는 아마도 이웃 사람 없는 이웃의 출현일 것이다. 영국과 미국에서 부모들은 아이들의 집합적 사회화의 책임을 누군가가 일부 떠맡는다고 할 때 지역사회의 어른들에게 의존할 수 없다. 그러한 상황에서 부모들은 다른 사람들을 아이들 교육의 잠재적 협력자가 아니라 지나가는 무관한 사람 또는 더 나쁘게는 위험한 낯선 사람으로 간주한다. 이웃 사람과 다른 어른들이 아이들을 돌보는 책임을 일정 정도 떠맡고 있는 사회에서는, 그들의 안전에 대한 태도는 훨씬 덜 강박적이다.

영국과 독일 아이들의 자유로운 이동에 관한 한 비교 연구는 영국보다 독일에서 부모의 감시가 훨씬 덜했다고 결론 내렸다. 독일 부모들은 모든 연령의 아이들의 자유로운 이동을 훨씬 덜 제한한다. 그 저자들에 따르면, 독일 부모들이 영국 부모들보다 아이들이 자유롭게 돌아다니게 놔두는 이유 중의 하나는 다른 어른들이 그들을 돌볼 것이라고 기대하기 때문이다. 그 연구는 다음과 같이 지적한다.

독일에서 혼자 외출하는 아이들은 거리에서 부모가 알고 있는 어른들의 전반적인 감독하에 더 많이 있다. 그리고 그 어른들은 필요할 경우 부모와 동일한 입장에서 행동할 수 있고 또 행동한다. 공원에서, 버스와 전차에서, 그리고 어떤 목적지로 가는 도중에, 아이들의 행동이 기대된 기준에 미치지 못할 때, 아이들은 주시받거나 지도받을 것이다. 이것은 강력한 통제 메커니즘으로 작동하며, 의심할 바 없이 부모들이 그리고 그러한 상호 감시 네트워크를 움직이는 사람들이 안전하다는 느낌을 가지게 한다.[1]

독일에서 부모들이 자신들의 아이들의 자유로운 활동과 관련하여 가지고 있는 이러한 안전 의식은 다른 어른들이 옳게 행동하리라는 기대에 기초하고 있다. 이것은 영미의 맥락에서는 존재하지 않는 신뢰 수준을 요구한다. 영국과 미국에서 어른들은 다른 사람들의 아이들을 꾸짖을 것으로 기대되지 않는다. 만약 그들이 그렇게 할 경우, 그들의 그러한 노력은 해당 아이들의 부모로부터 적개심을 불러일으킬 가능성이 더 크다.

미국의 저자 프랜시스 후쿠야마에 따르면, "신뢰란 어떤 공동체 내에서 그 공동체의 다른 구성원들이 공유하고 있는 규범에 기초하여 규칙적이고 정직하며 협동적인 행동을 할 것이라고 기대하는 것이다."[2] 물론 그러한 기대는 항상 오해와 유동하는 사회제도에

---

1) Hillman, Adams and Whiteleg, *One False Move* …… *A Study of Children's Independent Mobility*, p. 84.
2) F. Fukuyama, *Trust: The Social Virtues and the Creation of Prosperity* (London: Hamish Hamilton, 1995), p. 26.

의해 제한된다. 게다가 갈등의 요소들이 현실적으로 신뢰를 기대할 수 있는 관계들의 범위를 계속해서 제한한다. 그럼에도 불구하고 대부분의 공동체 내에는 사람들이 서로로부터 기대할 수 있는 공식적인 그리고 보다 중요하게는 비공식적인 이해의 체계가 존재한다. 속담에도 있듯이, "도둑들 사이에도 신의"가 있는 법이다.

낯선 사람들의 수와 다양성 증가에 기여하는 요인 중의 하나는 사람들이 서로 관계 맺는 용어가 점점 더 명료하지 않게 되었다는 점이다. 많은 논평자에 따르면, 그러한 명료성의 결여는 신뢰의 약화로 이어졌고, 그것은 다시 사회에 심대하게 파괴적인 결과를 초래했다. 후쿠야마는 다음과 같이 논평한 바 있다.

> 미국에서 신뢰와 사회성의 쇠퇴는 또한 미국 사회의 다음과 같은 많은 변화에서 명백하게 드러난다. 강력 범죄와 민사소송의 증가, 가족 구조의 붕괴, 이웃, 교회, 조합, 클럽, 자선단체와 같은 광범위한 매개적 사회구조의 쇠퇴, 미국인들 사이에서 일고 있는 공유 가치와 공동체 의식의 전반적 결여감.[3]

이러한 과정의 다른 측면이 바로 사회적 고립, 취약성, 고양된 위험 인식이다.

정치인들은 자신들과 유권자 간의 정치적·이데올로기적·도덕적 연계가 깨지기 쉽다는 점을 인식해왔다. 전통적인 형태의 정당 정치, 정치적 가치, 정체성은 매우 각성된 공중을 그리 사로잡지 못한다. 점점 더 소수의 사람만이 기꺼이 투표하고, 더 소수의 사

---

3) Fukuyama, *Trust*, pp. 10-11.

람만이 여전히 정당정치에 참여하는 데 관심을 가지고 있다. 영국에서 주요 정당의 당원은 1980년 이래 절반으로 줄었다. 같은 기간 동안 프랑스의 당원은 3분의 2가 줄었고, 이탈리아에서는 51%가 줄었다. 이에 비해 독일의 수치는 괜찮아 보인다. 전체 당원은 단지 9%만이 감소했다. 아마도 과거 동독 지역으로부터 새로운 당원들이 유입되었기 때문인 것으로 보인다.

당원의 쇠퇴는 정치 생활로부터의 이탈과 동시에 발생하고 있다. 오늘날 사람들의 이상주의와 희망은 정치적 변화에 대한 믿음과 그리 연관되어 있지 않으며, 개인들도 일정한 형태의 정치적 애착을 통해 자신의 정체성을 발전시키는 경우가 드물다. 30년 전만 해도 한 개인은 자신의 신원을 노동당 여성으로 밝혔고, 그녀의 사고방식도 사회주의의 미래에 대한 자신의 신념에 의해 형성되었고, 그녀의 현재의 관계들도 그러한 견해를 포괄적으로 공유하는 공동체를 중심으로 이루어졌다. 마찬가지로 보수당의 많은 당원의 경우도, 토리당원이 된다는 것은 의미 있는 일이었다. 그것은 자기 정의의 중요한 한 원천이었고, 사회적 네트워크에 적극적으로 참여한다는 것을 의미했다. 오늘날 당신은 누구에게 투표하는가라는 질문은 거의 의미가 없으며, 자기 정체성은 개인의 생활양식, 문화적 습관, 개인적 경험과 관련하여 훨씬 더 많이 조명된다.

적극적 지지의 쇠퇴를 경험하고 있는 것은 정치제도만이 아니다. 노동계급의 유력한 연대 조직으로서의 영국 노동조합은 크게 파괴되어 왔다. 공식적인 조합원의 숫자는 1979년에 1,300만 명으로 정점에 이르렀다가, 1996년 700만 명 이하로 떨어졌다. 노동조합원의 감소는 이야기의 단지 일부일 뿐이다. 조합원이라는 것 그 자체가 그것이 갖던 커다란 중요성을 상실했다―노동조합은 그것이 대변하기로 되어 있는 사람들에게 별다른 의미를 지니지 못한다. 대부분의 사람의 경우, 자신들이 조합원이라는 것은 그들의 자기 정체성에 커다란 영향을 미치지 못한다.

대중 참여의 쇠퇴 경향은 실제로 모든 공적 제도에서도 이어지고 있다. 전국여성단체연합, 어머니회, 전국도시여성조합연맹은 모두 1971년 이후 회원 수가 거의 절반으로 떨어졌다. 적십자사, 영국재향군인회, 영국왕립동물학대방지협회(RSPCA), 걸 가이드와 보이스카우트(비록 두 단체의 유년단인 컵스와 브라우니의 경우는 아니지만)도 모두 지난 20년 동안 대원의 수가 크게 줄었다. 녹색당과 같은 상대적으로 최근에 수립된 조직들조차도 이러한 추세로부터 벗어나지 못한다. 내친 김에 말하면, 컵스와 브라우니의 지속되는 인기는 다른 무엇보다도 아이들을 위한 안전하고 감독받는 환경에 대한 부모들의 증가하는 요구와 더 연관되어 있다.

권위에 대한 신뢰의 전반적 상실은 공적 조직의 회원 감소에서만 나타나는 것이 아니다. 지난 10년 동안 영국의 가장 소중한 제도 중 일부는 위신을 상실했다. 왕실 주위에서 일어난 부부 싸움과 스캔들은 왕실의 역할에 광범위한 의문을 불러일으켰다. 영국 국교회는 점점 더 시대착오적이거나 불합리한 것으로, 또는 자주 둘 다인 것으로 보인다. BBC와 공무원은 시장의 힘과 원한에 찬 '내부 갈등'에 의해 황폐화되어왔다. 이들 제도의 권위 상실은 냉소주의, 무관심, 불신의 성장과 함께해왔다. 정치와 정치인에 대한 일반인들의 경멸은 명백한 사회적 불안감을 고조시킨다. 이러한 감정은 인기 있는 미국 텔레비전 시리즈 〈X 파일〉에서 매우 잘 드러난다. 정부는 하나의 거대한 은폐 공작 집단이라는 관념을 퍼뜨리는 이 프로그램은 매우 단순한 메시지를 전달한다. 그것은 바로 "어느 누구도 신뢰할 수 없다."는 것이다.

 권위에 대한 신뢰의 상실은 단지 정치, 종교, 문화의 영역에만 국한된 것이 아니다. 많은 전문직―예컨대 의사, 과학자―역시 위세와 권위를 상실해왔다. 의료 분야에서의 소송 폭발은 사고事故가 무조건적으로 의사의 충고를 의심 없이 받아들이던 신뢰하는 환자의 이미지를 압도해버렸다는 것을 보여준다. 과학에 대한 의심은 특히 강력하다. 많은 사람이 과학자의 전문적인 의견을 신뢰하는 대신에, 숨어 있는 어젠다를 찾아 나서는 경향이 있다.

 실제로 과학에서 공중의 신뢰 상실은 정당성과 권위의 전반적 부식을 가장 현저하게 보여주는 것 중의 하나이다. 과학적 주장을 불신하는 경향은 기술 발전의 결과에 대한 공중의 불안을 불러일으키는 데 일조해왔다. 환경 및 건강 관련 문제와 관련한 많은 패닉 현상이 그 주제에 대한 과학자들의 주장이 분명하게 거부되고 있음을 증명한다. 과학에 대한 불신은 위험 의식 그 자체의 성장에서 가장 가시적인 요소 중의 하나이다.

 공적 신뢰의 고갈은 최근 중요한 논의 주제가 되었다. 학계에서 집필한 모노그라프들은 신뢰 관계의 약화가 서구 사회가 직면한 중심적 문제 중의 하나라고 제시했다. 이들 문헌은 신뢰의 쇠퇴와 위험 의식의 증가 간에는 어떤 관계가 있음을 분명하게 확인한다.[4] 이러한 관계는 어떻게 작동하며, 무엇이 신뢰 관계의 고갈을 설명하는가?

---

4) 신뢰에 대한 논의를 유용하게 개관하고 있는 것으로는 B. Misztal, *Trust in Modern Societies*(Oxford: Polity Press, 1996)를 보라.

전문 지식의 문제

　전문 지식, 특히 과학적 지식에 대한 냉소주의는 자주 위험 의식 발전의 가장 중요한 기여 요소 중의 하나로 제시된다. 과학의 주장과 관련한 의심은 분명 널리 퍼져 있다. 〈주라기 공원〉과 같은 영화에서 탐구된, 받아들일 수 있는 한계를 넘어선 과학자들의 테마는 사회에서 즉각 반향된다. 과학에 대한 미디어의 설명은 긍정적인 평가의 어조에서 비록 적대적이지는 않을지라도 점점 더 비판적인 평가의 어조로 분명하게 변화하고 있다. 우리 시대의 아이러니 중의 하나는 사회가 이전보다 더 과학과 기술에 의존하면서도 사회는 또한 과학과 기술의 결과에 대해 더 의심스러워 한다는 것이다.

　과학에 대한 의심은 다양한 방식으로 설명되고 있다. 이러한 의심이 충분한 근거가 있다고 믿는 사람들은 그것이 기술 발전 및 그것의 잠재적인 파괴적 효과에 대한 인식에 기초하고 있다고 시사한다. 이를테면 독일의 사회학자 울리히 벡은 위험 의식이 "계속되는 과학적 부정에 근거하여" 출현했으며, "여전히 그것에 의해 억압받고 있다."고 주장한다. 그리고 그는 "과학은 사람과 자연의 전 지구적 오염의 보호자가 되었다."고 덧붙인다.[5] 이러한 관점에서 볼 때, 과학은 신뢰받지 못할 뿐만 아니라 비난받는다. 거기서 벡은 과학을 불신하는 지식의 출현을 분석하기보다는 그러한 지식을 단언한다. 이러한 견해는 공중의 불신과 부합할 수 있지만, 그것을 설명하지는 못한다. 벡이 볼 때, 이것은 설명을 거의 필요로 하지 않는다. 왜냐하면 위험 의식은 과학의 실패와 자명하게 연관되어

---

5) Beck, *Risk Society*, p. 70

있기 때문이다.

다른 학자들은 전문가 체계의 급속한 성장이 사람들이 전문 지식을 전반적으로 불신하게 된 요인이라고 강조한다. 일부 학자들은 전문 지식의 증가하는 전문화가 의도하지 않은 결과의 증가에 기여한다고 주장한다. 그러한 결과 중의 하나가 전문 지식의 파편화이며, 그것이 다시 사람들이 신뢰할만한 지식에 접근하기 어렵게 만든다. 이것은 사람들의 과학에 대한 믿음이 전문가들 간의 공적 논쟁에 의해 더욱 훼손되고 있음을 시사한다.[6] 다른 사람들은 정보의 엄청난 증가와 함께 사회가 사실들로 과부하되고, 사람들은 무엇을 믿을지를 알기 어렵다는 점을 불가피하게 발견한다.

전문가 체계에 대한 신뢰 약화와 관련된 논의가 안고 있는 주요 문제는 이 과정을 그 자체와 관련하여 설명하려는 경향이다. 그러나 과학에서의 공중의 신뢰 위기는 그 자체에 내재하는 어떤 힘의 결과인 것 같지는 않다. 어떤 제도에 대한 신뢰는 다양한 영향을 받아 형성된다. 그중 많은 것은 사회 전체에서 작동하는 힘에 의해 산출된다. 전문가 체계의 신뢰 쇠퇴가 **모든** 형태의 권위가 의문시되고 있는 상황을 강조하는 것으로 보는 것은 아주 잘못이다. 신뢰 관계의 고갈은 어떤 특정한 유형의 활동과 무관하게 발생할 수도 있다. 그것은 사람과 전문가 간의 관계에 영향을 미치는 만큼 이웃 사람들 간의 상호작용에도 영향을 미친다.

어쨌든 과학에 대한 공중의 불신을 전문 지식에 대한 확신 또는 신뢰의 약화와 혼동해서는 안 된다. 사회와 전문 지식과의 관계는

---

6) Lubbe, "Security: Risk Perception in the Civilization Process", in Bayerische Puck (ed.) *Risk is a Construct: Perceptions and Risk Perception*을 보라.

대부분의 저자가 제시하는 것보다 더 불분명하다. 일부 형태의 전문 지식은 다른 것보다 더 신뢰받지 못한다. 이러한 점에서 인간 게놈 프로젝트가 유발한 강력한 불안은 주목해볼 만한 가치가 있다. 모든 인간 게놈 유전자 지도를 먼저 그리고 그다음에 염기 순서를 분석하는 것을 목적으로 하는 이 국제적인 프로그램은 공중의 갖가지 반응을 불러일으켰다. 이 연구가 유전적 질병의 보다 나은 이해와 치료를 약속하고 있음에도 불구하고, 많은 논평자는 이 프로젝트가 신의 행세를 하려는 것과 다름없다고 경고했다. 생명 공학과 생식 기술에 대한 연구 또한 그것이 초래할 '반자연적' 결과에 근거하여 비판받고 있다.

과학적 연구에 대한 적대감은 변함없이 예방 원칙의 어휘들로 표현되고, 항상 그 위험을 경고한다. 그것은 자연에 대한 인간의 간섭은 사태를 더욱 악화시킬 뿐이라는 확신에 기초한다. 유전학과 생식 기술에 대한 비판가들은 알지 못하는 것에 대한 전반적 공포와 자연을 함부로 뜯어 고치는 것에 대한 본능적인 반감을 증언한다. 과학적 전문 지식에 대한 그들의 적대감은 특히 매우 혁신적이고 기발하고 모험적인 창의성에 초점을 맞추고 있다. 그러한 창의성이 적대적인 반발을 불러일으키는 것은 그것이 기발해서 알지 못하는 영역으로 침입해 들어오기 때문이다. 알지 못하는 것은 정의상 위험한 영역이기 때문에, 혁신적인 과학은 하나의 위협이 된다.

혁신적인 과학—인간 상상력의 경계를 확대하는 과학—에 대한 적대적 반발은, 문제가 되는 것은 전문가 체계에 대한 전반적인 불신이 아니라 오히려 특정한 유형의 전문 지식이라는 것을 암시한다. 여러 증거가 사회가 의심을 갖는 것은 실험과 혁신이라는 것을 보여준다. 사회적·정치적 실험의 영역에서 자주 제기되는 의심도 과학적 혁신과 관련되어 있다. 다른 한편 실험에 비판적인 전문 지식은 무의식적으로 긍정적으로 받아들여진다. 따라서 경고를 하거나 자제를 요청하는 과학자들은 좀처럼 불신의 대상이 되지 않는다. 이를테면 환경 과학자들은 발생학 분야의 동료들이 경험하는 것과 같은 종류의 불신에 노출되지 않는다. 셸과 그린피스 간의 최근 논쟁은 어떤 유형의 전문가가 항상 공중의 신뢰를 받는지를 보여준다. 셸이 브렌트 스파 석유 저장 시설을 대서양에 투하하고자 시도했던 1995년에, 환경운동 단체 그린피스는 그것을 중단시키기 위한 국제적 캠페인을 시작했다. 그린피스는 브렌트 스파의 투하는 예견할 수 없는 피해를 유발할 수 있다는 주장으로 자신들의 캠페인을 뒷받침하고자 했다. 이 견해는 실제로는 미디어에 의해 이의 없이 받아들여졌다. 공중의 적대감으로부터 압력을 받은 셸은 그 계획을 포기하고 프로젝트를 폐기했다. 대립 전선이 설정된 속도와 셸의 순식간의 굴욕은 그린피스의 과학에 대한 공중의 신뢰가 지닌 힘을 여실히 보여주었다. 그린피스의 주장은 후일 오해로 밝혀졌고, 그린피스는 사실을 오도했다고 사과해야 했다. 하지만 사회가 경고를 숭배한다는 점을 감안할 때, 그러한 '실수'가 자연을 함부로 변화시키는 것이 갖는 위험성을 경고하는 사람들에 대한 공중의 신뢰를 감소시킬 것 같지는 않다.

  새롭고 영향력 있는 다양한 전문가의 출현 또한 사회가 전문 지식과 맺는 선택적인 관계를 보여준다. 지난 20년 동안 하나의 독특한 현대적 형태의 전문 지식이 그 기반을 굳건히 다져왔다. 미래 방향에 대한 확신이 없는 사회를 특징짓는 것도 바로 전문 지식이다. 이 새로운 전문 지식은 불확실성에 기초하여, 그리고 사람들 간의 많은 기본적인 관계의 불명료성에 기초하여 성장한다. 새로운 전문 지식은 어느 누구도 삶의 불확실성에 대처할 수 있을 것으로 기대할 수 없고 또 모든 사람은 전문적 조언자의 기술로부터 이익을 얻을 자격이 있다는 메시지를 전파한다. 과거에는 그러한 충고를 종교적 인물들이 독점적으로 제공했다. 오늘날 조언과 지도는 매우 전문화되고 제도화된 전문 지식으로 변형되었다.

이 새로운 전문 지식은 사회의 모든 수준에서 작동한다. 기업계와 산업계에서 컨설턴트 산업 분야는 놀라운 성장을 거듭해왔다. 외부 컨설턴트의 조언은 이제 전통적으로 경영의 영역에 속하는 것으로 인식되었던 다양한 문제에서도 광범위하게 요구되고 있다. 이 새로운 관행에 관한 한 냉소적인 견해는 오늘날 경영자는 자신이 책임지기를 원하지 않는 결정을 컨설턴트에게 내려달라고 요구하고 있다고 본다. 컨설턴트의 부상은 경영에 대한 확신의 결여와 조직 내 신뢰 관계의 약화 모두를 반영한다.

시대의 분위기를 분명하게 반영하는 또 다른 전문가가 퍼실리테이터이다. 회의를 주재하고 집단 상호작용을 관리하기 위해 퍼실리테이터를 이용하는 것은 사람들이 스스로는 서로를 다룰 수 없다는 일반적인 믿음을 반영한다. 전문 퍼실리테이터는 많은 조직으로부터 동료들의 상호작용을 조정해줄 것을 요구받는다. 이 전문 지식의 성장은 소외감이 증가하고 있음을 보여주는 징후이다. 이제 인간 상호작용의 가장 근본적인 형태들은 고도로 훈련된 전문가가 가지고 있는 어려운 기술을 요구하는 것처럼 제시된다.

당연한 것으로 간주되던 관계와 신뢰의 약화는 분명 일상생활의 전문화와 병행하여 진전되고 있다. 일상생활의 전문화는 관례적인 관계의 토대를 침식해왔고, 기본적인 인간 유대의 약화로 인해 번성했다. 그 결과 사람들이 그간 학습한 인간 활동의 영역들은 점점 더 전문가들에게 재할당되고 있다. 이러한 발전은 양육의 전문화에서 특히 현저하다. 전문가들은 이제 '아버지 되기 교육'을 제공하고, 양육 관련 워크숍과 강좌를 열고 있다. 그런 전문가들은 부모에게 요구되는 '어려움'과 복잡한 '기술'을 계속해서 강조한다. 양육이 성인에 대한 통상적 기대에서 하나의 기술로 변형된 것은 그간 사람에 대한 평가가 낮았다는 것을 암시한다. 역사 이래로 인류가 대처해온 일들이 이제는 전문가의 증명서를 요구한다.

일상생활의 전문화는 또한 카운슬링의 놀라운 증가에서도 드러난다. 카운슬링은 영국 사회에서 제도화되었다. 이 새로운 전문가들은 사람들에게 실생활의 일상적 측면에 대해 조언한다. 아래에 제시한 목록은 카운슬링이 잘 확립된 영역들이다.

무엇을 위한 카운슬링인가?

남용	질병
알코올	다문화와 인종
약자 괴롭히기	남성 단체
경력 카운슬링과 지도	노년
아동 상담 전화와 아동 지원	공포증
부부와 결혼	임신과 낙태
공동 카운슬링	강간
위기	일시해고와 실업
죽음과 사별	종교 문제
장애	취학아동
상담 보호소	자해

약물	성 기능 장애
섭식 장애	독신과 이혼
페미니즘 치료 요법	외상성 증상과 재난
불임 치료	피해자 지원
도박	복권 당첨
게이와 레즈비언	청소년
HIV와 에이즈	

  카운슬링의 효능과 관련하여 어떤 확실한 증거가 부재함에도 불구하고, 그것의 증가하는 영향력에 대한 어떤 진지한 문제 제기가 없다는 것은 지적할만한 가치가 있다.
  일상생활의 전문화는 인간관계에 중요한 함의를 지닌다. 그것은 전문가가 권위의 새로운 원천을 확립하는 데 도움을 주며, 어떤 관계의 당사자들은 그러한 권위에 의지하여 조언을 요청한다. 그러한 카운슬링은 단지 조언하는 것을 넘어 실제로 관계를 변화시킨다. 이를테면 학교에서 아이들에게 문제를 카운슬러에게 상담할 것을 권고한다면, 부모들은 대체 어떻게 양육하란 말인가? 캔터베리와 타넷 보건 당국의 카운슬링 서비스에 대한 논의에 따르면, 어떤 연령의 아이들도 학교에서 카운슬러에게 은밀하게 접근할 수 있다.[7] 그러한 상황에서, 즉 아이들의 문제가 부모보다는 오히려 전문가와 공유되는 상황에서 부모는 그 자체로 많은 경쟁하는 권위의 원천 중의 하나가 된다. 그러한 사태의 진전이 갖는 함의는 분명하다. 부모와 아이 간의 복잡한 관계는 전문가의 의견을 통해

---

7) P. Klinefelter, "A School Counselling Service", *Counselling*, August 1994.

조정되게 된다. "부모가 가장 잘 안다."는 관념이 아이의 복지는 전문적인 숙련가가 가장 잘 안다는 믿음에 밀려남에 따라, 양육은 점점 더 신비화되고 있다.

전문화를 통해 이루어지는 인간관계의 변화는 전문 지식을 끊임없이 요구한다. 일상생활의 전문화는 그 자체로 더 많은 카운슬러와 또 다른 전문가들을 요구한다. 이런 일이 발생하는 까닭은, 새로운 전문가들이 "사람들은 자신들의 도움을 필요로 한다."는 점에 근거하여 자신들의 역할을 정당화하기 때문이다. 이런 식으로 그들은 자신들의 특별한 기술을 강조하는가 하면, 일반인이 그들의 일을 처리할 수 있는 능력이 없다는 점을 부각시키기도 한다. 비록 그러한 전문가들이 항상 자신들의 고객들에게 "능력을 제공한다."고 주장하지만, 그들의 모든 조처는 사람들이 더욱 스스로를 확신하지 못하게 하는 결과를 낳는다.

전문적인 조력자들은 능력을 제공한다는 자신들의 주장과 자신들의 '도움'이 어떻게 모순되는지를 거의 깨닫지 못한다. 이를테면 영국에서 최근에 발간된 보고서는 자조 집단의 설립을 주장하면서, 전문가의 개입과 자조 간의 긴장을 경시하고 있다. 보고서의 저자는 "자율성은 자조 집단의 특징이지만, 자조 집단은 그 효과뿐만 아니라 자율성조차도 외부로부터 받는 지원에 의존할 수도 있다."고 지적했다. 자율성 개념은 전문가의 도움과 잘 어울릴 수 없다는 점은, 이들 집단의 "자율성이 그 집단이 받는 적절한 지원에 의존할 수도 있다."는 진술을 기각한다. 이 접근 방법은 자조 집단의 잠재적 성원들은 아이들과 같은 존재로, 신뢰할만한 성인이 되기 위해서는 확신이 필요하다는 점을 전제로 한다. 이것이 바로 보고서의 저자가 그 집단의 퍼실리테이터에게 중요한 역할을 할당하는 이유이다. 비록 그녀가 일부 집단이 "다른 집단보다 더 퍼실리테이터"를 필요로 한다고 주장하지만, 그녀는 그러한 집단 모두가 전문적 지원을 필요로 한다고 본다.[8] 자조 집단의 잠재적 충원자들이 무능력하고 그리하여 그 자체로 전문 퍼실리테이터가 필요하다는 점은 의문의 여지가 없어 보인다.

전문가가 개인적 삶에 개입하는 것의 근본적 전제를 이루는 것이 바로 일반인의 무능력이다. 사이크스는 애초부터 "부모의 무능력 마케팅이 어떻게 치료 기법의 더 많은 마케팅 풍조를 만들어냈는지"를 지적한 바 있다.[9] 모든 새로운 '도움' 전문직의 출발점은 그들의 고객이 무능력하다는 것이다.

많은 점에서 카운슬러들은 수세기 동안 인간의 공포를 조장하고 그것에 의존하여 살아온 전통적인 성직자들과 유사하다. 그러한 전문 지식은 사람들이 그들 스스로는 대처해나갈 수 없을 것이라는 관념에 기대어 번성한다. 사람들이 자신들의 일 처리 능력에 대해 확신하지 못하고 있음은 흥미롭게도 교회에서도 발견된다. 영국에서 영국 국교회는 현재 성직자들에게 여성 교구민들과의 관계에서 어떻게 행동하는 것이 적절한지와 관련하여 카운슬링을 제공하고 있다. 영적 지도자들조차 카운슬링을 필요로 한다는 것은 새로운 전문 지식의 주장을 분명하게 정당화해주고 있다.

카운슬링의 확대는 전문 지식의 쇠퇴가 아니라 전문 지식의 우위를 보여주는 가장 분명한 지표 중의 하나이다. 실제로 신뢰의 전반

---

8) M. Wann, *Building Social Capital: Self Help in a Twenty-first Century Welfare State* (London: IPPR, 1995), pp. iv, 70-72.
9) Sykes, *A Nation of Victims: The Decay of the American Character*, p. 43.

적 쇠퇴와 전문가 체계의 증대하는 영향력 간에는 모순이 거의 존재하지 않는다. 신뢰의 부식은 우리 자신에 대한 신뢰의 쇠퇴로 가장 잘 해석될 수 있다. 이 같은 자기 확신의 약화와 사람들 간의 기본적인 관계를 스스로 처리할 수 있다는 생각의 약화는 전문가를 요구해왔다. 그러한 전문 지식의 성장은 사람들의 문제 해결 기술에 대한 신뢰의 쇠퇴와 비례한다.

전문 지식의 영향력은 실존적 안전과 결부되어 있는 모든 분야에서 분명하게 드러난다. 보건 분야는 전문 지식이 취급되는 선택적 방식의 흥미로운 실례를 제공한다. 의료 전문직에 대한 명백한 불신감에도 불구하고 건강에 대한 관심 역시 전례 없이 높다. 자신의 치료 요법이 '자연적' 또는 '전인적'이라고 주장하거나 어떤 '옛' 관행에 기초해 있다고 주장하는 전문가들은 의학의 신뢰 쇠퇴로부터 이익을 얻어왔다.

일상생활의 전문화의 주요 결과 중의 하나는 건강에 대한 일반 사람들의 관심 증대이다. 건강에 대한 정의는 늘 확장되어왔다. 이제 그것은 과거에는 전통적인 의학 밖에 있던 생명의 영역을 포함하고 있다. 대안 의학과 치료 요법이 번성하는 것은 바로 그것들이 생체 의학을 넘어선다고 주장하기 때문이다. 자신들의 전문 지식을 판매하고자 하는 사람들은 자신들의 기술이 갖는, 모든 것을 포괄하는 성격을 지칭하기 위해 전인직이라는 용어를 사용한다. 그것은 모든 것—말 그대로 모든 형태의 행동—이 의료화되고 있음을 의미한다. 따라서 오늘날 우리는 과거에는 분명히 실존적 문제와 결부되어 있던 문제를 언급하기 위해 '성적 건강'과 같은 용어를 일상적으로 사용한다. 이 같은 행동의 의료화는 다시 전문 지식에 대한 요구를 증대시킨다.

일상생활의 전문화가 초래한 파괴적 결과가 특히 분명하게 드러나는 것이 바로 섹슈얼리티 분야이다. 섹스에 대한 새로운 '정보'의 급격한 증가는 무지한 고객들에게 전해줄 수 있는 섹스에 대한 신비한 기술 또는 지식이 존재한다는 인상을 창출하는 데 도움을 준다. 전문가들은 자신들의 고객―특히 젊은 남성―의 무지에 대한 실망을 계속해서 드러내며, 은연중에 국민의 성 건강의 유지에 자신들이 불가피하다는 점을 광고한다. 성교육은 이제 필수적인 것―새로운 세대를 사회화하는 유일한 책임 있는 방식―으로 선언되지만, 실제적 정보는 과도한 도덕화로 인해 감추어져 있다. 아이들에 대한 성인의 감독은 도덕에 기초한 성교육의 장점과 관련한 점잔 빼는 가정假定에 근거할 때 가장 기이하게 정식화된다. 새로운 성 건강 전문가들은 아이들이 스스로 전문가의 지도 없이 성에 대해 깨달아야 한다는 관념을 시대에 뒤진 것으로 치부한다. 아이들은 실제로 서로 학습한다는 것을 깨달은 일부 전문가는 이제 젊은이들을 선발하여 '또래 대 또래'의 성교육을 정보의 흐름을 통제하는 하나의 수단으로 이용하고자 한다.

카운슬링과 건강 분야에서 새로운 전문가들이 증가하고 있다고 해서, 그것이 바로 그들이 자동적으로 공중의 신뢰를 받는다는 것을 의미하지는 않는다. 그럼에도 불구하고 그러한 전문 지식이 개인의 행위와 행동에 미치는 영향은 분명히 중요하다. 하나의 사례―건강 증진의 사례―가 숙련가의 의견을 동원하는 것이 인간의 행동에 어떻게 영향을 미치는지를 잘 보여준다.

영국 정부의 조사 보고서 『사회적 추세』에 따르면, 지난 30년 동안 가정에서 먹는 음식의 유형에 현저한 변화가 있었다. 보고서는 "의사들은 혈액 속의 콜레스테롤 수치를 낮추고 심장질환의 위험을 피하기 위해서는 포화지방산을 포함하고 있는 지방을 덜 먹을 것을 충고한다."고 언급한다. 이 보고서에 따르면, 이러한 충고는 가정의 소비에 중요한 영향을 미쳐왔다. 즉 "가정에서 소비가 버터에서 처음에는 마가린으로 그리고 더 최근에는 저지방 스프레드로 바뀌어왔다." 보고서는 "보통 사람들은 1961년보다 현재 우유를 덜 마신다."고 지적했다. 사람들은 또한 전문가의 조언을 따라 이전보다 고기를 덜 먹고 있다. 고기 소비는 지난 30년 동안 계속해서 감소해왔다. 1992년에 각 개인들은 일주일에 평균적으로 5온스 이하의 쇠고기와 송아지 고기를 먹었다. 이는 1961년 소비량의 약 절반밖에 안 된다. 새끼 양고기와 양고기의 소비는 더 크게 감소해왔다. 1992년의 평균 소비량은 30년 전의 수치의 거의 3분의 1로 떨어졌다.[10]

주목할만한 것은 건강 전문가들이 현재 음식물에 대해 행사하는 권위이다. 이전에는 영국에 음식물 금기 계율이 존재하지 않았다. 영국 국교회는 이슬람교나 유대교처럼 부엌에 등장하는 것을 결코 규정하지 않았다. 하지만 현재 영국에 널리 퍼져 있는 음식 관행은 강력한 도덕적 함의를 담고 있다. 이를테면 채식주의자 앞에서 고기를 먹는 사람은 자주 부끄러움을 느끼게 부추겨진다. 오늘날 건강 전문가들은 이것 또는 저것을 먹고 특정 음식물을 피하라는 의견을 제시할 수 있고 사람들의 행동에 영향을 미칠 수 있다. 분명 몇몇 유형의 전문 지식에 대한 신뢰는 여전히 강력하다.

전문 지식에 대한 사회의 차별적 반응은 지식 창출 과정이 사람들이 애초에 예상했던 것보다 애매하다는 것을 보여준다. 사람들

---

10) *Social Trends*, 1994, p. 98.

은 실험과 혁신의 주창에 기초하고 있는 전문 지식에 대해 강한 의구심을 드러낸다. '실험'이라는 용어는 이제 더 이상 기술적 함의만을 지니지 않는다. 그것은 적어도 어떤 공적 기관에 의해 통제되거나 감독받을 필요가 있는 어떤 것으로 인식된다. 실험을 하는 사람들은 그들이 무책임하지 않음을 입증하지 않는 한 무책임한 사람으로 간주된다. 이와는 대조적으로 위험 회피와 안전의 증진을 중심으로 구성된 전문 지식은 존중과 권위를 향유할 가능성이 크다. 신중을 기할 것을 조언하는 사람은 무책임하다는 비난을 받을 가능성이 전혀 없다. 신약 시험의 연기를 강요하고 그리하여 다른 사람들이 절실히 필요로 하는 약의 생산을 지연시키는 사람은 생명을 불필요하게 위험에 빠뜨렸다고 비난받을 것 같지는 않다. 다른 한편 실험의 책임을 지고 있는 과학자는 신의 행세를 하려 한다고 비난받을 가능성이 크다.

마지막으로 불신은 그 나름의 전문가를 생산한다. 오늘날에는 정말로 많은 컨설턴트, 퍼실리테이터, 카운슬러가 존재하며, 그들의 운명은 신뢰 관계의 끊임없는 부식에 의존한다. 이 전문 지식은 자신과 다른 사람들을 신뢰하는 것이 옳지 않다는 믿음에 기초하여 번성한다. 전문 지식의 동기와 목적이 무엇이든 간에―그중 많은 것은 의심할 바 없이 명예이다―그것의 누적 효과는 인간이 자신을 신뢰할 수 있는 능력을 약화시킨다.

공동체의 붕괴

신뢰 문제를 설명하기 위해 사용하는 또 다른 논거가 개인주의의 성장과 공동체의 붕괴이다. 논평자들은 특히 1980년대 개인주의의 부상은 사회성과 시민의식을 희생한 결과였다고 지적해왔다. 가족 붕괴와 범죄 같은 많은 핵심적인 사회문제는 강한 개인주의 의식에서 기인하며 개인주의가 대부분의 공동체를 지배하고 있는 것으로 상정된다. 이러한 주장은 만일 개인의 이기심이 방해받지 않고 그대로 진전되게 놓아둘 경우 이해 갈등이 신뢰 관계를 유린할 것이라는 가정에 기초해 있다.

개인주의의 파괴적 힘에 관한 많은 경고는 에밀 뒤르케임과 같은 19세기 사회학자들의 통찰에 기초해 있다. 뒤르케임은 편협한 목적을 추구하는 고립된 개인들로 구성되는 사회는 오랫동안 생존할 수 없다고 주장했다. 뒤르케임에 따르면, 자기 이익을 추구하는 계산적인 개인들은 사회적 연대를 훼손한다. 뒤르케임은 이러한 위험을 극복하기 위해 사회는 협력이라는 도덕성과 사람들을 묶어주는 2차적 제도들의 네트워크를 요구한다고 주장했다.[11] 그러한 2차적 제도들—교회, 협동조합, 전문가 결사체 등—은 집합적 연대를 창출함으로써 자기 이익 추구를 조정하는 데 도움을 준다.

오늘날 많은 관찰자는 개인주의가 도가 지나칠 뿐만 아니라 2차적 제도들의 부식과 함께 신뢰 관계의 토대가 심히 손상되었다고 주장한다. 이것이 바로 프랜시스 후쿠야마가 자신의 저작 『트러스트』에서 주장하는 요지이다. 후쿠야마에 따르면, 미국은 '결사 기술art of association'의 상실이라는 위험에 처해 있다. 이 결사 능력은 공유된 가치의 강도에 기초한다. 그러한 가치가 영향력을 발휘할 때, 그것은 개인의 이익을 더 큰 집단의 이익에 종속시킬 수 있게

---

11) E. Durkheim, *The Division of Labour in Society*(New York: Free Press, 1964)를 보라.

한다. 이 과정은 신뢰를 공고화한다. 후쿠야마는 오늘날 개인주의는 공유된 가치에 의해 점점 덜 구속받고 있다고 주장한다. 그는 "권리에 기초하는 자유주의에 내재하는 경향, 즉 기존의 거의 모든 공동체에 맞서 권리를 확대하고 증대하고자 하는 경향은 그간 그것의 필연적 결말을 향해 치달아왔다."고 지적한다.[12] 그 결과 미국에서는 사회성의 쇠퇴를 경험해왔다. 후쿠야마에 따르면, 신뢰 관계 부식을 가장 분명하게 보여주는 것이 1%가 넘는 인구를 감옥에 구금하는 데 들이는, 그리고 미국인들이 서로 소송을 제기하기 위해 많은 변호사를 고용하는 데 들이는 막대한 돈이다. 후쿠야마는 "연간 국내총생산의 무시할 수 없는 비율을 차지하는" 이 두 비용은 "사회에서의 신뢰 붕괴에 의해 부과되는 직접세"라고 기술한다.[13]

후쿠야마의 테제는 서구 사회가 직면한 주요 과제는 공동체를 구출하고 개인의 자기 이익 추구와 공동체 간에 새로운 관계를 구축하는 것이라는 여론과 대략 일치한다. 이 공동체주의적 여론은 1980년대를 감당할 수 없을 정도로 사태가 악화된 10년으로 간주한다. 1980년대를 도가 지나친 탐욕의 10년으로 회상하는 것은 이제 진부한 일이다. 이 주장의 대중판은 영화 〈월 스트리트〉에서 올리버 스톤이 풍자하고 있는 탐욕스런 무역업자 고든 게코에게서 예증된다. 그는 모여 있는 주주들에게 "탐욕은 좋은 것"이라고 선언한다. 무절제한 이기주의의 파괴적 결과를 무시하는 이 탐욕의 문화가 기본적인 형태의 사회적 연대의 붕괴와 신뢰 약화의 원인이다.

1980년대에 사회적 연대와 공동체가 해체되었다는 데에는 의문

---

12) Fukuyama, *Trust*, p. 10.
13) Fukuyama, *Trust*, p. 11.

의 여지가 거의 없다. 그 시기 동안에 거의 모든 형태의 집합적 제도들이 약화되었다. 사람들을 하나로 묶어주던 관계가 상실될 때 신뢰의 감상이 상처 입는다는 데에는 의문의 여지가 거의 없다. 개인화 과정이 위험 의식의 강화에 기여한다는 데에도 역시 의문의 여지가 거의 없다. 그러나 개인화의 힘에 대한 인식을 흔히 말해지는 개인주의의 지배와 혼동해서는 안 된다. 기존의 의무와 제도로부터의 해방을 포함하는 개인화가 자동적으로 개인의 우위로 이어지지는 않는다. 따라서 공동체와 신뢰 관계의 약화가 반드시 무절제한 개인주의가 부상한 결과는 아니다.

  1980년대가 갖는 중요한 역설은, 레이건 정권과 대처 정권이 개인의 지위를 신장시키고자 한 시도가 실제로는 개인을 훼손하는 결과를 낳았다는 것이다. 이들 정부는 개별 기업가를 해방시키기보다는 노동조합을 깨뜨리고 여타 형태의 연대를 파괴하는 데 훨씬 더 성공했다. 그 이유는 일단 사회적 연대가 해체되면 개인들은 고립된 채로 방치되어 취약해지기 때문이다. 과거에 집합적 정체성이 낳은 확신은 사라져버렸다. 그 대신 개인들은 상황을 자신들의 통제를 넘어서는 힘으로 경험하게 되었다.

  몇몇 새로운 사회적 네트워크로의 재통합 과정 없는 개인화는 불신의 분위기를 만들어내는 데 기여할 수 있다. 특히 그것은 사람들 간의 상호작용을 변화시키는 결과를 초래한다. 한때 이웃 사람들과 동료들을 친구와 협력자로 고려할 수 있었다면 오늘날 그들은 경쟁자나 잠재적 위협으로 인식될 가능성이 더 크다. 물론 사람들이 실제로 서로 전쟁 상태에 있는 것은 아니다. 범죄의 발생, 적대적인 이웃, 작업장에서의 괴롭힘은 크게 과장되어 있다. 하지만 공동의 노력과 사고방식이 주는 친밀성이 일단 훼손되고 나면 사태는 달리 보이기 시작한다. 다른 사람들은 친구가 아니라 낯선 사람처럼 보이기 시작한다.

연대의 쇠퇴는 독단적인 개인주의 문화의 출현과 병행하지 않았다. 개인주의의 문제를 다룬 많은 논의에도 불구하고, 이러한 독단적인 이기주의적 개인들은 오히려 개인의 부재로 인해 사람들의 눈길을 끈다. 변화, 실험, 미래에 대한 사회의 태도 때문에, 개인화 과정은 그간 독단적인 개인주의 문화를 낳지 않았다. 영국 학교들은 경쟁적인 스포츠를 비난하기 시작했고, 한 가지만 고집하는 야망은 자주 어떤 질병의 징후로 묘사된다. 사회가 신경쇠약으로 고통 받을 때, 개인화는 야망, 특히 위험을 감수하려는 성향을 약화시키는 경향이 있다. 이를테면 신뢰의 부식은 개인화 과정과 동시에 발생하지만 개인주의의 성장과는 동시에 발생하지 않았다.

현대를 이기적 개인들의 시대로 한탄하는 사람들은 실제로 우리 시대의 중심적 특징 중의 하나를 무시하고 있다. 옛 집합체들—노동조합, 지역공동체, 정치적 결사체—의 쇠퇴가 적극적인 외향적 개인주의를 발흥시키지는 않았다. 오늘날의 사회를 특히 개인주의적인 사회로 묘사하는 것이 유행한 바 있다. 하지만 그러한 묘사는 문화를 지배하고 있는 반개인주의적인 추세를 설명하지 못한다. 공동체를 위해 신중을 기하고 관심을 가지며 자제할 것을 강조하는 '배려의 90년대' 철학은 자주 '탐욕의 80년대'에 대한 교정책으로 제시되곤 한다. 현대 정치 담론에서 가장 유행하는 테마 중의 하나는 여피 문화의 이기심과 에고이즘을 공격하고 자기중심적 개인주의에 맞서 '공동체'를 낭만화하는 것이다. '떼돈 번 사람들'의 고액 봉급과 과시적 소비를 비판하는 것이 유행한 적이 있다. 이 테마는 도를 넘어 다른 사람들을 위험에 빠뜨리는 사람들을 비판하는 신중의 철학에 의해 뒷받침되고 있다.

오늘날의 사회는 독단적 개인보다는 희생자나 유족을 치켜세운다. 자기 절제 원리의 영향과 함께, 공동체뿐만 아니라 개인도 치료될 필요가 있다는 것이 분명해지고 있다. 개인의 우위에 대한 널리 주장되는 잘못된 인식은 전적으로 이해할만하다. 개인화의 증대와 연대의 약화는 원자화된 존재라는 인상을 만들어내는 데 일조해왔다. 이러한 상황에서는 자제되지 않는 에고이즘이 그것 앞에 있는 모든 것을 휩쓸어버린다. 그러나 이러한 인식은 단지 절반만 진실일 뿐이다. 왜냐하면 고도로 파편화된 개인들은 실제로 개인들에게 신중을 기할 것을 요구하고 실험 정신을 받아들이지 않는 사회에 의해 제약받고 억제당하기 때문이다. 따라서 오늘날 사회의 독특한 특징은 개인이 전례 없이 융성하고 있다는 것이 아니라 집합체 의식과 개인의 열망 모두가 약화되고 있다는 것이다.

당신이 스스로를 믿을 수 없을 때

신뢰의 쇠퇴는 단지 서구 사회에 영향을 미치고 있는 근본적인 변화의 맥락에서만 이해될 수 있다. 얼마 전까지만 해도 소련에 대한 자신들의 승리를 찬양하던 사회들이 이제 광범위한 사회적 불안에 휩싸여 있는 것은 아이러니하다. 앞서 지적했듯이, 사회는 가능한 것의 새로운 한계를 진지하게 인식하는 데 사로잡혀 있다. 환경의 한계에 대한 강력한 의식은 새로운 창의력이 초래할 수 있는 부작용에 대한 광범위한 우려에 의해 보완되고, 널리 퍼져 있는 위험 의식은 과학에 대한 의구심에서 낯선 사람에 대한 불안으로 확대되고 있다.

실험에 대한 광범위한 의심과 신중을 기하라는 계속적인 권고는 사회를 움직이는 사람들 사이에 일고 있는 전례 없는 수준의 자기회의를 반영한다. 인간 개입의 효력에 대한 믿음 상실은 근대사회를 규정하는 하나의 특징이 되어왔다. 신뢰할 수 있는 개인주의의 부재는 이러한 추세와 밀접히 연관되어 있다. 만약 인간 행위가 비효율적이거나 파괴적 결과로 이어진다면, 개인에 대한 신뢰는 지속되기 어려워진다. 개인에 대한 태도에 영향을 미쳐온 것도 바로 이러한 인간 행위에 대한 인식이다. 인간 개입의 효력에 대한 의문은 인간에 대한 회의주의적 관점을 드러낸다. 그러한 관점은 행위가 갖는 잠재적 변혁 능력에 거의 중요성을 부여하지 않는다. 그런 관점은 자기 스스로 결정하는 행위자라는 관념을 은연중에 거부한다.

당신이 누구를 신뢰할 수 있는가라는 문제는 현대의 사회적·정치적 삶을 규정하는 특징 중의 하나를 구성하는 것, 즉 **주체성에 부여된 중요성의 축소**와 분리될 수 없다. 오늘날의 한계 문화culture of limits는 주체—실제의 인간 행위—에 최소한의 역할만을 부여한다. 그러한 상황에서 개인주의는 자제와 신중을 권하는 문화에만 한정되는 하나의 의미를 획득한다. 거기서 출현하는 것은 잠재력을 실현하고자 하는 욕구가 아니라 생존에 초점을 맞추는 개인주의이다. 게다가 이러한 개인주의는 개인을 자기 운명의 개척자가 아니라 상황의 희생자로 인식하는 사고방식을 낳는다. 주체의 수동적 측면이 그 주체의 특징을 규정한다. 따라서 주체는 미래와 멀어지고, 그러한 먼 미래를 형성하는 데 아무런 역할도 수행하지 못한다.

주체성에 부여된 중요성의 축소는 개인 행위가 갖는 유효한 범위에 대해 의문을 제기하는 경향과 밀접한 관계가 있다. 거기에는 영웅임을 뽐낼 여지가 거의 없다. 그 대신에 사람들은 전혀 다른 프리즘을 통해 인식된다. 사회는 승자보다는 패자에게 훨씬 더 편안함을 느낀다. 자신들의 한계와 더불어 사는 법을 학습해온 사람들이 새로운 역할 모델이 된다. 이를테면 예전에 슈퍼맨의 배우였던 크리스토퍼 리브 같은 사람이다. 비극적 사고로 불구가 되었지만 포기하지 않고 살아남은 그는 1990년대 역할 모델의 전형으로 간주된다. (그에 대한 신망에 걸맞게, 리브는 자기 뜻과 관계없이 자신에게 부여된 생존자의 지위를 누리기를 시종일관 거부했다.) 영웅에서 생존자로의 이러한 전환은 형성 중에 있는 겸손한 주체성을 예증한다.

축소된 주체는 염세적인 세계관을 전제한다. 그것은 생존자와 손상당한 사람들이 살고 있는 세계이다. 그러한 사람들은 인간의 파괴력을 익히 너무나도 잘 알고 있다. 사람들에 대한 그러한 부정적 감상은 신뢰 문제를 낳는다. 왜냐하면 신뢰 관계의 붕괴는 사회가 사람들을 어떻게 생각하는지를 말해주기 때문이다. 궁극적으로 신뢰 문제는 바로 우리 스스로를 신뢰할 수 없다는 것과 관련된다.

신뢰 문제의 전제는 사람들이 실제로 신뢰받을만한 가치가 없다는 것이다. 아동 학대가 일상적인 것으로 보이는 사회에서 어른들이 어떻게 안심하고 아이를 맡길 수 있겠는가? 그것의 당연한 결과〔실제 아동 학대〕가 발생했을 때, 그러한 감상은 인간이라는 종을 비난하는 것으로 이어진다. 그리하여 인본주의─인간 중심적 세계관─는 최근 점점 더 많은 공격을 받아왔다. 이를테면 오늘날 동물의 본능에 비해 인간 이성의 우월성을 단언하는 사람들은 다양한 형태의 종차별을 조장한다는 비난을 감수해야 하며, 인간이 동물보다도 못하다는 감상도 현대 문화에서 전혀 주변적인 것은 아니다.

일단 신뢰 문제가 주체성 쇠퇴의 맥락에서 인식되고 나면, 현대

사회의 특징을 그것으로부터 추출하는 것이 가능해진다. 과거의 많은 사회는 갈등 그리고 협력과 신뢰의 붕괴를 경험해왔다. 1960년대와 1970년대에 노사 관계 전문가들은 노동과 자본 간의 신뢰 결여에 대해 잇따라 불만을 토했다. 하지만 그들이 언급한 문제는 오늘날 존재하는 문제와 매우 달랐다. 고용주와 피고용주 간의 약한 신뢰는 사회적 연대 그 자체가 약하다는 것을 의미하지는 않았다. 비록 고용주와 노동조합 간의 관계가 긴장을 내포하고 있었지만, 산업계의 양측 내부에는 연대 의식이 존재했다. 그러한 상황에서는 하나의 특정한 관계에서의 약한 신뢰는 다른 영역에서의 강한 연대 의식과 공존했다.

오늘날 신뢰 문제는 하나 또는 다수의 특수한 관계에 국한되지 않는다. 신뢰 문제는 단지 노동자들이 자신들의 고용주를 믿지 않는 문제만이 아니다. 현재는 동료들이 서로를 잠재적인 적으로 간주하고 이웃 사람들을 위협적인 존재로 인식하는 지경에까지 이르렀다. 따라서 과거와는 달리, 신뢰 문제는 사회의 작동에 대해 명백한 불신을 드러내는 사회의 모든 수준에서 배경으로 존재한다.

단지 전문 지식과 권위에 대한 신뢰 상실을 지적하기만 하는 사람들은 보다 중요한 발전, 즉 권위를 가지고 있는 사람들 역시 스스로를 신뢰하지 않는다는 사실을 간과하는 경향이 있다. 사회의 주요 제도를 움직이는 사람들도 앞서의 장들에서 논의한 광범위한 과정의 작동에서 벗어나 있지 못하다. 인간의 개입에 근본적으로 잘못된 뭔가가 존재한다는 확신은 사회의 모든 부문의 사람들을 괴롭힌다. 많은 과학자는 자신들의 성과가 초래할 결과에 대해 점점 더 우려하고 있다. 이를테면 유전학 연구에 종사하며 생식을 돕는 사람들은 점점 더 자신의 행동에 책임지기를 꺼리고, 특정 외부

기관에 위탁하여 자신들의 일을 처리하는 것을 선호한다. 임상의학의 많은 분야에서 한때 의사들이 환자와의 상담을 통해 내리던 결정들이 이제는 윤리위원회 또는 심지어 법원과 미디어에 맡겨지고 있다.

인간 개입의 효력에 대한 의문은 실업가와 경영자들 사이에도 널리 퍼져 있다. 그중 많은 사람이 가장 기본적인 결정의 책임조차 전문 조언자나 컨설턴트에게 넘기고자 노력한다. 책임자가 곤란에 부딪힐 때, 그의 머릿속에 직관적으로 떠오르는 것은 홍보 전문가에게 미묘한 '윤리' 경영에 입각하여 자신에게 조언해줄 것을 요청하는 것이다.

전반적인 신경쇠약은 사회의 모든 수준에서 책임을 회피하게끔 한다. 경영자들이 경영을 겁내는 것과 똑같이, 교사들은 자주 마지못해 가르치고 부모들은 자신들의 아이들을 양육하는 방법에 확신이 없어 보인다. 카운슬링, 상담 전화 서비스, 그리고 일상생활에 개입하는 여타 형태의 전문직들은 널리 퍼져 있는 무력감을 표현하며, 이 무력감은 또한 그러한 개입을 강화한다. 신뢰 문제의 비밀은 우리가 너무나도 형편없어서 우리 스스로를 믿을 수 없다는 믿음이다. 최근 이러한 믿음은 사람들을 불신하고 신중을 기하고 위험을 피하라는 테마에 기초한 새로운 도덕성을 형성하는 데 일조해왔다. 이 새로운 에티켓—이것에는 때때로 정치적 옳음political correctness이라는 부적절한 이름이 붙여지기도 한다—이 바로 다음 장의 주제이다.

제7장
새로운 에티켓

　사람들이 위험을 감수하는 데서 공포를 느끼고 그리하여 안전을 사회의 하나의 중요한 덕목으로 바꾸어놓는다는 것이 이 책의 주요 테마였다. 이러한 안전 숭배는 삶의 모든 측면에 대한 태도에 영향을 미쳐왔다. 그것은 사회가 직면한 문제를 계속해서 과장하는 경향을 조장해왔고, 그것은 다시 신중을 기하는 걱정스런 전망을 고무해왔다. 사람들의 실존이 위험에 처해 있다고 인식하는 경향은 삶의 방침에 뚜렷한 영향을 미쳐왔다. 그것은 행위와 사람들 간의 상호작용을 바꾸는 데 기여해왔다. 패닉 성향, 낯선 사람에 대한 커다란 두려움, 약한 신뢰 관계는 모두 일상생활에 중요한 함의를 지녀왔다. 이러한 추세들은 또한 사람들이 서로를 바라보는 방식을 변화시켜왔다. 학대 문화의 프리즘을 통해 사람들은 전문적인 지도를 필요로 하는 손상당한 슬픈 개인들로 재발견되어왔다. 이로부터 축소된 주체, 즉 그리 기대할 것이 없는 무력한 개인과 집합체가 출현한다. 우리는 점점 더 사람들을 자신들의 삶의 창조자라기보다는 상황의 희생자로 바라보는 것에 더 편안함을 느낀다. 이러한 사태의 진전은 건전한 삶을 자제 및 위험 혐오와 등치시키는 세계관을 낳는다.

위험 의식의 성장에 대한 다른 대부분의 설명과는 달리, 나는 위험 인식의 성장을 기술 진보 또는 환경 위험의 증대와 연계시키고자 하는 시도에 대해 의문을 제기한다. 위험 인식의 증대는 자주 전통적 가치라고 불리는 것의 쇠퇴와 비례한다. 그러한 가치의 약화는 분명 사람들이 직면하고 있는 기본적인 문제를 어떻게 다룰지에 대한 합의가 제대로 이루어져 있지 않다는 것과 연관되어 있다. 많은 논평자는 사회가 직면하고 있는 근본적인 일부 문제에 대해서조차 합의를 보지 못하고 있다고 지적해왔다. 무엇이 가족생활의 적절한 형태를 구성하는지 또는 무엇을 범죄행위와 대립하는 것으로 받아들일 수 있는지에 대한 관념은 여전히 논쟁 중에 있다. 미국에서는 기본적인 행동 지침에 대한 그 같은 의견 불일치를 '문화 전쟁'이라는 이름으로 특성화해왔다. 문화 전쟁이라는 용어는 무엇보다도 도덕적 행동의 영역과 관련되어 있다. 이 같은 도덕의 정치화는 사회적 연대의 유지에 중요한 함의를 지닌다. 미국의 한 잘 알려진 논평자에 따르면, "아메리카니즘에는 지적으로 신뢰할 수 있는 지배적 관념, 즉 그러한 정당한 국가적 목적에 대한 전적으로 받아들일 수 있는 정식화가 더 이상 존재하지 않는다."[1]

영국에서도 역시 영국적인 것이 무엇인가와 관련된 일부 근본적

---

1) W. Pfaff, *Barbarian Sentiments: How the American Century Ends* (New York: The Noonday Press, 1990), p. 185.

인 문제들이 검토 중에 있다. 이를테면 학교가 학생들에게 어떤 종류의 가치를 가르쳐야 하는가에 대한 논쟁이 계속되고 있다. 이 논쟁은 1996년 1월 정부 교과과정 자문 위원장이었던 닉 테이트 박사가 한 회의에서 학교는 학생들에게 확고한 도덕적 지침을 제시할 필요가 있다고 말함으로써 촉발되었다. 테이트는 아이들이 옳은 것과 그른 것을 구분할 수 있게 하기 위해 전통적 가치를 교육하는 시간을 더 늘릴 필요가 있다고 주장했다. 교실에서 더 많은 도덕 수업을 할 것을 요구하는 이 요청은 자유주의적 미디어들에 의해 기각되었다. 『인디펜던트』의 한 사설은 사회는 결코 과거보다 덜 도덕적이지 않다고 선언하고, 학생들은 "너무나도 아는 것이 많아서 섹슈얼리티와 결혼과 같은 주제를 단순화하여 제시한 것을 그대로 받아들이지 않는다."고 덧붙였다.[2] 가장 기본적인 인간 행동의 일부 문제에 대해서도 공통의 근거를 결여하고 있다는 점이 이 논쟁에서 분명하게 드러났다.

아이들에게 무엇을 가르칠 것인가에 대한 주요한 견해 차이는 기본적인 가치에 대해서조차 합의를 보지 못하고 있음을 보여준다. 이 같은 약한 가치 공유는 애매함과 의구심의 분위기를 창출하는 데 기여한다. 보다 근본적인 문제들조차 전혀 명확하지 않을 때 삶에 대한 기본적인 결정을 내리는 것은 점점 더 위험해 보인다.

공유 가치의 약화와 위험 의식의 증대 간의 관계는 단지 원인과 결과의 관계가 아니다. 위험 의식의 출현은 사회적 결속 문제에 대한 하나의 잠정적인 해결책을 제시하는 데 도움을 준다. 위험 의식은 그 자체로 그 나름의 도덕성을 수반한다. 그것은 하나의 규범적

---

2) *Independent*, 15 January 1996.

이고 강제적인 도덕성이다. 그것은 개인이 스스로를 안전이라는 핵심적 가치에 종속시킬 것을 요구한다. 그것은 행동을 신중하게 하고 자제할 것을 권고한다. 동시에 그것은 다른 사람을 위험에 빠뜨리는 사람을 비난한다. 그것이 일상생활에 미치는 영향은 광범위하다. 섹슈얼리티와 음식 및 알코올 소비와 관련된 개인의 습관조차도 안전의 관점에서 끊임없이 점검된다.

위험 의식의 출현은 전통적인 형태의 도덕성 부식과 병행된다. 영미권 사회에서 도덕적 진술은 자주 하나의 기원祈願의 형태를 하고 등장한다. "우리는 전통적 가치를 회복해야 한다."는 진술은 빈번히 반복되는 후렴구이다. 그것은 자주 사회가 도덕적 입장을 취하지 않을 경우 사회에 어떤 일이 일어날지를 경고하는 성격을 지니고 있다. 보통 종교 지도자나 보수적인 정치 평론가의 그러한 진술은 대개 구시대적인 분위기를 띠고 있다. 현대 문화 속에서 전통적인 가치와 도덕성은 시대착오적인 이미지를 하고 있다. 이것이 바로 대부분의 주류 여론 주도자가 특정한 쟁점에 대해 논평할 때, 자신들이 도덕적 판단을 하고 있지 않다는 점을 강조하고 나서는 이유이다.

한 주요 논평자는 "도덕적 담론은 왜 시대에 뒤진 것이 될까?"라고 질문한다. 대부분의 전통적 도덕 지지자와 마찬가지로, 그는 도덕은 과학에 기초하지 않는다고 보는 지식인들과 그들의 견해를 비난한다.[3] 현대 인텔리겐치아가 전통적 도덕을 거북해한다는 것은 사실이지만, 도덕적 담론의 상태를 가지고 지식인들을 비난하는 것은 나쁜 뉴스를 이유로 전달자를 비난하는 것이다. 도덕적 담

---

3) J. Wilson, *The Moral Sense* (New York: The Free Press, 1993), p. viii.

론이 매우 시대에 뒤떨어지게 되는 까닭은 그것이 사회의 다양한 부문에 영향을 미치는 능력을 상실해왔기 때문이다. "우리가 공유하는 가치"를 증진시키고자 하는 시도는 항상 이질적인 열망과 생활양식으로 가득 찬 현실에 부딪친다. 가족 가치를 '복원'하고자 하는 영국 보수당과 미국 공화당 정치인들의 잇따른 시도는 단지 기본적인 것에 대한 합의의 부재를 드러내는 데 기여할 뿐이었다.

전통적 도덕을 지지하는 사람들은 분명 수세적 태도를 취한다. 실제로 사회의 모든 부문과 관련된 이상과 모델을 정식화한다는 것은 어렵다. 많은 전통적 가치가 부정적으로 재조명되어왔다. 가족과 같은 핵심적인 전통적 제도들은 가부장적 지배의 도구로 매도된다. 공장이 폐쇄되어 사람들이 강제 실직당할 때, 또는 시외의 거대 쇼핑몰이 중심가의 작은 상점들을 폐업할 수밖에 없게 만들 때 공동체에 대한 호소는 공허하게 들린다. 많은 사람에게 공동체는 피할 수 없는 삶의 현실이라기보다는 하나의 교묘한 환상이다. 전통적 도덕에 헌신하는 사람들에게 세상은 일종의 하이 테크놀로지 소돔과 고모라와 유사하다. 거트루드 힘멜파브는 도덕의 쇠퇴에 대해 웅변적으로 비난하면서, "비정상적인 것이 정상화되는 것과 마찬가지로, 정상적인 것이 비정상적인 것이 된다."고 기술했다. 힘멜파브가 볼 때, 핵가족을 학대의 장소로 그리고 불법을 정당화하는 장소로 표현하는 것은 옳은 것과 그른 것에 대한 가치의 전도를 예증한다.[4] 말하자면 전통적인 도덕은 도덕적 우위를 상실해왔다. 비록 전통적 도덕이 살아남아 있지만, 사회의 가장 영향력

---

4) G. Himmelfarb, "A Demoralized Society: The British/American Experience", *The Public Interest*, Fall 1994, p. 66.

없는 부분들 사이에서 살아남아 있다. 정치, 미디어, 학계의 이른바 여론 주도자들은 그것을 전적으로 멀리하고 있다. 젊은 세대에게 그것은 자주 먼 역사적 이상의 모습을 하고 있다.

전통적 도덕의 주변화는 사회가 어떤 가치 체계도 없이 존재한다는 것을 의미하지는 않는다. 그와는 대조적으로, 전통적 도덕의 주변화가 남겨놓은 공간은 위험 의식과 결부된 행동의 가치 및 관념의 체계로 채워져왔다. 지금까지 출현해온 것은 사람들 간의 상호작용을 규제하는 새로운 에티켓이다. 이제 우리가 살펴볼 것이 바로 이 에티켓이다.

새로운 에티켓

이 새로운 에티켓의 역설 중의 하나는 그것이 의식적으로 가치 자유를 선언한다는 것이다. 실제로 '비非판단적'이라는 용어는 새로운 에티켓의 주요한 작업 개념 중의 하나이다. 이 새로운 에티켓이 하나의 가치 체계에 직접적으로 복속되지 않는 것은 적어도 부분적으로는 그 자체의 내적 불안정성 때문이다. 부풀려진 위험 의식에 기초하고 있고 또 사람들을 불확실성의 삶과 화해시키고자 하는 세계관은 확실성과 절대적 진리를 제공할 수 없다. 이것은 위험 관리 관행 속에서 예증된다. 알코올은 건강에 주요한 위험이 될 수 있지만, 와인은 심장 발작에 하나의 유용한 예방약이 될 수 있다. 혈중 콜레스테롤 수준과 심장 혈관 질환 간의 밀접한 연관과 같은 근본적인 공중 보건 원리조차도 의문시되어왔다. 신중의 메시지에 동의하게 하는 것이 바로 이 확실성의 부재이다. 신중의 메시지는 다시 계속되는 위험 인플레이션을 통해 자신을 정당화한다.

　신중이라는 새로운 윤리는 명시적인 도덕적 판단과 거리를 두기 위해 위험 관리라는 기술적 언어를 사용해왔다. 이를테면 그 윤리의 가치 중 많은 것이 건강과 안전의 증진이라는 중립적인 담론을 통해 고무된다. 일부 논평자들은 건강이라는 현재의 규범과 종교를 대비시켜왔다. 한 의료사회학자에 따르면, '건강함'이 적절한 삶의 기준으로서의 '독실한 신앙심'을 대체했다. 그녀는 이 "비종교적 시대에 음식물과 여타 생활양식의 선택에 초점을 맞추는 것이 기도에 대한 하나의 대안이 되었고 삶과 죽음을 이해하는 수단을 제공하는 올바른 삶이 되었다."고 지적했다.[5] 생활양식의 증진의 기능과 종교의 기능 간의 이 같은 비교가 다소 억지스럽기는 하지만, 개인의 삶의 규제에서 건강에 대한 인식이 갖는 중요성에 대해서는 의문의 여지가 거의 없다.

　신중, 자제, 그리고 책임 있는 행동과 같은 새로운 에티켓의 핵심 가치들은 좀처럼 명시적인 도덕적 담론을 통해 제창되지 않는다. 그 대신에 그러한 가치들은 활동과 경험을 위험 계산과 연계시킴으로써 전파된다. 이를테면 새로운 에티켓은 섹스라는 주제에 대해서는 어떤 공공연한 도덕적 지향도 피한다. 그것은 어떤 성행위도 그 자체에 대해서는 비난하지 않는다. 그것은 비판단적이며, 어떤 특정한 성적 취향에 대해서도 전혀 의혹을 제기하지 않는다. 이것이 바로 표면적으로 새로운 에티켓의 성교육이 개방적인, 즉 거의 모든 것이 허용되는듯한 성격을 지니는 것으로 보이는 이유이다.

---

5) D. Lupton, *The Imperative of Health: Public Health and the Regulated Body* (London: Sage, 1995), p. 4.

실제로 섹스는 이전만큼이나 도덕화되고 있는 주제이지만, 그것은 섹스에 대한 위험을 계산하는 것을 통해 이루어진다. 특정 형태의 섹스의 위험과 관련된 문제는 불가피하게 '위험한 섹스'의 개념화로 이어진다. '안전한 섹스' 또는 '책임 있는 섹스'라는 도덕주의적 기조가 그 주제에 대한 모든 진지한 논의에서 등장한다. 하지만 경고는 항상 고도로 의료화된 어조로 전달된다. 이를테면『브리티시 메디컬 저널』에서 10대의 섹스에 대한 논의는 순 의학적인 용어로 위험에 대해 경고하고 있다. "미성년자의 섹스와 연관된 질병의 규모는 정신이 바짝 들게 할 정도이며, 많은 10대에게 성행위는 전혀 적절하지 않다."는 것이 그 연구의 결론이었다.[6] 이 연구가 채택한 기술적 언어는 의도적으로 행해지는 가치판단 멀리하기를 예증한다. 미성년자의 섹스는 비난받지도 비판받지도 않는다. 저자는 단지 "많은 10대"—결코 모든 10대가 아니다—에게 성행위는 "전혀 적절하지 않다."고 제시한다. 이들 단어는 신중하게 사용되고 있다. 10대의 섹스는 바람직하지 않거나 도덕적으로 옳지 않은 것이 아니다. 그것은 다만 '적절하지' 않을 뿐이다!

도덕적으로 노골적인 비난을 받았던 기성세대의 사람들은 섹스의 위험에 대한 동일한 경고가 이제 위험 담론을 통해 재생되고 있다고 지적할 것이다. 섹슈얼리티에 대한 새로운 에티켓은 허용할 수 있는 것과 허용할 수 없는 것에 대한 그 나름의 위계를 가지고 있다. 한때는 비난받던 관행 중 많은 것이 현재는 받아들여지고 있기 때문에, 그것은 과거를 지배했던 성 에티켓보다 훨씬 더 관용적인 것처럼 보인다. 이를테면 동성애와 자위행위는 이제 더 이상 비

---

6) S. Stuart-Smith, "Teenage Sex", *British Medical Journal*, 17 February 1996, p. 312.

도덕적인 것으로 선언되지 않는다. 실제로 많은 성교육자는 자위 행위를 '안전'하고 건전한 성행위의 형태로 적극적으로 장려한다. 동시에 삽입 섹스를 위험하고 전혀 바람직하지 않은 것으로 간주하는 경향이 있다. 오늘날의 경계선은 그 실행 방식이 정상적인가 비정상적인가 또는 도덕적인가 비도덕적인가에 따라 나누어지는 것이 아니라 그 섹스가 안전한가 아니면 위험한가에 따라 나누어진다. 섹스는 안전-위험의 대비를 통해 과거만큼이나 강제적인 도덕적 어젠다에 종속된다. 젊은 여성들이 한때 정숙한 여자는 갈 때까지 가지는 않는다는 말을 들었다면 오늘날 그녀들은 책임질 줄 아는 여자는 신중을 기한다고 알고 있다.

위험과 섹스 간의 관계가 더욱 강력하게 연관된 것은 HIV의 전염과 에이즈의 출현을 통해서이다. 하지만 일단 건강이 위험의 관점에서 정의되자, 섹슈얼리티의 영역에서만이 아니라 행동 일반이 새로운 도덕적 어젠다에 종속되었다. 연구자들은 안전한 섹스를 위해 전문가들이 조언한 실천 방식이 다른 형태의 전염병과 관련해서도 고려되어야 한다고 주장한다. 많은 질병은 HIV보다 훨씬 더 전염성을 지니고 있다—그렇다면 이를테면 사회는 인플루엔자로 고통 받는 사람들에게 다른 사람들과 접촉하지 말라고 요구해야 하는 것 아닌가? 의료윤리 분야의 두 주요 인물은 다음과 같이 질문했다. "만약 어떤 사람이 감기 또는 독감에 걸렸다고 생각할 때, 그는 동료들에게 어떤 도덕적 책임을 지는가?"[7] 비난, 도덕성, 책임의 관념이 건강 위험의 관념과 밀접히 연관되어 있음은 분명하다.

---

7) J. Harris and S. Holm, "Is There a Moral Obligation Not to Infect Others?", *British Medical Journal*, 4 November 1995, p. 312.

위험 의식을 둘러싸고 구성된 에티켓의 규범적 결과를 놓고 다양한 논평이 제기되었다. 흡연에 대한 낙인찍기는 거기서 문제가 되고 있는 것이 바로 실제적인 규제 효과라는 것을 보여준다. 위험 감수 행동의 비도덕성은 개인의 행위가 다른 사람들에게 어떤 결과를 초래하지 않는다는 점에 근거하여 정당화된다. 이를테면 흡연은 비자발적으로 그것에 노출되는 사람들에게 위험을 초래하기 때문에 비난받는다. 어떤 개인의 행위는 다른 사람들에게—직·간접적으로—어떤 결과를 초래할 수밖에 없기 때문에, 거기에는 항상 그 이상의 규제가 따른다. 위험 지향 도덕성을 주창하는 일부 사람들에 따르면, 스스로 위험을 감수하는 사람들은 자신들의 행동의 책임을 "물론 위험 감수를 자제하는 일반 시민을 포함하여" 그 밖의 다른 사람들에게 확산시킨다.[8] 위험 의식을 옹호하는 사회학자들 또한 개인의 행위와 관련하여 문제를 정의한다. 루만은 "한 사람의 위험한 행동이 다른 사람을 위험하게 한다는 것은 근대 사회의 근본적 문제 중의 하나"라고 기술했다.[9] 그러한 관점은 암묵적으로 개인의 행위에 대한 규제를 요구한다.

개인의 행위를 규제하고자 하는 경향은 때때로 사람들의 분노를 불러일으켜왔다. 미디어에는 '먹을거리 파시즘'을 비난하는 논설들이 등장하고 생활양식에 영향을 미치고 그것을 변화시키고자 하는 상이한 방식들이 제안되었다. 일부 필자들, 특히 우파 필자들은 건강 운동가들을 그들이 "자유, 책임, 자결"을 훼손한다는 이유로 공공연히 비난해왔다.[10] 그러한 비판은 대개 생활양식 규제 현상

---

8) Leiss and Chociolko, *Risk and Responsibility*, p. 11.
9) Luhman, *Risk*, p. 147.
10) D. Anderson, "The Health Activists: Educators or Propagandists?", in P. Berger (ed.),

에 대한 조리 있는 해석보다는 반발의 성격을 띠고 있다. 새로운 에티켓의 비판가들은 그것의 강제적 결과에 반발하는 경향이 있으며, 좀처럼 그것의 전제에 동의하지 않는다.

새로운 에티켓에 대한 비판이 피상적인 경향을 드러내는 한 가지 이유는 새로운 에티켓이 개인의 행동에 대해 나름대로 암묵적인 규칙을 가지고 있는 하나의 가치 체계로 인식되지 않기 때문이다. 하지만 그것이 바로 새로운 에티켓의 본질이다. 그러한 비난이 전통적으로 권위 있는 인물에게서 나온 것일 경우, 우리 중 많은 사람은 주제넘게 참견하는 것으로 또는 도덕주의적인 것으로 보이는 그러한 비난을 개인의 건강과 안전을 명분으로 기꺼이 받아들인다.

새로운 에티켓이 좀처럼 하나의 일관적인 실체로 개념화되지 않는 또 다른 이유는 그것이 공표되지 않은 채 출현했기 때문이다. 신중이라는 도덕성은 임시적으로 우연하게 진전되었다. 그것은 잡동사니 속에서 진전되었기 때문에, 결코 스스로 하나의 관념 체계의 지위를 주장할 수 없었고, 좀처럼 그 자체로 인정받을 수 없었다. 그럼에도 불구하고 1970년대 이래로 신중이라는 도덕성은 꾸준히 영향력을 획득해왔다. 지난 20년 동안의 새로운 쟁점 중 많은 것—환경, 에이즈, 학대 문화—은 새로운 에티켓의 사고방식을 구체화하는 데 일조했다.

회고해볼 때, 우리는 이 에티켓이 공표되지 않은 채 진전되었다는 점을 1980년대와 관련하여 파악할 수 있다. 1980년대는 레이건과 대처의 10년—표면상 자유 기업, 조야한 개인주의, 그리고 보

Health, Lifestyle and Environment Counteracting the Panic(London: Social Affairs Unit, 1991), pp. 45-46을 참조하라.

수적 도덕성의 시기—이었다. 그럼에도 불구하고 1980년대는 바로 새로운 에티켓의 매우 다양한 요소가 번성한 시대였다. 그 시대는 신중의 시대, 학대가 정상화된 시대, 에이즈의 시대, 위험 의식이 번성한 시대, 일상생활의 전문화와 규제가 크게 증가한 시대이다. 위험에 대한 한 중요한 분석은 1980년대 영국에서 "무엇이 규제 활동을 이처럼 급속하고 엄청나게 증대시켜왔는지"를 물었다. 그 저자는 다음과 같이 덧붙였다. "표면적으로 시장의 힘과 기업가 정신의 해방에 헌신한 보수당 정부하에서 규제가 발생했다는 것은 아이러니하다."[11]

다른 지향에 헌신하는 자유 시장 정권하에서도 위험 혐오와 위험 규제가 증가했다는 것은 그것을 유발한 힘의 세기를 말해준다. 그것은 잇따른 정부의 반대에도 불구하고 새로운 형태의 사회적 규제가 성공적으로 이루어졌다는 것을 보여준다. 그것은 사회구조 내에 새로운 에티켓을 부상시킨 강력한 힘이 존재한다는 것을 의미한다. 그것은 또한 1980년대 보수적인 정권이 그 나름의 도덕적 권위를 공고히 하는 데 실패했음을 말해준다.

레이건-대처 시대에 새로운 에티켓을 배후에서 뒷받침하는 힘이 성장한 것은 이들 정권의 많은 지지자에게는 좌절의 한 원천이었다. 직감적으로 볼 때, 그들은 자신들이 선거에서 성공했음에도 불구하고 그들이 경멸한 가치와 관행이 번성하고 있다는 것을 알고 있었던 것으로 보인다. 1980년대 동안 공공 정책을 지배한 그리고 몇몇 경우에 그것에 편입된 관행 중 많은 것이 열성적인 우파 지지자들을 탈도덕화시키는 결과를 초래했다. 그것들이 바로 건

---

11) J. Adams, *Risk*(London: UCL Press, 1995), p. 206.

강, 안전, 개인적 행동과 관련하여 진전된 규제 수단들이었다. 그러나 다른 어떤 것보다도 그들을 격노케 한 것은 새로운 에티켓이 아주 쉽게 전통적 도덕을 주변화시키는 데 성공했다는 것이었다. 이러한 사태의 진전에 대한 그들의 반발은 결국 '정치적 옳음'에 대한 논쟁으로 폭발했다.

정치적 옳음에 관한 매우 가열된 논쟁은 불행하게도 관련 문제들을 혼동하는 경향이 있었다. 그것은 정치적 옳음이라고 불리어온 것에 힘을 부여한 근본적인 영향력을 제대로 다루지 못하는 극히 피상적인 논의였다. 그 대신에 비판들은 그러한 경향이 초래한 몇몇 결과에 거의 전적으로 주의를 집중했다―그것들이 미국의 대학과 관련될 때 특히 더 그랬다. 그리하여 공중의 마음속에서 정치적 옳음은 언론 규약, 성희롱, 인종 문제에 대한 대학 내 논쟁과 밀접하게 연관되게 되었다. 논설들은 검열의 정당성과 부당성, 다문화주의의 문제, 이른바 서구 문화에 대한 헐뜯기에 대해 논의했다.

정치적 옳음 운동에 반대하는 사람들은 자신들이 경멸의 대상으로 삼은 것을 분명하게 표현하기가 어렵다는 점을 발견해왔다. 대부분의 경우에, 반대자들이 우려하는 것은 자신들이 서구적 가치에 대한 용인할 수 없는 거부로 인식한 것들이었다. 그들은 그러한 관념의 확산을 자주 전통주의적 필자들이 '새로운 지식계급'이라고 부른 사람들의 행위의 결과로 설명했다.[12] 그들의 기고문은 사회에서 일어나는 보다 광범위한 추세를 전혀 감지하지 못하고 있

---

12) "정치적 옳음의 정치학"을 특집으로 다룬 *Partisan Review*, vol. 60, no. 4, 1993을 보라. 이 간행물에서 실제로 모든 기고자는 정치적 옳음을 구성하고 있는 것을 편협하게 형식적으로 독해하고 있다.

었다. 대학의 언론 규약은 사회의 전반적 추세의 단지 작은 부분일 뿐이다. 반대자들이 새로운 에티켓의 성공을 이처럼 제대로 이해하지 못하는 까닭은 단지 이해력의 부족 때문만이 아니다. 어쩌면 자신들의 가치가 도덕적 권위를 놓고 벌이는 전쟁에서 패배하고 있다는 전통주의자들의 인식이 그들로 하여금 새로운 현실과 맞서는 것을 꺼리게 만들었을지도 모른다.

정치적 옳음의 사회학

정치적 옳음은 진지한 학자라면 글을 쓸 것 같지 않은 주제이다. 물론 그 누구도 실제로 '정치적으로 옳지' 않다. 그 용어는 어쩌면 가벼운 농담으로 시작되었을지도 모른다. 후일 보수주의자들은 그것을 미국의 자유주의자 및 좌파의 행위와 행동을 풍자하기 위한 용어로 악용했다. 하지만 이 용어가 대서양 양편에서 다른 데로 주의가 돌려진 것은 모든 성공한 풍자와 마찬가지로 그것이 아픈 곳을 건드렸다는 것을 의미한다. 그 아픈 곳이 바로 개인의 자율성을 규제하고 제한하려는 시도에 대한 (비록 분명하게 표출되지는 않지만) 광범위한 공중의 분노이다.

그것이 그토록 골치 아픈 주제인 이유 중 하나는 정치적 옳음을 둘러싼 논쟁이 전개된 혼란스런 방식이다. 정치적 옳음에 대한 초기의 공세 중 많은 것이 격렬한 폭언의 성격을 띠고 있었다. 정치적 옳음 운동에 적대적인 사람들은 자신들의 신념에 반하는 관념과 관행의 부상에 크게 분개했다. 그러한 관념이 보수 정권이 선거에서 상당한 지지를 받고 있는 시점에 번성하고 있다는 것은, 정치적 옳음 운동의 등장이 대표되지 않은 소수집단 불만자들의 소행이라는 인상을 주는 데 일조했다. 정치적 옳음이라는 용어는 실제로 우파가 좋아하지 않는 모든 사태의 진전을 포괄하기 위하여 우파에 의해 사용되었다. 그 용어는 여성과 흑인의 지위 변화에 대한 전통적인 적대감과 새로운 에티켓과 연관된 강제적인 언론 규약 및 관행의 거부를 결합시켰다. 정치적 옳음에서 독특한 것이 무엇인지가 이처럼 정확하지 않다는 점이 그것의 논거와 관련된 혼동의 분위기에 기여했다.

정치적 옳음이 변화하는 미국의 제도적·문화적 생산물의 수많은 특징과 연계되어 있다는 것은 전통주의자들이 정치적 옳음이 포함하는 내용을 일일이 설명할 필요가 없었다는 것을 의미했다. 그들은 또한 자신들의 삶의 방식의 실패가 어떤 의미에서 자신들이 몹시 싫어하는 현상의 성공과 연계되어 있다고 생각할 필요도 없었다. 이번에는 많은 자유주의자와 좌파가 정치적 옳음 운동의 존재 자체를 부정하는 방식으로 대응했다. 그 논쟁에 대한 한 흥미로운 분석은 좌파 논평자들이 "놀랄만한 반대 증거들에도 불구하고 정치적 옳음 현상 자체를 인정하기를 꺼려한다."는 점을 들어 그들을 비난한 바 있다.[13] 자유주의 학자와 좌파 학자는 여전히 정치적 옳음 운동의 존재를 부정하거나 아니면 그것을 우파의 날조 정도로 치부한다. 일부 학자는 그것이 존재한다는 것을 받아들일 준비를 하고 있지만 그것은 주변적이며 극히 드문 현상이라고 주장한다.

그럼에도 불구하고 새로운 에티켓은 사회의 모든 부문으로 확산

---

13) H. K. Bush, "A Brief History of PC, with Annotated Bibliography", *American Studies International*, vol. 33, no. 1, 1995, p. 45를 보라.

되어왔다. 심지어는 콧대 센 자본주의 기업들조차도 그것의 실천 방식의 많은 것을 채택했다. 대부분의 주요 기업은 희롱과 약자 괴롭히기에 대한 그들 나름의 행동 규약을 제정했다. 기업들은 또한 탐욕스런 자본가라는 1980년대의 자신들의 이미지를 벗어버리기 위해 비상한 노력을 해왔다. 기업들이 녹색 경영이나 자신들의 모든 이해관계자와의 대화 등 자신들이 벌인 온갖 시도를 떠벌릴 때 '윤리적 자본주의'와 같은 용어들이 입에 오르내리고 있다. 배려 자본주의caring capitalism는 자제를 강조하는 '지속 가능한 발전'과 '사람 중심 접근 방법'과 같은 용어들을 사용한다.

정치적 옳음을 둘러싼 논의의 혼란 상태는 수사적 화려함 때문이 아니다. 정치적 옳음 운동의 가장 극단적이고 우스꽝스러운 표현들에 초점을 맞추는 것은 그러한 진전의 주요한 특징들을 제대로 이해할 수 없게 한다. 정치적 옳음과 관련하여 흥미를 끄는 것은 중간계급 백인 남성권력이나 그것의 상대주의적 인식론에 대해 자주 되풀이되는 지적 비난이 아니다. 그러한 비난은 보다 중요한 추세에 대한 피상적이고 상대적으로 상궤를 벗어난 표현이다. 대학 내의 다양한 형태의 정치적 옳음 운동은 그 운동이 갖는 의미를 제대로 드러내고 있지 못한 것으로 보인다. 정치적 옳음과 관련하여 중요한 것은 그것이 삶의 방침에 새로운 에티켓을 제공한다는 것이다. 그것은 무엇보다도 하나의 도덕화 프로젝트이다.

앞서 지적했듯이, 이 새로운 에티켓은 서로 다른 상황에서 다양한 인간관계를 재조직화하는 데 기여해왔다. 널리 확인된 하나의 징후가 언어가 변화해온 중요한 방식이다. 언어의 변화는 단지 새로운 가치뿐만 아니라 삶의 다의성을 지적해준다. 고양이는 여전히 애완동물인가 아니면 그것은 '반려동물'이 되었는가? 당신은 당신의 배우자를 당신의 아내(또는 남편)라고 부르는가 아니면 당신의 파트너라고 부르는가? 선호하는 용어는 당신의 관계와 당신이 그 관계가 인식되길 원하는 방식 모두에 대한 태도를 보여준다. 언어에 나타나는 다의성은 행동 수준에서 일부 미해결된 긴장이 존재한다는 증거이다. 행동이 명료성을 결여하고 있다는 것은 가치체계와 관련한 합의가 다소 약하다는 것과 연관되어 있다. 우리는 이 확실치 않은 합의를 가족생활, 어른과 아이의 관계, 교육, 성과 같은 문제에 대한 격한 논쟁에서 찾아볼 수 있다.

  새로운 에티켓은 인간 행동을 규제하는 하나의 대안적 방법을 제공한다. 그것이 강조하는 책임 있는 행동은 항상 은연중에 개인적 삶의 영역으로 침투할 위협을 포함하고 있다. 아이러니하게도 새로운 에티켓이 개인적 삶에 침투할 수 있는 힘을 부여하는 것은 그것의 도덕적 충동이며, 그것에 신뢰할만한 권위를 부여하는 것은 전통적 도덕의 실패이다. 새로운 에티켓은 바로 이 권위주의적 도덕에 기초하여 자신이 판결하고 검열하고 처벌할 권한을 가진다고 믿는다. 역설적이게도 그것은 자신을 비판적인 것으로 그리고 무력감의 보호자로 제시한다. 우리를 우리 자신으로부터 보호하고자 하는 이러한 방침은 전에는 권위주의자들이 건드리지 않고 놓아두었던 영역으로까지 확장된다. 예를 들면 1995년에 다임 초콜릿 텔레비전 광고가 그것이 사람들에게 음식을 게걸스럽게 먹도록 부추긴다는 이유로 금지되었다. 독립텔레비전위원회Independent Television Commission가 정한 새로운 규정에 따르면, 광고는 "어떤 음식의 과도한 소비를 부추기거나 용인해서는" 안 된다.[14] 이것은 사소한 문

---

14) *Daily Telegraph*, 2 February 1995에서 인용함.

제일 수도 있지만, 일단 초콜릿 소비량의 규제가 정당한 검열의 기반을 갖추고 나면 다른 어떤 것들도 당연히 검열받게 될 것이다. 전통적 도덕의 원칙, 즉 "아이들 앞에서는 안 된다."는 원칙이 여기서 훨씬 더 온정주의적이고 검열적인 방식으로 재생되고 있다.

내친 김에 새로운 에티켓에 내재하는 이중 기준에 대해 지적할 필요가 있다. 외견상 그것은 서로 다른 생활양식에 대해 열려 있는 비판단적 태도를 표명한다. 이를테면 새로운 에티켓을 실천하는 사람들은 전통적인 도덕이 소위 일탈적 하위문화를 낙인찍는다는 이유로 그것을 비판한다. 새로운 에티켓은 한부모 가정을 공격하는 것은 빅토리아시대의 도덕성을 강요하는 낡은 시도라고 비난한다. 그러나 동시에 새로운 에티켓을 지지하는 사람들은 자신들의 도덕화를 실천하는 것과 관련하여 아무런 금지 사항도 두지 않는다. 위험을 감수하는 사람들과 자신들의 행동 형태가 너무나도 남성적이거나 독단적인 사람들은 자신들이 깨달을 필요가 있음을 알려주는 강의를 들을 것을 요구받을 수 있다.

실천의 측면에서 볼 때, 새로운 에티켓은 어쩌면 전통적인 형태의 도덕보다도 더 개입주의적일 수도 있다. 지난 20년은 새로운 사회적 규제 방법의 끊임없는 확장으로 특징지어진다. 셀 수 없는 새로운 규칙들이 국가에 의해 제정되어 사적 조직 내에서 시행되어 왔다. 그러한 권위주의적인 발의들은 자주 자유주의적, 때로는 좌파적 수사에 의해서 정당화되곤 한다. 생활양식의 가장 기본적인 측면들도 도덕적인 판단에 종속된다. 이를테면 임신한 여성이 하는 모든 것—먹는 음식, 음주 습관, 흡연 여부—이 공적 강제에 종속된다. 이러한 식의 상황 진전이 초래한 한 가지 중요한 결과가 바로 공적 영역과 사적 영역 간의 구분이 모호해진 것이다. 이러한 규제 열풍은 때때로 전前 자본주의사회들을 특징짓던 통제의례와 유사하다. 과거 형태의 규제로의 이 같은 복귀를 보여주는 한 실례가 바로 영국과 미국에서 부모들이 자신들의 아이들이 저지를 범죄에 대해 책임을 져야 한다는 원칙이 점점 더 받아들여지고 있다는 것이다.

안전에 관한 새로운 에티켓과 관련한 규제 수단 중 많은 것은 전혀 권위주의적인 것처럼 보이지 않는다. 그러한 정책들은 개입 대상에게 권한을 부여하고 그 대상을 후원하고 존중한다고 주장함으로써 정책을 정당화한다. 정치적 옳음은 새로운 언어를 통해 인간 행동의 규제와 관련된 전통적인 도덕적 테마를 표현한다. 사적 생활에의 공적 개입은 자주 "도움이 되는 지원"의 형태를 취한다. 사람들이 일자리를 잃을 때, 그들이 실업에 어떻게 대처할지를 조언해줄 수많은 전문가가 있다. 수많은 전문가가 다양한 문제에 대해 조언하기 위해 고용되어 있다. 냉소적인 사람은, 고용 기회를 제공하기보다 유익한 조언을 하기가 더 쉬우며, 많은 전문가는 자신들의 유익한 조언이 무시당할 때 전혀 동정적이지 않은 사람이 된다고 주장할 수도 있다.

건강 캠페인에서 카운슬링에 이르는 다양한 장치는 국가가 자신의 사회통제 능력을 재평가하는 메커니즘이 되어왔다. 이 새로운 '지원' 메커니즘들은 실세로 개인의 자율성을 잠식한다. 우선 그것들은 사람들의 삶을 통제하는 하나의 방식이다. 사람들로 하여금 창의력을 발휘하는 대신에 전문가에게 조언을 구하도록 부추기는 것은 수동성의 분위기―개인과 전문적 도우미 간의 의존관계가 수립되는 상황―를 낳는 데 기여한다.

우리는 새로운 에티켓의 배후에 존재하는 이러한 힘을 전통적인 도덕 제도가 무너지고 새로운 에티켓의 관행에 길을 내주는 방식에서 찾아볼 수 있다. 어떤 제도도 이 새로운 도덕의 영향력에서 벗어나 있지 못한 것으로 보인다. 영국 전통의 핵심 제도인 영국 국교회는 이러한 추세를 분명하게 예증한다. 지난 10년 동안 이 교회 내부의 전통주의자들은 계속 후퇴해왔다. 여성이 성직자로 봉직하는 것을 받아들이는 문제에 패배한 전통주의자들이 동성애자 성직자를 공개적으로 받아들일 수밖에 없게 되는 것도 시간문제일 뿐이다. 교회는 또한 결혼의 가치를 옹호해야 하는 문제를 안고 있다. 비록 교회가 결혼한 성직자들을 줄곧 받아들여왔지만, 1994년에는 두 번 이혼 후에 세 번 결혼한 성직자를 받아들일 수밖에 없었다. 1995년 종교회의에 제출된 보고서는 동거를 결혼의 서곡으로 승인했다.

영국 국교회 내의 전통주의자들의 참패는 국교회가 전체 사회에 대해 미치는 영향력이 쇠퇴한 것과 병행해왔다. 국교회가 젊은이들 사이에서 일정한 영향력을 얻기를 단념한 것은 1995년 8월에 셰필드에서 나인 어클락 서비스Nine O'clock Service를 둘러싼 스캔들에 의해 그대로 예증되었다. 나인 어클락 서비스는 젊은 교구 신부 크리스토퍼 브레인이 창시했다. 브레인은 젊은이들에게 호소하기 위해 광란 문화와 기독교의 예배를 결합시키고자 했다. 젊은이들 사이에서 추종자를 끌어 모은 그의 예배는 옛 기독교식 상징주의와 뉴에이지의 신비주의, 환경 의식, 광란 문화를 결합시켰다. 교회 지도자들에게 이 모험의 인기는 기회주의적으로 혼합된 관행에 대한 혐오감을 극복하는 데 도움을 주었다. 하지만 브레인 신부의 퍼스낼리티를 둘러싸고 스캔들이 발생했다. 여성 신도 중 일부를 성적으로 학대했다고 고발당한 그는 성직을 사임할 것을 강요받았다. 당시 대부분의 미디어는 브레인의 카리스마적 퍼스낼리티에 초점을 맞추었으나, 훨씬 더 근본적인 쟁점은 영국 국교회 내의 막연한 불안감이었다. 교회가 청년 문화와 쇼 비즈니스의 요소에 의존한 것은 교회가 그 자신의 신념과 사명을 결여하고 있음을 보여주는 것이었다.

교회가 점점 더 사회로부터 고립되는 것에 대한 영국 국교회의 반응은 마지못해 새로운 에티켓에 순응하는 것이었다. 교회가 브레인을 둘러싼 스캔들에 대처한 방식은 이러한 순응 경향을 분명하게 보여주었다. 캠퍼스 내에 확고히 자리 잡은 정치적 옳음의 지침을 따라, 영국 국교회는 새로운 '성직자 행동 규약'을 발표했다. 교회는 처음으로 성직자들의 행동 지침을 규정했다. 정치적 옳음의 전통을 따라, 성직자 행동 규약은 인간 행동의 세부 사항에 대한 지침을 제공한다. 그 규약은 성직자들에게 밤늦게 젊은 여성을 만나지 말고, 근무시간 중에 술을 마시지 말고, 위로와 조언을 할 때 교구민들과 너무 가까이 앉지 말 것을 촉구한다. 그 규약은 성직자들에게 '적절한 신체적 자세'를 취하라고 훈계한다. 그것은 또한 '조명과 가구 배치'에 대해, 그리고 교구민들이 방문했을 때 앉을 위치에 대해서도 유용한 정보를 제공한다.[15] 이 규약은 성직자의 나쁜 행실을 예방하는 것과 함께 도덕적 패배를 인정하고 있다. 영국 국교회는 교구 신부를 잠재적 학대자로 취급함으로써 교회가 의문의 여지없는 도덕적 권위를 요구할 권한이 없음을 인정했다. 게다가 국교회는 인간 행동의 지침에 대한 교회의 관례보다 정치적 옳음의 행동 규약이 교회의 내부 통제 양식에 더 적합하다는 점

---

15) *The Sunday Times*, 27 August 1995에서 인용함.

을 받아들였다.

영국 국교회의 새로운 에티켓에의 순응은 사회 전반에 분명하게 나타나는 좀 더 광범위한 형태의 일부이다. 걸 가이드의 경우는 이 순응 유형에 일부 유용한 통찰력을 제공해준다.[16) 최근 걸 가이드는 계속해서 대원이 감소해왔다. 이제 그것은 청년 조직이라기보다는 어린아이들의 놀이 집단이다. 걸 가이드는 어린 소녀들의 마음을 끌기 위해, 자신의 이미지를 현대화하기 위해 노력해왔다. 걸 가이드의 원래 철학은 대영제국과 전통적인 도덕적 가치에 열렬히 헌신하는 것이었다. 그러한 가치와 관행이 우리의 시대정신과 어긋나기 때문에, 걸 가이드는 자신의 이미지를 정비할 것을 요구받아왔다. 자신의 비전 선포문에서 걸 가이드협회는 도덕에 대해 분명한 입장을 취하고자 노력한다. 협회는 그들만의 "정신적·도덕적 가치에 의해 뒷받침되는 놀이, 우정, 모험의 환경"을 제공할 것을 약속한다. 제니 브리스토가 주장한 것처럼, 그러면 오늘날 적합한 것으로 인식할 수 있는 도덕적 가치는 무엇인가?

걸 가이드의 대원이 항상 기초하고 있어야 하는 세 가지 절대적 원칙—신, 여왕, 국가에 대한 충성—은 이제 더 이상 의심할 여지 없는 권위를 누릴 수 없는 관례들이다. 따라서 걸 가이드는 적절한 변화를 모색해왔다. 이를테면 "신에 대한 나의 의무를 다하자."는 맹세는 "나의 신을 사랑하자."는 좀 더 미묘한 약속으로 대체되었다. 새 『가이드 핸드북』이 밝히고 있듯이, 이는 선불교도에서부터 무신론자에 이르기까지 모든 사람을 포용하기 위한 것이다. "여왕

---

16) 걸 가이드에 대한 논의는 아래의 탁월한 논문에 기초하고 있다. Jenny Bristow, "Guiding Principles," *Living Marxism*, September 1996.

을 섬겨라."는 것과 관련해서는 소녀들은 여왕이 딱하다는 말을 듣는다. 왜냐하면 "당신이 가는 모든 곳을 그것도 휴일에까지 주시받는 것은 매우 좋은 일일 수 없기" 때문이다. 그리고 애국주의는 "우리는 우리의 조국, 그것의 역사와 관습에 대해 알고 있으며, 따라서 우리는 다른 사람들에게 그것에 대해 말할 수 있다."는 관념으로 축소되었다. 세 단어로 요약되는 일단 단순화된 맹세는 이제 핸드북에서 단 세 페이지에 걸쳐 우회적으로 설명된다.

걸 가이드의 변명조의 새로운 방향 설정은 전통주의자들이 전통을 지지하는 데 따르는 문제를 여실히 보여준다. 전통주의자들은 어쩔 수 없이 대부분의 관계에 내재하는 불확실성을 축으로 하여 재조직화되고 있다. 심지어는 군대와 경찰 같은 조직들도 이러한 추세에 영향을 받아왔다. 남성과 여성 간의 긴장과 성적 취향의 차이 간의 긴장 중 많은 것이 그러한 제도들 내에서 재고되었다. 이들 문제에 대한 새로운 규약과 정책이 이제 영국에서 그러한 서비스의 작동을 이끌고 있다.

주요 반낙태주의자 하원 의원인 데이비드 앨턴이 1995년 8월에 발표한 성명, 즉 자신은 다음 하원 의원 선거에 입후보하지 않겠다는 선언은 전통적인 도덕주의자들의 딜레마를 상징한다. 앨턴은 정치적 옳음 운동에 환멸을 느꼈고 또 자신이 도덕적 어젠다를 영국 정치 내로 끌어들일 수 없음에 환멸을 느꼈다고 주장했다.[17] 앨턴의 이력은 원칙에 의거한 전통주의적 입장을 견지하는 데 따르는 문제를 보여준다. 앨턴과 그가 상징하는 임신중절 반대 로비 단체는 낙태에 반대하는 자신들의 전통적인 논거를 수정함으로써 지

---

17) *Guardian*, 1 August 1995에서 인용함.

배적인 분위기에 순응하고자 했다. 그들은 공개적으로는 낙태가 그 **자체로** 잘못이라고 좀처럼 주장하지 않는다. 그 대신에 그들은 새로운 기술이 제기하는 '윤리적 문제'를 지적하고, 자연을 함부로 뜯어고치는 것에 대한 공중의 광범위한 반발에 편승하여 지지를 획득하고자 한다. 반낙태주의자들이 현재의 분위기에 적응하고 있음을 보여주는 또 다른 것이 바로 그들이 그 문제를 희생자, 즉 태아에 대한 학대의 하나로 재조명하고자 한다는 점이다. 그들이 정치적 옳음 운동의 노선을 기꺼이 받아들이기 때문에, 그들이 전통주의적 어젠다를 설정할 수 없다는 것은 놀랄 일이 아니다. 전통주의자들이 자신들의 정체성을 규정하는 가장 근본적인 문제 중의 하나에 대한 새로운 에티켓에 이처럼 적응하는 것은 균형점이 도덕의 지평 위로 얼마나 옮겨왔는지를 보여준다.

첨언하면 영국에는 도덕적 어젠다가 부재한다는 점과 관련한 앨턴의 주장은 상황을 오해하고 있다. 그가 공격한 바로 그 정치적 옳음 운동은 도덕주의로 매우 충만해 있다. 많은 문제에 대해 전통적 도덕과 새로운 에티켓의 도덕이 서로 평행선을 달린다는 지적은 흥미롭다. 우리는 이 두 도덕 추세의 통합을 이 장의 마지막 절에서 검토할 것이다.

도덕주의적 정명

영국에서의 도덕적 어젠다의 부재에 관한 앨턴의 진술은 매우 놀랍다. 왜냐하면 도덕과 밀접하게 관련된 문제가 지난 25년 동안 정치를 지배해왔기 때문이다. 한부모에 대한 논쟁, 낙태, 입양, 체외수정에 관한 문제, 범죄에 대한 논쟁은 최근 영국 정치를 지배해온 많은 도덕적 테마 중의 일부일 뿐이다. 실제로 이 기간에 도덕적 어젠다에 밀린 것은 사회적 어젠다였다고 주장할 수 있다. 이러한 반응은 놀랄 일이 아니다. 왜냐하면 사회가 곤경에 처할 때마다 도덕화가 시작되기 때문이다. 이 책의 주요 테마들—위험 의식, 학대 문화, 낯선 사람에 대한 공포, 신뢰 관계의 부식—은 이 도덕화 정명을 반영한다.

영국에서의 도덕적 힘의 상태와 관련하여 앨턴이 혼동하는 것은 이해할만하다. 왜냐하면 그는 도덕이 전통적 형태로 나타날 때에만 도덕을 인지하는 것으로 보이기 때문이다. 대부분의 전통주의자가 공유하고 있는 이러한 혼동은 왜 자신들의 도덕 브랜드가 쇠퇴하고 있는지 그리고 왜 대안적인 견해가 우세해지는지를 이해하지 못함으로써 더욱 배가된다. 이러한 혼동의 원천은 그들이 개인과 공동체의 관계를 다루는 데 따르는 어려움과 매우 밀접한 관계가 있다. 도덕의 현 상태에 대한 앨턴의 혼동은 결코 그에게 또는 그와 같은 생각을 하는 전통주의적 사상가들에게만 국한되지 않는다. 새로운 윤리의 급진적 주창자들은 단지 도덕이 칼라를 빳빳이 세운 옷(의미심장하게도 많은 현대 교구 신부가 피하는 풍습)을 입고 있을 때에만 도덕을 인지할 수 있다.

비록 정치적 스펙트럼상의 우파들이 전통적으로 개인과 동일시되지만, 그러한 동일시는 다소 골치 아픈 관계였다. 많은 상황에서 보수주의자들, 그리고 심지어 자유주의자들조차도 크게 발전한 개인주의를 공동체에 대한 위협으로 간주한다. 자유 기업과 자유 시장을 지지하는 사람들조차도 때때로 아무런 제약을 받지 않는 개인의 자기 이익 추구가 초래하는 파괴적 결과에 혐오감을 드러낸다. 많은 학자가 애덤 스미스에 대한 자신들의 해석을 재평가하고 있는 것도 바로 이러한 분위기 속에서이다. 1970년대와 1980년대에 『국부론』의 저자 스미스는 최초의 가장 위대한 자유 시장 교사敎師로 칭송받았다. 그러나 1990년대에 스미스는 하나의 도덕철학자, 즉 『도덕감정론』의 저자이자 책임 있는 배려 자본주의의 수호천사로 재발명되었다.

강력한 사회적 분열이 일어나고 공동체적 유대가 약화될 때마다, 개인주의 정신에 대한 지지는 감소한다. 많은 보수주의자가 자신들이 1960년대 '나Me'의 세대의 증거임을 내세우며 정치적 옳음과 연관된 추세를 공공연히 비난하는 것은 흥미롭다. 전통주의자들은 자주 자신들의 반대자들을 에고이즘적이라고 비난한다. 이를테면 낙태를 하는 여성들은 이기적이다. 전통주의적 관점에서 볼 때 '공동체 정신'의 쇠퇴는 개인주의의 성장에 기인한다. 이러한 견해는 아미타이 에치오니와 같은 보다 자유주의적인 공동체주의 사상가의 저술을 특징짓기도 한다. 에치오니는 1980년대의 '자기 찬양'과 대비하여, '우리We', 즉 "우리가 공유하는 가치"를 강조하는 시대가 왔다고 주장한다.[18] 더 보수적인 필자들은 한 걸음 더 나아가서 실제로 "자율적인 개인들은 자신들의 도덕적 삶을 자유롭게 선택하거나 바랄 것"이라는 믿음에 근거하여 자신들의 도덕적 권위가 상실된 것을 개탄한다.[19]

새로운 에티켓의 급진적 주창자들이 개진한 관념, 즉 새로운 에

---

18) A. Etzioni, *The Spirit of Community: Rights, Responsibilities and the Communitarian Agenda* (New York: Crown Publishers, 1993), p. 25.
19) Wilson, *The Moral Sense*, p. 250.

티켓은 보다 자율적인 개인의 출현을 반영한다는 관념은 우리 시대의 지배적인 추세―주체성의 쇠퇴―에 대한 근본적인 오해에 기초해 있다. 새로운 도덕의 관행 중 많은 것은 개인적 욕망을 억제하거나 제한하는 데 관심을 두고 있다. 대중문화와 미디어는 사람들의 이미지를 손상되고 무능력한 것으로 만들어낸다. 새로운 도덕 주창자들은, 자신들의 수사에도 불구하고, 대부분의 보수적인 공동체 주창자만큼이나 개인의 창의력 약화에 의해 영향 받고 있다.

새로운 에티켓의 부상과 개인 간의 관계에 대한 혼동은 실제로 이해할 수 있는 일이다. 왜냐하면 전통적 가치가 사회에 대한 영향력을 상실해온 주요한 이유가 바로 그러한 가치가 자본주의사회의 점증하는 개인화와 밀접하게 연관된 사회과정에 적응하지 못했다는 것이기 때문이다. 파편화 경향―사회적 분열의 증대, 가족생활 수준에서의 관계 변화 등―은 전통적인 도덕에 비호의적인 환경을 창출해왔다. 사회생활의 원자화와 점증하는 사사화私事化 의식은 공동체에 호소하는 것을 어렵게 해왔다. 많은 전통주의자는 이러한 사사화되고 고립된 개인과 개인 예찬을 혼동한다. 사실 원자화되고 다른 사람들과의 유대가 약화된 인간은 개인적 열망에 대한 인식이 고양되어 있을 것 같지 않다. 사회적 결속의 약화는 아이러니하게도 개인의 자율성 관념의 축소라는 결과를 낳는다. 개인들은 신중을 기하고자 하는 풍조를 넘어설 것 같지 않다. 그러한 풍조는 사회를 괴롭히고, 사회는 그것으로 인해 불편해한다.

전통적 가치가 실패해온 곳에서 새로운 에티켓이 성공을 거두어온 이유는 그것이 원자화된 개인과 직접적으로 연관되어 있고, 또 소외라는 고립된 경험을 이해하고자 노력하기 때문이다. 위험 의식은 그것에 고유한 도덕을 동반한다. 그것은 사회의 문제에 대한 책임의 짐을 개인의 지평으로 이전시킨다. 널리 퍼져 있는 악惡의 대부분은 점점 더 개인 상호 간의 행동 수준에 위치하는 것으로 상정된다. 이를테면 폭력은 체계적으로 개인화되어왔다. 폭력은 통제권을 벗어난 개인들—이 세계의 불한당들—의 행동과 연관 지어져왔다. 폭력은 좀처럼 사회적 권력의 의식적 투사로 개념화되지 않는다. 폭력에 뒤따르는 개인행동의 규제는 더욱 위험의 용어로 정당화된다. 다른 사람들을 위험에 빠뜨리지 않는 위험 혐오가 갖는 가치, 사람들을 위험한 개인들로부터 보호할 필요성, 개별적 관계의 수준에서 행동을 규제할 필요성, 이 모든 것이 그 전통적 대응물만큼이나 도덕화되고 있는 에티켓을 만들어낸다.

새로운 에티켓과 전통적 도덕 간의 주요한 차이는 새로운 에티켓의 개인주의적 지향이다. 새로운 에티켓은 인류가 직면한 실존적 문제에 하나의 단일한 답변을 제공하고자 시도하지 않는다. 새로운 에티켓은 전통적 도덕이 현재의 사회적 분열에 대처할 수 없다고 인식하고, 상대주의적 도덕을 제시하며, 개인화 과정을 이해하고자 한다. 따라서 새로운 에티켓은 특정한 생활양식을 전체 사회를 위한 하나의 모델로 제시하지 않는다. 그것은 실제로 사회의 파편화를 불가피한 것으로 보고, 모든 정체성은 똑같이 존중할 가치가 있다고 언명한다. 새로운 에티켓은 어떤 생활양식을 명시적으로 비판하지 않는다. 그것은 하나의 가족 형태를 옹호하고자 하는 시도를 거부하고, 대신에 복수의 '가족들'을 인정한다.

새로운 에티켓이 사회적 결속 문제에 하나의 잠정적인 해결책을 제공할 수 있는 까닭은 그것이 개인화라는 현대의 경험과 직접 연관되어 있기 때문이다. 새로운 에티켓의 해결책은 고립된 개인들의 경험에 기초한 도덕을 제공하는 것이다. 그것은 개인들을 좀 더 넓은 공동체에 재통합시키고자 시도하는 대신에, 사회의 상이한 단편들을 일정 정도 도덕적으로 이해하고자 한다. 이러한 관점을 웅변적으로 표현하는 기든스는 오늘날의 모든 도덕적 의문은 어떤 식으로든 생활양식에 대한 선택을 포함한다고 주장한다. 이런 점에서 도덕은 사회에 대한 헌신을 직접적으로 요구하는 것이 아니라 하나의 생활양식에 대한 헌신을 요구한다. 실제로 자아 프로젝트 project of the self는 기든스가 "일상생활의 재도덕화를 향한 근본적인 추동력"이라고 부른 것을 향해 나아가는 근본적인 힘을 제공한다.[20]

새로운 에티켓의 상대주의적 지향은 그것의 장점인 동시에 약점이다. 새로운 에티켓의 장점은 전통적 도덕과는 달리 그것이 개인화 과정과 부합할 수 있다는 것이다. 그것은 모든 형태의 생활양식의 정당성을 인정함으로써 하나의 공통의 헌신을 요구하는 방식과 관련한 문제를 회피한다. 동시에 모든 사람에게 낮은 수준의 기대와 속박을 요구하기에, 하나의 강력한 사회적 규제 수단을 가지고 있지 못하다. 새로운 에티켓의 약점은 그것이 사회적 결속이라는 커다란 문제를 회피하고 있기 때문에, 모든 새로운 문제가 가치나 윤리와 관련한 또 다른 논쟁을 야기한다는 것이다. 가치 체계에 대한 합의의 결여는 도덕화를 지향하는 하나의 정명을 만들어낸다. 그것이 바로 지금까지 문제가 되지 않는 것으로 고려되었던 삶의 영역들이 공적 이해관계의 문제가 된 이유이다.

체외수정의 경우를 살펴보자. 처음에 인공수정을 반대한 것은 소수의 전통주의자들이었다. 그들은 인공수정이 여성들로 하여금 결혼과 가족의 틀 밖에서 아이를 갖게 하지 않을까 하고 우려했다. 하

---

20) Giddens, *Modernity and Self Identity*, pp. 225-226.

지만 그 기술이 불임 부부에게 가져다주는 혜택 때문에, 그 치료법은 일반적으로 일반인들에 의해 받아들여졌다. 최근에 체외수정은 다시 논쟁의 대상이 되었다. 체외수정을 둘러싼 이른바 윤리적 딜레마는 전통적으로 새로운 생식 기술의 결과로 설명된다. 사실 이 논쟁은 도덕화 정명의 산물이다. 이 논쟁은 양육과 가정생활에 대한 좀 더 광범위한 불안을 반영한다. 그러나 양육권은 자연 임신의 경우에 좀처럼 의문시되지 않는 데 반해, 임신이 인공적일 때는 하나의 상이한 접근 방식이 채택될 수 있다. 체외수정을 둘러싼 윤리적 문제를 구실로, 양육을 둘러싼 문제에 대한 논쟁이 일고 있다.

새로운 에티켓의 결함 중의 하나는 그것이 인간성을 구성하는 것에 대한 극히 부정적인 해석에 의지하고 있다는 것이다. 대부분의 종교와 도덕적 규약은 인간의 잠재력을 모독하는 경향이 있다. 인간을 전지전능한 신(들)에 의해 벌을 받을 사악한 존재로 묘사하는 방식이 모든 인간 제도 속에서 이러저러한 형태로 다시 등장하고 있다. 그러나 신비화에도 불구하고, 많은 인간 제도는 인간의 특별한 속성을 인정했고, 자주 인간 중심적이었다. 오늘날 새로운 에티켓의 반인본주의적 정향은 그것을 규정하는 특징 중의 하나이다. 문제와 위험의 과장은 인간의 문제 해결 잠재력에 대한 모독과 밀접한 관계가 있다. 인간에 대한 그러한 부정적 묘사에 근거하여, 사회를 움직이고 고취시키기란 어렵다.

예기치 못한 통합

새로운 에티켓의 성공은 전적으로 그 자신만의 성과라고 설명될 수 없다. 새로운 에티켓은 궁극적으로는 전통적 도덕과 통합함으로써 성공했다. 새로운 에티켓의 핵심적 특징 중 많은 것—안전 숭배, 억제와 제한에 대한 강조—은 전통적 보수주의의 기본 교의와 전적으로 일치한다. 예방 원칙은 그것이 표방하는 실험의 거부와 함께 적어도 그 주된 특징을 놓고 볼 때는 19세기 보수적 철학자들에 의해 처음으로 정식화되었다. 새로운 에티켓의 모든 특징이 좀 더 광범위한 보수적 사고방식으로 통합될 수 있는 것은 아니지만, 많은 요소는 그러한 사고방식으로 통합될 수 있거나 통합되었고, 그리하여 더욱 널리 받아들여졌다.

이 예기치 못한 통합에서 가장 중요한 영역이 섹슈얼리티 영역이다. 대부분의 전통주의자는 이른바 1960년대의 성 혁명을 혐오감을 가지고 바라보았다. 동거 커플의 승인, 실제 섹스 훈련의 인기, 오락적 섹스관은 전통적 도덕을 훼손하는 결과를 낳았다. 1970년대 말경 이 영역에서 전통적 도덕은 완전히 패퇴했다.

전통적 도덕이 패배한 곳에서 새로운 에티켓이 성공을 거두었다. 1980년대 초반 이후, 섹슈얼리티는 좀 더 보수적인 틀 내에서 재조명되었다. 새로운 에티켓의 핵심적 관념 중 많은 것이 섹스를 문제시하는 결과를 낳았다. 섹스는 점점 더 위험한 것과 연계되었다. 즐거움으로서의 섹스 관념은 이제 희롱과 학대의 문제를 강조하는 견해와 경쟁하고 있다. 심히 위험한 일로서의 섹스의 재발명은 손상당한 존재로서의 인간과 천부적으로 폭력적인 존재로서의 남성이라는 관념과 불가분의 관계에 있다. 남성성과 남성 폭력을 등치시키고 삽입 섹스를 부드러운 형태의 강간으로 표현하는 것은 오락적 섹스를 점차 무책임한 것으로 치부하는 분위기를 창출해왔다.

현재의 청교도적 분위기는 전통적인 청교도적 수단을 통해서는 이룩될 수 없는 것이었다. 경구 피임약을 예로 들어보자. 전통주의자들은 항상 피임약을 증오해왔다. 왜냐하면 그것은 섹스와 생식을 분리시키기 때문이었다. 그들은 피임약이 무책임한 섹스를 부추긴다는 이유로 그것을 비난했다. 그러한 주장은 사회에 별다른 영향을 미치지 못했고, 수많은 여성이 그러한 형태의 피임법을 선택했다. 그러나 전통적인 주장이 어떤 반향을 불러일으키지 못한 반면, 새로운 에티켓의 주장들은 수많은 여성이 피임약을 사용하기 전에 재고하게 만들었다. 새로운 에티켓은 위험 담론을 이용하고 피임약의 장기적인 부작용을 경고하며 호르몬제의 복용을 비난함으로써 피임약을 점점 더 문제가 있는 것으로 만들었다. '가족계획상담소'의 현실과 타협하고 그 현실을 받아들일 것을 강요받아 온 전통주의자들은 피임약에 반대하는 의료화된 주장들이 채택되는 것이 그저 행복할 뿐이었다. 섹스에 신중을 기하게 하는 데 성공한 것은 전통주의자들이 아니라 새로운 에티켓의 지지자들이었다. 그뿐 아니라 학대 문화가 널리 알려지면서, 섹스 관계를 규제할 필요가 있다는 생각이 널리 받아들여졌다. 성 에티켓에 입각한 새로운 행동 규약이 사회 곳곳에서 제도화되었고, 그리하여 개인 간 행동을 규제하는 효과를 낳았다.

남성성에 대한 오늘날의 비난은 19세기의 여성 이미지, 즉 약탈적인 남성의 바다를 표류하는 고결한 여성 이미지를 재생하는 데 일조한다. 여성에 대한 오늘날의 유익한 조언은 정숙한 소녀라면 술을 마시거나 모르는 사람과 말을 하지 말아야 한다고 가르치는 옛 도덕 규약과 위험할 정도로 유사하다. 많은 전통적인 도덕주의자가 이러한 성의 반혁명에 기뻐해왔다는 것은 놀랄 일이 아니다. 자유주의적 필자들이 우리는 지금 1960년대가 도가 지나쳤다는 점을 깨닫고 있다고 선언하자, 그들은 매우 기뻐했다. 많은 사람이 1960년대에 의해 손상당했다는 주장들은 죄지은 사람은 벌을 받을 것이라는 종교적 신념을 확인해준다.

섹스의 자제와 관련한 현대의 도덕화는 인간 존재는 타락한 사람들이라는 전제에 기초하고 있다. 전문가들의 문헌에서 섹스와 섹슈얼리티는 음험하고 사악한 열정에 의해 추동되는 것으로 파악된다. 가족의 어두운 측면에 대한 이미지는 사람들이 무슨 짓이든 할 수 있는 상황을 지적해준다. 숨어 있는 보이지 않는 어두운 측면에 대한 은유들은 우리가 사람들이 서로에 대해 행하는 무수한 형태의 악행과 관련한 우리의 상상력을 확장하는 데 도움을 준다. 이러한 섹슈얼리티 이미지 연구에 집착하고 있는 한 정신의학자에 따르면, 많은 악惡은 "널리 퍼져 있음에도 불구하고 여전히 이름 없이 눈에 보이지 않는 채로 남아 있다. 이것은 그것이 얼마나 사회생활의 구조에 완전히 통합되어 있는지를 보여주는 증거이다."[21] 이러한 이름 붙일 수 없는 것에 이름을 붙인 결과, 학대가 정상화되고 섹스에 대한 새로운 공포가 영속화된다.

전통적인 도덕주의자들과 새로운 에티켓의 주창자들을 예기치 못하게 통합시킨 것과 관련하여 가장 흥미를 끄는 것이 에이즈 문제였다. 많은 점에서 에이즈 문제의 출현은 이 예기치 못한 통합의 결정적 계기로 인식될 수 있다. 모든 도덕주의자에게 에이즈는 신의 선물로 다가왔다. 초기에 주도권을 잡은 것은 우파 도덕주의자들이었다. 그들은 에이즈를 게이 전염병으로 성격 규정하고, 이 질병을 부도덕한 행동에 대한 정당한 처벌이라고 제시했다. 에이즈

---

21) P. Rutter, *Sex in the Forbidden Zone*(London: Routledge, 1989), p. 23.

문헌들 속에서 반反게이 도덕적 패닉을 창출하려는 이러한 시도는 여전히 그 문제를 둘러싼 지배적인 테마로 제시되고 있다. 그러나 실제로 에이즈에 대한 반게이적 묘사는 곧 힘을 잃었다. 새로운 에티켓의 주창자들은 에이즈를 재규정하는 데 성공했다. 새로운 에티켓은 에이즈는 단지 게이를 괴롭히는 질병만이 아니라고 주장했다―"모든 사람이 위험에 처해 있다." 이 주장이 곧 승리를 거두었고, 대서양 양편에서 끌어낸 주요한 도덕적 교훈은 안전한 섹스가 필요하다는 것이었다. 안전한 섹스 캠페인은 사회의 어떤 특정 분파를 대상으로 한 것이 아니었다. 이성애자와 동성애자 모두에게 안전한 섹스를 교육했다.

에이즈에 대한 인식과 '더 안전한 섹스'는 전통적 형태의 도덕과 새로운 형태의 도덕 간의 통합 모델이 되었다. 정치적 옳음 운동에 심히 적대적인 사람들조차도 에이즈 관련 산업에 대해 긍정적으로 고려한다. 찰스 사이크스는 에이즈가 섹스의 책임을 회복할 수 있게 해주었다고 기뻐한다. 그는 "사람들이 자신들의 행동에 책임을 진다는 것이 사회적 스티그마를 복원하고, 그리하여 사람들이 일반적으로 받아들일 수 있는 행동의 범위를 축소하기를" 바란다.[22] 섹스에 대해 책임지는 분위기를 창출하는 데 있어 에이즈가 기여한 점은 널리 중요하게 인정되고 있다.

어린 소년들에게 자위행위는 그들을 눈멀게 할 수 있다고 말함으로써 그들을 위협했던 19세기 예수회 성직자들처럼, 공중 보건 대변자들은 에이즈에 대해 겁먹게 하는 이야기를 전파하여 사람들의 행동을 억제하고 제한하고자 한다. 단지 차이가 있다면, 에이즈에

---

22) Sykes, *A Nation of Victims: The Decay of the American Character*, p. 246.

대한 각성이 도덕성 문제를 개인적 안전의 문제로 제기한다는 것이다. 그러나 두 사례 모두에서 즐거움으로서의 섹스에 대해 전통적 방식으로 정숙한척하며 거부하는 것은 그러한 섹스가 "매우 심각한 결과"를 초래한다는 점에 근거하여 정당화된다. 에이즈에 대한 인식은 낡은 도덕화에 하나의 대안적인 세속적 의료 형식을 부여한다.

1980년대와 1990년대의 성의 반혁명은 전통적 도덕과 새로운 에티켓이 수렴된 결과이다. 이러한 통합의 효과는 개인행동의 수준과 새로운 도덕적 분위기의 확립 속에서 발생해온 중요한 변화들에서 드러난다. 이러한 변화의 영향력은 섹슈얼리티의 영역을 넘어서고 있다. 어떤 형식 또는 형태의 실험 아이디어도 무책임한 행동과 연계 지어져왔다. 적어도 일시적으로나마 신중의 원칙이 모험과 발견이라는 개척자적 정신에 승리를 거두었다.

제8장
결론: 공포 정치

이 책 전반에서 우리는 주체성에 부여된 중요성의 축소에 대해 언급해왔다. 그러한 사태의 진전은 현대사회적·정치적 삶의 이해에 결정적으로 중요할 뿐만 아니라 위험 의식과 만연한 학대 문화의 전개에 대해서도 설명해준다.

주체성에 부여된 중요성의 축소를 강조하는 관점은 근본적으로 인간 개입의 효력에 대해 회의적이다. 그러한 회의주의는 인간 행동의 파괴적 결과를 과장하는 감상에 의해 강화된다. 사람을 오염, 학대, 환경 파괴와 동일시하는 것은 인본주의적 세계관을 신뢰하기 어렵게 만든다. 주체성의 부식은 사회가 간접적으로나마 인간이 창조한 어떤 것에 대해서도 존중을 요구하기가 어렵다는 것을 발견한다는 것을 뜻한다. 그 결과 심지어 시장과 국가 그리고 종교 제도와 같은 가장 존중받는 자본주의 체계의 제도조차도 좀처럼 긍정적인 측면에서 장려되지 않는다.

불행하게도 사회의 제도에 대한 냉소주의의 증가는 어느 누구에게도 이익이 되지 않는다. 정치인이나 엘리트의 어떤 분파에 대한 냉소주의가 그 자체로 어떤 긍정적인 결과로 이어지지는 않는다. 대안이 부재하는 상황에서 그러한 냉소주의는 어떠한 형태의 인간 개입도 의심스럽다는 결론으로 이어질 수 있다. 냉소적인 비판은 비판적 사고를 강화하지 않는다. 오히려 그것은 그 어떤 선택지도 존재하지 않으며 인간 효력의 한계가 우리에게 우리의 운명을 받아들일 수밖에 없게 한다는 견해를 강화할 수 있다.

실제적인 선택지가 부재한다는 메시지는 사회의 위험 강박관념이 자극한 많은 불안에 함축되어 있다. 사람들은 조심할 수는 있지만 선택할 수는 없다. 인간 행위가 그토록 효과적이지 않은 것으로 생각될 때, 어떻게 선택이 있을 수 있겠는가? 인간 행위와 그것의 바람직한 결과의 분리는 위험 사고思考에서 등장하는 핵심적 교의 중 하나이다. 미래 결과의 예측 불가능성—이것은 위험 의식의 제창자들이 제안한 테제이다—은 단 하나의 가능한 행동 경로, 즉 예방의 경로로 귀착된다.

예방 원칙—신중을 기하라, 그렇지 않으면 좋지 않을 것이다—은 인간 행위에 최소한의 역할을 할당한다. 이것은 숙명론적인 견해이고 그것의 주된 목적은 사람들을 인도하는 것이기보다는 그들에게 경고하는 것이다. 그것은 사람들이 이미 너무 멀리까지 나아갔다고 가정하는 경향이 있기 때문에 더 이상의 발견의 여행을 장려하지 않는 경향이 있다. 숙명론적인 예방 원칙의 사회학은 인간을 위험 감수를 피하는 것을 훨씬 넘어서는 어떤 것을 하기에는 본질적으로 무력한 존재로 묘사한다.

숙명론적인 분위기는 전체 학대 문화에 의해 더욱 강화된다. 학대 관계의 정상화와 그것을 세대 간 질병으로 묘사하는 것은 우리가 인간 존재를 이해하는 방식에 심대한 함의를 지닌다. 그것은 인간을 본질적으로 자신들의 삶을 통제할 수 없는 존재로 제시한다. 어린 시절에 그들에게 일어났을 수도 있는 사건들이 그들의 운명을 결정한다. 학대 사건이 "당신에게 평생 상처를 남긴다."는 견해는 옛 예정설 테마의 현대적 변종이다. 개인의 운명을 정하는 것은 이제 더 이상 신이 아니라 속세에서 일어나는 인간의 학대 행동이다.

학대 순환 이론은 우리가 우리의 행위를 완전히 통제할 수 없다는 견해를 강조한다. 주체성과 행위의 이러한 분리는 개인은 무력하고 통제 불가능하다는 관념을 더욱 강조한다. 오늘날 유행하고 있는 수많은 생물학적 이론 또한 의식과 행위 간의 분리를 주장한다. 행동의 의료화는 생물학적 근거를 가지는 것으로 언급되는 일련의 개인행동을 계속해서 확대한다. 여성의 격분과 폭력 행동은 자주 일부 호르몬 불균형의 결과로 설명된다. 또한 생리 전 긴장은 이제 다양한 걱정스런 결과의 원인으로 설명되고, 남성성과 폭력의 연관성 및 남성 섹슈얼리티와 여성 폄하 충동과의 연관성은 인간 행위의 생물학적 근거를 확대하는 데 일조한다.

생물학은 점점 더 운명론과 결합하여, 인간 조건에 대한 매우 결정론적 견해를 산출한다. 그러한 설명은 그것이 사용하는 용어로 표현하더라도 결함이 있다. 사람들이 자신들의 호르몬과 유전자 그리고 유년 시절에 한 경험의 제약을 어떻게든 극복하고 자신들의 삶을 통제하고자 해온 것은 어째서인가? 어린 시절에 다양한 학대를 경험한 많은 사람이 외관상으로—대개 전문가의 개입 없이도—합리적으로 인식하고 잘 적응하는, 학대하지 않는 성인으로 성장해온 것은 어째서인가? 성장하며 새로운 경험을 하고 다른 사람들과 상호작용하면서 겪은 풍부한 경험들이 이 질문에 대해 답변해준다. 우리가 현재의 우리가 된 것은 이러한 사회적 경험의 영향을 통해서이다.

운명론과 생물학의 결합은 인간 의식이 작동할 수 있는 공간을 제한한다. 이것은 인간 행위의 사회적 성격에 의문을 갖게 한다. 이 사고 형태가 초래하는 가장 광범위한 결과 중의 하나는, 그것이 사람들이 직면하는 많은 문제의 사회적 원인을 모호하게 한다는 것이다. 실제로 학대 관계에 초점을 맞추는 경향은 그것의 사회적 원인을 간과하게 하는 결과를 초래한다. 하지만 사람들의 행동은 그들의 사회적 상황에 영향을 받는다. 아동 학대의 경우를 살펴보자. 비록 어린 시절의 경험이 부분적인 역할을 하기는 하지만 경제적 불안전, 빈곤, 결혼 생활의 붕괴, 공동체 해체라는 성인기의 경험과 개인이 그러한 압력에 반응하는 방식이 아마도 아이들의 방치와 천대로 이어지는 더욱 중요한 조건일 것이다. 통제 불능인 사람들의 배후에는 역시 길을 잃은 사회가 자리하고 있다. 사회보다는 타락한 사람들에게 주의를 집중하는 것은 해결책을 발견하고자 하는 어떠한 희망도 포기하게 하는 결과를 초래한다. 왜 그런가? 그것은 그럴 경우 사회문제와 관련하여 생각할 수 있는 것이라고는 오직 효과적인 개입뿐이기 때문이다. 결국 인간이 초래한 문제는 인간이 해결해야 한다. 그러나 타락한 사람에게 효과적으로 개입하기란 쉽지 않다. 그들의 상태는 도덕적 결함에 기인한다―그리고 할 수 있는 유일한 것은 처벌하고 기도하는 것이다.

이 책에서 논의한 주요 추세는 사람들의 무력함을 한층 강화하는 결과를 초래한다. 무력함의 인식은 사회적 연대의 부식에 의해 더욱 강화된다. 개인화 과정과 신뢰 관계의 약화는 격심한 고립감에 기여한다. 자조 집단, 상담 전화 서비스, 전문 카운슬링을 통해 이 고립을 인위적으로 보정하고자 하는 사회의 시도는 그 문제를 거의 해결하지 못한다. 그러한 조치들은 사람들이 자신들의 소외 경험과 화해할 것을 촉구한다. 그것들은 무력함에 적응하게 한다.

개인화 경험과 사회적 연대의 부식이 너무나도 자주 긍정적으로 묘사된다는 것은 아이러니하다. 몇몇 정치인은 오늘날의 삶이 사람들에게 더 많은 선택지를 제공한다고 묘사한다. 심지어 그들은 공동체의 붕괴와 생활 방식의 상실조차도 자주 새로운 생활양식을 선택하기 위한 기회라고 묘사한다. 이러한 인상은 또한 개인화 과정을 사람들에게 새로운 생활양식을 선택할 수 있는 수단을 제공하는 것으로 찬양하는 스타일 매거진과 미디어에서도 등장한다. 소외를 하나의 긍정적 선택으로 묘사하는 것은 미디어만이 아니다. 많은 교수도 개인을 사회적 속박으로부터 해방시키는 것은 하나의 창조적 과정이라고 주장한다. 이러한 관점에서 볼 때, 주체성은 축소되기보다는 증대된다. 두 명의 저명한 영국 사회학자 래쉬와 어리는 "점점 더 중요해지는 **성찰적인 인간 주체성**"을 목격한다고 주장한다. 그들은 전문가 체계에 대한 신뢰의 붕괴는 "비판적 성찰성이 발전하는 데" 일조한다고 생각한다.[1] 불행하게도 사회적 고립은 비판적 사고를 자극하지 않는다. 개인들은 혼자서는 확신을 가지고 비판적인 사고를 발전시키기기보다는 불안전감에 압도될 가능성이 훨씬 더 크다.

사람들이 현재 이전보다 더 많은 선택지를 가지고 있다고 주장하는 사람들은 현재 작동하고 있는 근본적 과정을 오해하고 있다. 그

---

1) S. Lash and J. Urry, *Economics of Signs and Space* (London: Sage, 1994), pp. 3-4.

동안 사회적 유대의 약화로 인해 과거에는 일정 정도 예측할 수 있었던 관계 유형들이 훼손되어왔다. 좋든 싫든 간에 사람들은 과거에 개인들을 함께 묶어놓고 있던 많은 관계로부터 '해방되어' 왔다. 따라서 원칙적으로 사람들은 그들의 생활양식과 관계를 자유롭게 선택할 수 있다. 그러나 새로운 형태의 사회적 연대가 부재하는 상황에서, 그러한 자유는 소외감과 무력감을 강화하는 데 일조한다. 좋든 싫든 간에 사람들은 '선택'해야 하는 것처럼 보인다. 이런 종류의 선택으로 이루어지는 삶을 생존이라고 불렀던 때가 있었다. 소외에 생활양식 선택이 갖는 긍정적 성격을 부여하는 경향은 무력함과의 화해를 시도하는 것이다.

무력함과의 화해 이면에 자리하고 있는 관념은 새로운 것이 아니다. 그러나 과거에 "온유한 자는 복이 있나니 그들이 땅을 물려받을 것"이라는 관념에는 오늘날 희생자 의식이 누리는 명성은 포함되어 있지 않았다. 주체성에 부여된 중요성의 축소를 가장 분명하게 보여주는 것은 아마도 무력함에 대한 현대의 찬양일 것이다. 미디어는 점점 더 영웅인체하는 사람들을 비웃는다. 새로운 역할 모델은 고통을 견뎌낼 수 있는 사람들이다. 문화적 취향에서 나타나는 이러한 변화를 제안한 한 사람이 논평했듯이, "위험을 감수하는 영웅적 행위가 점점 더 스트레스를 견뎌내는 영웅적 행위로 대체되어왔다."[2] 그것과 관련해서 무언가를 하기보다 그것을 감수한다는 것은 낮은 기대의 분위기를 잘 요약해준다.

"스트레스를 견뎌내는 영웅적 행위"에서 나오는 당연한 결과는 인간의 통제 열망을 조소하는 것이다. 자신의 삶을 통제하고자 하

---

2) R. Coward, "Search for the Hero inside Us", *Guardian*, 19 February 1996.

는 사람들은 지배욕이 강한 사람으로 비난받는다. 전문 카운슬러들은 자기 통제력을 믿는 것을 '완벽주의자 콤플렉스'라고 규정한다. 가족계획을 하거나 생식 기술을 이용하려는 여성들은 '맞춤 가족' 또는 '맞춤 아기'를 원한다는 이유로 비난받는다. 사회는 고통의 찬양을 통해 위험 감수의 공포를 정당화한다.

공포 정치

심한 무력감은 위험과 관련된 경합하는 주장들이 공중의 충성을 놓고 경쟁하는 분위기를 조성해왔다. 백신과 연관된 위험을 둘러싸고 벌어진 논쟁을 살펴보자. 백신 접종 반대 운동가들은 자녀들의 웰빙에 관한 부모의 불안을 먹이로 삼는 데 성공해왔다. 보건 공무원들은 그것에 이어 부모가 자녀들에게 백신 접종을 하지 않을 경우 홍역이 창궐할 위험이 있다고 경고하는 식으로 이에 대응해왔다. 먹을거리에 관한 논쟁 또한 근거 없이 주장된 위험에 관한 각축하는 주장들을 둘러싸고 벌어져왔다. 유전자조작식품 반대자들은 모든 조치를 다 취해왔다. '프랑켄슈타인 식품'이라고 그들이 붙인 꼬리표는 일반 사람들의 상상력을 불러일으켰다. 그 반대자들의 반대자들은 또한 유기농 식품을 먹는 것이 전통적인 종류의 식품을 먹는 것보다 더 위험하다는 생각을 전파하는 식으로 공포 정치에 가담하고 그것을 수용해왔다.[3] 아동보호 산업 부문은 낯선

---

3) "Organic Food Isn't Good for You, and He Can Prove It", *The Sunday Times*, 12 August 2001.

사람 위험과 집 밖에서 아이들이 직면하는 위험들을 경고하며, 부모들 사이에 편집증적 의식을 만들어내는 데 일조했다. 2001년 6월 아동사고예방협회는 아동 유괴가 부모들이 직면한 심각한 위험이라는 주장을 정확하게 논박한 보고서를 발간했다. 그것은 좋은 소식이었다. 나쁜 소식은 그것이 그 자체로 하나의 무서운 이야기를 대신했다는 것이었다. 그 보고서는 아동 사고 위험이 집에서 가장 크다고 경고했다. 그것은 모든 어린아이에게 가장 큰 위험은 "실제로 그들 자신의 집에 있다."고 진술한다. 따라서 부모들은 편집증 환자가 될 자격이 있지만, 정확한 위험에 대한 편집증 환자가 될 필요가 있다. 어떤 위험이 가장 큰 위험을 구성하는지에 관한 이들 각축하는 주장들은 공중의 공포와 불안을 계속해서 강화한다.

공포 정치의 주요 수혜자는 소비자운동가들이었다. 소비자 행동주의는 식품을 영국 사회가 직면한 가장 세간의 이목을 끄는 정치적 이슈 중 하나로 변형시키는 데 성공했다. 비록 유전자 변형(GM) 식품들이 신랄한 환경운동의 주요 표적이 되어왔지만, 전체 식품 산업은 그것이 사람의 안전보다 이익을 중시한다는 주장에 의해 낙인찍혀왔다. 다른 산업 또한 소비자 로비스트들로부터 공격받아왔다. 지난 수년 동안 자동차, 휴대전화, 전기 케이블, 인터넷, 컴퓨터 스크린, 플라스틱 장난감, 항공 여행, 유아 보행기 등은 모두 용납할 수 없는 건강 위험이라는 배역을 맡아왔다.

소비자 행동주의는 영국에서 상당한 존경을 획득해왔다. 정부는 소비자 시민단체들의 로비 활동에 유독 민감하다. GM 식품 반대 로비스트들로부터의 비판에 직면하여, 블레어 정권은 실제로 그 문제에 대한 자신들의 입장을 수정했다. 정부 각료들은 그들 자신을 소비자 옹호자로 투영시키고자 애썼다. 1999년 7월 당시 통상

산업부 장관이었던 스티븐 바이어스는, 많은 사람이 "자신들이 '사기 치는' 영국에 살고 있다고 느낀다."고 말하면서, 소매가격 폭등에 반대하는 포퓰리즘적인 홍보 캠페인을 시작했다. 그는 사람들이 "조악한 제품에 비싼 값을 지불하고 속임수로 성공하고 쉽게 이런저런 사기를 치는" 사회의 모습을 그렸다.[4] 1999년 여름 이래로 공정거래청은 개혁 운동을 하는 소비자단체의 이미지를 채택했다. 소비자 로비 활동에 대한 각료들의 민감한 반응은 노동조합과 같은 전통적인 이익집단이 정부로부터 상대적으로 양보를 얻어내지 못하는 것과 현저하게 대비된다는 점을 지적할 필요가 있다.

소비자 행동주의와 환경 행동주의는 또한 미디어와 공적 생활에서 전례 없는 정도의 아첨을 받는다. 도로 건설, 살아 있는 동물 수출, 패스트푸드 체인 맥도널드, GM 식품 시험에 반대하는 캠페인들은 그 특성상 책임 있는 시민들의 영웅적 행동으로 묘사된다. 최근 미디어는 GM 작물 검사소를 파괴했던 환경운동가들을 미국의 거대 골리앗에게 태클을 건 민중의 챔피언으로 묘사했다. 『가디언』의 환경 분야 편집자인 존 비달에 따르면,

> 생태학적으로 고무된 민주주의 비판이 현재 폭발하고 있다. 그리고 작물을 뽑아버리는 사람들은 이메일과 웹, 감시 단체, 점점 더 증대하는 네트워킹 덕분에 새로운 이슈, 철학, 윤리, 그리고 법적 논거를 세상에 전파하는 국제적 운동 단체의 일원으로 간주되어야 한다.[5]

---

[4] "A Fair Deal for Consumers, a Fair Deal for Business", press release, 22 July 1999, Department of Trade and Industry.
[5] J. Vidal, "Seeds of Dissent", *Guardian*, 17 August 1999.

환경운동가들을 도덕적으로 피폐해진 사회에 대단히 귀중한 철학적 기여를 하고 있는 지적 혁신가로 묘사하고 있는 이 표현은 좀처럼 추궁받지 않는다. 어디서나 환경운동가들은 그들의 이타주의, 사회적 책임, 도덕적 견해 덕분에 찬양받는다.

현재 영국의 정치 당국이 소비자 행동주의의 대의를 채택한 것은 운동으로서의 그것의 지위에 관한 흥미로운 질문을 제기한다. 소비자운동가와 환경운동가는 통상적으로 자신들을 강력한 기득권 세력과 계속해서 맞서 싸우는, 불리한 조건에 있는 급진적인 아웃사이더들로 묘사하고자 한다. 특히 환경운동가들은 자신들을 정치 체계에 어떤 의미 있는 접근을 할 수 없는, 권리를 박탈당한 공중을 대변한다고 주장한다. 하지만 주류 미디어가 이 '아웃사이더들'을 매우 긍정적으로 평가하기 때문에, 사람들은 우리가 그러한 운동을 인사이더들이 주도하는 운동이라고 결론 내린 것을 용서해줄 수 있을 것이다.

GM 식품 반대 캠페인의 예를 들어보자. 이 캠페인은 "작물의 유전자 변형이 인간을 신에게 속하는, 그리고 오직 신에게만 속하는 영역들로 끌어들이고 있다."고 공언했던 찰스 왕세자에 의해 상당한 존경을 받았다. 여성단체연합 같은 영국 제도권의 주요 단체들은 GM 작물 개발의 동결을 요구하는 그린피스, 소비자연합 그리고 70개가 넘는 다른 소비자단체, 환경단체 및 여타 단체들과 연합해왔다. 이들 단체가 무력한 아웃사이더이기는커녕 영국에서 유력자들과 특권 관계를 누리고 있다는 것은 명백하다. 소비자 행동주의는 미디어와 지식계급에게 상당한 영향력을 행사하고, 영국 정치 계급과 서로 유익한 관계를 즐기고 있다.

새로운 인사이더들

소비자단체와 환경단체, 시민단체 그리고 비정부기구들(NGOs)은 정기적으로 영국 신노동당 정부의 심의 기구와 특별 전문위원회에 참여한다. 1997년 5월 이래로 신노동당은 이러한 수백 개의 정부 심의 기구를 운영해왔다. 한 기사에 따르면, 신노동당은 이러한 조치를 통해 "유력한 압력단체들이 이 새로운 기회를 놓치지 않으려고 노력할 때, 심지어 그러한 단체의 자원에까지 손을 뻗쳤다."6) 소비자협회와 같은 단체는 반관적半官的 지위를 획득해왔고, 수십 개의 자문 위원회에 참여한다. 소비자단체와 시민단체는 공무원들과 정치인들에 의해 정책 입안에서 주요 동맹자로 인식된다. 그러한 단체의 대표자들은 자주 공중의 관심사를 표명하는 중립적인 전문가들로 제시된다. 그들은 보통 '독립적인' 인사로 묘사되고, 그들의 정당한 공적 관심은 자주 기업과 노조의 협소한 기득권과 우호적으로 대비된다.

영국에서 소비자 행동주의가 누리는 권세와 그것이 정치 체계의 중심부 근처에서 제도화되는 것은 미국의 주요 발전과 유사하다. 최근 출간된 제프리 베리의 연구서인 『새로운 자유주의: 시민단체의 권력 증대』는 미국에서 강력하고 자금을 잘 조달하고 있는 이른바 시민 로비 단체의 등장에 대한 흥미진진한 증거를 제공한다. 베리에 따르면, 이 단체들은 미국의 정치적 어젠다를 변경하는 데 그리고 의회에서 의사일정이 처리되는 방식을 틀 짓는 데 주요한 영향력을 행사해왔다. 베리는 이 단체들이 소비자 문제, 환경주의,

---

6) A. Travis, "The Camelot Effect", *Guardian*, 19 May 1999.

좋은 정부 같은 '삶의 질 문제'를 지향하는, 새로운 자유주의의 한 브랜드를 상징한다고 주장한다. 베리에 따르면, '탈물질적 가치'(즉 비물질적 관심사)에 의해 추동되는 이 단체들은 미국 사회의 풍요로움을 반영한다.

베리는 이러한 소비자 중심주의의 등장이 경제적 평등 문제에 대한 관심과 빈민에 대한 동정심의 쇠퇴와 동시에 일어난 점에 주목해왔다. 베리에 따르면, 새로운 자유주의는 원칙적으로 교외의 중상계급 유권자들에게 호소한다. 따라서 새로운 자유주의가 자금 조달 측면에서 노동자 지지자들이나 우파 포퓰리즘적 대의의 지지자들에게 접근한다는 것은 가능하지 않다. 그들은 주로 보다 온건한 중간에 있는 사람들에게 호소한다. 베리는 역설적으로 "경제적 사다리의 낮은 층에 있는 사람들의 이해관계에 더 초점을 맞추는 사람들은 좌파가 아닌 우파 시민단체들"이라고 말한다.[7] 베리는 새로운 자유주의가 삶의 질 문제를 강조하는 것은 "분명 엘리트주의라는 비난을 받을 여지가 있다."는 점을 인정하지만, 그는 그것의 '탈물질주의적' 정치가 미래의 물결을 대변한다고 믿는다.

베리의 연구는 이 단체들이 입법 과정에 미치는 영향을 상세하게 설명한다. 1960년대에 하원과 상원에서 논의된 대부분의 국내 경제적·사회적 입법은 경제적 자원의 할당을 둘러싼 것이었고, 소비자 또는 환경적 관심사 같은 삶의 질 문제를 다루었던 법안은 단지 1/3 정도에 불과했다. 1991년경 이 양상은 근본적으로 변화했다. 삶의 질 관련 문제에 기초한 입법이 그해에 개최된 모든 의회 청문

---

7) J. M. Berry, *The New Liberalism: The Rising Power of Citizen Groups*(Washington, DC: Brookings Institution Press, 1999).

회의 약 71%를 차지한 반면, 경제 문제는 국내 입법의 단지 29%만을 차지했다. 심층 연구 역시 영국 의회가 삶의 질 문제 쪽으로 뚜렷하게 이동하고 있음을 보여줄 것이라는 점에는 거의 의심의 여지가 없다.

미국의 자유주의적 시민 단체들의 성공은 적어도 부분적으로 그들이 접근할 수 있는 상당한 자원에 기인한다. 자유주의적 시민단체들은 자주 그들이 보수주의 우파의 부유한 골리앗에 대항하는 가난한 다윗이라는 인상을 풍긴다는 점을 지적할 필요가 있다. 베리는 "자유주의자들은 우파 단체들이 이용할 수 있는 자원에 대해 두려움을 표명한다."고 지적한다. 하지만 그러한 정황 판단은 믿기 어렵다. 왜냐하면 베리의 세 가지 기준—가시성, 신뢰성 그리고 자금 조달—에 입각할 때, "자유주의 로비 단체들이 경쟁 관계에 있는 보수주의 단체들보다 훨씬 더 형편이 낫기" 때문이다.[8] 이들 단체 중 다수가 상당한 자원을 소유하고 있다. 수많은 환경단체가 수천만 달러의 예산을 편성하고 있으며, 상당수의 변호사, 박사 학위 소지자, 전문 로비스트를 참모로 두고 있다. 부유한 활동가와 로비스트로 이루어진 이 네트워크는 영국에서 소비자운동가들이 성취해 온 것에 필적하는, 권위 있는 중요한 지위를 차지하는 데 성공해 왔다. 유럽 전역의 시민단체들 역시 상당한 재정 능력을 소유하고 있다는 점을 지적할 필요가 있다. 그들은 브뤼셀에서 의사 신행과 관련하여 적극적인 역할을 하고 있다. 1996년 조사는 전 유럽인의 이익과 관련한 시민단체들이 "그 수數가 더 많은 기업 로비 단체보다 더 많은 정규 직원과 더 많은 예산을 가지고 있는 경향이 있다."

---

8) J. M. Berry, "A Look at Liberalism's Transformation", *Washington Post*, 11 July 1999.

는 것을 발견했다.9)

시민단체와 경제적·사회적 특권의 결합은 또한 영국 상황에서도 분명하게 드러난다. 이 '탈물질주의적' 결사체의 덕목을 칭찬하는 최근의 한 연구는 "정치적 행동주의와 그것을 떠받치는 결사체적 삶은 영국에서 대체로 여전히 중간계급 현상으로 남아 있었다."고 지적한다.10) 이 연구는 영국에서 자발적 결사체들의 네트워크가 사회의 부유한 계층의 요구에 부응하는 모습을 그리고 있다. 이 연구자는 영국이 "일반적으로 부유한 삶을 사는 연줄이 좋고 매우 활동적인 시민들의 단체라는 한편과 결사체적 삶과 정치 참여가 매우 제한적인 또 다른 일단의 시민이라는 다른 한편으로 분열된 국가"라고 지적한다.11) 소비자 행동주의는 거의 대부분 엘리트 프로젝트로 남아 있다. 그리고 자신들이 무력한 아웃사이더들의 힘을 대변한다는 소비자운동의 주장은 그것의 특권적인 사회적 신분에 의해 거짓임이 드러나고 만다.

소비자 행동주의의 지도자들이 냉소적인지 아니면 그들이 권리를 박탈당한 아웃사이더들의 운동이라는 자신들의 수사修辭를 실제로 믿고 있는지를 따지는 것은 무의미하다. 그들은 아마도 그들이 기득권에 의해 오염되지 않고 기성 정치 계급으로부터 독립된, 아래로부터의 운동을 대표한다는 확신을 가지고 있을 것이다. 그들이 공익을 동기로 하고 있다는 믿음이 그들의 정치적 스타일을

---

9) J. Rabkin and J. Sheehan, *Global Greens, Global Governance* (London: Institute of Economic Affairs, 1999), p. 10.
10) P. Hall, "Social Capital in Britain", *British Journal of Political Science*, vol. 29, no. 3, 1999, p. 455.
11) Hall, "Social Capital in Britain", p. 455.

특징짓는다. 또한 그것이 그들의 정치적 프로젝트에 온갖 위선적인 헌신적 이타주의를 부여한다. 그 동기가 무엇이든 간에, 소비자 행동주의는 어떻게든 정당정치의 지저분한 평판과 대비되는 자신들에게 우호적인 이미지를 투영하고자 노력해왔다. 소비자 행동주의는 사심 없음과 관련하여 그리고 자신과 대립 관계에 있는 평판 나쁜 정치를 '넘어서는' 능력과 관련하여 명성을 얻는 데 성공해왔다. "자신들은 스스로를 위해 그런 일을 하지 않으며" 물질적 보상에는 관심이 없다는 주장은 미디어 논평자들에 의해 널리 받아들여지고 있다. 텔레비전과 라디오 프로그램은 '독자적인 논평'을 하기 위해 정기적으로 소비자운동가들을 비중 있게 다룬다. 이러한 이미지는 미국에도 널리 퍼져 있다. 베리가 지적하듯이, "시민단체가 부각되는 까닭은 물론 그 단체 중 다수가 자신들을 사욕에서 벗어나 있는 것으로 제시할 수 있는 반면, 재계, 노동자, 전문 단체들은 흔히 그들이 추구하는 쟁점에서 이기적 이해관계를 가지고 있는 것으로 인식되기 때문이다."[12]

소비자 행동주의의 지적 옹호자들은 이 운동이 서구 사회의 정치·사회적 삶을 쇄신할 수 있는 역동적인 구성적 힘을 대변한다고 생각한다. 잘 알려진 독일 사회학자 울리히 벡은 풀뿌리 시민단체의 '하위 정치'는 기진맥진한 정치 체계를 진보적 방향으로 변형시킬 수 있는 능력을 지니고 있다고 설득력 있게 주장해왔다.[13] 소비자운동가들과 그 법적 옹호자들은 불평과 소송의 증가는 사람들이

---

12) Berry, *The New Liberalism*, p. 133.
13) 이 주장은 벡의 다음의 책에 수록되어 있는 일련의 논문에서 개관되고 있다. U. Beck, *Democracy without Enemies* (Cambridge: Polity Press, 1998).

스스로를 변호하고 힘 있는 제도들을 따르기를 거부하고 있음을 보여주는 긍정적 신호라고 주장한다. '법적 행동대legal action group'의 대표 로저 스미스는 "높은 소송 비율은 적극적 시민들이 자신들의 권리를 기꺼이 지키고자 하고 있음을 보여주는 신호"라고 주장한다.[14] 소비자 중심주의 정치의 옹호자들은 자신들의 성공이 공중이 더 많이 교육받았고 더 많은 정보를 가지고 있고 더 집요하게 자신의 권리를 지키고자 한다는 사실에 기인한다고 주장한다.

베리 역시 새로운 자유주의는 자신의 권리를 더욱 자각한 교육받은 공중의 관점을 대변한다고 믿는다. 그는 이 운동의 성공은 "시민들에게 열려 있고 민감하고 민주적인 체계의 표지標識"라고 생각한다.[15] 아마 그럴 것이다. 하지만 베리가 새로운 자유주의에 대해 열광하는 동안에, 그는 한 가지 매우 중요한 발전을 간과하고 있다. 시민 로비 단체의 등장은 미국인들의 선거 과정 참여가 크게 쇠퇴한 것과 병행한다. 하나의 작은 소수민족을 위한 시민 행동주의는 미국 사회의 커다란 분파들의 참정권 박탈과 불가분하게 연결되어 있는 것으로 보인다. 소비자 행동주의와 법적 행동주의는 시민들의 적극성이 아니라 훨씬 더 걱정스런 과정—사회적 신뢰와 시민적·사회적 참여의 부식—을 드러내는 것이다. 시민 행동주의의 부흥보다는 정치적 무관심과 정치 참여의 쇠퇴가 소비자 정치 발전의 전제 조건인 것으로 보인다. 시민 행동주의와 정치 참여의 걱정스런 쇠퇴의 동시 발생은 서구인들이 전례 없이 정치 교육을 받았고 사회적으로 각성했다는 주장에 심각한 의문을 던진다.

---

14) R. Smith, *Justice: Redressing the Balance* (London: Legal Action Group, 1997), p. 9.
15) Berry, *The New Liberalism*, p. 170.

사회적 비참여

권위에 대한 공중의 불신은 선거 체계로부터 국민들이 더욱 소외되고 있다는 사실에 의해 확인된다. 미국식의 선거 무관심은 새로운 유럽에서도 피할 수 없는 현실이 되었다. 유럽에서 유권자의 상당수가 투표는 시간 낭비라고 생각한다. 적은 투표자 수는 정당성의 부식에 매우 민감한 정부의 권위에 영향을 미친다.

모든 선거는 정치적 위임을 갱신하기보다는 우리가 거주하는 정치적 불모지대를 생각하게 하는 당혹스러운 것일 수도 있다. 무관심은 이제 더 이상 미국에서 공중이 정치 생활에 계속해서 참여하지 않아온 현상을 묘사하는 적절한 용어가 아니다. 1960년 이래로 거의 모든 대통령 선거에서 투표 참여는 (1960년 선거에서 62.5%에서 1988년 50.1%로) 꾸준히 감소해왔다. 1996년 선거에서는 선거권자의 단 49%만이 투표했다―이는 1924년 이래로 가장 낮은 투표율이다. 2000년 선거에서도 이러한 유형은 계속되어, 등록 유권자의 약 50%만이 투표에 참여했다. 정치과정에서 공중의 소외는 2000년 선거에서 특히 현저했다. 이미 결론이 난 것으로 보였던 1996년 선거와는 달리, 2000년의 경쟁은 지난 수십 년 동안의 선거 중 그 결과를 가장 알 수 없는 치열한 선거였다. 하지만 투표한 미국인의 수는 1996년과 거의 같았다. 미국유권자연구위원회에 따르면, 지난 30년 동안 투표 비참여를 누적해본 결과, 오늘날 "예전에 투표했던 2,500만 명의 미국인들이 이제 더 이상 투표하지 않는다." 하지만 대통령 선거 투표 참여율은 하원 의원에 입후보한 후보에 대한 투표율보다 단연 높아 보인다. 하원 의원 투표율은 1990년대에 평균 약 35%였다.

9·11 직후에 미디어 전문가들은 이 비극적 사건과 그것이 유발한 애국심이 정치 참여를 증가시킬 수 있을 것으로 추측했다. 하지만 곧 그러한 주요 사건조차도 기존의 비참여 유형을 깨지 못한다는 것이 분명해졌다. 2002년 7월 5일 이전에 치러진 첫 18개 주 예비선거는 "낮은 투표율을 보였을 뿐만 아니라 역대 최저 투표율을 기록했다―민주당원의 단 8%와 공화당원의 7%만이 투표했다."16) 적어도 2004년 11월 대통령 선거에서는 투표율의 꾸준한 감소가 멈추었다. 투표율은 2000년보다 6.4% 높았다. 하지만 선거권이 있는 7,800만 명의 미국인이 집에 머물렀고 선거권자의 단 30.8%만이 승자인 대통령 부시에게 투표했다는 점을 지적할 필요가 있다.17)

유럽 논평자들은 미국 유권자들의 수동성을 놓고 잘난체해서는 안 된다. 영국의 경우도 두말할 필요가 없다. 1997년으로 거슬러 올라가면 신노동당은 선거권자의 단 31%의 지지를 받았다는 점을 상기할 필요가 있다. 이 선거의 투표율은 지난 80년 중 가장 낮았다. 스코틀랜드와 웨일스에서의 권한 이양을 둘러싼 매우 과장된 홍보 캠페인조차도 사람들의 관심을 불러일으키는 데 실패했다. 1999년에 실시된 이 '역사에 남을만한' 선거에서 나타난 투표 참여율은 공중이 권한 이양을 또 다른 배후 조종 사건으로 간주했다는 것을 보여주었다. 웨일스 유권자의 단 46%만이 투표한 반면, 스코틀랜드에서는 투표 참여를 독려하기 위해 기획된 눈에 띄는 미디어 캠페인이 투표율을 2/3에는 못 미치는 59%로 끌어올렸다. 같은 날에 잉글랜드의 투표소는 비어 있었다. 등록 유권자의 단 29%만

---

16) Seth Gitell, "Apathy at the polls", *Boston Phoenix*, 4 December 2002를 보라.
17) *Washington Post*, 14 January 2005를 보라.

이 5월 6일 지방선거에서 투표했다. 1999년 6월 영국에서 치러진 유럽의회 선거는 23%의 투표율을 기록했다—그리고 선덜랜드의 한 투표소에서는 1,000명의 선거권자 중 단 15명만 투표했다. 2001년 총선에서는 무관심이 논쟁의 주요 쟁점으로 등장했다—그리고 투표율은 사상 최저인 59%를 기록했다. 토니 블레어는 단 24%의 유권자의 지지로 복귀했다. 그는 2005년에 선거권자의 단 22%의 득표로 동일한 위업을 달성했다.

비참여 과정을 가장 걱정스럽게 드러내는 것 중의 하나가 젊은 사람들이 그들의 연장자들에 비해 투표하려는 경향이 훨씬 덜하다는 것이다. 이를테면 2001년 영국 총선 동안에 선거위원회는 18~24세 유권자의 투표율이—1997년보다 27% 떨어진—단 39%일 것으로 추정했다. 웨인슈타인이 지적하듯이, "젊은 사람들은 그들보다 나이 많은 연령 집단에 비해 선거를 하지 않을 가능성이 클 뿐만 아니라, 다양한 종류의 공식 집단에 지속적으로 덜 참여하고, 정치에 관심을 덜 표명하고, 특정 정당과 정치적 동일시를 할 가능성이 훨씬 더 적다."[18] 캐나다의 선거 행동에 대한 한 흥미로운 연구는 젊은 사람들의 투표율이 연장자들에 비해 약 20% 포인트 낮다는 연구 결과를 확증한다. 이러한 세대 동학은 투표 행위를 특별히 중요한 행위로 보지 않는 태도에 의해 뒷받침된다.[19]

투표 참여의 지속적인 감소는 훨씬 더 광범위한 과정과 직접 연

---

[18] Mark Weinstein, "Political Activity and Youth in Britain", in M. J. Todd and G. Taylor (eds), *Democracy and Participation: Popular Protest and New Social Movements* (London: Merlin Press, 2004) p. 189.

[19] A. Blais, E. Gildengil, N. Nevitte and R. Nadeau, "Where Does Turnout Decline Come From?", *European Journal of Political Research*, vol. 43, 2004, pp. 227-228.

결되어 있다. 참여하지 않는다는 것은 기존 정치 체계에 대한 환멸과 공개적 불신의 분명한 지표이다. 미국인의 태도에 관한 조사들은 정부에 대한 승인이 최근 수십 년간 지속적으로 감소해왔다는 것을 보여준다. 1958년에 미국인의 75% 이상이 정부가 잘하고 있다고 신뢰한 반면, 1990년에는 단 28.2%만이 유사한 감상을 표명했다. 1990년 이래로 정치인에 대한 신뢰는 계속해서 하락해왔다. 한 연구에 따르면, 1960년대 중반에서 1990년대 중반 사이에 "정부가 자신들만의 이익을 추구하는 소수의 거대 이해관계자들에 의해 움직인다."고 느끼는 사람들의 비율이 두 배 이상 증가하여 76%에 달했다. 동일한 시기에 "공무원들이 국민들이 생각하는 것에 관심을 두지 않는다."고 느끼는 사람들은 36%에서 66%로 증가했다.[20]

2002년 5월 브루킹스연구소가 수행한 한 주요한 연구는 9·11 직후 이어진 애국주의의 물결조차도 미국 정부에 대한 신뢰를 지속적으로 증가시키지 못했다는 것을 발견했다. 이 조사는 2001년 7월에 미국인의 단 29%만이 자국 정부에 적극적인 존경을 표명했다면, 2001년 9월 11일 직후에 그 수치가 57%로 거의 두 배 늘었다는 것을 보여주었다. 하지만 2002년 5월경 연방 정부에 대한 공중의 신뢰는 40%로 다시 떨어졌다. 그리고 전문가들은 신뢰 관계를 재구축할 수 있는 기회는 이미 지나가버린 것 같다고 느꼈다.[21]

---

20) 다음에서 인용한 Gary Orren의 연구. T. Skocpol, *Diminishing Democracy - From Membership to Management in American Civic Life* (Norman: University of Oklahoma Press, 2003) pp. 245-246.
21) G. Mackenzie and J. Labiner, *Opportunity Lost: the Decline of Trust and Confidence in Government After September 11* (Washington DC: Center for Public Services, 2001), pp. 2-3.

유럽에서 실시한 조사들도 유사한 유형을 지적한다. 유럽연합에서 실시한 조사들은 주민의 약 45%가 "민주주의가 작동하고 있는 방식"에 대해 만족하지 않는다는 점을 보여준다. 영국에서 실시한 각종 조사들은 공중이 정치인에 대해 높은 수준의 냉소주의를 드러내고 있음을 보여준다. 1995년 4월에 실시한 갤럽의 한 여론조사는 하원 의원에 대한 국민 대다수의 평판이 '낮거'나 '매우 낮다'고 결론지었다. 10년 전에는 국민들의 1/3만이 이러한 견해를 가지고 있었다. 1994년에 수행한 또 다른 조사에 따르면, 주민의 단 24%만이 영국 정부가 자신들의 당의 이익보다 국익을 중시한다고 믿었다.[22] 정치인들은 시종일관 공중이 신뢰하는 직업 리스트의 밑바닥에 위치한다. 1999년 6월 ICM이 출간한 한 연구는 응답자의 단 10%만이 정치인을 매우 신뢰하고, 65%가 조금 신뢰하고, 25%가 전혀 신뢰하지 않는다는 것을 발견했다.[23] 2002년 2월에 BBC가 실시한 한 연구는 45세 이하의 많은 사람이 정치인들을 '사기꾼', '거짓말쟁이', '시간 낭비'로 생각한다는 것을 보여준다.[24]

1990년대에 공중의 신뢰 부식은 정치 체계 자체에 대한 전 국가적인 의심 풍조를 반영한다. 이로부터 출현한 것이 반反정치라는 이름, 선출직 공무원에 대한 냉소적 경멸, 웨스트민스터와 워싱턴에서 벌어지는 추잡함과 타락에 대한 강박증이다. 클린턴 시대는 계속되는 스캔들의 시대였다. 그리고 부시의 선거 방식을 둘러싼

---

22) J. Curtice and R. Jowell, "The sceptical electorate", in R. Jowell, J. Curtice, A. Park, L. Brook and D. Ahrendt (eds), *British Social Attitudes, 12th report*(Dartmouth: SCRR, 1995), pp. 141, 148.
23) *Guardian*, 8 June 1999에 발표된 여론조사 결과.
24) "Politics a 'turn off' for under 45s", *BBC News*, 28 February 2002.

논쟁은 엔론의 붕괴에서 절정에 달한 일련의 기업 스캔들로 이어졌을 뿐이었다. 2005년에 있었던 하원 공화당 지도자 톰 드레이의 재무 비리 혐의는 그가 소위 종교적 권리의 목소리로 촉구한 도덕적 어젠다를 의심하게 했다.

 신노동당이 보수당을 추잡한 정당으로 묘사하는 데 성공한 것이 1997년 선거 승리에 결정적이었다—그러나 신노동당 정부는 곧 자신들도 스캔들 정치에서 벗어나지 못했다는 것을 발견했다. 노동당 국회의원들과 장관들의 많은 작은 스캔들이 1997년 선거 승리 뒤를 이었고 추잡한 문제들이 1998년 내내 계속해서 정부에 출몰하며, 장관들이 줄줄이 사임할 수밖에 없었다. 블레어와 부시가 이라크의 대량 파괴 무기와 관련한 첩보와 정보를 다룬 방식을 둘러싼 의혹은 이 점에서 시사적이다. 블레어와 부시의 비판가들은 전쟁에 대해 원칙에 입각하여 반대하는 대신에 스캔들 찾기를 좋아하고 음모와 은폐 공작에 대해 거드름을 피우며 이야기한다. 유사한 일이 유럽 대륙에서도 벌어지고 있다. 독일에서 이전 집권 세력인 기독교민주연합(CDU)이 저지른 재무 비리의 죄과가 1998년 패배 이후 곧 표면으로 드러났다. 이것은 거의 3년간 독일 정치를 뒤흔든, 보수 정당들이 결코 회복할 수 없는 스캔들로 비화되었다. 최근에 스캔들은 독일 정치 생활에서 정기적으로 발생하는 특징이 되었고, 그중 가장 최근 것은 독일 국회의원들이 받은 것으로 추정되는 불법 수당과 관련된 스캔들이었다.

신뢰의 문제

실제로 소비자 행동주의는 영국 사회와 정치를 지배하는 심각한 원자화 과정을 보여준다. 과거에 소비자 행동주의는 사회적 행동주의에 대한 묘사에서 부각되지 않았다. 그것은 여전히 존재하고 있는 것—전문 로비 단체—으로 성격 규정되었다. 자선단체와 시민단체는 자주 중요한 사회적 쟁점에 대한 공중의 의식을 고양시키는 존경할만한 사업에 참여했다. 이들 단체는 미디어 내에서 그리고 정치 세계에서 브리핑을 담당하는 여론 형성자들을 통해 관계官界와 의회에 영향을 미치고자 했다. 그들의 노력은 자주 상당한 성과를 거두었다. 하지만 이들 단체는 자신들이 하나의 운동 단체라고 생각하지 않았다. 그들 단체의 주요한 목적은 권력의 주목을 받는 것이었다. 그들은 하나의 대중운동이 되고자 하는 어떠한 열망도 없었다. 그들은 자주 자신들의 목소리가 국민의 목소리라고 주장하지도 않았다. 그들은 자신들의 분파적 견해를 제창하는 일을 했다. 그리고 그들의 목적은 영향력 있는 여론 형성자들 가운데서 좀 더 광범위한 지지자를 이끌어내는 것이었다. 이는 의식적인 하향식 접근 방식으로, 좀처럼 지배적인 여론 형성자, 공무원, 정치인, 여타 전문가들의 네트워크를 넘어서서 사람들을 동원하려 하지 않았다.

오늘날 소비자단체와 환경단체는 좀 더 야심 있는 평판을 추구해 왔다. 이러한 전환은 소비자단체의 변화에서 가장 잘 예증된다. 소비자단체는 제품의 비교 검사를 목적으로 하는 정부 외곽 단체에서 상품과 서비스의 소비자들만큼이나 일반 공중의 목소리, 견해, 열망을 대변하는 역할을 하는 것으로 널리 묘사되는 강력한 로비 단체로 변해왔다. 그 결과 소비자협회와 같은 조직은 이제 대표자 역할을 자임한다. 국민을 대변한다고 주장하는 신중하지 못한 환경운동가들과는 달리, 소비자협회는 소비자의 대표자 역할이라는 좀 더 진중한 관념을 가지고 있다. 소비자협회는 '시민의 이익'과 보다 단기적이고 협소한 '소비자 이익'을 구분하고, 자신들이 영국 국민의 목소리보다는 소비자의 목소리를 대변한다고 겸손하게 주장한다.[25] 그럼에도 불구하고 로비 단체에서 대표자 지위로의 이러한 전환은 소비자 중심주의의 역할이 크게 확대된 것을 반영한다.

소비자 행동주의의 성장이 전통적 형태의 정치 참여와 사회 참여의 쇠퇴와 밀접하게 관련되어 있다는 데에는 별 의문의 여지가 없다. 면밀히 조사해볼 가치가 있는 질문은 이러한 소비자 행동주의의 추세가 단지 사회적 비참여의 한 징후인가 아니면 이것 역시 영국인의 정치 생활 비참여를 강화하는가 하는 것이다.

소비자 행동주의에 부여되는 존경의 증대는 전통적인 권위에 대한 공중의 신뢰 쇠퇴와 비례한다. 좋든 나쁘든 어떤 제도도 심지어는 교회조차도 증가하는 공중의 의심에서 자유롭지 못하다.[26] 전통적인 제도에 대한 광범위한 각성은 새롭고 대안적인 형태의 권위를 창출해왔다. 이 과정의 주요한 수혜자가 소비자운동가들이었다. 소비자 중심주의는 정치가와 전통적 제도에 대한 공중의 환멸을 이용하여, 신뢰할만한 권위의 한 원천으로서의 역할을 스스로 주장할 수 있었다. 소비자 중심주의는 정치인, 사업가, 과학자, 여

---

25) Which? Online Campaign: *Policy Report, Consumer Representation, Executive Summary*, 1999, p. 1.
26) 이러한 전개 과정을 이 책 제6장에서 분석했다.

타 전통적 권위자의 말은 믿을 수가 없다는 광범위한 인식에 의해 추동된다. 그것은 분명 불신과 공포의 정치를 반영한다. 소비자단체들은 자신들의 영향력 증대가 공중의 불신 확장에 근거하고 있다고 인식한다. 이를테면 소비자협회는 "의사 결정 과정에 대한 소비자의 낮은 신뢰 수준"에 근거하여 소비자의 대표라는 자신의 주장을 정당화한다.27)

소비자 행동주의의 지위가 만연한 불신 인식과 매우 밀접하게 관련되어 있기 때문에, 지도자 중 많은 사람이 그들 자신의 목적을 위해 그러한 분위기를 조작하려는 유혹에 저항하기가 쉽지 않다. 제프리 베리는 미국에서 시민 행동 단체가 상당한 신뢰를 받는 것은 "그들이 이익단체 일반 그리고 특히 기업에 대한 공중의 불신을 능숙하게 이용해왔기" 때문이라고 결론짓는다.28) 공중의 불신을 이용하는 것은 행동주의자의 입장에서는 이해할 수 있는 반응이다. 그들의 권위는 공식적인 권위 제도에 대한 불신을 유지하는 것에 달려 있다. 그것이 바로 공중의 불신 조장이 소비자 행동주의의 메시지인 이유이다.

현대사회는 매우 다양한 위해 물질과 위험이 사회를 위협하고 있다는 주장을 흔쾌히 받아들인다. 전례 없는 위협에 대한 민심을 소란케 하는 경고들이 계속해서 불신의 인식에 연료를 공급하고 있다. 아이들의 안전, 다양한 형태의 학대, 신기술, 건강, 식품에 대한 패닉은 이제 일상화되었다. 그러한 패닉은 단기적일 수 있다. 이를테면 1999년 6월 코카콜라와 관련된 건강 위험이 초래한 불안

---

27) Which? Online Campaign: *Policy Report, Consumer Representation*, p. 3.
28) Berry, *The New Liberalism*, p. 131.

을 둘러싸고 폭발한 대중 히스테리는 3,000만 개의 캔과 병을 회수하게 했다. 그러나 몇 주 내에 이 특별한 패닉이 단지 상상 속에만 존재할 뿐이었다는 것이 분명해졌으며, 그것으로 끝이었다. 다른 패닉들, 이를테면 사탄적인 악마 숭배 의식에서 행해지는 아동 학대와 관련한 패닉은 훨씬 긴 기간 동안 사람들의 행위에 영향을 미칠 수 있다. 오늘날 사회의 독특한 특징 중의 하나는 패닉이 빠르게 연속되고, 점점 더 다양한 일련의 주제에 스스로 달라붙는다는 것이다. 이러한 공포 분위기는 신기술의 있음직한 위험에 대한 경고가 전문가의 권위가 주는 안심보다도 훨씬 더 신뢰받을 가능성이 큰 상황을 만들어왔다. 이러한 상황에서 "나중에 후회하는 것보다 안전한 게 낫다."는 분위기는 소비자운동가들에게 상당한 기회를 제공한다.

소비자운동가들이 사람들의 공포와 불신을 부정하게 이용하고자 한다고 말하는 것은 잘못일 것이다. 대부분의 경우에 그들은 정치가, 사업가, 과학자, 여타 전문가가 진실을 감쪽같이 감추고자 한다고 정말로 믿는다. 환경운동가와 소비자운동가는 신제품과 신기술은 안전하지 않을 수 있으며 그것들은 사회로 하여금 사회가 직면할 많은 위험을 인식하게 할 것이 틀림없다는 뿌리 깊은 신념을 가지고 있다. 이 운동가들의 활동은 이러한 확신으로부터 나오며, 그들은 자신들의 통찰력이 그들에게 불신의 교의를 전파할 자격을 부여한다고 믿는다. 그들은 사람들에게 공포, 불신, 불평, 소송을 조장하는 것을 사회적으로 책임 있는 행동으로 인식한다. 그 결과 소비자운동가들은 단지 기존의 불신 상태를 반영하는 것이 아니라, 사람들에게 대부분의 상황이 최악이라고 믿도록 교육하는 적극적 역할을 수행한다. 그들은 단지 권력 없는 사람들의 불평을 대변할 뿐만 아니라 잠재되어 있는 불평자에 대한 지지를 확대하고자 한다.

모든 건강한 사회는 회의주의로부터 그리고 부당한 권위를 받아들이기를 거부하는 것으로부터 이익을 얻는다. 그리고 의심할 바 없이 그렇게 많은 전통적 제도가 지위 쇠퇴를 경험하는 데에는 그럴만한 이유가 있다. 많은 경우에 전통적 제도는 그것의 권위 부식에 직접적인 책임이 있다. 하지만 그러한 제도의 적합성에 비판적으로 의문을 제기하는 것은 민주적 책임을 행사하는 것임에도 불구하고, 불신을 무비판적으로 찬양하는 것은 수동적 냉소주의를 낳는 데 일조할 뿐이다. 냉소주의는 아무런 성과도 거두지 못하며, 결코 정치적 쇄신으로 이어지지 않는다. 소비자 행동주의가 불신을 먹고 자라기 때문에, 그것이 그 지적 지지자들이 주장하는 종류의 정치적 쇄신에 어떻게 기여하는지를 이해하기란 쉽지 않다. 그러한 관점은 사회가 어떻게 돌아가야 하는지에 대한 건설적 견해로부터보다는 기존 정치제도의 실패로부터 지원군을 끌어들인다. 소비자 행동주의의 권위는 그 자신의 성과보다는 경쟁하는 제도들의 신뢰가 무너지는 것에 의존한다.

과두제 네트워크

공포 문화에 근거한 사회적 비참여가 소비자 행동주의의 토대이다. 시민적 연대의 부식과 개인화의 증대는 쇼핑이 민주적 참여보다 더 의미를 지니는 것으로 보이는 분위기를 창출해왔다. 그리고 바로 전문 정치인들이 신뢰받지 못하는 것으로 여겨지기 때문에,

로비스트들은 스스로 새로운 역할을 요구하고 나설 수 있다. 그 결과 시민단체, 자선단체, 비정부기구가 국민의 목소리로 활동할 수 있는 공간이 열렸다. 더 이상 비굴한 로비스트가 아니기에, 그들은 대중 이익의 대변자 역할을 자임할 수 있다. 그렇지 않았다면 고립되어 있었을 정치 계급에게 시민단체들은 이른바 공중과 접촉할 수 있는 중요한 지점을 제공한다. 신노동당 전략가들이 '포함의 정치politics of inclusion'라고 부른 것은 보통 방대한 수의 시민단체의 대표자들을 위원회에 포함시키는 것을 의미한다. 『가디언』의 국내 사건 편집자인 알렌 트래비스는 "가장 큰소리로 외치던 사람들은 다과회에 초대되어 있는 자신들을 발견하는 한편, 그들의 매우 거친 생각들은 품위 있는 발언의 기회를 부여받는다."고 논평한다.[29] 운동가들은 조언을 하고 그들이 정책 입안의 결과에 일정한 영향을 미친다고 느낀다.

새로운 포근한 관계가 정치인과 운동가 모두를 이롭게 하고 있다. 소비자운동가들이 획득한 것은 핵심적인 공식 제도에 특권적으로 접근할 수 있게 된 것이다. 그중 많은 사람이 정부 정책을 검증하는 데 활용되는 자문 위원회 네트워크에 편입되었다. 많은 로비스트가 직접 의회 의원으로 선출되었고, 거기서 그들은 신세대 국회의원의 중요한 부분을 이루고 있다. 정치 계급 또한 그러한 공생적 관계로부터 이익을 얻는다. 그들과 시민단체의 협의는 진정한 협의가 이루어졌다는 인상을 창출하는 데 일조한다. 정치적 혼수상태가 계속되는 한, 소비자 행동주의는 관계官界에 의해 특별한 지위를 부여받을 것이다. 왜 그런가? 그것은 시민 로비스트의 행동

---

29) Travis, "The Camelot Effect".

주의가 영국 정치 계급으로 하여금 책임지는 모습을 유지할 수 있게 해주기 때문이다.

지난 10년 동안 정부는 연이어 자원봉사 활동을 적극적으로 고무해왔고, 점점 더 비정부기구를 서비스 전달에 이용하고자 해왔다. 최근에 NGO들은 점점 더 해외 원조 전달 체계에 통합된 반면, 자선단체와 시민단체는 사회 서비스 제공에서 적극적인 역할을 수행할 새로운 기회를 부여받았다. 소비자 행동주의에 대한 공식적 지원은 그들 단체가 일반 사람들에게 특별한 특권을 가지고 접근할 수 있다는 믿음에 기초한다. 정치가와 공무원은 시민단체와의 연계가 그들의 정책 입안에 더 큰 신뢰감을 부여할 것으로 기대한다. 시민단체의 공식적 후원은 이전에 정치 계급이 향유하던 정당성의 상실이 초래한 결과를 경감하고자 하는 시도이다.

소비자 행동주의는 당황스러울 만큼 다양한 대의를 추구하는 소수의 전문 주창자들의 행동주의이다. 그것은 전통적인 압력단체 정치의 행동주의이다. 그러나 건강한 정치 환경이 부재한 상황에서 그러한 압력단체 정치는 전례 없는 힘을 획득하고, 상당한 공적 평판을 획득할 수 있다. 지난 20여 년 동안 영국 시민단체 네트워크는 소비자협회와 같은 존경할만한 로비 단체로 이루어진 한편과 '지구의 벗'은 물론 공식적 연계 관계가 없는 저항자 집단과 같은 캠페인 단체들로 구성된 다른 한편 간에 분업을 이루어왔다. 동물실험과 도로 건설과 같은 쟁점을 둘러싼 저항은 압력단체 정치의 이미지를 운동의 지위를 주장할 수 있는 역동적 조직의 이미지로 변화시키는 데 중요하다. 과거에는 많은 자원단체와 자선단체가 눈에 띄지 않는 것을 선호한 반면, 오늘날에는 적극적인 이미지를 유지하는 것이 시민단체의 권위를 뒷받침해준다.

소비자 행동주의 정치를 과거에 전통적 사회운동이 추구하던 행동주의와 혼동해서는 안 된다. 전통적인 사회운동과는 달리 로비 단체는 대중의 지지 그 자체를 동원하는 데 관심을 기울이지 않는다. 소비자운동가들이 조직한 캠페인은 주로 최대한 널리 알리기 위해 기획된 미디어 이벤트이다. 이들 캠페인은 본질적으로 미디어의 관심을 자극하는 것을 지향하는 홍보 행사이다. 시민단체, NGO, 캠페인 단체가 선전을 중시하는 이유는 그들의 영향력이 자신들의 공적 평판과 밀접하게 연계되어 있다는 인식 때문이다. 실제로 그들이 관계官界에 영향력을 행사할 수 있는 정도를 결정하는 것은 그들의 평판 획득 능력이다. 따라서 소비자 행동주의 조직은 오로지 미디어를 통해 평판을 획득하는 것을 지향한다. 영국의 정치적 과두제 네트워크의 수레바퀴에 기름을 칠하는 데 헌신하는 조직에게 대규모의 적극적인 회원은 전혀 필요 없다. 영향력 있는 장소에서의 미디어와 아군과의 접촉이 수천 명의 적극적 지지자들보다 훨씬 더 중요하다. 심지어 소비자운동가들이 직접행동을 취할 때조차 계산에 넣는 것은 텔레비전 카메라의 존재이다. 만약 관련 단체를 널리 알리지 못한다면, 저항하거나 시위를 하는 것은 별 의미가 없다. 이러한 관점에서 볼 때, 뉴스거리가 될만한 일을 할 때 그 행동은 효과적인 것으로 간주된다. 현장에서 무엇을 달성했는가는 중요하지 않다. 선전이 셈에 넣는 모든 것이다. 이목을 끌기 위해 소수의 핵심적인 전문 저항자들이 벌이는 그린피스의 전형적 행동은 최대한의 극적 효과를 위해 그 상황이 정교하게 연출된다. 이러한 행동은 소비자 행동주의의 정치적 연극을 상징적으로 보여준다.

그것의 일부인 미디어는 소비자운동가들을 무비판적으로 끌어안는다. 그들은 멋진 사내들이다. 정치인들과는 달리, 그들은 부패나

이기심에 의해 더럽혀지지 않는다. 그들은 일반적으로 이타적 이상주의자로 묘사되고, 그들의 동기는 나무랄 데가 없다. 소비자 행동주의에 대한 미디어의 찬양은 이 운동의 반관적半官的 지위에 대한 당국의 광범위한 합의를 반영한다. 실제로 이 NGO들의 비공식적 네트워크의 지도부는 새로운 체제에 통합되어왔다. '지구의 벗' 스코틀랜드 지부장인 케빈 더니언이 대영제국의 훈장을 받은 최초의 생태 전사戰士가 된 후 자랑했듯이, "이제 귀를 기울일 하나의 대안 체제가 존재한다." 그는 "동료 환경주의자인 찰스 왕세자가 훈장을 수여했다는 것이 매우 기뻤다."고 첨언했다.30) 이 '대안 체제'는 미디어를 통해 영국 귀족에서 '쿨 브리타니아Cool Britannia'의 대표자들로 확대된다.

  주 중 어느 날 미디어는 소비자, 한부모, 장애인, 아동 그리고 다양한 여타 집단의 이익에 관심이 있는 로비스트를 인터뷰할 것이다. 인터뷰어는 자주 이들 개인을 소비자 또는 한부모의 대표자로 언급할 것이다. 거기에는 특정 시민단체의 장은 그가 대변한다고 주장하는 모든 사람을 대신하여 말할 수 있는 도덕적 권위를 가진다는 무의식적 가정이 자리하고 있다. 엄밀하게 말해서 이를테면 소비자협회가 영국의 수백만 소비자를 대신하여 말할 권리를 어떻게 획득했는가 하는 질문은 거의 제기되지 않는다. 그들이 소비자에 의해 선출되었는가? 그들은 신으로부터 권한을 위임받았는가? 나는 내가 소비자라는 것을 안다. 나는 또한 비록 소비자협회가 나를 대신하여 말하지만, 나는 결코 소비자 문제에 대한 나의 의견에 대해 그 단체에 조언을 구한 적이 없다.

---

30) BBC ONLINE NETWORK, 7 July 1999에서 인용함.

공중에 의해 선출되지 않았지만 공중의 목소리를 대변한다고 주장하는 반관적半官的 단체들로 구성된 새로운 과두제의 출현은 민주적 책임에 대한 몇몇 우려스런 질문을 제기한다.

민주주의의 작은 문제

영국 과두제의 일원인 소비자운동가들은, 다른 운동들은 통상적으로 이용할 수 없는 수단을 통해 자신들의 대의를 증진시킬 수 있는 위임된 권한을 가지고 있다. 1985년의 파업 동안에 경찰이 저항하는 광부들을 어떻게 다루었는지를 기억하는 사람은 누구나 법과 질서를 유지하는 세력이 소비자운동가들이 조직한 저항에 대해 채택한 고결한 동지애에 감명받을 것이다. 도로 건설 반대 저항자들과 살아 있는 동물 수출에 반대하는 시위자들은 광부들처럼 잔혹하게 진압당한 적이 전혀 없었다. 나는 사냥 방해 활동을 하는 사람들을 보아왔다. 그들은 사냥꾼들에게 침을 뱉고 그들을 물리적으로 공격했지만, 경찰은 그들을 마치 장난꾸러기 아이들처럼 다루었다. 그리고 다른 사람들의 고된 노동의 산물을 파괴하는 GM 식품 반대 저항자들은 자주 그들이 사회의 나머지 사람들보다 더 높은 도덕적 단계에 존재하기 때문에 마치 그들이 신성한 권리를 가진 것처럼 묘사된다.

직접행동과 저항이 미디어에 의해 체제 전복적인 것으로 조직적으로 비난받던 때가 있었다. 1960년대 학생운동가였던 나는 우리의 직접행동을 우호적으로 논평한 신문 기사를 기억하지 못한다. '더러운 버러지'로 비난받던 급진 운동가들은 사회에 대한 하나의 위협으로 묘사되었다. 1960년대 직접행동에 대한 미디어의 전형적 반응과 오늘날 소비자운동가들이 묘사되는 방식을 대조해보라. 도로 건설 반대 저항자들은 사람들이 손자를 대하는 것처럼 관대하게, 지하조직 마더 테레사의 일종으로 묘사되는 〔영국의 환경운동가〕 스웜피Swampy 타입의 품성을 지닌 것으로 다루어진다.

직접행동의 명예로운 전통과 미디어가 추동하는 소비자 행동주의 저항 간에는 근본적인 차이가 있다. 직접행동의 목적은 사회의 권력 균형을 변화시키기 위해 사람들을 동원하는 것이었다. 소비자 행동주의는 사람들이 자신들을 위해 권력을 획득하는 일을 하는 것이 아니다. 그것은 다른 사람들을 위한 자비로운 행동을 통해 "사람들에게 권력을 부여하는" 일을 하는 것이다. 소비자 행동주의는 자신들이 사람들을 대신하여 행동한다고 생각하는 소수의 활동가 집단들을 포함하고 있다. 이 같은 종류의 솔선 행동의 주요 목적은 대중을 동원하는 것이 아니라 정치적 과두제 속에서 미디어와 유력 인사들에게 영향력을 행사하는 것이다.

소비자 행동주의는 매우 존경받는 것만이 아니다. 그것은 또한 법을 위반할 수 있는 반관적半官的 권한을 가지고 있다. GM 식품 반대 저항자들은 자주 우리를 대신하여 행동하는 이상주의적인 젊은 이들로 묘사된다. 영국의 정치적 과두제의 일원인 그들은, 일반인들에게는 대체로 부정되는 종류의 저항의 자유를 가지고 있다. 최근 그린피스의 귀족 지도자 멜체트 경이 기물 손괴와 절도로 체포되었을 때, 그는 자신의 대우에 정말로 충격을 받았다. 그러기 때문에, 그의 행동은 "'국민의 힘'의 직접적인 표현"이었다. 자칭 영국인의 목소리인 그린피스는 자신들의 행동을 "민주주의를 건강하고 민감하게 하는 적극적 시민권"의 행사로 묘사한다.

다른 많은 주요 소비자 활동가와 마찬가지로 멜체트도 매우 엘리트주의적인 민주주의 관념을 가지고 있다. 그들은 뭔가가 잘못되었다고 믿으면서 둔감한 정치 체계가 그 잘못된 일과 관련하여 어떤 일을 하기를 기다리는 것은 하나의 사치라는 믿음에 기초하여 움직인다. 사회는 그럴 여유가 없다. 전문적인 환경 저항자들은 자신들이 스스로 행동을 취할 수 있는 도덕적 권위를 가지고 있다고 뽐낸다. 왜냐하면 그들은 국민을 대신하여 행동하기 때문이다. 그들은 자신들의 독특한 철학적 통찰력이 자신들의 행동이 갖는 법적 함의와는 관계없이 그들에게 자신들의 이데올로기를 따라 행동할 자격을 부여한다고 믿는다. GM 작물을 파괴하는 데 관여하는 또 다른 저항자인 스토클리 웹스터는 자신이 관여한 이유를 다음과 같이 설명한다.

> 내가 환경단체에 가입하여 결국 올해 그린피스의 참모가 되기 전에, 나는 환경 윤리에 관한 박사 논문을 쓰고 있었다. 나는 내가 노퍽에서 정부의 GM 작물에 반대하는 직접행동에 참여하기를 원하는지 그리고 내가 아무런 주저함이 없는지를 물었다. 그것은 편견 없고 책임 있는 일이었다. 분명한 목적은 임박한 환경 파괴를 막아야 한다는 것이었다.[31]

자신의 역할에 대한 웹스터의 설명은 심원한 엘리트주의적 책임 관념을 드러낸다. 다른 사람들의 노동의 결과를 파괴하는 것으로 귀결되는 자신의 행동이 "편견 없고 책임 있는" 일이라는 그녀의

---

31) *Guardian*, 17 August 1999에서 인용함.

주장은 언어적 곡예를 하는 것이다. 그녀는 누구에게 편견 없고 책임이 있는가? 그린피스에서 일하는 그녀의 동료들에게? 더 광범위한 일부 저항운동에게? 영국 사람들에게? 실제로 이러한 질문은 '임박한 환경 파괴를 막아야 하는 것을 분명한 목적'으로 하는 저항자들에게는 제기될 필요조차 없는 것이다. 전문 저항자들의 관점에서 볼 때, 명예로운 목적은 그들이 생각하기에 필요한 것은 무엇이든 할 수 있는 도덕적 라이센스를 제공한다.

소비자운동가들이 법을 위반할 수 있는 자신들의 위임받은 권한을 정당화하기 위해 사용하는 주요한 논거 중의 하나가 영국 정치체계는 실제로 민주적이지 않으며 일반인들의 요구에 둔감하다는 것이다. 영국 그린피스의 캠페인 국장 더그 파는 공중은 GM 식품에 대한 자신들의 견해를 단호히 밝혀왔고, 그 단체는 단지 국민들의 표출된 뜻에 근거하여 행동할 뿐이라고 주장한다. 그렇다면 파는 그린피스가 법을 위반할 수 있는 민주적 근거를 가진다는 것을 어떻게 알고 있는가? GM 식품에 대한 사람들의 공포는 "포커스 그룹focus group에서 거듭해서 나오는" 것으로 여겨진다. 파가 볼 때, 전통적인 시장 조사 도구인 포커스 그룹은 민의를 표현하는 장이다. 그린피스의 캠페인 국장이 사람들의 뜻을 측정하기 위해 사용하는 또 다른 바로미터가 그들의 쇼핑 습관이다. 파는 "그린피스가 농장 규모의 시험에서 '오염원을 제거했을' 때, 그것은 그들의 견해가 대변되지 않고 있는 사람들을 대신하여 행동하는 것이었다."고 쓰고 있다. 왜 그런가? 그것은 "공중이 이미 GM 식품을 슈퍼마켓 선반에서 강제로 철거함으로써 자신들의 견해를 강력하게 입증해주었기" 때문이다.[32] GM 식품에 대한 소비자의 의심은 투표함에 투표하는 것과 유사한 행동으로 제시된다. 아마 사람들이 콘플레이크 먹기를 중단하고 이 시리얼을 슈퍼마켓의 선반에서 강제로 철거한다면, 저항자들은 자신들이 바람직하지 않은 오염 물질을 생산하는 공장을 파괴할 자격이 있다고 느낄지도 모른다.

파는 또한 저항자들은 자신들이 아니었더라면 의견이 대변되지 않을 사람들을 대신하여 행동해왔다고 주장한다. 그는 어떻게 그것을 알고 있는가? 포커스 그룹을 통해? 사람들의 쇼핑 습관에 대한 시장 조사를 통해? 자칭 공중의 대변자들에게 옳음에 대한 확신은 행동을 정당화하기에 충분하다. 의회 민주주의에 대한 소비자 중심주의적 비판은 저항자들에게 법을 위반할 수 있는 백지위임장을 제공하는 동기에 의해 추동되는 것으로 보인다. 저명한 미디어 환경운동가인 조지 몬비오는 파괴적 저항은 시민의 의무라고 주장한다. 왜 그런가? 그것은 "의회가 불완전한 대표자이기" 때문이다. 몬비오는 "의회는 가난한 사람들, 취약 계층, 아직 태어나지 않은 사람들의 관심사보다는 표적 투표자와 유력 단체의 관심사에 집중하는 경향이 있다."고 쓰고 있다.[33] 몬비오는 태어나지 않은 사람들조차 끌어들임으로써 의회가 목소리를 무시하는 엄청나게 많은 유권자를 만들어낼 수 있다. 아직 태어나지 않은 사람들을 대변할 수 있다는 주장은 일반 정치인들은 분명 결여하고 있는 모종의 초자연적 힘을 표현한다.

영국 민주주의가 불완전하고 일반적으로 기득권자에게 종속되어 있다는 데에는 별 의문의 여지가 없다. 대부분의 사람은 사회가 작동하는 방식에 대해 그리고 정치적 과두제가 전체 사회에 유익한

---

32) "Seeds of a Political Revolution", *The Times*, 23 August 1999.
33) G. Monbiot, "Disruptive Protest Is a Civic Duty", *Guardian*, 19 August 1999.

것과 모순되는 이해관계를 가지는 방식에 대해 별로 이야기하지 않는다. 그럼에도 불구하고 사람들은 적어도 자신들을 대신하여 말할 대표자를 선출하는 공식적인 권리를 가지고 있다. 의회 민주주의의 결함이 무엇이든 간에, 그것은 사람들로 하여금 자신들의 선호를 반영하는 개인과 정당에 투표하도록 한다. 이 정치 체계는 또한 사람들로 하여금 유권자의 지지를 상실한 정치인들을—비록 드물기는 하지만—제거할 수 있게 한다. 역설적으로 이 결함 있는 정치 체계는 그린피스가 제창하는 이른바 적극적 시민권보다 훨씬 더 우월하다. 왜 그런가? 그것은 적어도 선출된 정치인과 정당은 공중을 대신하여 말을 할 위임된 권한을 가지고 있기 때문이다. 이와는 대조적으로 멜체트 경은 오직 그에게 그린피스 사무총장직을 부여한 그의 동료들만을 대변할 수 있다. 여기서 문제는 소비자운동가들이 특정 주제와 관련하여 옳은가 그른가가 아니다. 요점은 그들이 그들 자신만을 대변할 자격이 있지 다른 그 어떤 사람도 대변할 자격이 없다는 것이다. 멜체트 경은 소비자협회의 장 이상으로 나를 대신하여 그 어떠한 주장도 할 수 없다. 이와는 대조적으로 나의 국회의원—나는 실제로 모든 주제에 대해 그와 의견이 다르다—은 적어도 나의 대표자로 주장할 권리를 갖는다.

실제로 대의 민주주의에 대한 소비자 중심주의적 비판은 근본적으로 반민주적 비판이다. 그것은 고결한 도덕적 목적을 가진 선출되지 않은 개인이 불완전한 정치과정을 통해 선출된 정치인들보다 일반 사람들을 대신하여 행동할 더 큰 권리를 가진다는 전제에 기초해 있다. 스스로 선택한 시민단체 네트워크로부터 위임된 권한을 끌어내는 환경운동가들은 선출된 정치인들보다 훨씬 더 협소한 유권자를 대변한다. 그 전력前歷에 기초해 판단해볼 때, 진정한 민주적 책임 문제에 대해 소비자 행동주의가 보인 반응은 이익집단 로비 쪽을 선택하여 그 문제를 전적으로 회피하는 것이었다.

많은 소비자운동가의 반민주적 에토스는 법에 대한 그들의 기회주의적, 자기 이익 도모적 태도에 의해 분명하게 입증된다. 활동가들은 법이 자신들에게 부적합할 때 법을 위반할 권리와 법이 자신들의 목적에 기여할 때 그것을 이용할 권리 모두를 가진다. 몬비오는 법은 부자의 이익에 기여하고 자주 빈자를 차별 대우한다고 주장한다.34) 이는 전통적으로 더 많은 민주주의를 요구하기 위해 사용된 강력한 주장이었다. 하지만 오늘날 소비자운동가들과 그들의 법조계 친구들은 민주적 대표권의 확장을 요구하기보다는 법을 이용하는 데 훨씬 더 많은 시간을 보내는 것 같다. 운동가들은 점점 더 정치 체계보다는 법정을 통해 자신들의 대의를 진전시키고자 한다. 그들은 의회보다 선출되지 않은 재판관을 더욱 신뢰하는 것으로 보인다.

소비자 행동주의의 문제는 단지 반민주적 에토스만이 아니다. 소비자 행동주의는 영국인의 무관심 위에서 번성하고 있다. 그것은 전문 활동가의 역할을 끌어올리고, 정치를 로비와 과두적 네트워킹의 체계로 변형시키고 있다. 비록 그것이 사회에 만연되어 있는 사회적 비참여의 원인은 아니지만, 정치적 삶을 더더욱 전문화시킴으로써 현 상태의 영속화에 일조한다. 그 결과가 바로 종래의 불완전한 의회 민주주의보다 훨씬 더 제한적인 과두적 형태의 정치이다. 이것이 공포 정치를 작동시키고 있다.35)

---

34) Monbiot, "Disruptive Protest Is a Civic Duty".
35) Furedi, *The Politics of Fear: Beyond Left and Right*를 보라.

참고 문헌

Action on Elder Abuse, *Everybody s Business! Taking Action on Elder Abuse* (London: AEA, 1995).

Adams, J., *Risk* (London: UCL Press, 1995).

Barnardo's, *Playing It Safe* (London: Barnardo's, 1995).

Bayerische Ruck (ed.), *Risk Is a Construct: Perceptions and Risk Perception* (Munich: Knesebeck, 1993).

Beck, U., A. Giddens and S. Lash (eds), *Reflexive Modernisation: Politics, Tradition and Aesthetics in the Modern Social Order* (Cambridge: Polity Press, 1994).

Beck, U., *Democracy without Enemies* (Cambridge: Polity Press, 1998).

Beck, U., *Risk Society: Towards a New Modernity* (London: Sage, 1992).

Bennett, G. and P. Kingston, *Elder Abuse: Concept, Theories and Intervention* (London: Chapman and Hall, 1993).

Berger, P. (ed.), *Health, Lifestyle and Environment - Counteracting the Panic* (London: Social Affairs Unit, 1991).

Berry, J. M., *The New Liberalism: The Rising Power of Citizen Groups* (Washington, DC: Brookings Institution Press, 1999).

Brown, P. (ed.), *State of the World 1996* (London: Earthscan, 1996).

Clarke, J. (ed.), *A Crisis in Care? Challenges to Social Work?* (London: Sage, 1993).

Community Care, *Scare in the Community: Britain in a Moral Panic* (London: Reed Business Publishing, 1995).

Coward, R., *The Whole Truth: The Myth of Alternative Health* (London: Faber and Faber, 1989).

Cunningham, J., *Sociology of Counselling* (Glasgow: unpublished manuscript, 1995).

Douglas, M. and A. Wildavsky, *Risk and Culture: An Essay on the Selection of Technological and Environmental Dangers* (Berkeley: University of California Press, 1983).

Douglas, M., *Risk and Blame: Essays in Cultural Theory* (London: Routledge, 1992).

Durkheim, E., *The Division of Labour in Society* (New York: Free Press, 1964).

Erikson, K., *A New Species of Trouble: Explorations in Disaster, Trauma and Community* (New York: W. W. Norton & Company, 1994).

Etzioni, A., *The Spirit of Community: Rights, Responsibilities and the Communitarian Agenda* (New York: Crown Publishers, 1993).

Fekete, J., *Moral Panic: Biopolitics Rising* (Montreal/Toronto: Robert Davies Publishing, 1994).

Forward, S., *Toxic Parents: Overcoming the Legacy of Parental Abuse* (London: Bantam Press, 1990).

Fremlin, J., *Power Production: What Are the Risks?* (Oxford: Oxford University Press, 1987).

Fukuyama, F., *Trust: The Social Virtues and the Creation of Prosperity* (London: Hamish Hamilton, 1995).

Furedi, F., *Mythical Past, Elusive Future* (London: Pluto Press, 1992).

Garrett, L., *The Coming Plague: Newly Emerging Diseases in a World out of Balance* (London: Virago, 1995).

Giddens, A., *Modernity and Self Identity: Self and Society in the Late Modern Age* (Cambridge: Polity Press, 1991).

Giddens, A., *The Third Way: The New Renewal of Social Democracy* (Cambridge:

Polity Press, 1998).

Gulbenkian Foundation Commission, *Children s Violence: Report of the Gulbenkian Foundation Commission* (London: Calouste Gulbenkian Foundation, 1995).

Hanmer, J. and M. Maynard, *Women, Violence and Social Control* (London: Macmillan Press, 1987).

Hillman, M., J. Adams and J. Whiteleg, *One False Move ... A Study of Children s Independent Mobility* (London: PSI Publishing, 1990).

Horrocks, R., *Masculinity in Crisis* (London: Macmillan, 1996).

Jowell, R., J. Curtice, A. Park, L. Brook and D. Ahrendt (eds), *British Social Attitudes, 12th report* (Dartmouth: SCRR, 1995).

Kaminer, W., *I m Dysfunctional, You re Dysfunctional: The Recovery Movement and Other Self-Help Fashions* (Reading, MA: Addison-Wesley Publishing Company, 1993).

Karlen, A., *Plague s Progress: A Social History of Man and Disease* (New York: Random House, 1995).

Kaufman, W., *No Turning Back: Dismantling the Fantasies of Environmental Thinking* (New York: Basic Books, 1994).

Kirsta, A., *Victims: Surviving the Aftermath of Violent Crime* (London: Century, 1988).

Krimsky, S. and D. Golding (eds), *Social Theories of Risk* (Westport, CT: Praeger, 1992).

Labour Party, *Peace at Home* (London: Labour Party, 1995).

Lamplugh, D., *Without Fear: The Key to Staying Safe* (Gwent: Old Bakehouse Publications, 1994).

Langford, W., *Revolutions of the Heart: Gender, Power and the Delusions of Love* (London: Routledge, 1999).

Lash, S. and J. Urry, *Economics of Signs and Space* (London: Sage, 1994).

Lash, S., B. Szerszynski, and B. Wynne (eds), *Risk, Environment and Modernity: Towards a New Ecology* (London: Sage, 1996).

Leach, P., *Children First: What Society Must Do - and Is Not Doing - for Children*

Today (London: Penguin, 1993).

Leiss, W. and C. Chociolko, *Risk and Responsibility* (Montreal: McGill-Queen's University Press, 1994).

Leslie, J., *The End of the World: The Science and Ethics of Human Extinction* (New York: Routledge, 1996).

Little Blue Book Committee, *The Little Blue Book* (Oxford: Parchement Limited, 1992).

Luhman, N., *Risk: A Sociological Theory* (New York: Walter de Gruyter, 1993).

Lupton, D., *The Imperative of Health: Public Health and the Regulated Body* (London: Sage, 1995).

MacKinnon, C. A., *Toward a Feminist Theory of State* (Cambridge, MA: Harvard University Press, 1989).

Miles, R., *The Children We Deserve: Love and Hate in the Making of the Family* (London: Harper Collins, 1994).

Misztal, B., *Trust in Modern Societies* (Oxford: Polity Press, 1996).

Moore, M. (ed.), *Health Risks and the Press* (Washington, DC: Media Institute, 1989).

Morgan, J. and L. Zedner, *Child Victims: Crime Impact and Criminal Justice* (Oxford: Clarendon Paperbacks, 1992).

Mullan, P., *Deconstructing the Problem of Ageing* (London: unpublished manuscript, 1996).

Nelson-Jones, R., *The Theory and Practice of Counselling Psychology* (London: Cassell, 1987).

O'Riordan, T. and J. Cameron (eds), *Interpreting the Precautionary Principle* (London: Earthscan, 1994).

Olweus, D., *Bullying at School* (Oxford: Blackwell, 1993).

Pfaff, W., *Barbarian Sentiments: How the American Century Ends* (New York: The Noonday Press, 1990).

Plant, M. and M. Plant, *Risk Takers: Alcohol, Drugs, Sex and Youth* (Routledge: London, 1992).

Preston, R., *The Hot Zone* (London: Corgi, 1994).

Pritchard, J., *The Abuse of Older People: A Training Manual for Detection and Prevention* (London: JKP, 1995).

Quick, A., *Unequal Risks: Accidents and Social Policy* (London: Socialist Health Association, 1991).

Rabkin, J. and J. Sheehan, *Global Greens, Global Governance* (London: Institute of Economic Affairs, 1999).

Roberts, H., S. Smith, and C. Bryce, *Children at Risk? Safety as a Social Value* (Buckingham: Open University Press, 1995).

Rock, P., *Helping Victims of Crime* (Oxford: Clarendon Press, 1990).

Rutter, P., *Sex in the Forbidden Zone* (London: Routledge, 1989).

Shrader-Frechette, K., *Risk and Rationality: Philosophical Foundations for Populist Reforms* (Berkeley: University of California Press, 1991).

Simon, J., *The State of Humanity* (Oxford: Blackwell, 1995).

Sinason, V. (ed.), *Treating Survivors of Satanist Abuse* (London: Routledge, 1994).

Singer E. and P. Endreny, *Reporting on Risk: How the Mass Media Portray Accidents, Diseases, Disasters and Other Hazards* (New York: Russell Sage Foundation, 1993).

Smith, P. and S. Sharp (eds), *School Bullying: Insights and Perspectives* (London: Routledge, 1991).

Smith, R., *Justice: Redressing the Balance* (London: Legal Action Group, 1997).

Social Services Inspectorate, *Social Services Inspectorate Guidelines. No Longer Afraid* (London: HMSO, 1993).

Sontag, S., *Illness and Its Metaphors* (London: Penguin, 1990).

Sykes, C., *A Nation of Victims: The Decay of the American Character* (New York: St Martin's Press, 1992).

Walklate, S., *Victimology: The Victims and the Criminal Justice Process* (London: Unwin Hyman, 1985).

Wann, M., *Building Social Capital: Self Help in a Twenty-first Century Welfare State* (London: IPPR, 1995).

Whiteley, P., P. Seyd and J. Richardson, *True Blues: The Politics of Conservative Party Membership* (Oxford: Clarendon Press, 1995).

Wilson, J., *The Moral Sense* (New York: The Free Press, 1993).

옮긴이 후기

　오늘날 우리 사회 도처에는 유령이 떠돌고 있다. 공포라는 유령이. 이 유령은 쇠고기에서도, 생선에서도, 신종 플루에서도, 조류독감에서도, 구제역에서도, 지진에서도, 쓰나미에서도, 원자력발전소에서도, 낯선 사람에게서도, 심지어는 아는 사람에게서도 출현한다. 이 유령이 출몰하지 않는 곳은 없다고 해도 과언이 아니다. 그러나 이 유령은 항상 등장하지는 않는다. 언제나 숨어 있다가 한순간에 등장하여 우리를 엄습한다. 그리고 우리는 이 공포에 대해 이야기하며, 그 공포를 증폭시킨다. 또한 우리는 이 공포에서 벗어나고자 하지만, 그럴수록 공포에 더 빠진다. 심지어는 그 공포가 유령이라고 생각하고 또 그렇게 다른 사람에게 말하면서도 정작 자신도 그 공포에 시달린다. 도대체 왜 이런 일이 발생하는가? 프랭크 푸레디는 이 책에서 이에 대해 질문하고 답변한다.
　푸레디에 따르면, 공포는 우리 사회에서 '정상화'되어, 하나의 문화, 즉 '공포 문화'를 형성하고 있다. 현대사회에서 개인들은 자신의 미래의 불확실성에 불안해하고, 낯선 사람을 만날 때 범죄의 공포를 느끼고, 식탁의 음식 앞에서도 죽음의 공포를 느끼고, 방사성물질의 표시만으로도 심각한 공포를 느낀다. 이러한 공포 의식에는 공통점이 존재한다. 그것은 바로 사람들이 공포를 느끼는 순간은 위험을 인지할 때라는 것이다. 그렇다면 공포는 바로 울리히 벡이 말하는 '위험 사회'의 감정이다. 하지만 우리는 과거보다 더 안전한 사회에 살고 있다는 점을 부정할 수 없다. 우리는 환경오염의 공포에 시달리지만, 과학 기술의 발전은 우리의 안전도를 더욱 높여온 것이 사실이며, 우리는 범죄 공포에 시달리지만, 우리의 치안 상황은 과거보다 나아진 것도 역시 사실이기 때문이다. 그렇다면 왜 우리는 오늘날 더 공포에 빠지는가?

이 책에서 푸레디는 그 원인을 '신뢰의 상실'에서 찾는다. 모든 사회에는 언제든 불확실성이 존재해왔다. 그리고 이 불확실성은 인간에게 불안과 공포를 조장해왔다. 그간 과학과 기술의 발전은 이 불확실성을 축소하는 데 일조해, 아니 크게 기여해왔다. 그 이유는 바로 우리 인간이 과학과 기술, 그리고 그것을 발전시켜온 인간의 능력을 신뢰했기 때문이었다. 그러나 과학과 기술의 의도하지 않은 결과와 그 과학을 관리하는 데 있어서의 인간의 실패는 과학과 기술은 물론 급기야 인간에 대한 신뢰까지도 저하시켰다. 정부와 전문가가 안전을 역설할 때, 사람들이 그 속에서 공포를 느끼는 이유도 바로 여기에 있다. 이렇게 볼 때, 공포는 또한 '불신 사회'의 표지이기도 하다.

푸레디는 이 책에서 오늘날 공포가 우리 주변 곳곳에서 '일상화'된 이유는 바로 이러한 인간 불신에 있다고 본다. 이것을 가장 극명하게 보여주는 것이 '유독한 인간'이라는 표현이다. 아이는 어른에게서, 여성은 남성에게서, 노인은 젊은이에게서 폭력과 폭행의 위험을 느끼고, 또래와 동료들로부터도 괴롭힘을 당할까 걱정하고, 심지어 부모는 교사가 학생을 폭행하지 않을까 걱정하고, 교사는 부모가 아이들을 학대하는 것은 아닐까 하고 의심한다. 푸레디에 따르면, 한마디로 우리 사회의 공포 문화를 특징짓는 것은 "인간 존재로서의 우리 자신에 대한 공포이다".

게다가 오늘날 공포는 '자립화'되었다는 특징이 있다. 과거 우리 인간에게 가장 커다란 공포가 우리의 통제 밖에 있던 '자연'이었다면, 그다음에는 인간이 '제조한 위험'에 대한 공포, 즉 핵 공포와 GM 식품 등 인간이 만들어낸 위험한 대상에 대한 공포였다. 그 공포는 특정한 대상에 붙어 있었고, 우리는 그 대상이 인간에게 위험한 존재로 다가왔을 때, 공포를 느꼈다. 그러나 현재 우리는 특정 대상이나 사람이 우리를 위협할 때 공포를 느끼는 것이 아니라 위험의 '가능성'에 공포를 느낀다. 이제 공포는 그 대상에서 자립하여 인간의 의지와는 무관하게 불확실한 것, 알 수 없는 것에 달라붙는다. 이것이 일본의 원전 사고가 한국의 원자력발전소에 공포를 느끼게 하고, 중국의 오염된 생선이 한국산 생선에 공포를 느끼게 하고, 광우병이라는 말 자체가 그냥 사람들을 공포에 떨게 하는 이유이다. 이것이 바로 공포의 감정 동학이다. 이제는 공포가 공포를 생산하고 있다.

이러한 공포의 발생 동학과 감정적 확산 메커니즘은 우리가 위험을 경고하고 조심할 것을 요구하는 것으로는 공포를 극복할 수 없다는 것을 보여준다. 그럼에도 불구하고 우리 사회는 여전히 주변의 위험을 강조하고, 모든 사람을 유독한 인간으로 만들고, 감시

카메라로 하여금 그 모든 잠재적 범죄자를 지켜보게 한다. 그러나 이러한 조치들은 공포를 줄이기는커녕 위험을 학습시키고, 공포를 확대재생산하며, '공포 산업'을 육성할 뿐이다. 따라서 사람들은 '신중의 원리'를 삶의 지침으로 삼아 위험 회피적 삶을 살아간다. 이것이 바로 공포 문화가 만들어내는 삶의 방식이다.

이상과 같이 푸레디는 우리의 공포 문화를 사회학적으로 낱낱이 분석할 뿐만 아니라 우리가 공포를 벗어나는 길은 위험을 학습하고 그것에 수동적으로 대처하는 것이 아니라 우리 사회에서 공포를 만들어내는 구조, 즉 인간 불신과 불신 사회를 극복하는 것이라는 점을 보여준다. 다시 말해 그는 인간에 대한 신뢰를 확보하고, 인간의 존엄성을 존중하는 사회를 만들어냄으로써 공포 문화에서 벗어나기를 원한다.

이러한 푸레디의 분석은 주로 영국에 그리고 미국에 의존하고 있기는 하지만, 우리 사회에 시사하는 바가 크다. 왜냐하면 우리 사회 역시 공포 문화에서 예외가 아니기 때문이다. 우리 사회는 여전히 한편으로는 아동 성폭력의 위험을 방송 캠페인을 통해 알리고 우리 아이들을 위험으로부터 지켜줄 것을 호소하며 공포를 확산시키고, 다른 한편에서는 '도구적 이성'에 기초하여 인간에 대한 신뢰를 갈가리 찢어놓고 있다. 우리 사회에는 그 어디에도 인간의 존엄은 없고, 위험 요소를 내장한 '도구'로서의 인간들이 위험한 사회를 배회하고 있는 것처럼 보이는데, 우리 사회는 그것을 두려워하고 조심하라고만 역설한다.

반면 이 책은 우리가 공포에 떨기만 할 것이 아니라 자기 성찰을 해야 한다고 주장한다. 즉 우리가 두려움에 움츠리기보다는 우리가 살고 있는 '공포 생산 사회'에 대한 철저한 자기 인식을 하고,

공포 유발의 근원을 치유할 것을 주장한다. 그러다 보니 푸레디는 공포를 유발하는 모든 것은 물론 공포를 줄이고자 하는 사람과 단체들까지도 의도하지 않은 공포 유발자로 비판한다. 이러한 비판은 활동가들의 마음을 상하게 할지도 모른다. 그러나 푸레디의 이러한 비판은 공포 그 자체를 문제 삼기보다는 공포의 근원을 치유하려고 노력해야 한다는 보다 근원적인 문제의식에서 비롯되는 것으로, 운동 단체나 활동가에 대한 비난이기보다는 더 근원적인 운동을 촉구하는 것으로 이해할 수 있을 것이다.

푸레디가 모든 것에 공포가 달라붙는다고 주장했듯이, 우리의 번역 작업에도 공포는 달라붙었다. 바로 오역의 공포이다. 이번에도 이학사의 편집부는 우리에게 이 짐의 많은 부분을 덜어주었다. 옮긴이들은 출판사가 우리에게 공포를 덜어주었듯, 이 책이 또 다른 공포의 유발이 아니라 공포에 대한 사회학적 인식을 통해 우리가 공포 문화에서 벗어나는 데 일조할 수 있기를 기대해본다.

2011년 봄
일본 대지진이 일으킨
다중적 공포의 분위기 속에서
옮긴이들 씀

찾아보기

〈인명〉

ㄱ

가렛, 로리 Laurie Garrett 79
갈런드, 데이비드 David Garland 38, 48
개츠킬, 메리 Mary Gaitskill 166
골드버그, 이반 Ivan Goldberg 100
골드워터, 배리 Barry Goldwater 209
그레이, 존 John Gray 136
글래드웰, 말콤 Malcolm Gladwell 92
기든스, 앤서니 Anthony Giddens 134, 178~179, 303

ㄷ

대처, 마거릿 Margaret Thatcher 209, 267, 285~286
더니언, 케빈 Kevin Dunion 341
뒤르케임, 에밀 Emile Durkheim 265
드레이, 톰 Tom DeLay 332
딕슨, 제레미 Jeremy Dixon 162~163

ㄹ

래쉬 S. Lash 315
랜도, 루스 Ruth Landau 97~99
레슬리, 존 John Leslie 78~79
레이건, 로널드 Ronald Reagan 209, 267, 285~286
로슨, 마크 Mark Lawson 87
로이프, 케이트 Kate Roiphe 166
루만, 니클라스 Niklas Luhman 133~134, 136, 145~146, 284
리브, 크리스토퍼 Christopher Reeve 271
리즈, 조나단 Jonathan Rees 107
리치, 페넬로페 Penelope Leach 84
린치, 프레드릭 Frederick Lynch 111

ㅁ

마일스, 로잘린드 Rosalind Miles 85
맥도널드, 헤더 Heather MacDonald 121
맥키넌, 캐서린 Catherine MacKinnon 176
메이나드, 메리 Mary Maynard 176
멜체트, 피터 Peter Melchett 343~344,

347
모건 J. Morgan   204
몬비오, 조지 George Monbiot   346, 348

ㅂ

바이어스, 스티븐 Stephen Byers   319
뱅크, 러셀 Russell Bank   166
베를리너, 루시 Lucy Berliner   168
베리, 제프리 Jeffrey Berry   321~323, 325~326, 335
베이커, 제이크 Jake Baker   99
벡, 울리히 Ulrich Beck   134~135, 149, 252, 325
부시, 조지 George W. Bush   7, 87, 328, 331~332
브레인, 크리스토퍼 Christopher Brain   294~295
브리스토, 제니 Jenny Bristow   296
블레어, 토니 Tony Blair   318, 329, 332
비글로우, 짐 Jim Bigelow   200
비글로우, 캐서린 Kathryn Bigelow   165
비달, 존 John Vidal   319

ㅅ

사이크스, 찰스 Charles Sykes   260, 308
셰퍼드, 케이 Kay Sheppard   195~196
소머빌, 줄리아 Julia Somerville   162~164
손택, 수전 Susan Sontag   89
슈레이더-프레체트 K. Shrader-Frechette   81

스마일리, 제인 Jane Smiley   166
스미스, 로저 Roger Smith   326
스미스, 애덤 Adam Smith   300
스턴스 P. N. Stearns   46
스톤, 올리버 Oliver Stone   266
심슨, 모나 Mona Simpson   166
싱어 E. Singer   127

ㅇ

안젤리, 토니 마리 Toni Marie Angeli   162
앙베르, 안느-마리 Anne-Marie Ambert   114
앨리슨, 도로시 Dorothy Allison   166
앨턴, 데이비드 David Alton   297~299
앳킨슨, 셸던 Sheldon Atkinson   163
어리 J. Urry   315
에발트, 프랑수아 François Ewald   48
에치오니, 아미타이 Amitai Etzioni   300
엔드레니 P. Endreny   127
월시, 클리브 Clive C. Walsh   164
웹스터, 스토클리 Stokely Websster   346

ㅈ

제드너 L. Zedner   204
조웰, 테사 Tessa Jowell   39
존슨, 사무엘 Samuel Johnson   74

ㅋ

카렌, 아노 Arno Karlen   79~80
카미너, 웬디 Wendy Kaminer   180,

190, 197
케이스먼트, 패트릭 Patrick Casement 169
코스, 메리 Mary Koss 175, 177

ㅌ
테이트, 닉 Nick Tate 277
트래비스, 알렌 Alan Travis 338

ㅍ
파, 더그 Doug Parr 345~346
파킨, 데이비드 David Parkin 46~47, 49
포워드, 수전 Susan Forward 108
프레스톤, 리처드 Richard Preston 93
프렌치, 마릴린 Marilyn French 166
프루, 애니 E. Annie Proulx 166
피어슨, 제프리 Geoffrey Pearson 120

ㅎ
해거티 T. Haggerty 46
핸머, 잘나 Jalna Hanmer 176
홉스, 토머스 Thomas Hobbes 46, 50~51
후쿠야마, 프랜시스 Francis Fukuyama 247~248, 265~266
히긴스, 토니 Tony Higgins 235
힘멜파브, 거트루드 Gertrude Himmelfarb 279

〈사항〉

ㄱ
『가디언 Guardian』 64, 79, 87, 154, 164, 201, 319, 338
가족 12, 53, 96, 98, 113, 115, 119, 121, 141, 152~155, 163, 166, 171, 186, 188, 192, 196, 202, 214, 248, 265, 279, 302~303, 307, 317
간접 희생자 202
강간 100, 156, 165, 175~179, 237, 257, 305
개인적 안전 98, 156~157, 309
개인주의 264~268, 270, 285, 299~300
개인화 152~154, 157, 208, 267~269, 301~303, 314~315, 337
건강
  건강 증진 51, 76, 86, 88, 108, 262
  건강관리 105
  건강교육청 106
  아이들의 건강 228~229
공동체의 붕괴 264~265, 315
공포
  '경의를 표하는' 공포와 '날' 공포 47
  공포의 제조 122~123
과학 14, 26, 51~52, 59, 62, 67, 79, 104, 131~137, 139, 143, 146~148, 251~255, 269, 278

광우병 78, 80~81, 136
괴롭힘(희롱) 83, 155~156, 170, 173~174, 179, 211, 217, 237, 267, 290, 305
교사 괴롭히기 174
굴벤키안재단 185~186, 205
그린피스 87, 255, 320, 340, 343~345, 347
근대화 134~135, 137, 149
기술 진보 137, 140, 276

ㄴ

낙태 61, 240, 257, 297~298, 300
『네이처 Nature』 104
노상 분노 83, 110, 157, 223
노인 학대 25, 113~114, 167, 170~172, 184
『뉴잉글랜드 저널 오브 메디슨 New England Journal of Medicine』 181

ㄷ

『더 선 The Sun』 65
『더 타임스 The Times』 64, 66, 133, 154
도덕적 가치 296
도덕화 정명 299, 304
독립텔레비전위원회 291
동반 의존 197
또래 학대 24, 114, 161

ㄹ

『란세트 The Lancet』 128

「리틀 블루 북 The Little Blue Book」 240

ㅁ

『맥심 Maxim』 200
『메디컬 모니터 Medical Monitor』 114
문제화 141, 208
미디어 9, 12, 16, 18, 60~61, 65, 70, 81, 87, 89, 93~96, 106~107, 118, 120, 124, 126~129, 144, 163~166, 186, 192, 199, 201, 217~218, 221~223, 229, 238~239, 241, 252, 255, 273, 277, 280, 284, 295, 301, 315~316, 319~320, 325, 328, 333, 340~343, 346
미래 16~18, 32~33, 62, 73, 75, 95, 103~104, 117, 140, 143~147, 150, 153~154, 156, 166, 184, 188~189, 201, 214, 249, 255, 268, 270, 312, 322
미래에 대한 공포 11~12, 73
미래에 대한 지식 136
『미즈 Ms』 175
민주주의 209, 319, 331, 342~344, 346~348

ㅂ

발칸전쟁 신드롬 69
버나도스 Barnardo's 229
범죄
  범죄 공포 37~38, 43~44

범죄상해보상제도 203
범죄 의식과 캠퍼스 안전법 239
병원 보안 58, 222
부작용 89, 94~99, 101, 103, 143, 269, 306
불안 장애 111, 197~198
불안전 151, 156~158, 206, 225, 236, 243, 314
『브리티시 메디컬 저널(BMJ)』 51~52, 55~56, 200, 282
비정부기구(NGO) 321, 338~341
비판단적 태도 292

ㅅ
사스SARS 11, 81
사회문제 95, 109~110, 114, 265, 314
사회의 파편화 152, 302
사회적 고립 43, 153, 173, 243, 248, 315
사회적 연대 265~267, 272, 276, 314~316
『사회적 추세Social Trends』 262
사회정책 103, 203
삶의 질 문제 322~323
상담 전화 153, 223, 257, 273, 315
새로운 도덕 294, 301
새로운 자유주의 322, 326
새로운 장애 193
생식 기술 72, 96~99, 254, 304, 317
생활양식 선택 316

선거 무관심 327
『선데이 타임스The Sunday Times』 128, 218
'선의의 거짓말' 87
성 혁명 305
성의 반혁명 306, 309
성적 학대 113, 121, 165~166, 169
성폭력 113, 175, 177~178, 236~237
세대 차이 215
섹스 중독 195~196
소비자 행동주의 318~321, 324~326, 333~335, 337~341, 343, 348
소외 243, 301, 315~316, 327
손상당한 사람 182~183, 271
시민단체 18, 87, 318, 321~325, 333, 338~341, 347
신중 146, 149, 213~216, 224, 235~236, 264, 268~270, 273, 275, 280~281, 283, 285~286, 301, 306, 312
  신중의 원칙 214, 226, 229, 233~234, 236, 309
  신중의 제도화 216, 226
실업 11, 40, 139, 192, 235, 257, 293
실험(정치적, 사회적, 과학적) 23, 32~33, 51, 57, 142~143, 146~148, 151, 210, 216, 236, 254~255, 264, 268~270, 305, 309, 339

ㅇ

아동 안전 캠페인 221
아동사고예방협회 318
안전 가치 236
안전한 섹스 57, 242, 282~283, 308
알코올의존증 186, 192, 194~196, 241
약자 괴롭히기 83, 114, 141, 155, 167, 170, 172~174, 183, 204, 206, 211, 257, 290
양육 84, 99, 108, 150, 155, 186, 191, 197, 228, 257, 259, 304
어머니회 250
에고이즘 268~269
에볼라 11~12, 78, 80, 89~90, 92~93
에이즈 10, 72, 78, 80, 87, 93, 123, 136, 138, 258, 283, 285~286, 307~309
HIV 10, 103, 258, 283
엘리트주의 322
여교사노조전국연합(NASUWT) 255
여성환경네트워크 125
영국아동학대예방협회(NSPCC) 164
영국왕립동물학대방지협회(RSPCA) 250
영국왕립암연구재단(ICRF) 128
영국카운슬링협회 191
오염 19, 35, 50, 90~91, 103~106, 109, 133, 159, 180, 194, 252, 311, 346

외상 후 스트레스 장애 64, 111, 194, 202
운명론 32, 313~314
『위치 Which?』 74
위험
　가설적 위험 101
　비자연적 위험 90
　숨어 있는 위험 104, 108, 112, 114~115
　위험 감수 32, 50, 56~57, 74, 76, 135, 243, 284, 312, 317
　위험 관리 280~281
　위험 분석 147, 159
　위험 요소 42~43, 61, 75~77, 90, 99, 187
　위험 의식 61, 71, 77, 83, 88, 90~94, 103, 105~106, 113, 115, 124, 129~134, 140~142, 148, 151, 157, 159, 180, 206, 209, 231, 233, 251~252, 267, 269, 276~278, 280, 284, 286, 299, 301, 311~312
　위험 인식 28, 71, 84, 91, 93, 103, 127, 131~133, 137, 140~142, 159, 239, 248, 276
　위험 혐오 28, 51, 276, 286, 302
　위험 회피 50, 59~60, 76, 118, 264
　위험에 몰두 129~130
　위험의 정의 72, 223
　자연적 위험 90, 137

제조된 위험 90, 137
좋은 위험 74
위험 사회 135, 138, 149
위험 사회학 134
유괴 26, 84, 117, 318
유독한 가족 21
유독한 부모 21, 199
유아 유괴 222
유전공학 101
유전자 변형 식품(GM 식품) 318~320, 342~343, 345
의약품안전위원회 127
의존 180, 195, 235~236
의존성 성격장애 197
이웃 43, 66, 161, 245~246, 248, 253, 267, 272
이웃 사람 없는 이웃 245~246
이타주의 65, 320, 325
인간 게놈 프로젝트 254
인간관계 21~22, 70, 83, 103, 108~110, 114, 130, 148, 151, 159, 167, 174, 177, 179~180, 193, 195, 214~215, 217~218, 225, 242, 258~259, 290
인간 불신 16, 21~22, 30~32, 170
인간에 대한 각성 157
『인디펜던트Independent』 240, 277
인본주의 148, 271
인플루엔자 54, 104~105, 283
일상생활의 전문화 256~259, 261~262, 286

ㅈ

자본주의 136, 150, 153, 290, 300, 311
자율성 32, 233, 259, 288, 293, 301
자조 집단 153, 259~260, 315
전국도시여성조합연맹 250
전국여성단체연합 250
전국학생연합 223, 241
전문직 251, 260~261, 273
전염병 9, 78~83, 89, 92~93, 103, 120, 167, 174, 211, 283, 307
전통적 가치 276~279, 301
정치인(정치가) 13, 18, 54, 64~65, 209, 248, 250, 279, 312, 315, 321, 330~331, 333~334, 336~340, 346~347
정치적 옳음 273, 287~290, 293, 295, 297~298, 300, 308
정치 참여 324, 326, 328, 334
정치화 209, 211, 276
제도에 대한 신뢰 253
종種차별주의 148
주의력결핍장애 110
주체성에 부여된 중요성의 축소 270, 311, 316
직접행동 340, 342~344
질병 11, 19, 26, 32, 36, 53, 69~70, 72, 80~82, 94, 103, 111, 124~128, 132, 139, 150, 180, 184, 189, 193~198, 240~241, 254, 257, 268, 282~283, 307~308,

313

ㅊ
체외수정 96~99, 298~299, 303~304

ㅋ
카운슬링 149, 153, 191~193, 205~206, 225, 234, 257~258, 260, 262, 273, 293, 315
『커뮤니티 케어Community Care』 120
키드스케이프 231

ㅌ
『타임Time』 110
탈물질주의 322, 324
테러리즘 41, 95, 102, 105, 152

ㅍ
패닉 9, 24~26, 62, 70, 72, 79~87, 92, 99, 102, 105, 112, 117~124, 128~129, 132, 140, 142, 147~148, 150, 157~158, 160, 167, 180, 217~218, 233, 236, 243, 251, 275, 308, 335~336
『퍼블릭 인터레스트Public Interest』 121
퍼실리테이터 151, 256, 259~260, 264
페미니즘(페미니스트) 119, 168, 176, 185, 210~211, 258

평등기회위원회 208
『포린 어페어스Foreign Affairs』 104
폭력
　가정 폭력 83, 112~113, 155, 166~167, 169, 175~176, 184, 186~187, 236
　남성 폭력 157, 175~179, 305
　여성에 대한 폭력 175, 179
　폭력의 연속선 179, 205
『폭음 빅 북The Big Book of Booze』 241

ㅎ
『하퍼스Harper's』 166
학대
　학대의 병리학 193
　학대(의) 순환 181, 184~186, 188, 193, 313
　학대의 정상화 160, 167
　학대 증거 170
한부모 122, 292, 298, 341
『해크니 가제트Hackney Gazette』 188~189
행동의 의료화 195~197, 261, 313
홍수 16, 63~66, 91, 137
환경 위험 요소 60
환경 행동주의 319
희생자 의식 198~199, 201~203, 205, 207~208, 210, 316
『희생자 헌장Victim's Charts』 210